神戸新聞社／編

復刻版［新装］

火輪の海

KARIN NO UMI

―松方幸次郎とその時代―

松 方 幸 次 郎

ラトガーズ大学留学時代。アメリカンフットボールのチーム仲間と
(前列右から２人目)

エール大学留学時代
(ハル・松方・ライシャワー著『絹と武士』より)

アメリカ留学時代

明治36年、来神したロシアの陸相クロパトキン(中央)と幸次郎(後列左)

松方正義夫妻(中央)の金婚式に集った一族。
幸次郎は母満佐子の向かって左後方(最後列男性の左から３人目)(明治43年)

父・松方正義

母・満佐子(油絵)

妻・好子と長男・正彦
(明治32年)

In Remembrance of Uncle Kojiro

When I was a young girl ,Uncle Kojiro was my favorite uncle. He lived in Kobe most of the time, so we only saw him when he came to Tokyo. At times when I returned from school and entered the house and smelled whiffs of Cuban cigar smoke, I knew immediately that he had come to visit us . He had started smoking cigars from the time he was a student in Paris, and continued to do so all his life. Unlike my other uncles, he always paid attention to me,and, he was very friendly and cheerful. I loved hearing him speak in Kagoshima *ben* even though at times I could not understand him.

It was many years later after college ,when I was researching my Matsukata family history to write my book *Samurai and Silk* that I learned about Uncle Kojiro's remarkable life accomplishments and the great contribution he made to building a democratic Japan. At the time I was searching for ways in which I could make my own life worth while, and Uncle Kojiro became my source of inspiration . In fact, he became my role model., and he still continues to be that for me as I learn to live in an international world.

Uncle Kojiro was born into a feudal society which was transforming itself into a modern nation.. He came to America to study,as so many Japanese students did in that period, and it was during those years that he acquired a sound knowledge of the principles of democracy and an appreciation of universal values which later he applied in his life work. He was a humanitarian,who respected and loved his fellow man, and it is no wonder that all who came in contact with him loved him in return.

He also exemplified a true internationalist ,because he had a broad perspective on the world around him., and endeavored to achieve better understanding among nations. In making his collection of western art, it was his desire to make the culture of Europe available to the many Japanese who were unable to go abroad to observe it for themselves. Time has enhanced the valuable cultural contribution he made to Japan, because more and more people became interested in European art..

As the city of Kobe celebrates the 100th anniversary of its incorporation this year, it is most gratifying that Uncle Kojiro, whose life work contributed to the remarkable development of the city, is remembered and honored by its citizens through the exhibition of The Old Matsukata Collection at the Kobe City Museum ..Kojiro died before his greatest wish materialized which was to see during his life time,his collection brought back to Japan and installed in its own museum, which he called *Kyorakuen,* or Garden of Shared Enjoyment." The present exhbit in his native city has made his dreams come true, for now all the citizens of Kobe will be able" to share the enjoyment of viewing his collection as he had always intended.

Together with the City of Kobe, The Kobe Shimbun, is celebrating its 90th anniversary this year. In honor of its first President, it is publishing a daily column on the life of Uncle Kojiro throughout the year. This is a large undertaking based on extensive research, and it is gratifying testimony to Uncle Kojiro's remarkable life. I am very grateful to the Kobe Shimbum for making available this book, for I know that many readers will benefit from learning about his life, just as I did when I first studied him.

Haru Matsukata Reischauer

Belmont, Massachusettds
August 9,1989

Haru Matsukata Reischauer

松方幸次郎の思い出

ハル・マツカタ・ライシャワー

私が少女の頃、松方幸次郎は私の大好きな伯父であった。彼はずっと神戸に住んでいたから、私が会えたのは東京に来た時だけであった。学校から帰って家に入ると、葉巻のにおいが漂っていることがあった。私はそれで、伯父の訪問を知ったものだ。彼が葉巻を始めたのはパリ在住時代からで、以来、終生手放すことがなかった。他の伯(叔)父たちと違って、彼はいつも私に目をかけてくれ、いつも親切で陽気だった。時々、理解できないこともあったが、私は鹿児島弁まる出しの伯父の話を聞くのが好きだった。

私が伯父、幸次郎の注目すべき業績と、民主国家日本を築くための貢献を知ったのは、私が『絹と武士』を書くために松方一族の歴史を調べた時で、私が大学を卒業してかなりたっていた。私がいきがいのある人生を模索していた時、伯父はいつも啓示の源となった。実際、彼は私の目標とも言える存在になったし、今もなお、国際社会においていかにあるべきかを私に教え続けている。

伯父、幸次郎は封建社会のなかで生まれたが、時代は近代国家への転換を遂げようとしていた。彼はこの時代の多くの日本の青年たちと同じように、アメリカに留学したが、その期間に民主主義の知識を吸収し、世界的価値観の認識を高め、それを彼は生涯にわたって身に付けた。彼はヒューマニストであり、友人知己を尊び愛した。そして、彼と触れ合った人たちすべてが彼を愛したのも決して不思議ではない。

彼はまた、真の国際人として稀有の人でもあった。広い世界的視野を持っていたし、国家間の理解を深めるために尽くしたからである。彼は西洋美術を収集するうちに、自分で海外にまで鑑賞に行けない多くの日本人たちのために、西洋文化の殿堂を造りたいと願うようになった。おりしも時代は、彼が目ざしていた西欧文化への価値認識が高まり、多くの日本人が西洋美術へ関心を向けていた。

神戸市は今年(一九八九年)、市制百周年を迎える。伯父、幸次郎は、神戸の目ざましい発展に寄与したが、神戸市立博物館で九月十四日から開かれる松方コレクション展を通じて、幸次郎の名が市民に思い起こされ、讃えられることはとても喜ばしいことである。彼はコレクションを日本に持ち帰り、「共楽」と名づけた美術館に納めることを目ざしたが、その最大の願いが実現しないうちに生涯を終えた。故郷における今回の展覧会は彼の夢を実現したものだし、すべての神戸市民にとっても、彼が終生願ったコレクションの〝共楽〟が果たせたということだろう。

神戸市と前後して、神戸新聞社も昨年（一九八八年）、創刊九十周年を祝った。幸次郎は同社の初代社長であったが、いま年間を通じて伯父、幸次郎の伝記を連載中である。これは入念な取材に基づく大きな企画であり、伯父の目ざましい生涯を〝証言〟したものとして満足すべきものである。私はこの価値ある本を同社が出版することに感謝している。多くの読者が、私が初めて彼についで学んだ時と同じように、彼の人生から多くの示唆を受けるだろう。

火輪の海——松方幸次郎とその時代［上］■目次

熱情編

題字　松本重治氏

序章

宰相の決意

首相吉田茂は車のシートに身を沈めると、しばらく目を閉じた。険しい崖を登りつめたような安堵感が全身を満たしていた。

「総理、もう召しあがってもいいでしょう」

随員が葉巻を取り出すと、吉田の表情が一層緩んだ。この五十日間余り、吉田は好きな煙草と酒を断っていた。しかし、講和条約調印ですべてが終わったわけではない。五時間後には、将来日本の世論を二分しかねない日米安保条約の調印を控えていたし、その前にはぜひ、フランスの首席全権に言っておきたいことが一つだけあった。

一九五一年（昭和二十六）九月八日。サンフランシスコは快晴だった。吉田は、午前中の対日講和条約への調印を済ませると、その足で各国の全権が泊まっているマークホプキンスホテルへ車を走らせていたのだった。九月四日に開幕したサンフランシスコ講和会議は、全世界が注視するなかで、この日、調印を終えて閉幕した。連合国占領下に置かれた日本は敗戦後六年にして、やっと独立国として国際社会に迎え入れられたのである。

戦後の東西冷戦状態は深刻化し、国内には、西側諸国間だけとの今回の講和に強硬な反対論が巻き起こっていた。しかし吉田は、「日本の独立回復の基礎」として腹をくくって会議に臨んでいた。石油や電力の不足から、タクシーの一部はまだ薪《まき》を焚いて走り、銀座にガス灯が残る日本。その将来に関わる運命の選択であり、吉田にとっても一世一代の大舞台である。

吉田はホテルに着くと、フランス首席全権であるロベール・シューマン外相の部屋へ足を運んだ。二人は初対面だが、吉田はシューマンに親近感を覚えていた。講和会議のなかで、いち早く日本の国連加入を提起したのは、首相も歴任したフランス政界の長老、シューマンだった。

型通りの挨拶を交わすと、吉田は意外な話題を持ち出した。

「私はかつて、モスクワでフランス絵画の美術館に行ったことがあります。そこで初めて、私はフランス美術の偉大さに感服しました。いわば、砂漠でオアシスに出合って水のありがたさがわかるのと同様に、当時の荒涼たるモスクワのなかで、フランス美術は一段と華やかに光彩を放っておりました。美術にはまったくの素人である私の心にも深く印象に残りました」

和製チャーチルの異名をとる吉田は、外交官生活が長かっただけに、相手の心を捉える会話のコツを心得ている。

「これらの美術がロシアという外国にあって、どれほどフランスの有効な文化宣伝となり、フランスのために最良の友人を作りつつあることでしょう。私はその事実を目の当たりにして、非常に心を打たれたのです」

吉田はその約二十年前、公務で立ち寄ったモスクワでの体験談を熱っぽく英語で語りかけた。シューマンは静かに耳を傾けている。しかし吉田は、タイムズ紙が「戦後最大の会議」と評した外交の舞台裏で優雅な芸術談義に及ぼうとしたのではない。言いたいことは、ただ一つだった。頃合をみると吉田は、ズバリ本題に入った。

「フランスに、松方幸次郎が心を込めて買い集めた松方コレクションが残っています。それをぜひとも、日本へ返していただきたい」

国際社会へ復帰しようとする日本の決意と期待を込めた宰相の申し入れだった。

交渉成立

吉田の口調は、次第に熱を帯びる。

「松方は、フランス美術を愛する日本人のために絵を買い集めたのです。コレクションを日本に返してくれることは、松方の志を生かすことになり、日本国民も感謝するでしょう」

「コレクションは東京にあってこそ真価を発揮し、フランス文化の有力な宣伝機関となる。フランスにとって決して損にはならないのです」

吉田は、じっくりと思いのたけを述べた。今度はシューマンが返答する番だ。しかし、その口から出たのは、当時首相秘書官として同席した松井明(80)＝東京＝の記憶では、あっけない一語だった。

「ええ、シューマンはただ一言だった。イエス、と」

シューマンはそれから、「ただし……」と言葉を添えた。

「返せない作品があるかもしれない。それに散逸するのは困る。特別の美術館でもつくってくれればありがたい」

松方コレクションはフランスにとっても至宝の名画である。シューマンがいとも簡単にOKを出した背景は今もって定かではなく、「日本政府に恩を着せようとした」「シューマンが軽く約束をしてしまった」などと諸説紛々である。しかし、意外なまでの即答に吉田は驚いた。そして思わず、お世辞とも本音ともつかない言葉を残して部屋を辞したという。

「やっぱり文化国家は違うなあ」

夜になって吉田は部屋に戻ると、五十数日ぶりの酒を口にした。小柄な体を心地良い酔いがめぐるうち、吉田の脳裏をちょうど三十年前のシーンが横切ったに違いない。

一九二一年(大正十)十一月二日。場所は、ロンドンの最高級ホテル、クラリッジ。その夜、吉田は、松方が催した晩餐会に出席した。招かれたのは、各界の著名人約百人である。松方と肝胆相照らす仲の林権助駐英大使は、その席で型破りな挨拶をした。

「松方、お前はいずれそのうち破産するだろう。金のあるうちに、せめてフランス美術品を買っておいたらどうだ」
のちに吉田は、自著『回想十年』の中でもこのシーンに触れているが、それが強烈な印象となったのは、後年、松方は林の挨拶通りともいえる人生を歩んだからだ。川崎造船所(現川崎重工業)のワンマン社長として君臨していた松方は、この七年後には、金融恐慌から社の経営破綻を招いて退陣する。残されたのは、今の金にして一説では数百億円を費やしたともいわれる約一万点ものコレクションである。しかし、浮世絵を除いてあるものは日本へ移送後に散逸し、あるものは海外で保管中に焼失し、またあるものは戦時中に敵国財産として差し押さえられた。吉田がシューマンに返還を申し入れたのは、このフランス政府の管理下に入った約四百三十点の名画や彫刻などだった。しかし、こうした一万点ものコレクションの全容を正確に知る者はだれもおらず、今なおその収集の動機も含めて厚いベールに覆われた〝幻のコレクション〟なのである。

　息づまる講和会議の舞台裏でひそかに行なわれた返還交渉。その苦労が実って、コレクションの大半は昭和三十四年に日本に到着するのだが、松方は、吉田の申し入れすら知ることもなく、講和会議前年の二十五年、鎌倉市内の寓居《ぐうきょ》でひっそりと息を引き取っている。しかし、死してなお、一国の宰相を駆り立てずにはおかなかった男、松方幸次郎とは、いったいどんな人物だったのだろうか?

華麗なる系譜

「子供は何人あるか」

明治天皇の突然の問いかけに、大蔵大臣の松方正義は返答に詰まった。数が出てこない。仕方なくこう答えた。

「いずれ調べてお答えいたしましょう」

正義を語る時、常に引き合いに出される「子だくさん問答」だ。一八八七年（明治二十）の秋、正義が東京・三田の自邸に天皇を迎えた際のハプニングである。

松方正義といえば明治の元勲である。通算十四年余りにわたって大蔵大臣を務め、日銀を創設し、総理大臣の椅子に二度も座った。近代日本財政の確立に腕を振るい、数字には強い。それが自分の子供の数に窮した。無理もない。実際、正義がもうけた子供の数は十五男七女で、計二十二人にものぼる。

その三男に当たるのが松方幸次郎である。周囲からは〝傑物〟と目された幸次郎だが、その背後には、華麗な松方家の閨閥《けいばつ》があったことは否定できないだろう。

「子だくさん問答」の一件から百年を超えた今、正義の雅号から名を取った松方家親族会「海東会」の会員数は約四百八十人になる。うち、松方家の直系は約四百二十人に達する。自前で「大

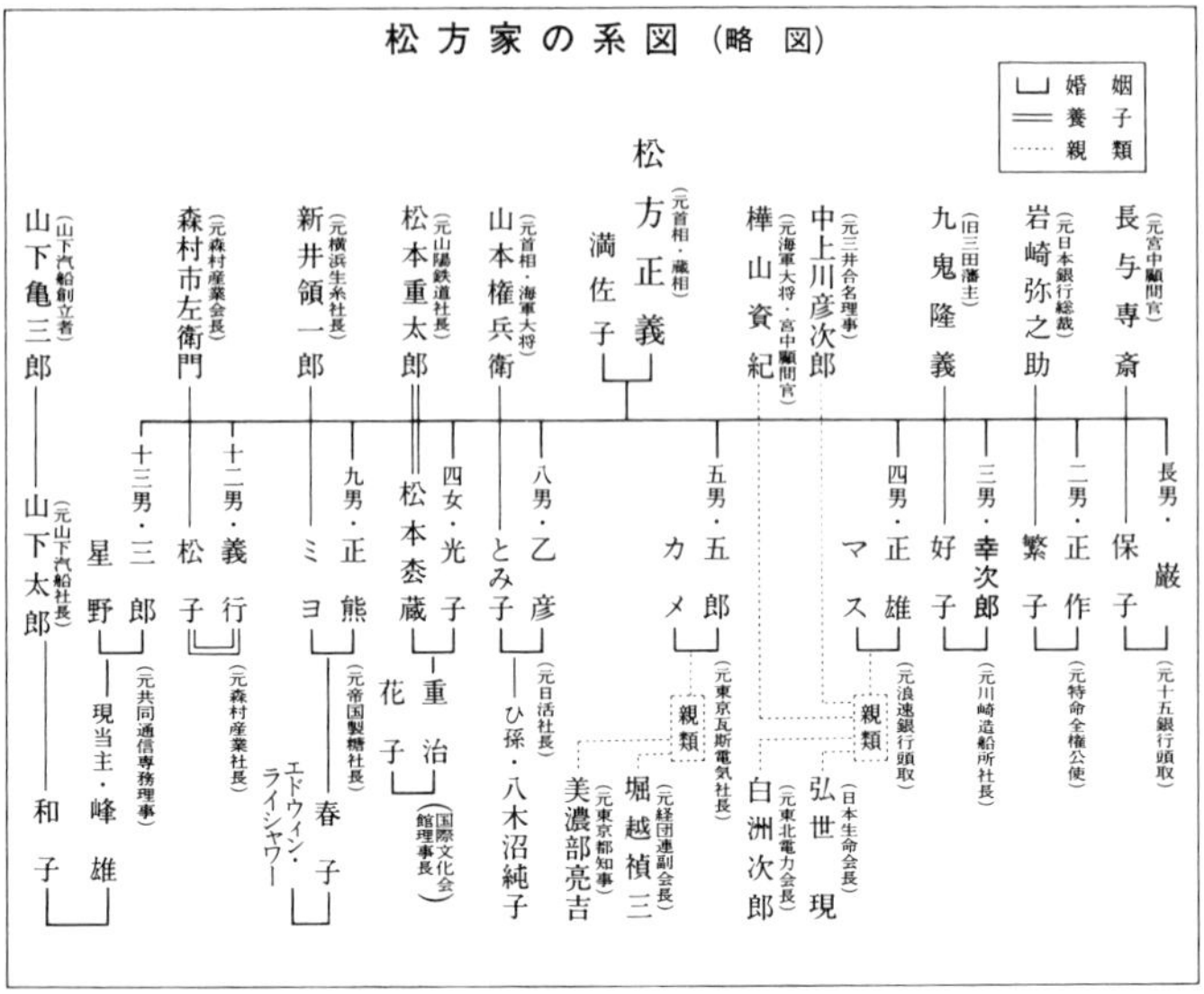

家族名簿管理システム―海東」というプログラムまで開発し、一人ひとりにコード番号がつく。

その頂点となる正義は、薩摩（鹿児島）の藩士だった。最下級の武士ながら藩の実力者・島津久光に見込まれ、明治維新の立役者の一人である大久保利通の〝懐刀〟ともいわれた。おのずと家系には薩摩色がにじむ。

たとえば八男・乙彦（元日活社長）は、首相で海軍大将も務めた山本権兵衛の女婿であり、四男・正雄（元浪速銀行頭取）の親類には海軍大将・宮中顧問官だった樺山資紀《すけのり》がいる。いずれも薩摩閥で、川崎造船所を率いる幸次郎が海軍と太いパイプを持っていたのもうなずける、というわけだ。

財界人との結びつきも幅広い。長男・巌

はかつて華族出資による「十五銀行」頭取で、川崎造船所の資金を支えた。一方で外交官になった二男・正作は、三菱財閥を育てた岩崎弥之助（元日銀総裁）の女婿に当たる。この川崎のライバル財閥との係累に加えて、四男・正雄の縁は三井財閥の大番頭だった中上川《なかみがわ》彦次郎へとつながる。

兄弟たちにつながる各界のそうそうたる顔ぶれ。明治の元勲の子息という七光もあってか、政界とも関わりが深く、系図全体は「松方山脈」を高々と築く。

その姿はまた華やかで、国際色も豊かだ。幸次郎夫人の好子は、旧三田藩主・九鬼隆義の二女で、昔ならお姫さまだ。さらに九男・正熊（元帝国製糖社長）の長女・春子は、ライシャワー元米駐日大使夫人である。四女の光子の長男・松本重治（国際文化会館理事長）は、幸次郎の娘花子を妻に、国際ジャーナリストとして活躍した。

系図はまだ広がる。十三男・三郎（元共同通信専務理事）は、日本のエベレスト初登頂で隊長になった山岳家だ。正雄は大阪野球倶楽部（阪神タイガースの前身）の初代会長で、昭和六十二年に野球の殿堂入りを果たした。最新のヒロインは乙彦のひ孫で、カルガリー'88冬季五輪のフィギュアスケートに出場した八木沼純子（私立品川高一年）だ。

こうした華麗なるファミリーたちは毎年、東京で「海東会」の例会を開く。「子だくさん正義」から数えて、松方家も曽孫の時代を迎えている。だが、幸次郎の存在は今なお際立っており、例会の席でその〝人生譜〟が語られることも珍しくない。

飛躍の日々

朝もやの彼方から蹄《ひづめ》の音が高らかに響いてくる。

異人館の立ち並ぶ神戸の屋敷町、山本通。そのなかでも、ひときわ大きな邸宅から、二頭立ての馬車がさっそうと駆け出してきた。

「絵本で見るような馬車であった」

神戸育ちの作家、田宮虎彦は、少年時代の思い出を書いたエッセイにこう綴っている。

車中の人物が、松方幸次郎だ。一八九六年(明治二十九)、三十歳で川崎造船所の初代社長になって以来、馬車は松方の代名詞となった。

アメリカ屈指の名門エール大学に留学して、猛スピードで法学の博士号を取った明晰な頭脳。明治政府の財政を一手に握る父親の松方正義でさえ一目置く、大胆にして緻密な性格。川崎造船所の創業者川崎正蔵は「会社の舵取りの一切を任す」と、「無謀」との反対を押し切って、すべてをこの若者に託した。

果たして、親の七光に過ぎないとみられていた青年社長の経営手腕は、やがて、奇跡ともいえる企業発展を成し遂げる。正蔵の勘はずばりと的中したのである。

二頭立ての馬車は始業時間きっかりに湊川河口の造船所に滑り込む。車上には、途中で乗せた従業員の姿も見える。「社員は私にとって子供のようなもの」と、日ごろから別け隔てなく現場の人間に接する松方は、「気さくでおおらかな社長」と受けとめられていた。

しかし、社長室に一歩入った松方の表情には、先ほどまでの人なつっこさは露ほどもない。正蔵時代からの古参幹部たちを前に厳しい顔で口を開く。

「日本の造船業は無駄が多すぎる。配管にしても一本あれば事足りるのに、念のためにと、もう一本つける。要するに経済観念が足りん」

アメリカ仕込みの徹底したコスト主義。半面、財界が度肝を抜くような積極経営で、明治末には、川崎造船所は三菱長崎造船所に次ぐ日本第二の造船企業に躍り出ていく。

その松方が乾坤一擲の勝負に出たのは、大正三年七月二十七日のことである。松方が社長を兼ねていた神戸新聞社に一本の外電が入った。一カ月前、オーストリア皇太子夫妻が暗殺されたことに端を発して、オーストリアがセルビアに突きつけた最後通牒の記事である。

「こりゃー、えらいことになりよる。世界大戦が始まる」

生まれ故郷の薩摩訛りをまる出しにした松方の言葉に、神戸新聞主幹の進藤信義は「そこまでは……」と戸惑った。

だが翌二十八日、オーストリア・ハンガリーがセルビアに宣戦布告をした。ヨーロッパの片隅で始まった戦いは、またたく間に世界大戦へと広がっていくことになる。

一本の外電を前に、松方はパイプをくわえたまま、じっと考え込んでいた。

「よし、鉄を買いあさろう」

松方と川崎造船所の名を世界に響き渡らせた〝ストックボート〟の始まりである。

注文を受けて船を造るという造船界の常識をかなぐり捨てたやり方で、七千トン、九千トンの大型船をどんどん建造する。やがて、戦争で輸送船が極度に不足した欧米から注文が殺到する――とにらんだのだ。

松方の賭けは当たり、部長クラスのボーナスは月給の七十カ月から百カ月分という天井知らずの儲けを生み出した。

その巨万の利益こそ、膨大な西洋美術の収集へと松方を駆り立てていく「松方コレクション」の源となる。

先見の明

賃上げを求めて、ストライキ決行を伝える交渉委員の顔には、緊張の色がありありと浮かんでいる。対する松方には、いささかも動じる気配はない。

「お前たちは休業するそうだな。なかにはこのまま造船所へ戻って来ずに、再び会うことのない者もあるだろうから、今から朗読する会社案をよおく聞いてくれ」

皮肉まじりの松方の言葉を継いで、庶務課長代理が「訓示」を読み上げると、会場に驚きの声が波打った。

「就業は午前七時。半時間の休憩を挟んで、停業は午後三時半……」

当時は、十時間労働制が普通であった。松方の打ち出した八時間労働制宣言は産業界に強烈なインパクトを与え、「暴挙」とする非難も強かったが、松方は軽く受け流した。

「その方が能率が上がって、お互いの幸福になるじゃないか」

一九一九年（大正八）、川崎造船所を率いる松方が唱えた労働時間の短縮は、やがて他社にも波及し、八時間労働がごく当たり前になっていく。それは松方の先進性、先見の明を語るのに十分な出来事だった。

労務対策だけに限らない。松方は常に時代の一歩前にいた。欧米に足を運ぶたびに新技術の導入を図り、日本語に翻訳しては自社の技術者に伝える。第一次大戦で各国が船不足に泣くとみると、ストックボートを次々と建造して売りまくったのは序の口で、事業は造船だけにとどまらなかった。ロンドン滞在中にドイツ軍の空襲に遭うと、恐怖感よりも事業欲がムクムクと頭をもたげる。「これからは飛行機の時代だ」。神戸港に陸揚げされる外国製の車両を見ると、「どうして日本で作らないのだ」と反骨心が湧く。

こうして川崎造船所は、飛行機、製鋼、車両へと多角化を進め、その莫大な投資がのちの経営破綻の一因ともなるのだが、今ではいずれも、川崎グループを支える大きな力となっている。

経営難の責任をとって川崎造船所を去ったあと、松方は自らを「財界のルンペン」と称した。

どこへ行っても、署名は「ルンペン」としか書かない。しかし、産業界から忘れられかけたその松方は一九三二年（昭和七）、途方もない事業で再び注目を浴びる。安いソ連石油の輸入である。英米資本の石油会社が幅を利かせていたなかに、素手で殴り込みをかけた格好だが、石油価格の高騰に悲鳴を上げていたタクシーの運転手らは、交渉をまとめて帰国した松方を胴上げし、喜びを爆発させた。やがて、この石油会社は、あまりのダンピングで財政難を招き、戦時色の強まるなかで再編成され消失していくが、今なお日本の石油史を語るうえで欠かせない大事件だった。

いや、松方コレクションそれ自体も、時代を超えていた。松方は単に美術品を集めるだけではなく、巨大な美術館を建てて一般公開する腹づもりで、用地まで確保していた。当時は、博物館こそあれ、本格的な美術館は皆無の時代だったが、松方は、産業だけでなく文化が及ぼす力の大きさをとっくに見抜いていたのである。

松方は後年、こんな風にも言っていた。

「日本人ほど金を欲しがる民族もそうたくさんはいないぜ。金を中心にものを考える癖がついたから、日本の政治、経済はかえって大変な目に遭っている」

それは、金に踊る現代の世相にもグサリと突き刺さる一言ではないか。

燃え尽きる

時は、真珠湾奇襲の興奮が醒めやらない一九四一年（昭和十六）十二月。場所は、国会議事堂内の廊下。実業界を退いたあと、故郷の鹿児島から国会議員に選出された松方は、数人の護衛に囲まれる東条英機と目があった。

「威張って歩いてくる人がいると思ったら、おまんさあでしたか」

松方は、薩摩弁でぶっきら棒に声をかけた。

東条は頭を下げると、「これは松方先生、どうか健康に気をつけて下さい」と、年長の松方へいんぎんに言葉を返した。松方はその言葉じりを捉える。

「あんたが首相をやっている限り、まだ死ねもはんない」

心配した秘書が袖を引く。だが、松方は「あんたは首相を辞めなさい」とまで言ってケロリとしている。後年、九州屈指の大実業家になったこの秘書は、自らの伝記の中で「松方の気骨に全身が熱くなった」と振り返っている。

松方はこの時、代議士生活二期目に入っていた。欧米の実情に明るいだけに、開戦の無謀さをだれよりも看破していた。第一、飛行機工場ひとつとっても、その生産力には雲泥の差があるのをよく知っていた。「東条はばかな戦争をうっ始めたもんじゃ」――松方は開戦当夜、吐き捨てるようにつぶやいたものだ。

しかし、戦前の計四期に及ぶ政治家生活のなかで、松方がもっとも松方らしかったのは、宰相の東条を面罵したこの一件ぐらいである。挙国一致の翼賛政治のなかで、松方は角《つの》を収め、次第に影を薄くする。戦前の国会での記録を隅々まで探しても、松方は発言らしい発言を一度もしていない。

松方は戦後、鎌倉の知人宅の一角でつましい晩年を送った。不遇の日々を過ごす松方は、肉親たちの目には「いら立っている」と映った。松方はふと思い出したように、こんな独り言を口にした。

「フランスに行ってこなきゃいかん」

「フランス？」

「絵を整理して持って帰る」

「何を言ってるの。日本は戦争に負けたんですよ」

しかし松方には、その言葉は届かない。脳裏を激しくフラッシュバックするのは、画廊を巡って名画を買い、印象派の巨匠・モネと語り合ったあの日々だった。「わが人生」の手ごたえを感じさせるのは、収集した名画の数々だったのである。

松方は一九五〇年（昭和二十五）六月、八十四年と七カ月の波瀾の人生に幕を下ろした。思えば、明治、大正、昭和と近代化途上にある日本にあって、常に海の彼方に目をやり、世界の土俵で日本を捉えたその足跡は、文字通りの「国際人」の名がふさわしいだろう。

一八七一年（明治四）。遣欧米特命全権大使岩倉具視の一行と留学生の出発に際し、時の太政大臣三条実美《さねとみ》は、こんな「送別の辞」を与えた。

「……行ケヤ、海ニ火輪《かりん》ヲ転ジ、陸ニ汽車ヲ輾《めぐ》ラシ、万里馳駆《ちく》……」

「火輪」とは「太陽」の意味であり、「汽船」のことをさす。欧米の文明を貪欲に吸収し、国際舞台への飛躍にかける切実な思いが、三条の言葉に弾みをつけた。それは当時の日本人の共通した心情であり、まさしく松方もまた、並外れたスケールの国際派として「海ニ火輪ヲ転ジ」て燃えた一人なのである。

これまで、松方の生涯をかいつまんで紹介した。次編からは、その人生と時代をじっくりと検証していきたい。舞台は、松方一族のルーツ・鹿児島へ飛ぶ。

鳴動編

男育てた噴煙

鹿児島市の街並みは、錦江湾に沿ってほぼ南北に延びている。甲突川《こうつき》は、ゆったりとうねりながら、その市街地を分断する形で流れ、湾に注ぐ。川の北側は、鶴丸城を核にする旧城下で、今も官公庁などが集まり、一方の川の南側には住宅地が続いている。

江戸時代、この川はその立地条件から、武士の貧富の差をくっきりと色分けする境界線だった。郷土史家の話では、かつて川の堤は城側に当たる北側の方が高くできていて、洪水ともなれば濁流は「川外」と呼ばれた南側へあふれ出るようになっていた。それは、とにかくも城を守るという封建時代の非情な現実だった。

しかし、皮肉なことにこの甲突川沿いの貧窮武士のなかから、日本の近代史を担う英傑が輩出される。

西郷隆盛の生家は、最下級の武士で、父親は今でいえば県庁の会計係に近い仕事に就いていた。仕方なく、父はアルバイトに精を出し、母親は針仕事の内職でようやく生計を立てていた。七人兄弟の長男隆盛も、幼いころから傘の竹の骨を削って家計を助けたが、冬には七人の兄弟が一枚の布団を引っ張り合って寒さをしのいだ。隆盛は母から、

「貧乏が恥ずかしいのではなく、貧乏に負けることが恥ずかしいのだ」

と教えられて育った。

西郷が生まれた三年後、同じ川沿いの武士の家庭に誕生したのが大久保利通である。大久保の生家も家格でいえば西郷と同じ最下級の「御小姓与《ぐみ》」だ。大久保家は一時、城下を離れて地方に移り住み、農業などで少しずつ蓄えをしたのちに城下へ戻ったというから、台所はかなり切羽詰まっていたようである。

この二人に限らない。日露戦争時の満州軍総司令官・大山巌、連合艦隊司令長官・東郷平八郎、軍人、政治家として活躍した山本権兵衛、明治の警視総監・三島通庸《みちつね》、海軍大将・井上良《よし》馨《か》……。のちに爵位を受けた顔ぶれは枚挙にいとまがない。

それは、保守的で現状維持に走りがちな上級武士と違って、甲突川を眺めながら育った貧しい若者たちには、改革への意欲があふれていたという証左でもある。

公園になっている松方正義の生誕地。東方に桜島の噴煙を望む（鹿児島市下荒田町で）

さて、西郷、大久保らの生誕地からさらに川を下って、河口にほど近い堤の下、「川外」の一角に「松方公園」と名づけられた広場がある。広さは三百平方㍍足らず。東の彼方に桜島の噴煙を望むその小公園の隅に「松方正義誕生地」の白い標柱が立っている。

時代は今から百五十四年前。江戸幕府に終末感の漂い始めた一八三五年（天保六）、この地にあったつましい武士の家からこの物語は始まる。

正義誕生

「男の子だ！」

の声を聞いた途端、袈裟子《けさこ》は気を失った。

松方正恭《まさきよ》は、産褥《さんじょく》に駆けつけると、妻の名を叫び続けた。「しっかりしろ」と何度も声をかけた。しばらくしてようやく意識の戻った袈裟子だが、男の子を産んでしまった悔しさは消えない。正恭も妻の回復に胸をなで下ろしたが、「そうか、男か」と落胆を隠せない。

「あっ」と、部屋に居合わせた一同が口をそろえたのは、それからのことだ。生まれたばかりの赤ちゃんは、騒ぎのなかで取り残され、部屋の隅でおいてけぼりを食っている。正恭は、慌てて抱き上げた。そして、すこやかな寝息を確かめると、初めて笑った。

一八三五年（天保六）二月二十五日。その三年前から起きた天保の大飢饉は全国に広がり、米の値はつり上がるばかりだった。前年には米作がやや持ち直したものの、窮状は変わらず、各地で一揆が続発し、幕府に危機感がみなぎっていた。対外的にもイギリス船がしばしば日本沿岸に姿を見せるようになっていて、幕府はその十年前、外国船打払令を出していた。内外ともに日本列島が鳴動し始めていた時代であった。

しかし、城を遙か彼方に望むここ鹿児島城下・下荒田の松方正恭一家は、四男坊の誕生にささやかな喜びがあふれていた。正恭、袈裟子夫婦は三男四女に恵まれていたが、女の子のうち三人は幼くして亡くなり、一人は嫁いでしまっていた。八人目の子を身ごもったとわかった時、出産予定日が桃の節句前後だったこともあって、二人は女の子であることを切望した。乏しい家計のなかでやりくりをし、ひなまつりの準備までしていた。男の子だと知った瞬間、産褥で袈裟子が失神したほどの渇望ぶりだったのである。

しかも、この男の子は両親の悩みの種であった。兄三人は頑健で何の心配もなかったが、この男の子はひ弱くて、いつも喉をゼーゼーと鳴らした。袈裟子は発作に備えて薬を手放せなかった。それに、正恭らが不安だったのは、あまりにおとなしいことだった。

「若死にせねばよいが……」。正恭は正直、そんな不吉な思いにもかられた。

しかし、二人はその温厚な性格にむしろ夢を託そうとした。

「二宮金次郎のように温厚な子だ。たとえ男の子であっても、それは貴重なことに違いない」

二人は、この子に金次郎という幼名をつけた。のち、この金次郎が明治の元老松方正義として名を高めるとは、だれが予想しただろう。九州最南端の貧しい家に生を受けた金次郎は、動乱の世に全身をぶつけていく。

母の愛

ようやく白み始めてきた東の空に、桜島の噴煙が流れている。数え年で七歳の正義は毎朝、桜島を見上げては、近くの藩士宅へ読書と書道を学びに向かった。正直、この日課は苦痛だった。勉強が嫌いなのではない。藩士宅への道すがら、うっそうと茂った墓地の中を通るのが怖かったのだ。

いつしか、母の袈裟子が正義の手を引いて通うようになった。家事に追われていても、教育熱心な袈裟子は一日も休もうとはしない。正義はつくづく、自分の手を引く母の背に温かい愛情を感じるのだった。

薩摩七十七万石は、武士の国である。加賀百万石に次ぐ天下第二の雄藩といわれた薩摩は、群を抜いて武士が多かった。人口中に占める士族の割合は、全国平均で約六%といわれた時代に薩摩は約二六%で、四人に一人が侍だった。当然、男尊女卑的な空気が強く、男社会のニュアンスが濃い。しかし、こうした独特の風土を支えたのは、実は女たち――妻や母であった。

のちの薩英戦争の際に、夫と子供が参戦した東郷平八郎の母親のエピソードは、気丈夫な薩摩女の象徴と思える。戦火の中で、下男に「さつま汁」の鍋を持たせて陣地へ向かう途中、激しく大砲が鳴り響き、下男は腰を抜かした。それを見た東郷の母は、声を荒らげた。

「そげなこっでどげんすっとか！」

西南戦争では、東郷の兄が戦死した。母は、埋葬されたその遺体を立派な墓に移したいと願い、掘り出そうとした。しかし、鍬《くゎ》を使えば遺体に傷がつく。母は素手で掘り続けた。みるみる間に爪が剝げ、指から血が噴き出したが、手は最後まで止まらなかったという。

正義の母も東郷の母親と同じだった。子供のことだから、勉強の合間につい眠気に襲われる。正義は、睡魔を払うために小刀で足や手を突いていたが、それを見た袈裟子は強い口調でたしなめた。

「親譲りの大事な体に傷をつけてどうするの。そんなことはやめなさい」

袈裟子は、代わりに足継ぎ（踏み台）を出した。

「これに上がって勉強しなさい。眠って落ちたら目も覚める」

正義はのちに「自分は母のおかげでモノになった」と、しみじみと述懐したものだった。

正義は、厳寒の中でも足袋を履かずに質素な生活に徹したこの母の下で育つのだが、ひ弱で臆病ですらあった少年がたくましくなっていく土壌として、あと二つの要素があった。それは、正義の子である松方幸次郎の精神的支柱としても受け継がれていく。

何度くちびるをかみしめたことか。松方正恭の背は、悔しさと憤りで震える。

「元をたどれば、郷士の子ではないか」

ことあるごとに、正恭はそう言われたのだ。

薩摩は、家格をことのほか重んじる冷厳なまでの階級社会である。トップは、幕府でいえば徳川御三家に当たる「御一門家」（四戸）、次いで「一所持」（二十一戸）、「一所持格」（四十一戸）、「寄合」（五十四戸）、「寄合並」（十戸）と続き、以上が大身分と称された。この下には、「無格」（二戸）、騎馬隊を編成する「小番」（七百六十戸）、「新番」（二十四戸）があり、最後に下級武士の「御小姓与《ぐみ》」（三千九十四戸）が列する。

ただし、この九クラスは城下に住む武士である。薩摩は、こうした城下士とは別に領内に百を超す外城《とじょう》を設け、そこにも武士の集落を作った。これが「郷士」である。同じ侍とはいえ、普段は農業で生計を立てながら、一朝事あれば強固な軍団に変わる。その数は城下士とは比較にならないほど多かったが、家格からみると一段と低い。城下士たちは「肥《こえ》たんご士《ざむらい》」とからかい、ひどいのになると「郷士は唐紙一枚よ」と侮った。郷士を斬っても紙にサラサラと顚末を書けば一件落着というわけだ。

正恭の生家は、今の鹿児島市の南端に位置する谷山郷の郷士である。二男坊だった正恭は、長じてからは家計を助けるために次弟と二人で鹿児島と琉球（現沖縄）との貿易に手を染めた。この商売を通して正恭が得たものは、財だけではない。当時の琉球は、薩摩の支配下にある一方で中国とも交易を続けていた。正恭は琉球を介して海の向こうで起きる世界の動きの一端に触れ、鎖国の夢をむさぼる日本の将来を危ぶんだ。

正恭は、同じような郷士の家に生まれた妻袈裟子を説き伏せ、裸一つで城下へ引っ越した。

「これからは激動の時代だ。子供たちには、十分な教育だけはつけてやりたい」

そう思い、跡継ぎのいなかった城下の貧しい武士、松方七左衛門の家督を継いだのである。

しかし、人の意識とは変わらないものだ。ことあるごとに「元は郷士ではないか」と冷たい視線を浴びる。その声に耐える父正恭の姿を見るにつけて、正義は幼心にも悔しさで胸が張り裂けそうだった。

「私の生涯の運命をつくった〝母〟は、他人から軽蔑された時のこの憤慨の気持ちだった」

後年、正義はそう振り返った。やがて、薩摩独自のもう一つの風土が、その反骨心にアクセントを加えていく。

「ぼっけもん」

「ぼっけもん」――語感はあまり良くないが、薩摩では男への最大のほめ言葉である。「ぼっけ」とは、ものおじしないことをいう。つまり「ぼっけもん」は、逆境にへこたれない豪傑のことだが、半面では直情径行とも受けとれる。

逆に男として屈辱的なのは「ひっかぶい」という。臆病で弱虫のことだ。厳寒の中で武芸の稽古に励んでいて、何気なく息で手を温めるだけで、「武士がそんなことで役に立つか！」と地面に投げつけられる。

「ぼっけもん」は、極めてシステム的に生まれた。幕末の動乱期に、長州（現山口県）の松下村塾と並んで人材を輩出したといわれる薩摩独特の教育体系「郷中《ごじゅう》教育」がそれである。

郷中とは、城下に住む下級武士の子弟の結社であり、区域ごとに六つに分かれていた。戦になると各郷中はそのまま軍団に早変わりするが、普段は青少年の人格形成の場だった。

そのモットーは厳格を極め、六、七歳から十四、五歳までの稚児組、二十四、五歳までの二才《にせ》組とその上の長老組に区別され、勇武さを研ぎ澄ました。

たとえば、稚児組の子供は、早朝六時に家を出て同じ郷中内の先生宅へ向かい、書物を習う。それから身体鍛錬をして再び席につき、早朝学習の復習をする。さらに午後には、剣道などの武芸の稽古が待っている。

学習にしても、他藩にあるような暗唱にとどまらない。時に詮議《せんぎ》という問答が始まる。年長者が、こんな問いを投げかける。

「親の敵《かたき》を捜すうち、乗り合わせた船が遭難しかけた。危機一髪の際、やっと救助船が近づいたが、その船に乗っているのは、憎き親の敵だった。さてどうする」

ここで詰まってはいけない。正解はこうだ。

「まず、助けてもらった礼を述べる。次いで〝親のかたき、覚悟！〟と名乗って討つ」

子供たちは、ギリギリの場を想定しながら、立派な武士になることを誓うのだった。こうした封建社会の強固な基盤があってのことだが、藩主の住む城は天守閣もない質素な屋形造りである。それは「城をもって守りとなさず、人をもって守りとなす」という薩摩ならではの精神だったという。

さて、正義は、母袈裟子の愛情の下、郷中教育のなかで少しずつひ弱さから脱皮していくのだが、やがて、ささやかな幸せにひたる松方一族に激しい波が打ち寄せてくる。

悲嘆のどん底

貧しいながらもささやかな幸せにひたる松方正恭の一家が、正恭の義侠心が災いして一転、悲嘆の谷底に突き落とされたのは、正義が九歳の時だった。

正恭の親類に田中清蔵という武士がいた。ある日、その田中が畳に頭をすりつけるようにして、「金を工面してくれないか」と正恭に懇願した。

事情はこうだった。田中は、自分の力では弁済できないような額の藩の金を使い込んでしまった。これが明るみに出れば、切腹は必至である。何とか露見する前に穴埋めをしたい――というわけだ。

正恭は思案した。何しろ大金である。松方家の財産をすべて処分しなければ補えないだろう。しかし……。正恭は腹をくくった。

「人の命は金銭と比べられないものだ。それに、近親者の間から罪人を出すのも、不名誉なことではないか」

八方手を尽くして金を集め、やっと虎口を脱したと思ったら、しばらくして田中は再び正恭の前で両手をついて、哀願した。

「三日間でいい、若干の金をもう少し貸してくれ。三日間でかならず返済する」

正恭は困り切った。逆立ちしても金はない。正恭は仕方なく、恥を忍んで娘くらの嫁いだ谷村彦助に頼み込んで、三日の期限で借用して間に合わせた。

だが、正恭の善意はことごとく裏切られる。三日の期限は一時しのぎの方便で、田中に返済する余力などさらさらなかった。正恭は天を仰いだ。

その翌年、多額の借財に心労を重ねたのだろう、正恭の妻袈裟子は病の床で息を引き取った。そして大黒柱の正恭もまた、その二年後に病没し、六十二年間の生涯を終えた。「元は郷士の子」とさげすまれながらも、目を海の向こうにやり、ひたすら子供の成長に夢を託した人生だった。

正義は、満十二歳で両親を失ってしまった。藩主島津斉興《なりおき》(斉彬の父)にお目見えした七歳の時、両親は奮発して袴《はかま》を新調したが、正義は結局、ほころびだらけのこの袴を十八歳まで着通すことになる。すでに四十歳に達していた長兄が家督を継いだものの、一家の借財は重い。空になった米びつに慨嘆し、夜は行灯《あんどん》に用いる油にも事欠くありさまだった。

だが正義は、心まで暗くはなかった。わが家に灯がないと、友人の家を訪れて書物を読んだ。時に習い事にさく金すらないと、道場の窓から同じ年ごろの少年たちの稽古をじっと見続けていた。そうやって正義が苦難に耐えて研鑽《けんさん》に励んでいたころ、薩摩藩は、ジワリと頭角をもたげ始めていた。

名君の下

のちに勝海舟が「幕末第一等の英主」とまで称えた島津斉彬《なりあきら》が、薩摩藩主となったのは、一八五一年(嘉永四)のことであった。藩主の座をめぐって内部対立が激化し、暗殺騒ぎにまで発展した末の名君誕生だった。

松方正義が、藩の御勘定所問会方に勤め始めたのは、その前年、正義十五歳の時である。貧窮する家計を助けるために自分から藩庁勤務を申し出たのだが、読書や武芸鍛錬を続けながらの勤めでもあった。

薩摩は斉彬の下で、その正義が目を見張るほどの変容を遂げていく。

斉彬は、活眼だった。遠く中国大陸からは阿片戦争の様子が伝わり、足元の琉球列島にも外国船が再三出没し始めていた。斉彬は、欧米の列強がこの東アジアに触手を伸ばし始めていることを察知すると、「薩摩だけのことを考えている時代ではない」と看破していた。

斉彬は「武備開国」を唱え、藩直営の産業開発に向けて次々と手を打った。長崎から洋書を取り寄せて翻訳させ、五年がかりで銃砲製造用の反射炉（熔鉱炉）を建設した。あまりの傾注ぶりに側近が「金がかかりすぎる」とこぼすと、斉彬は愛用の地球儀に目をやりながら、「西洋人も人、薩摩人も人。できないはずがない」と切り返すのだった。

さらに一八五四年（安政元）には、斉彬は造船に手を染める。幕府が「大船建造の禁」を解いたのを受けての事業だった。造船所からは、国内初の洋式帆船「いろは丸」、三本マストに大砲十門を備えた初めての洋式軍艦「昇平丸」が相次いで完成し、錦江湾に雄姿を浮かべた。

とりわけ、「昇平丸」は国内の話題を独占したといってもよいほどの人気で、東京・品川沖に回航した時には、岸壁に見物人目当ての茶店まで登場した。

斉彬はやがて、蒸気船「雲行丸」の建造にまで事業を広げ、安政二年に見事に完成させると、これも「昇平丸」と同様に江戸へ回航した。外様大名とはいえ、名門島津家の威光を国内にあまねく知らせるまたとないデモンストレーションだった。

一方の「集成館」と命名された反射炉などの工場群は、武器だけにとどまらず農具、薬品製造なども手がけ、郊外に設けた紡績工場では、四台の輸入機械が快調な音で布を織っていた。軍備の傍らで理財の道まで探るという〝多角経営〟だったのである。

まさに、藩をあげてのパワーアップを図っていたその最中、江戸から天地を揺るがすような大事件の報が届いた。

黒船来航

快晴の相模湾に、ペリー提督の率いる真っ黒に塗りつぶした蒸気外輪船と帆船計四隻が姿を見せたのは、一八五三年（嘉永六）、正義が十八歳の時のことである。弾を込めた不気味な砲口が陸をにらみ、艦上で乗員たちが小銃を構える艦隊は、有無を言わせぬ臨戦態勢である。

黒船の近づいた浦賀の町は、騒然となった。だれが見ても、これまで日本沿岸に何度か出現した外国船とは迫力が違う。おりから六月は、大名や旗本たちが甲冑《かっちゅう》の虫干しをする季節である。鎖国の太平にあった二百五十年間、飾り物に近かった甲冑は、糸が切れていたりもする。「打ち払え！」の令が出ても肝心の武具に事欠くありさまで、老中阿部正弘は「火事装束を用いてもよい」

とまでお触れを出したという。パニックは下級武士層にも及んで、「船の底に穴をあけて沈めろ」と、空元気に叫ぶ者さえあった。

ペリーの目的は、日米の和親修好を求める大統領書簡を手渡すことにあった。武力を背景にして、固く閉ざされた鎖国・日本の扉を強引にこじあけようというわけで、現代風に言えば強大な「外圧」である。

黒船の出現は、単純な図式ではない。ことは、日本列島を取り巻く複雑な国際力学の招いた所産でもある。

産業革命を成し遂げたイギリスは、商品の販路や原料調達の可能性を求めて東アジアに着目していた。清国との阿片戦争に勝ち、日本の情勢をうかがっていた。さらに帝政ロシア、オランダ、フランスも新しい市場としての日本へ熱いまなざしを注いでいた。いや、もっとも日本の開国に熱心だったのはアメリカだったかもしれない。すでに清国との貿易を始めていたアメリカにとって、日本は石炭の補給基地としてだけの価値ではなく、一大マーケットになり得る魅惑の島国だったのである。日本列島を取り巻く海は、逆巻いていた。

幕府は苦吟した。ペリー艦隊が来航して六日後、とりあえずは大統領書簡を受け取ったが、腰は定まらない。この開国要求に応じるべきかどうか——気弱にも幕府は諸大名に意見を求めたりもしている。悩みに悩んだ末に、幕府は翌年、再訪したペリー提督との間に薪水の提供や開港に応じる日米和親条約に調印をした。やがてイギリス、ロシア、オランダとも調印し、またたく間に日本は世界列強の大波の真っただ中へ投げ込まれた。

庶民たちが「ないやないや、とんでもないや……大筒打っても届かないや、先ではちっとも恐れないや……とても神風吹かないや」と流行歌に乗せて不安を募らせるなか、弱体化を露見させてしまった幕府をめぐって、日本は、開国派と攘夷《じょうい》派が激越な戦いを繰り広げる動乱のルツボと化し、正義らを呑み込んでいく。

たぎる血

浦賀沖に突然現れた黒船、対応に右往左往した江戸城下、外圧に屈して結ばれた条約……。ここ薩摩にも、幕末の変事は刻々と届く。

正義は、胸の内にたぎる血を抑え切れない。

「弓矢や刀、槍では、強大な威力を持つ火器には勝てないだろう。だが、こんな時こそ、武道の精神は守らねばならない。今はただ、武芸を磨くのみだ」

庭に高さ二メートルほどの木が埋め込まれている。正義は木剣を取ると八双に構える。呼吸を整えると一気に打ち下ろす。空気を切り裂く剣の流れ、その速さ。雑念を振り払うかのように何度も木剣を振るうと、息が弾み、汗が滴り落ちた。

正義はこの時、知人の推挙を受けて、大番頭座書役に就いていた。大番頭座は、藩の職制では家老など御三役に次ぐ重要ポストで、書役とは書記のことである。まだ藩の役人とまではいかないが、書役になると一人前に肩衣《かたぎぬ》の着用も認められた。

正義は勤務の間、少しでも時間があると武芸の稽古に励んだ。日置《へき》流の弓術、鎌倉流の馬術、そして、この示現《じげん》流剣術――。

薩摩といえば示現流だ。幕末の動乱期に、各地でさまざまなエピソードを残した示現流は、勇武を尊ぶ薩摩ならではの流派である。一撃必殺。最初の太刀に全精力を注ぐ。しかも肩からへそにかけて一気に袈裟《けさ》がけに斬り下げる。抜刀し、敵に切っ先を向けた時、「チェストーッ」とすさまじいかけ声を発するのが特徴で、この気合を耳にしただけで敵はひるむとまでいわれる。

正義はやがて示現流の免許皆伝の腕となり、文武にわたる精励ぶりを認められて、藩主島津斉彬から沖縄特産の芭蕉布二反を賞賜されたりもした。

しかし、こうした模範的ともいえる日々の生活の中で、黒船来航を機に正義の心の中に一つの決意が芽生えていた。攘夷である。

ペリーの来航は、国論を二分していた。開国か、あるいは攘夷か。斉彬は積極的な開国論者だが、その前提として、朝廷と幕府が一体となって国力を整える「公武一和」での武備開国を唱えた。正義はその家臣なのだが、多くの武士たちがそうであったように、外国人を「夷狄《いてき》」として排斥する素朴な攘夷論を信じていた。黒船の出現は、その信念に拍車をかけたのである。

そして、一八五八年（安政五）。激しく揺れ動く幕府の中枢・大老の座に、正義らの運命をも左右することになる一人の男が就いた。彦根藩主井伊直弼である。

隆盛号泣

井伊が、幕政のトップ・大老職に就いたのは、正義が二十三歳になったばかりの安政五年の春だった。

正義らの耳には、井伊大老の強引とも思える執政ぶりが頻々と入ってくる。その第一は、朝廷の勅許を待たずに締結した日米修好通商条約であり、第二は第十四代将軍に徳川慶福《よしとみ》（家茂）を決めたことである。尊王攘夷論者の正義らにとって、この「違勅調印」は由々しいことだった。さらに、次期将軍の座をめぐって、薩摩藩主島津斉彬は、英明の声が高い一橋慶喜を推し、幕閣への参画を図っていた。十三代将軍家定夫人に養女篤姫を送り込み、大奥工作まで進めていたのだ。なのに……。

やがて斉彬は、身体の不調をおして炎天下での軍事演習に臨んで倒れ、急死する。毒殺説まで流れるあっけない最期だった。

斉彬の訃報は、城下の空気を重苦しくさせた。涙にくれる家臣のなかで、「もう神も仏もごあはん」と、だれはばからず号泣した男がいた。西郷隆盛である。

組織に危機感が走ると、権力者はまず、有為な人材を求める。斉彬は、下級武士から優れた男を抜擢して、藩力のアップを目ざした。隆盛は、その登用組の一人である。先の将軍継嗣問題の際、斉彬の意を受けて慶喜擁立に奔走したのは、隆盛だったのである。

こうしたなかで政敵の駆逐を図る井伊は、尊攘派志士の逮捕に乗り出す。いわゆる安政の大獄である。斉彬の死後、薩摩藩自体の空気も変わり、尊攘派への冷ややかなまなざしが目立っていた。失意の隆盛は、幕府の手を逃れて落ちのびてきた勤王僧・月照と海へ身を投げ、間一髪のところを救われたが、以後三年間、島流しの生活を送ることになった。

さて、正義はどうだったのだろうか。明けて安政六年、大番頭座書役勤務が七年となり、慣例に従って新藩主忠義（斉彬の甥）から苦労銀百三十両を受けた。正義は、この金を亡父が借金をした谷村家への返済に充てようとした。「少しは家計のために残せ」という兄の声に、「父が涙を飲んで世を去ったこの負債を返そう」と説得し、思いを通したのである。

父母の墓に手を合わせ、借金の完済を報告する正義は、言い表せない喜びに身を熱くした。しかし、墓前での無言の報告は、この一件だけではなかっただろう。井伊の登場で、幕府独裁制、尊攘派への弾圧など急テンポの展開を見せ始めた政治情勢は、若い血をふつふつと煮えたぎらせていたのだ。

正義らは、血気にはやっていた。手段は一つ。脱藩、そしてテロである。

彼らは「精忠組」と名乗っていた。

彼らとは、古書の研究を通して思いを一にし、藩政や幕政のあり方に激論を交わす薩摩の若い下級武士たちである。その中核は、のちに明治維新の三傑の一人にあげられる大久保利通だった。

大久保は、「北洋の氷塊」と評されるほど、クールで政治的資質に富む男だった。ある寺の住職が藩の実権を握る者の囲碁相手をつとめていると知ると、大久保はこの住職に弟子入りをし、囲碁を習い始める。いつか、この住職を介して自分の存在が実権者の耳に伝わるだろう、というわけだ。遠謀深慮――現実に大久保は、こうして少しずつ藩政の中枢に上っていくのである。

松方正義が心酔した大久保利通。「北洋の氷塊」と評されるクールさが身上だった

大久保をリーダーとする「精忠組」には属さなかったが、大久保に心酔し、グループのシンパ的な存在だったのが、正義である。安政の大獄の報が薩摩に届くと、「精忠組」の若者たちはいきりたった。正義もその憤怒の渦中にいた。やがて、グループの決起方針が定まった。ターゲットは、朝廷の動向に目を光らせる幕府の出先機関・京都所司代である。

「脱藩のうえ所司代を暗殺するべし」

テロを誓い合ったメンバーは四十数人を数えた。大山弥助（巌）、三島弥兵衛（通庸）、西郷信吾（従道《つぐみち》）、有村俊斉（海江田信義）……そして正義。いずれも甲突川沿いで育った若者たちである。メンバーは脱藩用の船二隻を用意して決行直前までこぎつけたが、いざという段になって計画が藩の上層部に漏れた。

当時の藩の実権は、藩主島津忠義の父・久光が握っていた。「精忠組」のテロ計画が伝わると、忠義は久光と相談して、メンバーの説得にかかった。

「お前たちの思いは十分に心得た。しかし国名は汚してくれるな。頼む」

というわけだ。大久保らは、自分たちの意とするものが藩主に伝わったと受けとめ、次の機会を待とう、として刀を鞘《さや》に収める。

しかし、明けて一八六〇年（万延元）三月、同じ「精忠組」の同志、有村次左衛門は、水戸脱藩士十七人とともに、幕府を根底から揺るがすテロを決行した。雪の降り積もる江戸城桜田門外で、登城中の井伊大老を襲撃したのである。

桜田門外の変の報が薩摩に届くと、「精忠組」の若者たちは再び色をなした。「これを機に一気に尊王運動を」――激論が飛び交い、大久保は久光に「今こそ」と決意を促した。しかし、久光はまだ動かない。大久保らのジリジリとする時間だけが過ぎていく。

時代の風は、凄気《せいき》をはらんでいた。

万延元年の桜田門外の変は、幕府崩壊のきしみだった。権威失墜に楔《くさび》を打つために、幕府は公武合体の具体化を図る。つまり、時の孝明天皇の妹和宮と将軍家茂《いえもち》との結婚で尊王派の矛先をかわし、事態の収拾をもくろんだのである。しかし、急進派の尊王派志士たちの目には、和宮を人質に取った政略結婚と映った。そして一八六二年(文久二)一月、公武合体を強力に推進した老中安藤信正が坂下門外で水戸浪士らのテロに遭う。桜田門外の変の轍《てつ》を踏まないよう警護を厚くしていたために安藤は致命傷を免れたが、この事件を機に政治の表舞台から消えてしまった。

時流は激しく不確かだった。だれも行く先を見通せず、政治情勢は累卵《るいらん》の危うさに満ちていた。

そして薩摩では——

正義は、頬を染めて華燭《かしょく》の典に臨んでいた。万延元年十二月二十日、正義満二十五歳の暮れである。傍らで恥ずかしげに面を伏せる新妻はまだ十五歳。名を満佐子といった。

実は、正義はこの婚儀になかなか首を縦に振らなかった。満佐子に不満なのではない。「まだ妻を迎える身では……」と渋ったのだが、正直なところ、奉行職にある満佐子の父・川上左太夫との家格の違いが心底にしこりとしてあったに違いない。正義の逡巡を左太夫は敏感に見てとると、

「家格の違いが何だ」と強硬に婚礼を推し進めた。同じ下荒田の地に住む左太夫は、幼時から正義をよく知っており、その人柄、才能を高く買っていたようで、正義を「娘を嫁にやる相手は、君以外にはおらん」と説き伏せたのである。

しかし、初々しい夫婦の台所は、相も変わらず苦しかった。文久二年四月、長男の巌が誕生したが、幼子に着せる衣は、満佐子が自ら糸を紡いで木綿を織って縫ったものだった。

巌が産声をあげた時、正義は京への途次にあった。それまで時局をじっとにらんでいた島津久光が意を決し、兵一千を伴って腰を上げた。久光は幕政改革と公武合体の実現をさらに進め、薩摩の名を天下に馳せようとしたのである。それは、雄藩であっても所詮は外様でしかない薩摩が政界進出に賭けた大デモンストレーションでもあった。

しかし、国内の尊攘派志士たちは、久光のものものしい兵列を倒幕の火の手と受けとめた。そして四月十八日、両者のこのずれが、惨劇を生んでしまう。

寺田屋へ

足軽十人を率いて、京の町をひた走る正義は、「間に合ってくれ」と天に祈った。

一八六二年（文久二）四月。正義が島津久光の命を受けて急ぐ先は、伏見の船宿「寺田屋」だった。

その前日、久光東上を耳にして、「倒幕の機が熟した」と勇み立った志士らが大坂に集結し、九条関白と酒井所司代暗殺を企てていた。しかし、久光に倒幕の思いはさらさらなく、むしろ跳ね上がる志士の動きを苦々しく見ていた。久光から「暴発を鎮撫せよ」と指示された正義は、ひそかに京から淀川を下ったのだが、どうやら夜の淀川ですれ違ったらしく、リーダーの有馬新七らは大坂を発ったあとだった。大坂で正義が目にしたのは、血の海に突っ伏す一人の薩摩藩士のむくろであった。彼は一時はテロに加わったものの気が変わり、有馬らの翻意を促そうとしたがそれもできずに、すべての労が水泡に帰すと、思い余って割腹したのだった。

正義がとり急いで京に戻り、久光に事の顚末を報告した時には、事態は新たな段階に入っていた。有馬らが寺田屋に入ったのを知った久光は、すでに奈良原喜八郎（繁）ら剣客九人を急派して、鎮圧を図っていたのだ。正義は久光に「私も伏見へ」と強く申し入れ、足軽とともに奈良原らのあとを追ったのである。

正義は道を急ぎながら、出発前に久光が告げた命を思い起こしていた。使命の第一義は鎮撫である。しかし、場合によっては「藩命をもって誅戮《ちゅうりく》するもやむを得ず」と、決然と命じられたのであった。

だが、正義が伏見へ向かっていた時、寺田屋では「誅戮」が現実のものとなっていた。

「慎重に時機到来を待て！」

奈良原らは熱っぽく軽挙を戒める。しかし、有馬らの決意は固い。向かいの部屋では、夜襲決行を前にすでに草鞋《わらじ》を履く者までいた。もう抜き差しならない。激論の末、鎮撫側の一人が「上意！」と叫んで剣を抜き、真っ向から斬り下げたのを機に、部屋は血潮の飛ぶ修羅場となった。鋭く斬り結ぶ刃から青白い火花が散った。ようやく正義が駆けつけた時、流血のなかで有馬ら六人が絶命し、二人が重傷を負って惨劇は終わっていた。

世にいう寺田屋事件である。けが人の手当てをする正義の胸中は、言いしれぬ悲しさで満ちていたに違いない。斬る者も斬られる者も、同じ薩摩で社会変革への志を一にした「精忠組」の仲間である。それが、いつの間にか轍《わだち》を異にしてきたのだ。しかし、世情は感傷を許さない。久光は五月二十二日、江戸をさして京を発った。

生麦事件

勅使を擁して江戸に入った島津久光は、幕府に幕政改革を迫った。公武合体に積極的な有力者を幕府の要職につけろ、というわけだが、従来では考えられない外様からの要請を幕府はとうとう受け入れる。それは幕府権力凋落《ちょうらく》の何よりの証拠でもあった。

そして一八六二年（文久二）八月二十一日。ひときわ暑い東海道を意気揚々とした久光の行列が進んでいた。正義は、それまでの忠勤ぶり、堅忍不抜ぶりが認められて近習番に抜擢され、久光の駕籠《かご》の右側を警護していた。

品川、川崎を過ぎて、行列が生麦村（現横浜市鶴見区）にさしかかった時のことである。馬に乗ったイギリス人四人と出くわした。行列の先頭部分は一列縦隊の鉄砲組だったため四人は難なく通過したが、久光の駕籠を核にした二列縦隊のところとぶつかって四人は立ち往生した。険しい顔の武士が「退け！」と叫んでも言葉は通じない。異様な気配を察した四人は、慌ててUターンしようとしたところで、馬首が行列に突っ込んだ。「無礼者！」と激したのが駕籠の傍らにいた当番供頭である。やにわに抜刀すると、「チェストーッ」という薩摩示現流独特の叫び声を上げて地を蹴り、馬上の男を一刀のもとに斬り下げた。これを合図のように列の武士たちは一斉に斬りかかり、四人のうちの一人が死亡、二人が負傷という惨事となった。いわゆる生麦事件である。

この騒動のなかで正義はどうしていたのか。彼はただ一人、久光の駕籠からじっと離れず、興奮して斬りかかった仲間を懸命に呼び戻そうとしていた。それから、久光に現状をつぶさに報告したのだが、正義の冷静な行動があって、久光は刀の鞘止《さやどめ》こそはずしたものの泰然として動じなかった。

この事件ののち、正義の『戻れ！』の声に応じた藩士たちは、「あいつのためにせっかくの機を逸した」と悔しがったが、その沈勇ぶりを称賛する声も強かった。事実、正義が騒ぎのなかで自分を見失わなかったのは、事件後の行動を見ても明らかだった。彼は、イギリス人の報復に備えて、それまでの駕籠の右から左に移り、ずっと居留地のある海岸側への注意を怠らなかったという。

しかし、この殺傷事件は、大きな波紋を呼ぶことになる。イギリスは幕府と薩摩藩に、賠償と下手人の処刑などを強く求めたが、薩摩は犯人として架空の「足軽岡野新助」を仕立て、「行方不明」と答えた。こんな返答が通るはずはない。翌年の文久三年六月二十七日、鹿児島湾に七隻のイギリス艦が出現した。海岸からわずか十二キロの沖合である。城下に重苦しい沈黙が流れた。

開国論台頭

戦端は、暴風雨の吹き荒れる正午に開かれた。

陸をにらむイギリス艦隊は、七隻。射程距離四キロの回転発射式アームストロング砲など百一門を擁している。対して、守る薩摩は十カ所の砲台に計八十三門を構えているが、球形の弾丸は一キロしか飛ばない。

一八六三年（文久三）の七月二日。この日は攘夷の急先鋒・薩摩にとって、いや日本にとって、歴史の節目に当たる一日となった。

鹿児島湾に艦隊が姿を見せてからこの日まで、イギリス側は強硬に生麦事件の賠償を求めていた。薩摩は「行列を横切った者を斬るのは当然」と要求をはねつけ、逆にスイカ売りに化けた決死隊が切り込もうとまでした。

「金で払わないのなら物で」というわけだろう。イギリス側は湾内に停泊中の薩摩藩の輸入汽船三隻を拿捕《だほ》した。それが緊迫した局面に一気に火を付けた。海岸べりの砲が一斉に殷々《いんいん》とした響きをたて、射程内に浮かぶ艦隊に集中砲火を浴びせた。旗艦に命中した球形弾で艦長らが戦死した。慌てて錨を切って逃げる船まで出た。

しかし、薩摩側の善戦もここまでだった。やがて隊列を整えた艦隊は、容赦なく砲弾の雨を降らせ、城下の一割を灰にした。

正義は、一カ月余り前に御小納戸役に取り立てられ、家格も一ランクアップしていた。この戦いでは、城下千眼寺に設営された本営で藩主島津忠義とその父久光の傍らに付き、各砲台を見回っては戦況を報告する役目を引き受けていた。冷静沈着な正義にふさわしい軍務だが、それだけに、彼の目には彼我の実力の差が歴然と映ったに違いない。

この日の交戦は三時間半にわたった。イギリス艦隊は翌三日にも攻撃を加えたあと、燃料などが乏しくなったため退却し、四日に湾外へ去った。両者の被害状況を数字だけで比べると、イギリス側は戦死十三人、薩摩側は戦死五人。単純な比較だと薩摩の奮戦が目立つ。確かに果敢な攘夷決行に薩摩の名声はいよいよ高まった。

しかし、藩の首脳部や正義らの胸の内には、外国艦隊の脅威が戦訓として残った。事実、ほとんどの砲台は完膚なきまでに叩きのめされていて、砲弾ひとつをとっても威力があまりにも違っていたのである。

強大な力を目の前にして、やっと自らの力を知る――それは島国・日本の避け得ない伝統とも思えるが、ともかくも薩摩は、この薩英戦争を経てやっと攘夷の夢から醒め、一転して開国——そして倒幕へと動き始めるのである。

同じころ、日本の運命を握るもう一つの雄藩が、同じ壁に突き当たっていた。

藩政参画

「子供が大人にいたずらをしかけて得意になっていたところ、大人が本気で叱り出したため、あわててベソをかいたようなもの」

作家の邦光史郎は、しゃかりきになって攘夷路線を突っ走る長州藩（現山口県）をこんなたとえで表現する。

一八六三年（文久三）、薩英戦争の少し前、攘夷急進派の長州は、目前の海峡を通る外国船に砲弾を浴びせ始めた。何しろ不意の攻撃だ。艦船は一目散に逃げる。藩士たちは上々の首尾に凱歌《がいか》を奏した。

だが、戦果はここまでだった。戦闘態勢を固めた軍艦が押し寄せると、またたく間に砲台は破壊され、海兵隊が縦横無尽に藩内を駆けた。さらに翌元治元年には、英、仏、米、蘭の四国連合艦隊が砲弾を雨のように降らせ、長州藩は完全な敗北を喫したのである。

この直前に長州は禁門の変にも敗れており、相次ぐ敗北に藩論は沸騰した。やがて長州は、攘夷を捨てる方向へ動くのだが、同時にもう一つの決意が固まってくる。倒幕である。

そのころ、正義は、生麦事件での沈着な行動が薩摩の実質的藩主・島津久光らの目にとまり、着実に昇進の道を進んでいた。この年、元治元年には議政所掛を拝命して、藩政に参画するまでになっていた。

そして、反幕的な態度をとり続ける長州に対して、幕府が第一次長州征伐の令を出し、総勢十五万人の征長軍が長州を取り囲んだ際、正義は薩摩軍の監察として博多の陣にいた。他藩の藩主が「長州には地雷という火術があるそうだが……」と弱気な言葉を漏らすと、正義は語気を強めた。

「火術などは薩摩藩でもとっくに開発しており、驚くものじゃない。地雷も間者を放てばすぐにわかる。かりに二千の兵の半数が地雷で死んでも、後陣が死力を尽くせば勝てる」

一国の藩主に正面から臆さずにものが言えるまでになっていた。

この第一次征長は、長州側が家老切腹などで恭順の意を示したため、戦火を交えぬまま終結した。

翌一八六五年（慶応元）十月。正義は、上京する藩主忠義に随伴するための用意を始めた。長男巌に次いで二男正作も生まれ、正義一家はにぎやかだった。そして満佐子は三人目の子を宿しており、臨月も間近だった。

その正義のもとに突然、意外な厳命が届いた。

「逼塞《ひっそく》」

今流に言えば「出社に及ばず」である。正義の顔から血の気が引いた。

幸次郎誕生

「なぜだ!?」

正義は降って湧いた「逼塞」の命に、戸惑いという立ちで身を硬くした。

だからといって、出入り禁止の刑罰だけに城中へ駆け込むわけにもいかない。八方手を尽くして情勢を探ると、「逼塞」の罰を受けたのは正義だけでなく、藩主の側に仕える同僚の森岡清左衛門ら数人に及んでいた。さらに調べてみると、「逼塞」の理由としてあげられた行状は、正義らにはまったく身に覚えのないものだった。

いわく、正義らは藩主の側に勤めていることを悪用して、横暴でほしいままな生活を送っているだけでなく、女遊びにまでふけり、武士の気風を乱している――というのだ。

「これほど節義を尽くしているのに……」

こんな不条理な仕置きに憤ったのは正義だけではない。城中でも「冤罪だ」と弁護する声が澎《ほう》湃《はい》として起こった。やがて、家老・喜入摂津の助言で藩主忠義と厳父久光は、異例の再審問を二日間に限って行なう触れを出した。

再審問には、家老、大目付らが全員出席した。関係者を一人ひとり問いただす厳しい尋問の結果、意外な真相が浮かび上がってきた。

それは、下級武士の出でありながら栄達を遂げてきた正義らへの屈折したねたみだった。大目付の一人が首謀者で、直接の実行者は岩元という目付であった。配下の足軽を使い、歓楽街の女をそそのかしてデッチ上げの行状を城下にまきちらし、正義らの失脚を図ったのである。詰問に追い詰められたこの足軽が謝罪書をしたため、すべてが露見したのだった。

「逼塞」の冤罪を被ってから十九日目、正義らへ「御赦被仰付候」と現職復帰の措置がとられると同時に大規模な処分が発表された。家老三人に一週間の逼塞、大目付三人は左遷のうえ二週間の逼塞、直接の実行者であった目付の岩元は徳之島へ流罪《るざい》のうえ家財没収……。藩を揺るがす騒動にまで発展した末に、正義らはようやく青天白日の身となった。

若き日の松方正義。冷静沈着な青年武士だった

「しかし」と、正義は思う。そねみや悪口、陰口。それらがどれほど人の心を狂わして悲劇を招いてしまうことか――。後年、子供たちに口を酸っぱくして「人の悪口を言うな」と言い続けたのは、この時のつらい体験があってのことだろう。

そして、身の潔白が証明されて一カ月後の一八六五年(慶応元)十二月一日、正義の喜びは倍増した。妻の満佐子が元気な赤ん坊を出産したのである。三十歳にして三人目の男児。正義は、幸次郎と命名した。

目を海外に

松方幸次郎が生を受けた慶応元年から翌年にかけて、幸次郎の周辺にはのちの彼の人生を暗示するような出来事が満ちていた。

そのころ、イギリス・ロンドンでは、まげを落とした薩摩の武士たちが、西洋文明の強烈な洗礼を浴びていた。五代友厚らをリーダーに、森有礼《ありのり》ら有能な若者十五人で組織された薩摩藩留学生である。

薩英戦争の後、急速にイギリスに接近した薩摩は、国禁を破ってでも西洋の底力を貪欲に吸収しようとしたのだ。それは、名君・島津斉彬以来のテーマだった海軍力増強への現地視察でもあったが、留学生たちは変名を使って、表向きは「大嶋守衛」として城下を離れるなど完璧なカムフラージュを施したうえでの隠密留学だった。

蒸気船を乗り継いで、二カ月がかりでイギリスへ向かった一行は、途上激しいカルチャーショックに見舞われる。岸壁で他人の目をはばからず別れの口づけを交わす男女の姿に、「その次第、実に傍らよりも痛敷《いたましく》みえ候」と、妙な哀感を覚え、炎天下で食べる「氷菓子」（アイスクリーム）

に目を丸くする。そして、鉄道を目にして驚嘆はピークに達した。

「大き鉄筋を土地に敷、其上を走る、其早きこと疾風の如し」

しかし、さまざまな衝撃を受けながらも若者たちはたくましかった。彼らは、与えられた使命感を胸に、精神をふり絞って西洋を真正面から見つめ続けていた。

ところで、正義はどうだっただろう。幸次郎の誕生直後、郡奉行に出世した正義は、以前から心に抱いていた決意を実行に移そうとしていた。彼は生涯を通じて、自分から官職を求めることのないタイプとして知られている。与えられたところでベストを尽くそうとする人間である。しかし、正義は後にも先にもただ一度のわがままを藩政府に申し出た。

「海軍の知識を学びたいと思います。どうか私を長崎へ送って下さい」

長崎出張は、いわば国内留学である。琉球貿易を通じて、目を海外に向けたその父正恭の血が、正義の体内にも脈打っていたのだろう。正義は、か細いながらも海外とのパイプを持つ長崎で、海軍の学習を通して少しでも西欧の実相に触れたかったのである。

願いがかない、正義は慶応二年十二月、軍艦掛として長崎へ赴き、海軍の基礎知識を学びながら数学や測量術の教えも受けた。

明けて慶応三年。正義が長崎と薩摩を往復しながら海軍の研究に励んでいるころ、幕府をめぐる中央政界は一大転換への沸点に達していた。

「大坂方面へ向かう船はないかあ」

正義は、長崎の港を駆けながら京への船便を探した。しかし、それは徒労だった。正義にわかるすべもないが、すでに兵庫、大坂方面への海陸の交通路は断絶状態で、長崎から上京する船は皆無だったのだ。「ここにいてもむなしいだけだ」とは思っても、正義はただ歯がみしながら、港に立ち尽くすだけだった。

正義が軍艦掛として海軍の勉強をしていた一八六七年（慶応三）から翌年にかけて、京は物情騒然としていた。第二次長州征伐の失敗を機に幕府の権威は完全に失墜し、兵庫をはじめ国内各地で物価高騰に耐えかねての百姓一揆や打ちこわしが続発していた。薩長両藩の倒幕出兵の盟約が成立して、もはや公武合体などは夢のまた夢だった。やがて、大政奉還、その裏での倒幕の密勅、さらに王政復古の大号令……と政局は目まぐるしく動いた。キリキリと引き絞った弓から放たれた矢は、だれにも止められない。そして、時代の風を鋭く切り裂く矢の先頭にいたのが、薩摩の西郷隆盛であり、正義の心酔した大久保利通だった。一人、長崎の地で京の激動ぶりを耳にした正義が歯ぎしりしたのも無理はない。

やがて、鳥羽・伏見の戦いで幕軍が敗走したとの報が入ると、長崎市中を牛耳っていた幕府の奉行が失跡した。当然、市中の治安維持が不安定になり、「幕兵暴発」への懸念が募った。腹をくくった正義は単身、奉行の配下だった振遠隊の屯所へ赴くと、隊長に時代の変転を切々と説いた。のちに官軍に帰順したこの隊長は、「死を覚悟しての説得は壮烈で反論を許さなかった」と振り返ったものだった。

おそらく、故郷の鹿児島では幸次郎を生んだばかりの妻満佐子が、身を案じているだろう。しかし、正義には、感傷を許される余裕すらない。長崎在住の各国領事に不安が走るとみると、長崎駐在のほかの十三藩の武士と連名で、「貴国人民への暴行は、われわれが取り締まるから心配するな」と通知するなど秩序維持に奔走したのだった。

そして、時代は明治へ入った。決して浮足立つことなく長崎で孤軍奮闘した正義は、その功績が認められて日田県（現大分県）の知事に就任した。まだ三十三歳であった。油代にさえ事欠いた貧困の一下級武士が、怒濤《どとう》逆巻く幕末の海を漕ぎ抜いて新政府の要職に抜擢されたのである。

日田から大坂、東京、長崎へと、正義が新体制の足固めに駆け回っていた一八六九年（明治二）九月、この物語に欠かせないもう一人の青年が、漂流する破船の上で「船だ、船を造ろう」とつぶやいていた。

正蔵受難

その帆船が大坂を発って鹿児島へ向かったのは、明治二年の九月十二日だった。順風に帆をはらませた船は、紀淡海峡を南下すると船首を高知沖へ向けた。

晴れ渡った空が一転してかき曇り、横なぐりの風に波頭が砕け始めたのは、この時である。やがて、帆船は荒れ狂う大海の中で木の葉のようにもて遊ばれ、甲板を海水が激流になって流れた。船倉の乗客にこわばった恐怖が走った。意を決した水夫が腰に命綱を巻きつけると、帆柱を斧で切り倒した。船を転覆から救う道はそれしかなかった。しかし、帆を失った船は、広大な海をさまようだけだ。夜に入って次第に波が収まり始めると、乗り合わせた人々は中空に鮮やかに浮かぶ満月を見上げて、「陸地では観月の宴が盛んだろうに……」と、悲運の身を嘆き、涙した。

そのなかに、やがて幸次郎と運命をともにすることになる一人の青年がいた。川崎正蔵である。

雲行きも　変る名残の　月見かな

死を覚悟した正蔵は、こんな辞世の句まで詠んだが、明日をも知れない破船上にありながら、彼の心の中に一つの決意が芽生えていた。

「和船ではだめだ。これからは蒸気船の時代だ」

正蔵は一八三七年（天保八）七月、鹿児島で生まれた。幸次郎の父正義の二歳下である。生家はかつて、城下きっての呉服商だったが、正蔵が生まれた時には零落し、貧しさのどん底にあった。しかも父が病没したため、正蔵は十五歳で母と五人の弟、妹を養う立場になった。二年後、正蔵は一念発起して長崎へ赴き、英語を独学しながら外国商品の商いに手を染めて、やがて大坂の砂糖店に勤めた。仕事柄、船で往来することの多い正蔵は、日ごろから和船の非力さを痛感していたのだが、この日の遭難はその思いに一挙に火を付けたのである。

幸い、太平洋を漂った破船は二昼夜を経て種子島へ漂着し、正蔵は九死に一生を得る。この時、三十二歳。正蔵はこの九年後に、自前の小さな造船所を東京で開設するのだが、それは、誕生したばかりの近代日本の歩みと軌を一にするものだった。維新政府は明治三年、太政官布告で「大船奨励令」を発し、翌年には工部省が神戸に造船修理用ドックを建設した。さらに明治六年には、大蔵卿大久保利通が「西洋型蒸気船の建造は、わが国殖産政策上の急務」と唱えた。正蔵の読みは図星だったのである。

正蔵の苦闘ぶりはのちに詳述するとして、話を薩摩へ戻そう。そこでは、天下の争乱など知る由もなく、幸次郎が腕白ぶりを発揮している。

幸次郎上京

都城《みやこのじょう》聖ドミニコ学園高校は、宮崎県都城市の郊外にある。生徒数は約三百人。地元では〝お嬢さん学校〟で通る。その校内で、松方為子校長に会った。七十九歳。東京に本部を置く聖ドミニコ学園の理事長でもあり、幸次郎を最期まで看取った末娘である。

「私の顔は松方系です。母親は西洋人と間違われるほど鼻筋の通った人でしたが、私はご覧の通り、父の血を継ぎました」

よどみのない口調は、高齢を露ほども感じさせない。

彼女から幸次郎の幼年期の話を聞きたかったのだが、残念ながら幸次郎はまったくといってよいほど昔話をしていない。「ただ……」と彼女は言った。「かなりの腕白だったようですよ」

幸次郎は終生、手にステッキをついていた。左右どちらか判然としないが、足が悪かったのだ。彼女の話では、幼いころ屋根か木の上かわからないが、高いところから無茶をして飛び降りてアキレス腱を切った後遺症だという。また後年、幸次郎はズボンの裾をまくり上げ、右足の傷を知人に見せて笑いかけたりもしている。「こりゃあ、チャンバラの刀傷だ」と。

鹿児島の郷土史家の説明では、この「鳴動編」の冒頭で紹介した「郷中教育」は、明治維新の動乱期にも中断することなく続いている。幸次郎は明け六つ（午前六時）の鐘が鳴ると床を出て、読み書き、身体鍛錬などのために年長者宅を訪れ、日が暮れるまで研鑽に励んだに違いない。それは、勇気のあることが男の証明だという薩摩の風土が生んだ教育体系だが、幼い幸次郎もまた、そうした土壌のなかでもまれ、人一倍の腕白ぶりを発揮していたのだ。

そして、一八七五年(明治八)、満九歳の幸次郎は故郷を離れて上京の途に就く。

父正義は、日田県知事時代に地租改正の必要性などを新政府に強く具申したのが認められ、その五年前に中央官僚に転身し、東京住まいを始めていた。思えば、歴史は皮肉である。藩をあげて倒幕に傾注した結果、新政府の高級官僚として栄進を遂げたのは、藩の下級武士である。彼らの手で廃藩置県が実行に移された時、薩摩藩の実質的藩主・島津久光は、烈火のごとく怒った。

「家臣の分際で主人の名と領地を取り上げるとは何事か。大久保と西郷を連れてこい。手討ちにしてくれる」

しかし、久光の叫びは無力だった。すでに上下関係は逆転し、大久保利通の部下ともいえる正義ですら、高級官僚への階段を上っていたのだ。

その父の元へ急ぐ道すがら、腕白小僧はまたまた、後に語り草となるいたずらをやってのける。

石詰め事件

明治八年といえば、大阪—神戸間にようやく鉄道の通った翌年だ。鹿児島からの上京は、もちろん海路である。

幸次郎は、幼友達の樺山愛輔（海軍大将・樺山資紀の子息）とその母、同じく竹馬の友である川上直之助の四人で東京へ向かった。いや、のちの「騒動」から察すると、下男か下女も同道したのだろう。

松方一族からは、幸次郎が一人だけだ。まだ九歳でしかない少年を長旅に送り出した理由は定かではないが、どうやら鹿児島の緊迫した空気がその背景にあったようだ。

明治維新の大立者・西郷隆盛が、征韓論をめぐる政変のなかで下野したのは、明治六年のことである。西郷を慕って鹿児島に集まった若者たちを対象に、私学校が誕生したのは、その翌年だった。現在も鹿児島での西郷人気は、異常なほど高い。逆に、征韓論で西郷と対峙《たいじ》した大久保利通の人気は、意外なほどに低い。事実、故郷に西郷の像が建ったのは死後五十年、大久保は没後百年でやっと銅像ができたという。そして、幸次郎の父・正義は、その大久保派であった。鹿児島では当時、反西郷の家系の子供は強烈ないじめにあったともいわれ、幸次郎の上京は、こうした西郷派、反西郷派の確執に起因したものかもしれない。

さて、四人の乗った船は、いったん大阪に立ち寄り、一行は宿に入った。その夜更けのことだ。幸次郎らの部屋で突然、切り裂くような悲鳴が上がった。慌てて灯を付けてみると、その悲鳴の主は大口をあけて顔をひきつらせている。見ると、その口の中には大小の石がギッシリと詰められていた。

大騒ぎの部屋の中で、ただ一人幸次郎だけがケロリとしている。それもそのはず、犯人は幸次郎だった。

「鼾《いびき》がうるそうて眠れん」

だから宿の中庭に出て、石を拾ってくると、大きく開いた口の中にどっさりと詰め込んだという。被害者がだれだったか、聞き伝えた人によって下男、下女とまちまちだが、上京の道すがら幸次郎がやってのけた「石詰め事件」は、いかにも彼らしい腕白ぶりだった。

幸次郎はこうして上京するのだが、相前後して、長兄の巌ら子供たちの多くも郷里に母満佐子を残してこの時期に上京し、父のもとへ行ったようだ。同じころ、険悪な世情を察してのことだろう、大久保利通一家も故郷を引き払い、東京へ居を移したといわれる。

そして、留守宅を守る満佐子の頭上に火の粉が舞った。

夜明けの時

同じ甲突川右岸の高麗や上荒田一帯に火の手が上がったのは、五月四日のことだった。それは、市中の混乱を図って薩摩軍自らが放ったものだが、燃え盛る火は家々をなめ尽くして広がり、四日後には、正義の留守宅がある下荒田一帯も火の海と化し始めた。

時に、一八七七年(明治十)。「一種独立国の様相」(木戸孝允)とまでいわれた薩摩は、意を決しての決起に出た。のちにいう西南戦争である。

戦いの主導権を握ったのは、私学校の若者たちだった。彼らは、下野した西郷隆盛を慕って帰郷し、最初は単なる士族子弟の教育機関だった私学校で学んでいたのだが、やがて猛烈な反政府活動を始めた。それは、郷土史家が「明治時代の全共闘」と比喩するほどの激しさで、木戸が「独立国」と表現したのも無理はない。

戦いの幕を切って落としたのも若者たちだった。この年の一月、一触即発のムードを懸念した中央政府が、市中にある陸海軍の兵器弾薬をひそかに移そうとして私学校生に見つかり、逆に奪取される事件が起きた。これを機に歯車は動き始める。西郷は若者たちの軽挙に「ちょっしもた(しまった)」とひざを打って悔やんだが、もう遅い。西郷は、一連の政府の施策を問いただす名目で兵を挙げた。戦いは、徴兵令に基づく新軍隊と旧来の士族との対決だった。熊本城をめぐる二カ月もの激戦を経て、政府軍は徐々に優位に立ち、四月には政府の海軍が鹿児島湾に姿を現した。窮地の薩摩軍は、とうとう市中にまで火を放ったのだった。

留守宅を守る正義の妻満佐子は、猛威を振るう火勢を前に十分な家財すら持ち出せなかった。と、いったん逃げのびた満佐子は、何を思ったのか、燃え上がる屋敷にとって返すと家の中へ飛び込んだ。やがて、焼け落ちる屋敷から駆け戻った満佐子の手に一冊の綴じ込みがあった。『要用記』——正義が、自らの生い立ちから幸次郎誕生までの出来事を記したものだった。

戦火は市中の八、九割を灰にして治まり、九月に西郷が自刃した。戦いは、一万四千人を超す犠牲者を出して終わった。すでに木戸はこの五月に病没していて、大久保利通も翌年五月、不平士族のテロに倒れる。こうして「明治維新の三傑」はすべて没し、政界は伊藤博文や松方正義ら次世代を軸に展開していく。幕末から維新の激動期を過ぎて、日本は近代国家の揺籃期へと歩を進めるのである。

物語はここまで、幸次郎の精神風土ともいえる鹿児島を舞台に、時代の転変と松方一族の姿をたどってきた。西南戦争は一族にとっても故郷との別れを告げる転機となり、満佐子は戦塵《せんじん》の鹿児島から正義や幸次郎の待つ当時の東京・芝区新堀町へ向かう。この時、幸次郎は満十一歳。この物語も動乱の鹿児島を離れ、新しい息吹に満ちる東京、そして幸次郎の青雲の志を熱くしたアメリカへと場面を移す。

青雲編

出　航

手元に、古い新聞のコピーが二枚ある。一枚は、横浜の外国人居留地で発行された英字新聞ジャパン・ウィークリー・メール、もう一枚は東京横浜毎日新聞。英字新聞は、横浜を出港した外洋客船の乗船客名を克明に記している。そのなかの一八八四年（明治十七）四月十日、アメリカ・サンフランシスコへ向かった「シティー・オブ・ペキン号」（三、一二九トン）の一等船室乗客名に、一人の若者の名があった。

「ミスターマツガタ」

この物語の主人公、松方幸次郎である。

そして、もう一枚の東京横浜毎日新聞は、当日の東京周辺の天候を「快晴　風方位東　風速三・八メートル　気温十二・二度」と伝えている。

春とはいえ、やや肌寒い風に波頭が静かに砕ける横浜港。一点の雲もない空に向けて、「シティー・オブ・ペキン号」の二本のファンネル（煙突）が黒煙を噴き上げる。本編は、春の陽光をまぶしく照り返す、そんな港町・横浜の岸壁から幕が開く。

沖へ細長く突き出したイギリス波止場。その先端に立って、幸次郎はじっと海を見つめていた。目ざす新大陸アメリカは、水平線の遙か彼方である。

幸次郎が乗った「シティー・オブ・ペキン号」（米カリフォルニア州モンタレーのアレン・ナイト海事博物館提供）

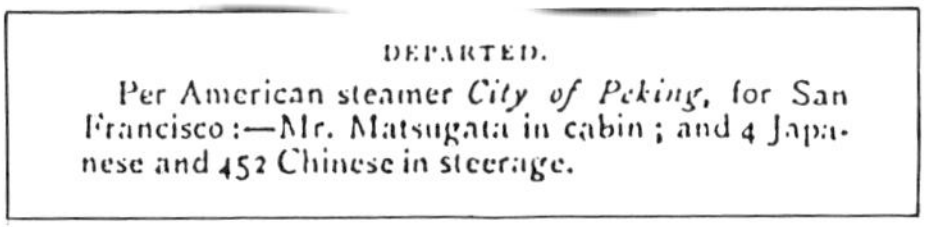

DEPARTED.

Per American steamer *City of Peking*, for San Francisco:—Mr. Matsugata in cabin; and 4 Japanese and 452 Chinese in steerage.

幸次郎の名前が掲載された英字新聞ジャパン・ウィークリー・メールの乗船名簿欄

「どげな国じゃろか」

弱冠十八歳。幸次郎の胸は、期待と不安ではち切れんばかりだった。

西洋文明を貪欲に吸収して、近代化を図った明治新政府。その先兵となったのは、続々と海を渡った留学生たちである。

思想家新渡戸《にとべ》稲造、文豪森鷗外、労働運動家片山潜……。いずれもこの年、国からの助けを一切受けることのない私費留学生として日本を発った。幸次郎も同じく私費の留学生として未知の国・アメリカへ旅立とうとしていたのだ。

艀《はしけ》が、木の葉のように揺れる。沖合には、四本マストの「シティー・オブ・ペキン号」が錨を降ろしている。まだ欧米への航路は、この船を抱えるアメリカ太平洋郵船かライバルのオクシデンタル・アンド・オリエンタル汽船などしかない。しかも港湾が未整備で、艀に頼らねば大型船へは乗り込めない。

幸次郎は、出港の時間が迫ると艀に乗って、ペキン号に向かった。海面から仰ぎ見ると、鋼鉄の壁が海からそそり立っているようだ。そのデッキから下ろされたタラップを一歩一歩上ると、そこはもう、日本ではない。これからどんな運命が待ち受けているのか。身を固くする幸次郎の感傷を断ち切るように、出航を告げる鋭い汽笛が鳴り響いた。

カルチャーショック

「シティー・オブ・ペキン号」は、浦賀水道を抜けると、太平洋に乗り出した。観音崎を過ぎたあたりからにわかに波が高くなる。

「さらばだ、日本」

波間に見え隠れしながら、富士が次第に遠ざかっていく。その優美な姿を船窓から眺めていると、幸次郎の胸に万感の思いが迫ってきた。

だが、そんなセンチメンタルな気分もしばしのことだ。留学生が受けるカルチャーショックは、早くも船中から始まる。

たとえば、幸次郎がアメリカへ発った翌年の一八八五年（明治十八）。のちの首相高橋是清の一行が、「シティー・オブ・ペキン号」と同じアメリカ太平洋郵船の「サン・パブロ号」でアメリカへ向かった時のことだ。やっと船酔いも治まったメンバーの一人が、顔でも洗おうと洗面器を探し回った。小さな部屋をのぞくと、壁にそれらしい器が付いている。

「西洋人とは合理的な考え方をすると聞いていたが、なんで、こんな不便なことをするのか」

と、思いながらもしゃがみ込み、器にたまった水で顔を洗い口もゆすいだ。

気分爽快になって部屋を出ると、入れ違いに大男のアメリカ人がやってきた。「あんな図体でどうやって顔を洗うのか」。こっそり、ドアの隙間からのぞき込んでみたが、どうもおかしい。大男は、しゃがむどころか、器の前で両足を開いた。そしてズボンの前ボタンをはずして、おもむろに……。

その器は洗面器ではなく、洋式の便器だったのだ。せっかく治まっていた吐き気が一気によみがえってきた。

いや、無事にアメリカ大陸に到着しても、当時の日本では考えられない災難もある。幸次郎が日本を発った十七日後に、次の船便で小松宮依仁親王と海軍留学生が同じくアメリカへ向かった。一行がサンフランシスコから乗ったニューヨーク行き大陸横断鉄道の列車は、途中で貨物列車と激突して転覆した。親王は左腕に五センチの刺し傷を負い、海軍留学生四人も大けがをした。

事故が起きたのは、日本最初の動脈・東海道線が開通する五年前のことだ。一行にとって、カルチャーショックと呼ぶような生やさしい衝撃ではなかっただろう。結果論とはいえ、幸次郎が横浜出航の船便を一つ遅らせていたら、彼もまた手荒い近代文明のパンチを食っていたことになる。

夜、漆黒の空に満天の星が散らばっている。幸次郎は、デッキから飽きずに星空を見上げている。故郷・薩摩を離れたのが九年前。異国へと駆り立てずにはおかなかったこの九年間の思い出が、星のまたたきのなかに浮かんでは消えていく。

異色の私学

東京の開成高校は昭和六十三年、東京大学に百六十二人を送り込んだ。灘高、学芸大付属高をおさえて全国一位である。これで過去七年間、東大合格者数でナンバーワンの座を守り続けたことになる。

その屈指の進学校のルーツをたどると、東京・神田淡路町にあった小さな私学に行きつく。名前を共立《きょうりゅう》学校といった。

創設者は佐野鼎《かなえ》である。静岡の生まれで、江戸幕府きっての砲術家だった。やがて加賀藩（現石川県）に招かれて兵制の創設に携わったが、一八六〇年（万延元）、佐野の人生に転機が訪れる。幕府で最初の公式使節となる遣米使節団の一員に選ばれたのである。

アメリカ軍艦「ポーハタン」で海を渡ったちょんまげに二本差しの武士たちは、大西洋、インド洋を回り、九カ月後に帰国するのだが、この間、佐野は西洋文明のパワーに激しく揺り動かされた。

翌年の文久元年、遣欧使節にも随従し、今度はヨーロッパの現状をつぶさに見て回った佐野は維新後、造兵司の正《かみ》、つまり兵器製造の総責任者となったが、日本が近代国家への道を歩むには「何よりも教育が大事だ」との信念が募った。そして加賀藩ゆかりの前田慶寧、茅野茂兵衛らの協力を得て、一八七一年（明治四）、神田淡路町に私学を開いた。それが「共立学校」である。

まだ体系の整わない当時の教育界にあって、「共立学校」は異彩を放った。洋風の校舎にはバルコニーが付き、授業のなかではとりわけ英語に力点が置かれた。教師には二人の外国人を招いた。明治四年といえば、東京に住む外国人はわずか七十二人。英語教育にかける佐野の意気込みはすさまじかった。

生徒は、身分を問わなかった。皇族をはじめ公卿《くぎょう》、旧士族の子が目立つ一方で、商人の子弟も門を叩いた。だが、教育界に波紋を広げた「共立学校」は明治十年、暗雲に覆われる。大黒柱の佐野が、全国で七千人近い死者を出したコレラに罹り急逝したのだ。おりからの西南戦争による世情の動揺もあって、校運は急速に衰えた。

学校創設に尽力した一人、茅野は、学舎の隣で米屋を営んでいた。茅野はガランとした学校の姿に暗然とした。「何とか再建せねば」と思案を重ねるうち、自宅二階に下宿する青年のことを思い出した。当時、一介の教師に過ぎなかった高橋是清である。数年後、この高橋が引き直した「新・共立学校」のレールを幸次郎は走ることになる。

指導者輩出

大家の茅野から「共立学校」の再興を請われた高橋は、同じ大学予備門（旧制一高の前身）の教師仲間と相談のうえ、快諾した。

高橋は日ごろから、次代を担うべき予備門生の学力の低さを嘆き、「入学前にもっと学力をつけてやる方法はないものか」と考えていた矢先だった。一八七八年（明治十一）、二十五歳の高橋は、気鋭の青年校長として着任すると、矢継ぎ早に手を打った。

一言でいえば、「共立学校」の進学校化である。校則の第一条には、こう記した。

「本校ハ（中略）東京大学予備門ニ入ラント欲スル者ノ為メニ（中略）教授スル所トス」

学科は、英語学科と和漢学科。修業年限は二年間で、それを四期に分けた。再スタートを切った「共立学校」には、志望者が殺到した。そのなかに、やや小柄ながらクリッとした大きな目が印象的な少年がいた。幸次郎である。

高橋が、学問だけでなく「社会の利益」を強調したせいもあるのだろう。「共立学校」はのちの近代日本を支える俊英を次々に生んでいく。

幸次郎の同窓のなかには、同じ薩摩の出身で、のちに幸次郎が美術館構想を打ち出した時のブレーンになる近代洋画の巨匠・黒田清輝、立憲政友会幹事長などを歴任後、南満州鉄道(満鉄)の総裁となった山本条太郎らがいた。

先輩を見回すと、潔癖孤高の政治家・尾崎行雄、早大総長・高田早苗、阪大初代総長・長岡半太郎、法学者・穂積八束の名が見える。そして一級下には、教育界に沢柳閥と呼ばれる一大勢力を築いた教育家・沢柳政太郎、九歳の時に一緒に上京した川上直之助もいた。さらに二級下には、地震学者・大森房吉、薩摩出身の内相・床次《とこなみ》竹二郎らが名を連ねている。晩年になって、幸次郎は「ポスト床次」として担《かつ》がれて、政界入りを果たすことになる。

さて、「共立学校」はまたたく間に地力を発揮し、明治十二年には予備門合格者の四人に一人を占め、一躍名門校へと上りつめる。俊才のなかでもまれながら幸次郎も少しずつ力をつけ、明治十四年、あこがれの予備門へと進学を果たした。

維新の動揺も遠く過ぎて、時代は平静さを取り戻していた。両国回向院での大相撲は、十日間で二万五千人を集め、浅草の飲食店ではマッチのサービスを始めていた。

しかし、「共立学校」の時にはさして目立たなかった幸次郎も、予備門に入ると一転して父・正義が「ウーム」とうなる挙に出る。故郷・薩摩の「ぼっけもん」の血が、幸次郎の体内で騒ぐ。

学内にはここ数日、険悪な空気が立ち込めていた。

「こんな卒業式があるか。これまでのやり方が完全に無視されているではないか。ボイコットだ、ボイコット！」

東京大学の法、理、文の三学部と同じ敷地にある大学予備門の寮生の議論は、日ごとにエスカレートするばかりだった。

一八八三年（明治十六）十月二十七日。のちの東大紛争に匹敵するような一大事がキャンパスに起きた。

発端は、大学側がこの年の学位授与式（卒業式）を朝から行なうと発表したことからだった。その前年まで、卒業式は夕方から夜にかけて行なわれ、式の前に、卒業生と在校生による運動会を開くのが慣例であった。

さらに在校生は、式後の送別会に出る酒や料理を卒業生からこっそりもらい受け、夜陰に乗じて運動場で惜別の酒盛りに興じるのがささやかな楽しみだった。

ところが、式が朝からになれば、運動会は開けない。ましてや真っ昼間の送別会では来賓の皇族、政府高官、各国公使の目があり、酒盛りもおじゃんになる。しかも、卒業式への在校生出席も人数が制限されて、予備門からは各学年から二、三人しか出られないことになり、不満が爆発した。

「予備門の生徒をばかにするな。断じて納得できん」

と、人一倍この方針に激怒したのが幸次郎だった。共立学校から予備門に入って三年目。本来なら翌年に卒業を控える最上級のはずだが、この二年間落第を繰り返し、まだ一年生のままであった。

共立学校の優等生だった幸次郎が、一転して落第生に……。何も授業についていけなくなったからではない。どうやら文部省の指導のもとで、学内の自由な雰囲気を一掃し、規制強化を図る学校に対して、事あるごとに抵抗してきた幸次郎への見せしめ的なものであったようだ。

「大学の寮生と行動をともにし、予備門生徒の意地を示す時だ」

寮生たちを前に、幸次郎はこぶしを振り上げた。言い出したらあとに引かない気性がめらめらと燃え上がっていた。

卒業式欠席の方針は寮生全員の賛成で決定した。すぐに幸次郎ら主だった者が集まり、ボイコットの戦術がひそかに練り上げられた。

式の前夜、神田・一ツ橋の東大・予備門寄宿舎は水を打ったように静まり返った。各部屋では、寮生たちが息をひそめ、まんじりともせずに夜が明けるのを待ち構えていた。

東大紛争第一号

卒業式は、予定通り朝から始まった。

ところが、在校生がいっこうに現れない。学内の寄宿舎はもぬけの殻だ。職員らが周辺を捜し回るうち、異様な集団が目に入った。風にはためく寮旗を掲げ、蛮声を嗄《か》らして寮歌を歌う百人余りの若者たち。まぎれもなく、式に出席するはずの在校生たちである。

ただちに教師らが連れ戻しに向かったが、寮生たちは馬耳東風だ。

「僕たちは、近くの日暮里へみんなで遠足に行くんです。帰るわけにはいきません」

先導する幸次郎らは、あっけらかんとしている。しわだらけの袴《はかま》に手ぬぐいをぶら下げたバンカラ姿で、意気揚々と秋空の下を闊歩している。

幸次郎らは、日暮里の原っぱに着くと、学校でできなくなった運動会を始めた。途中でほかの学生も続々と加わって、卒業式ボイコット組は百四十人ほどに膨れた。

金を出し合って酒や料理を買い込み、運動会の後はどんちゃん騒ぎに移った。これが、幸次郎らがひそかに練り上げたボイコット計画であった。

「気分がよか。すかっとしたぞ」

と、幸次郎らがにぎやかに学校へ引き揚げてきたのは午後四時半ごろ。ところが、思いもよらない事件が勃発した。

酔っぱらった勢いか、寮生の一人が寄宿舎の廊下のランプを叩き落とし、床が火の海となったのである。ほかの寮生や職員が慌てて消し止めたので、ボヤで済んだが、この騒ぎがまだ興奮状態の残る群集心理に火を付けた。

夕食時、食堂に集まった寮生の一人が、「こんなまずい飯が食えるか！」と、茶碗や皿を壁などに投げつけたのを合図に、寮生らは一斉に食器を投げ窓ガラスを粉々にしてしまった。明治、大正期を通じて寮生の間で頻々と食事改善を求める実力闘争「賄い征伐」が行なわれたが、明治十六年十月二十七日、幸次郎らが起こしたこの騒動は、東大での紛争第一号となった。

おかげで、幸次郎らは空腹のまま夜を迎える結果となったが、寮生たちの大学・予備門に対する怒りは空きっ腹も手伝って、ますます激しくなった。学内の空気はキリキリと張りつめた。

「おい、寄宿舎の職員を引きずり出せ」

だれかの叫び声に、寮生らはなだれを打って駆け出した。

警官出動

寄宿舎の職員詰め所を取り囲んだ寮生たちは、ガラス戸を破って室内に乱入した。

神田・一ツ橋の東京大学法、理、文三学部と予備門の構内には、今流にいえばゲバルトの嵐が吹き荒れた。

気配を察した職員は直前に学外へ逃げ出していた。興奮の治まらない寮生たちは、室内の机や火鉢などを手当たり次第に投げつけた。

在校生の決起に共鳴した卒業生も酒を携えて合流した。肩を組んで寮歌を歌い踊ったが、酔いが回るにつれて、寮生たちの目に大学側の規制強化のシンボルと映ったものがあった。その前年、寄宿舎をぐるりと取り巻いて設けられた木の柵と廊下の板囲いである。

明治政府は明治十年代後半になって、大学生や予備門生の政治活動を禁じる一方、どんちゃん騒ぎなどを取り締まる方針を打ち出していた。東京大学・予備門の寄宿舎にも幸次郎が入学した明治十四年に寮生を監督する寄宿課が設置された。さらに、この年の十一月には寄宿舎規則がつくられ、寮生の門限は休日前夜を除いて午後六時から七時と定められた。しかも午後十一時には門を閉ざし、遅れた者は学内に入れなくなった。柵や板囲いは、門限を破った寮生が、こっそりと寄宿舎に入ることのないよう設けられたものだった。

「寄宿舎は牢屋《ろうや》ではない。柵と板囲いも叩きこわせ！」

先頭に立って柵をなぎ倒し始めたのは、入学以来、予備門側の締めつけに反抗してきた万年一年生の幸次郎らである。

寄宿舎規則は、酒、煙草も禁じており、大学側が卒業式を夜から昼に繰り上げたのも、在学生から酒盛りの機会を取り上げるのがねらいであった。強圧的ともいえるこうした規則に対して爆発した寮生たちの不満で、寮内は無法地帯になった。若者たちの群れは教室や実験室、門番詰め所へと激しく流れ、窓ガラスや実験器具が砕け散った。

騒ぎが最高潮に達した午後九時過ぎ、ついに警官隊約三十人が出動し、校門で学生とにらみ合いになった。

「構内に入れさせろ」

「学問の府に警察権力は及ばん。さっさと帰れ！」

激しいやりとりで、一触即発の緊迫した場面となったが、やがて警官隊は形勢不利と見たのか引き揚げ、寮生たちも熱が一気に冷めたように寄宿舎へ戻った。のちにいう「十六年事件」は夜の深まりとともに終息した。

だが、大学・予備門側が、この騒動を黙って見過ごすはずがない。断罪の日々が幸次郎らを待ち受けていた。

退学処分

東京大学総長、加藤弘之の事件処理は、熾烈を極めた。

「一人残らず調べ上げろ」

卒業式ボイコットに端を発した開校以来の寮生の騒動で、加藤は文部省から厳しく管理責任を問われていた。加藤は、即座に「学生生徒暴力取調委員会」を設置して、厳罰主義で臨んだ。片や寮生側。加藤に謝罪文は提出したものの、「事件に関わった者を絶対に明かすな」と結束を固め、大学側に敢然と抵抗した。

だが、百七十五人の全寮生を片っ端から呼び出して徹底的に尋問する委員会の前に、固かった結束も次第に崩れ、弱気になった者の口から幸次郎ら騒ぎに加わった寮生の名前が次々に明らかになっていった。

「大学生八十人、予備門生六十六人、全員退学」

前代未聞の大量処分が下されたのは、事件六日後の十一月二日だった。ただちに政府は、全国の官庁に退学者がほかの学校に入学することを禁ずる通達まで発した。

しかしそれは、諸刃の剣だった。近代化を担うはずの百五十人近くもの逸材が、ごっそりと姿を消すという深刻な側面を抱えていたのだ。

困り果てた加藤は、文部卿大木喬任《たかとう》に対して、早くも処分一カ月後に罪の軽い退学者の復学許可を申請した。翌年一月、六十人が大学、予備門に戻った。

しかし、その復学名簿に幸次郎の名前はない。日ごろの反抗ぶりと予備門生の先頭に立って寄宿舎の柵を叩き壊したことで、すっかり心証を悪くし、情状酌量の余地なく復学者からはずされたのだ。

大蔵卿だった父正義には、世間への体面もある。嫌がる幸次郎に復学の嘆願書を書かせた。

「私儀、一時ノ不心得ヨリ去ル二十七日、暴行ニ関シ退学オオセラレ……」

だが、「あんな暴れん坊は困る」と、加藤は首を縦に振らなかった。

一回目の復学許可に続いて、二カ月後にも十九人の退学者が大学、予備門に戻ったが、そこにも幸次郎は含まれていなかった。

正義は不機嫌極まりなかったが、幸次郎は涼しい顔であった。

「あんなうるさい学校に戻れるか」

と、復学の意思などさらさらなかったのだ。

幸次郎の目はすでに狭い国内から、広々とした海外へと注がれていた。そしてある日、幸次郎は父の前で藪から棒に言い放った。

「おいをアメリカへ行かせて下さい」

新大陸へ

東京大学予備門から退学処分を受けた時、幸次郎は「しめた」と、ほくそ笑んでいた。

予備門は、大学に入る前の基礎的な学問を身につける付属学校として、一八七七年(明治十)に発足した。脱亜入欧を急ぐ明治政府は、英米の大学グラマースクールをそっくりモデルにして、新学年を九月から始めた。教師も大半が外国人だったが、なかには素性の怪しい者まで含まれていたという。大学側は外見にこだわって寮生らへの規制を強めたが、教育の中身は、日本人留学生が帰国して教壇に立つようになるまでは、先進国に比べてとても一流とは言い難かった。

「こんなところでくすぶっていたのでは、到底、西洋の進んだ学問は身につかん」

常々そう思っていた幸次郎は「十六年事件」で予備門を退学になると、真っ先に二人の兄のことを思い出した。

すぐ上の兄正作は明治十五年二月、外務省の研修生としてベルギーへ官費留学。さらに、長兄巌も翌十六年四月から、ドイツへ私費留学していた。その二人から、ヨーロッパの教育レベルの高さを綴った手紙が幸次郎の元に毎月のように寄せられる。「それなら、おいはアメリカじゃ」と、幸次郎が留学を熱望するようになるのも当然であった。

幸次郎は三田綱坂（港区）の松方邸に帰るたびに、父正義に留学を願い出た。

「巌を私費留学させている時にお前までは無理だ。もう少し待て」と正義がなだめても、「待てません」とむきになる。閉口した正義は、留学中の巌や正作にまで「幸次郎を説得してくれ」と頼んだ。

「父上が困っておられる。留学は予備門を出てからだ」と、兄二人はしきりにたしなめていたが、そこへ、降って湧いたような退学処分である。幸次郎は意を決すると、一枚の計算書を正義に見せた。いつの間に調べたのか、二人の兄の留学費用を丹念に分析したものだった。

「日本で勉強しても留学しても経費は変わりません」

正義は、根負けした。

幸次郎がアメリカへ旅立ってから、ほぼ一カ月後の明治十七年五月十七日、皮肉なことに、最後まで復学が許されなかった幸次郎たち六十七人の退学処分が解かれた。

しかし、太平洋の荒波を切り、サンフランシスコへと向かう「シティー・オブ・ペキン号」のデッキから飽くこともなく満天の星空を見上げていた幸次郎には、予備門への未練など微塵もなかった。まだ見ぬ新大陸への期待が膨らむばかりであった。

ラトガーズ大入学

ラリタン川は、ニューヨークの南側をかすめるように大西洋に注いでいる。その河口から十数キロさかのぼったニューブラウンズウィックにその大学はある。

ラトガーズ大学。

幕末から明治にかけて、日本の近代化に大きく貢献した大学であるにもかかわらず、日本での知名度はいまだに低い。

「これがラトガーズか」

一八八四年（明治十七）四月、ニューブラウンズウィック駅に降り立った幸次郎は、こみ上げてくる不安を押し殺すように大さく息を吸い込んだ。

ラトガーズ大学でもっとも古い学舎。1807年建築で、幸次郎もここで学んだ

木立の間から、天に向かって尖塔《せんとう》を突き出したレンガ造りの大学本部が見える。幸次郎はまず、大学入学までに英語力を身につける大学付属のグラマースクールの方へ足を運んだ。

村の教会堂といった趣のグラマースクールは駅の近くにあった。百年後の今も、町の中心から離れていないのに野鳥がさえずり、リスが走り抜ける。勉学に打ち込むには、またとない環境である。

ラトガーズ大学は、アメリカ独立宣言のちょうど十年前、オランダ系移民の手によって設立された。その大学が日本人留学生を受け入れる契機となったのは、明治維新の二年前、二人の若者が飛び込んできたことからである。

ある日、ニューヨークにあったオランダ改革教会派の宣教師事務所で、港に着いたばかりの機帆船の船長が息せき切ってこう訴えた。

「日本から二人の男を乗せてきたんだが、何とかしてくれんか」

事務所の牧師が港に行くと、船のそばに東洋人の二人の若者が立っていた。二人はおずおずと、長崎に滞在している同派の宣教師フルベッキの紹介状を差し出して、「伊勢佐太郎、沼川三郎と申します」と、たどたどしい英語で挨拶した。紹介状には「二人が、教育を受けられるように取り計らってほしい」と書かれていた。牧師たちは協議の末、伊勢、沼川を同じ教派のラトガーズ大学付属グラマースクールに入学させることにした。

実は、二人は、幕末の開明的思想家・横井小楠の甥、伊勢佐平太と弟の太平である。国禁を犯しての密航のため、名を偽ってやってきたのだ。アメリカでは、同志社の創始者である新島襄に次ぐ二番目の日本人留学生となる。

こうした縁があって、やがて渡航の禁令が解けるとともに、ラトガーズ大学は日本人留学生の受け入れ先となった。その数は明治九年までに四十人を超える。幸次郎は、先輩たちが少しずつ踏み分けてきた道に、今、一歩目の足を下ろそうとしている。

黄金の鍵

髪をほぼ真ん中で分けた若者の顔は、その太い眉と厚い唇に生来の意志の強さがのぞいている。しかし、切れ長の澄み切った目は、明晰であることを物語る半面、己の運命を見通しているかのような愁いを感じさせる。

ラトガーズ大学の古い資料を保存しているアレギザンダー図書館。その地階の一角に、同大学の首席卒業生の写真がずらりと並んでいる。白人ばかりのなかに日本人青年が一人交じっている。一八七〇年（明治三）、幸次郎が入学する十四年前の首席卒業生、日下部太郎である。

開明派大名・松平春嶽で知られる福井藩の出身で、維新の前年、藩命を受けてラトガーズ大学に入った正規の日本人留学生第一号だ。

日下部も幸次郎と同じく、まず英語を身につけるためにグラマースクールに入った。東洋の一小国からやってきた若者の理解力は、ずば抜けていた。日下部は、開校以来の成績を収め、大学には全教師の推薦で一年生を飛び越して二年生のクラスに入った。

日下部が大学で選択したのは、近代化を急ぐ日本に持ち帰ってすぐに役立てるための製図や測量のコースだった。それは安政の大獄で悲業の死を遂げた橋本左内の先見性が、日下部のなかで芽を吹いたとも言える。福井藩校明道館で教鞭《きょうべん》を執った左内がとくに力を入れたのが、数学や物理、その明道館の俊英だったのが、日下部である。

大学でもみるみる頭角を現し、教授や学生の日本人観を一変させてしまった日下部だが、寝食を忘れての勉学は、健康に大きくたたった。最終学年を迎えるころには、すっかり胸を冒されて、死期を待つばかりであった。

「先生、無念でなりません」

しぼり出すような声が何度も咳にかき消されながら、日下部は、師であり友であったウィリアム・E・グリフィスの手を握りしめ、二十五年の短い生涯を閉じた。一八七〇年四月十三日。卒業式を二カ月後に控えての夭折《ようせつ》であった。

大学は日下部の成績を評価し、異例ではあるが卒業生に加えた。また同窓会は、最優等生に贈る「黄金の鍵」をその霊前に捧げた。

翌年、グリフィスは日下部の遺髪と「黄金の鍵」を携えて、福井へと旅立った。のちにこのアメリカ人教師は、開国間もない日本を世界に紹介する見聞録『皇国』『ミカド』を相次いで出版し、いずれもベストセラーとなった。

留学生の墓

ラトガーズ大学の卒業を目前にして病に倒れた日下部の亡きがらは、大学から南へ一キロほどのウィロー・グローブ墓地に葬られた。

柳がうっそうと茂る閑静な郊外だったこのあたりも、最近ではニューブラウンズウィックの人口が増えるにつれて住宅開発が急速に進み、墓地は建物に囲まれた空き地のようになってしまった。

その墓地の中を歩いていくと、南端に八基の墓石が、肩を寄せ合うようにして立っている。それが、大志を抱きながら異国で無念の死を遂げた日下部ら明治時代の日本人留学生の墓である。

周囲の墓石の多くは、いたずらのためか横倒しにされ、石の破片が散らばる無残な光景が広がっている。ただ、日本人留学生の角型の墓石だけは、だれが守ってくれているのか、空に向かって真っ直ぐに立っている。

「タロ・クサカベ　日本越前生まれの人」

日下部の墓は右端にあった。一世紀余りの風雪にさらされて、表面は削り取られているものの、今も墓石に刻まれた文字は判読できる。

それから左へ一つ置いた墓の下には、幸次郎のいとこに当たる松方蘇介が埋葬されている。蘇介は、松方正易（正義の兄）の長男として鹿児島に生まれた。維新前後、薩摩軍の小隊分隊長として鳥羽伏見の戦いから会津攻めまで奮戦を続け、二度も幕軍の銃弾を浴びた歴戦の勇士である。

九死に一生を得た蘇介はその後明治四年、岩倉遣欧米使節団の一員に加わって渡米した。そして、とくに許しを得てそのままとどまり、ラトガーズ大学に入った。

帰国後には高位高官が約束されていたにもかかわらず、運命は非情であった。弾傷にはびくともしなかった強靭な体も、結核には幼子ほどの抵抗力もなかった。

蘇介は留学した翌年七月十日、コネチカット州ファーミントンの静養先で、治療のかいもなく息を引き取る。享年二十二歳という若さであった。

蘇介ら留学生の墓の傍らに、桜の木が植えられている。昭和五十五年十月二十五日、ニューヨーク在住の日本人たちが、明治の留学生の墓に桜を――と一ドル募金運動を行なって植えたものだ。

しかし、恵まれた今の時代に生きる日本人がどれほど想像をたくましくしても、明治初期、ここアメリカで学んだ若者たちの熾烈な生活環境は、うかがい知れないものだろう。

幸次郎の目の前でまた一人、やがて幸次郎の人生に転機をもたらすことになる有為の若者が倒れていく。

相次ぐ死

ニューブラウンズウィック郊外のウィロー・グローブ墓地の前に一台の馬車が止まった。一八八五年（明治十八）三月二十四日。日差しはようやく春めいてきたが、墓地を吹き抜ける風はまだ冷たかった。ニューブラウンズウィックは青森とほぼ同じ緯度に位置し、冬は長く厳しい。墓石の陰には、まだ雪が残っていた。

馬車の扉が開き、棺《ひつぎ》が取り出されると、待ち受けていた日本人留学生たちが担いで、日下部太郎や松方蘇介が眠る一角まで運んだ。そのなかに、留学二年目の幸次郎の姿もあった。

棺は墓穴に静かに下ろされて、幸次郎らが花をまいた後、土がかぶせられた。町の牧師がとりしきるキリスト教式の埋葬に、「葬式まで日本のようにはいかんのか」と、異国に葬られる仲間の心情を思って、留学生たちは男泣きした。

埋葬された留学生は、川崎新次郎といった。

新次郎は、東京・築地と神戸で造船業を営む川崎正蔵の三男である。慶応義塾を卒業後、幸次郎と同じ一八八四年に渡米した。入学先はラトガーズ大学ではなく、ニューヨーク州ポケプシーのイーストマン商業学校であった。

しかし、志に燃えて留学した新次郎も、翌年三月二十一日、二十一歳の若さであっけなくこの世を去る。日下部太郎や松方蘇介と同じく、結核に胸を冒されたためだ。

新次郎の亡きがらは、慣習ではポケプシー内の墓地に葬られるはずだったが、「異境の地で寂しかろう」と、日本人墓地のあるニューブラウンズウィックまで二百キロの道のりを運ばれてきたのである。

新次郎の死は、その父正蔵の人生に大きな影を落としていく。

長兄は若いころに死亡している。そして、ただ一人残ったすぐ上の兄正左衛門も、新次郎の死の三カ月後、弟の後を追うように急死した。正蔵は、事業を継ぐべき息子を一挙に失ってしまったのだ。

この悲劇は、やがて幸次郎の運命を大きく左右することになる。しかし、新次郎の埋葬に立ち会いながら、その死が己の帰国後の人生の出発点になろうとは、この時の幸次郎にわかるはずもなかった。

今、八基の墓碑のなかで、新次郎の墓碑は左端に立っている。

「日本　川崎新次郎墓」と刻まれた文字はおぼろげながら読み取れる。

日本の近代化に殉じた若者たち。その相次ぐ死は、幸次郎らも含めて当時の留学が、生命を賭けての試練であったことを物語っている。

異境の国有地

「日本の若者は、アメリカ東部の厳しい冬を過ごすには、スタミナがなさすぎた」

開国間もない日本を世界に紹介したラトガーズ大学教師のグリフィスは、そう嘆いた。相次いで病に倒れていく日本人留学生たちの、あまりのはかなさに、「幼いころから米ばかり食べている民族なので、遺伝的に虚弱体質なのだ」とさえ考えた。

綿の着物に慣れ親しんできた当時の日本人の習慣も、厳しい自然環境では災いした。

「少し寒気が緩《ゆる》むとすぐにフランネルの下着を脱いでしまい、それが彼らの死をさらに早めた」

と、グリフィスは書き残している。

幸次郎も冬を迎えるたびに、毎月のように風邪をひいた。寒波が襲来すれば町は吹雪に閉ざされ、昼間も氷点下を上回ることはない。温暖な鹿児島生まれの身にはこの季節がもっともこたえた。

風邪薬も医者の治療も、さして効き目はなかった。グ

森有礼がウィロー・グローブ墓地で「国有地」としたのは中央奥の一角。今では周辺の墓碑が横倒しにされ、無残な光景をさらしている

リフィスのいうように、動物性タンパク質の少ない当時の日本の食生活が、環境の変化に耐える抵抗力を養っていなかったのかもしれない。ひどい時には、二週間近く熱が下がらず、激しい咳に悩まされながら、「これで、おいも異国で果てるのか」と、すっかり観念したことすらあった。結核が死に至る病であった時代にあって、幸次郎がウィロー・グローブ墓地に埋葬されることなく帰国できたのは、むしろ運が良かったというべきだろうか。

それだけに幸次郎たちは、葬られている七人の日本人留学生と一人の幼児の命日には欠かさずに墓地を訪れ、花をたむけて冥福を祈った。ここに眠る者たちは、いわば自分たちの身代わりになってくれた——とすら思ったのである。

もう一つ、幸次郎たちがこの墓地に感慨を抱く理由があった。

一八七一年(明治四)十月、初代の駐米公使森有礼は、日本人留学生が埋葬されているウィロー・グローブ墓地の一角を百二十五ドルで買い上げ、日本の「国有地」とした。

森は、志を遂げることなく留学先で倒れた英才たちを悼み、日本政府が墓地を永久に管理することにしたのだ。森は土地を取得した後、ニューブラウンズウィックの役場に一ドルで登記したことを本国政府に報告している。

幸次郎たちにとって、ウィロー・グローブ墓地は、異境の中の日本でもあったのだ。

しかし、幸次郎の前に立ち塞がったのは、慣れぬ風土と病だけではなかった。のっけから根深い人種偏見が待ち受けていた。

人種偏見

ラトガーズ大学のキャンパスから東へ十五分ほど歩くと、石造りの古い教会に突き当たる。パターソン通九番地。幸次郎は、その一角にあったロックウッド夫人の家を下宿に選んだ。木造三階建て、全部で十室ほどの典型的な下宿屋だ。

しかし、当時の日本人留学生にとって、下宿探しは楽ではなかった。幸次郎が訪れたころには、日本人もかなり認められるようになってはいたが、まだまだ人種偏見のきつい時代だったのだ。アメリカ人からすれば、日本人も中国人も見分けがつかない。肌がやたらに黄色くて、目の細い東洋の未開人に過ぎなかった。

やっとの思いで下宿屋のおかみを口説き落として間借りしても、すぐにほかの下宿人が騒ぎ出す。そのうえ、召使いまでが「お暇をいただきます」とくるから始末におえない。

下宿探しだけではない。留学生たちはニューブラウンズウィックの繁華街では、何度もはらわたの煮え繰り返る思いをした。

「イエローモンキー（黄色い猿）」と、街の酔っぱらいにからかわれた時には、さすがの幸次郎も相手の首をつかんで殴りつけたい衝動に駆られた。

しかし、暴力を振るったのでは地元の人間たちの偏見を助長するばかりだ。「郷に入れば郷に従え、か」。そこで幸次郎は一計を案じた。もっともアメリカ人的な振る舞いをして周囲の関心を集める方が得策だ、と。

「僕を会員にしてもらえませんか」

グラマースクールを終えてラトガーズ大学に入学した幸次郎は、学生の社交クラブのなかでも一番権威を重んじる「デルタ・イプシロン」の門を叩いた。

予想外だったが、大蔵卿の子息という毛並みの良さがこんなところで役に立った。突然の日本人の入会希望に戸惑っていた窓口の係員は、幸次郎の履歴書を見てたちどころに部屋へ招き入れたのだ。

会員は上流階級の子弟ばかりだ。授業を終えるとクラブに立ち寄って、ソーダ水を飲みながらビリヤードに興じる。当時、アメリカで大流行していた四つ球ゲームで、幸次郎は急速に腕を上げた。

効果はてきめんであった。鮮やかなキュー(棒)さばきで点数を重ねていく幸次郎は、たちまち仲間から「マッチー」の愛称で呼ばれる人気者になった。

いや、相手の懐に飛び込む処世術は、これで終わらない。幸次郎は、正義が聞いたら目を丸くしそうな行動に出た。

長袖のTシャツに脚にぴったりと張りついた綿ズボン。靴はくるぶしの上まである編み上げの革製で、靴下はゲートルのようにズボンの上から履く。帽子は毛糸のつば無しキャップだ。

これが、百年前のアメリカンフットボールのユニホームである。あのいかめしいヘルメットもかぶっていなければ、肩パットも入れていない。これでボールを持っていなければ、水夫と見間違えそうないで立ちだ。

幸次郎のもう一つのアメリカ的振る舞い。それは、このユニホームを着ることであった。

ラトガーズ大学に入ったばかりの幸次郎が、フットボール部のボックスを訪ねて入部を希望すると、居合わせた部員たちは鳩が豆鉄砲を食らったような顔をした。

無理もない。幸次郎の身長といえば、彼らの肩ほどしかない。「おまえ、来るところを間違えたんじゃないか」と部員たちは一斉に笑ったが、幸次郎にひるむ様子は微塵もなかった。

「小柄なことが有利な時もあるでしょう」

そう言われると、なるほど一理ある。笑っていた部員たちも真顔になって、「試しに入れてみるか」となった。

幸次郎に与えられたTシャツには、一年生チームであることを示す「89」の数字がでかでかと染め抜かれていた。これは幸次郎の卒業予定年次一八八九年をさしている。

ポジションは、意外にもフォワードだった。小さな体をフルに生かして、大男の足元をかいくぐって駆け回れというわけだろうが、正直、足の悪かった幸次郎にとっては一か八かの決断でもあった。

ラトガーズ大学といえば、アメリカのスポーツ史に輝かしい一ページを開いたことは存外知られていない。

今やアメリカの国技ともいえるアメリカンフットボールは、一八六九年（明治二）十一月六日、この大学で産声を上げた。対戦相手は同じニュージャージー州のプリンストン大学である。アメフトとはいっても、当時は双方二十五人の選手が丸いボールを蹴り合うサッカーのようなゲームで、六ゴールを先取した方が勝ちというルールだった。この試合をきっかけにしてエールやコロンビア、ハーバードなど大学間の試合が盛んに行なわれるようになり、現在の隆盛が築き上げられた。

日本では一九一九年（大正八）、東京高等師範の岡部平太が持ち帰ったのが最初とされている。その三十四年前、幸次郎は「日本人を甘く見るな」と言わんばかりの面構えで、チーム仲間と写真に納まった。そこに、のちの幸次郎の先取性と負けん気の強さがのぞいている。

ドイツ語追試

少々の失敗はさして気にせぬ幸次郎が、ほとほと弱ってしまうことが起きた。

「ドイツ語　不可」

ラトガーズ大学に入って一学期までは順調だったが、二学期になってから、ビリヤードやアメリカンフットボールに熱を入れすぎたのがたたった。ドイツ語の追試をパスしなければ落第となる。

試験の結果は、かならず報告するよう父正義に厳命されていた。これも私費留学させてもらった弱みである。だが、「父上のご機嫌を損じては」との思いが先立って、筆は一向に進まなかった。「まことに赤面の至りで……」と書き始めては捨て、くしゃくしゃになった便箋の塊がゴミ箱にうず高く積もっていた。

良かったのは動物学九十三点、論理学八十八点程度である。憲法史六十七点、歴史七十点などは赤点（六十点未満）すれすれで、ドイツ語ときたら……。クラスの席次も一気に後ろへ下がってしまった。

だからといって「勉強不足でして」と、親元へ正直に書くわけにはいかない。

「ドイツ語は授業の前に三時間半も予習したのですが、何しろ学生泣かせの教師ですから」

などと、責任を教師に押しつけてしまった。当の教師には悪いと思いながら、留学が取り消しにならないようにとの一念である。

追試の日は、春休み明けの四月十四日だった。幸次郎は同じく期末試験に落ちた五人の学生とともに屈辱の再試験に臨んだ。

ドイツ語の教師は、入学時に幸次郎たちに配布した大学ガイドをおもむろに取り出して、その巻末の一文を皮肉っぽく読み上げた。

「可能性に満ちあふれた青春時代に、大いなる志と男らしい決意を持たない者は、ただちにラトガーズを去れ」

だが、かろうじて追試はパスしたものの、幸次郎はラトガーズ大学の生活に飽き足りなさを感じ始めていた。

何より、キリスト教徒でない者にとって毎朝、授業前に義務づけられている礼拝や土曜、日曜の聖書講義、説教は退屈を通り越して苦痛でさえあった。確かに、ここで教育を受けたキリスト教の思想は、知らず知らずのうちに幸次郎の血肉となっていくのだが、この時の幸次郎にはそこまで思いは届かない。

さらに、規則にうるさいことも不満だった。学期中だとニューブラウンズウィックを離れるのにもいちいち学生課の許可を求めなければならなかった。「これでは予備門と同じではないか」と、気分が滅入った。

こうした窮屈さは、やがて幸次郎に重大な決心を迫ることになる。

老博士の激励

アーチ型のステンドグラスから差し込んでくる光は弱々しく、目が慣れるまでにしばらく時間がかかった。

カーク・パトリックチャペル。幸次郎が毎朝、授業前に祈りを捧げたラトガーズ大学内の礼拝堂である。そのほの暗い堂内に足を踏み入れるたびに、幸次郎は一枚の肖像画に目を惹かれるのだった。

立派な白ひげをたくわえた老人の胸には、なぜか日本の勲章が輝いていた。しかも、外国人としては異例の勲三等旭日中綬章である。

老人の名はデービッド・マレー。一八七二年（明治五）から六年余りの間、文部省の教育顧問として日本に招かれたラトガーズ大学の数学教授である。

出発に先立って、ニューブラウンズウィックで開かれた歓送会では、はなむけに「彼ほどの学識豊かな教授を送り出すことは、ラトガーズ大学にとって大きな損失である」との言葉が贈られたほどの人物だった。

その賛辞にたがわず、マレーは、最高学府としての東京大学創立に力を注いだのをはじめ、学士院創設を建議して、日本のアカデミズムの礎《いしずえ》を築き上げた。

さらに、忘れてならないのは、当時の日本では軽視されがちだった女子教育の重要性を強く主張したことで、東京女子師範学校の開設にも尽力した。

その数々の功績は、のちに文部大臣となった牧野伸顕が「日本においてマレー博士の名声はペリー、ハリスとともに永遠に国民に記憶されるであろう」と、称賛したほどであった。肖像画の胸で輝く勲章は、マレーが日本を去る一八七九年（明治十二）一月、明治天皇自らが与えたものである。

幕末、二人の日本人密航者が初めて訪れたラトガーズ大学は、マレーの存在によってさらに日本との留学のパイプを強固にした。幸次郎もいわば、その勲章の磁力に引き寄せられるように海を渡ってきた留学生の一人ともいえる。

マレーは帰国後、ニューヨーク教育委員会の強い要請で教育委員を十年間務めた。その間、しばしばニューヨークの日本人会を訪れ、幸次郎ら留学生たちを激励した。

「君たちこそ、日本の将来を背負って立つんだ」

老博士の威厳を帯びた言葉が、幸次郎らの胸を刺す。だが、その言葉の重みを十分に理解すればするほど、幸次郎はこの大学に別れを告げる時が来たと思うのである。

二十歳の再出発

幸次郎がラトガーズ大学での留学生活に疑問を抱き始めたのは、二年生が終わろうとしたころである。

「アメリカの大学へ行きたい」と、やみくもに日本を飛び出してきた幸次郎だが、三年生から始まる理工系の専門課程には、どうしても興味を抱くことができなかった。

それに比べて、すぐ上の兄正作の境遇は、幸次郎にとってねたましさを覚えるほどであった。外務省の研修生として渡欧していた正作は、目まぐるしく変転するヨーロッパ情勢をつぶさに観察する機会に恵まれていた。時あたかも、フランスは第三共和制転覆をもくろむブーランジェ将軍の陰謀事件に揺れ動き、イギリスでは、労働党の母体ともいうべきフェビアン協会が誕生していた。

欧州列強の動きを綴った正作の手紙を読みながら、幸次郎は、

「世界の流れを素早くつかむには外交官の道しかない」

との印象を強く受けていた。

なおかつ、幸次郎がしばしば訪れたニューヨークの日本領事館でも、正作の友人高橋新吉領事ら若手外交官が、アメリカにおける政財界の有力者と堂々と渡り合っていた。

「おいも外交官に……」

若手外交官のはつらつとした姿は、幸次郎の思いを一層かき立てた。

外交官を目ざすには、当然、何よりも法律の知識が基礎になる。しかし、残念ながら当時のラトガーズ大学には法学部がなかった。

「どうすればいいでしょう？」

思い余って、幸次郎はあれこれと面倒を見てくれている高橋領事に相談した。

「それならエール大学に行きたまえ」

高橋のアドバイスは簡単明瞭であった。要は大学を変わってしまえということである。しかも、高橋の勧めるエール大学の法学部は、著名な政治家や有能な外交官を数多く輩出してきた名門学部である。

「なるほど編入という手があったのか。エールに決めもうした」

幸次郎は、半年以上も頭を悩ませたもやもやを吹き飛ばすように、いともあっさりとその場で意を決した。

腹をくくると動きは早い。それが幸次郎の身上だ。諸手続きを終えると、幸次郎はラトガーズ大学をあとにした。社交クラブではビリヤードに熱中し、アメリカンフットボールチームの異色選手として大男たちにひと泡吹かせたりもした。「マッチー」の愛称で呼ばれたこの思い出深いキャンパス――。幸次郎はそれらの未練を断ち切るように、ニューブラウンズウィック駅へ足を早めた。

時に、一八八五年（明治十八）の夏。炎天下に路面は白く照り、木陰にそよ風が舞っている。二十歳の再出発である。

一路、エールへ

ニューブラウンズウィックから乗った汽車の中で、幸次郎は近代文明への感慨を新たにした。目ざすエール大学は、アメリカ東海岸のロングアイランド海峡に面したコネチカット州ニューヘブンにある。ラトガーズ大学のあるニューブラウンズウィックとの距離は、ほぼ神戸—岐阜間に等しい。その間を汽車は七時間で結んでいる。日本ではまだ東海道線が開通する以前のことである。幸次郎が驚くのも無理はなかった。

車窓に流れる光景を眺めていると、幸次郎の胸中をさまざまな思い出がよぎる。

ラトガーズ大学時代、幸次郎はしばしば汽車でニューヨークへ出かけた。二時間もかからないのだから、近郊から都心へ出るような気軽さだ。そんなある日、ニューヨークの日本領事館が開いた会にぶらりと顔を出した時のことを幸次郎は鮮やかに思い出す。

「本国政府の太政官制が廃止されて、内閣制になったよ。幸次郎君、君のお父上は大蔵大臣だ」

領事館で顔を合わせるなり、ビッグニュースを伝えてくれたのは、日本から到着したばかりの高橋是清であった。

一八八五年（明治十八）十二月二十二日、第一次伊藤博文内閣が発足した。日本の政治が、大日本帝国憲法発布（明治二十二）、第一帝国議会召集（同二十三）へと、急速に立憲君主制の体裁を整え始めていく皮切りである。

「これから日本はどうなるのか」

本国政府の大変革のニュースを機に、少壮気鋭の外交官や留学生たちが口角泡を飛ばして意見を戦わせた。だれもが熱っぽかった。自分がいつか、新しい日本を引っ張ってやるんだという気概と自負があった。

その白熱した討論のなかで、妙に幸次郎と気の合う若者がいた。高橋と一緒にやってきた留学生の一人で、やがて三菱銀行頭取に上りつめる串田万蔵である。

二人の様子を察したのか、高橋と領事の高橋新吉は万蔵に「そうだ、ちょうどいいじゃないか。留学先は幸次郎君と同じ学校にすればいい」と勧めた。

汽車がゴトンと揺れて、幸次郎はそんな思い出への旅から目を覚ました。鉄路はロングアイランド海峡に沿って一直線に延びていた。汽車の吐く火の粉で森や牧草が燃えないように、線路の両側は三メートルほどの幅でむき出しの地肌になっていた。その茶色の帯が、エール大学へとつながる一筋の道のように思えた。

編入合格

エール大学への編入試験は、一八八六年（明治十九）十月六日に行なわれた。

「小生、今秋よりエール大学法学部に編入することを決意しました。難関はもとより覚悟の上でございます」――幸次郎が両親にこう書き送ったのは、試験の一カ月前である。父正義が目を通すころには、すでに試験は終わっている。いやも応もない。幸次郎のねらいは、ただ一つ。正義に事後承諾させることであった。

エール大学のキャンパス。中世ヨーロッパの街並みを思わせる（エール大学提供）

とはいえ、ラトガーズ大学二年生修了の証書は持っていたものの、この時点でエール大学に入れるかどうか、幸次郎自身、皆目わかってはいない。にもかかわらず、この手紙の投函場所は、すでにエール大学のあるニューヘブンの郵便局であった。

いったんこうと思ったら、何が何でもそうせずにはおれない。編入試験の前からニューヘブンに居を移してしまった幸次郎の大胆な行動に、そのがむしゃらな性格がありありとうかがえる。大学予備門を退学させられたのも、父や兄の反対を押し切って留学したのも、すべてはこの薩摩育ちらしい「ぼっけもん」の気性から発していた。

「薩摩心でごわす」

「浮ついた華族気分では何もできもうさん」

幸次郎は、仲間の日本人留学生に何度もこう熱弁を振るったものだった。

「編入試験に向けて、日々勉強に没頭しております」

「アメリカの学生の勉強ぶりには頭が下がります」

幸次郎が引き続いて両親や弟にあてた手紙の文面には、もはや留学そのものに酔っていたラトガーズ時代の甘えは微塵もなかった。

そして試験当日。真剣な表情で答案用紙に向かう幸次郎の姿は、現在の受験生と変わるところはない。変わりがあるとすれば、全米の秀才が殺到する極めつけの狭き門という点だが、いったいどれほどの競争率だったのか、今となっては知る由もない。しかし、エール大学同窓会事務局長のゲイル・A・フェリスはこう明言する。

「エール大学は伝統的に、他大学で取得した単位をほとんど認めない。編入を希望する学生はエールのレベルで徹底的に試される。松方幸次郎のケースも例外ではない」

そして、身を硬くして待った発表の日がきた。

K・MATSUGATA

合格者を知らせる法学部の掲示板に自分の名前を見つけた瞬間、幸次郎は天にも昇る気持ちであった。受験勉強に打ち込んだかいがあった。

「おいはやったぞ！」

雄叫びにも似た叫び声が、石造りの学舎が林立するニューヘブンの大学街に高らかに響き渡った。

下宿選び

「一週間十《ドル》は出してもらわなきゃ」

「それは無茶ですよ。九《ドル》が精一杯です」

ニューヘブンの弁護士ジェームズ・ウェッブを相手に、幸次郎は懸命に食い下がった。

「それでは、真ん中をとって九《ドル》五十《セント》で手を打とうじゃないか。どうだい松方君」

どうやらこれがアメリカ流のやり方らしい。ニヤリと笑うウェッブに、「譲り合いということなら、やむを得ません」と、幸次郎はしぶしぶ応じた。相手はさすがに駆け引きのプロだ。下宿代の交渉では見事に一本取られてしまった。

だが、この下宿選びは間違っていなかった。実際、町の下宿屋には週八ドルで借りられるところもあった。それに比べると割高のウェッブの家をあえて間借りすることにしたのは、当の家主の職業に引かれたからである。法律を学ぼうとする者にとって、弁護士と一つ屋根の下に暮らすほど便利なことはない。授業や法律書でわからないところがあれば、すぐに聞けるのだから、週九ドル半の下宿代も高くはない。

これで、落ち着き先はニューヘブンのグローブ通七〇番地と決まった。エール大学法学部から北へ歩いて十五分ほどの市街地だ。

「どうだい、僕の事務所でアルバイトをする気はないかい」

トランクを開いてほっと一息ついている幸次郎に、ウェッブがこう持ちかけてきた。下宿代を浮かしたうえに法律を身につけられる――願ってもない話だ。幸次郎のエール留学は最初からついていた。

ウェッブの父親はメキシコ相手の貿易で成り金になった男だ。その金で、頭のよかった息子をエール大学に入れ、弁護士の資格を取らせた。ウェッブの妻もニューヘブン郊外で鉄鋼所を営む資産家の娘で、幸次郎が間借りした家は妻の父親が建てたものだ。

ウェッブは、三十代の若さですでに仲間二人と町なかに弁護士事務所を構えていた。仲間の一人アレンは、民事、刑事ともに法廷で負け知らずというニューヘブン随一の売れっ子弁護士で、事務所は大はやりだった。

幸次郎は毎日、授業が終わるとその足で事務所へ向かった。仕事は山のような訴状、答弁書、申請書などの写し書きである。コピー機のない時代だ。何枚も書き写すうちにむずかしい法律用語も頭に入る。暇になれば、教科書を取り出して自習もできた。

法律を学ぶことは、社会の仕組みを知ることでもある。幸次郎は、勉強の面白さがやっとわかったような気がした。

大学院へ

法廷は水を打ったように静まり返っていた。

「陪審員の皆さん、被告人は無罪です。このままでは冤罪をつくることになりかねません」

静寂を破ったのは弁護人席を立ち上がった幸次郎だった。

ゆっくりと陪審員席に近づき、穏やかに、しかし自信に満ちた声で、検察側の主張を一つひとつ論破していく。

すると「ブラボー!」と、法廷中の人間がどっと立ち上がり一斉に拍手し始めた。駆け寄ってきて、幸次郎の肩や背中を叩く者もいた。

「松方君、上出来だよ」

判事席からじっと見守っていた主任教授シメオン・ボールドウィンが、日ごろめったに見せない笑顔で言った。

これがエール大学法学部の名物、実践教育だ。学生が検事や弁護士になってとことん法廷論争をやる。架空の事件や民事訴訟ではない。ニューヘブンの地方裁判所やコネチカット州の高等裁判所に出かけて行き、係争中の裁判を傍聴して、その続きを大学で徹底的にやるのだ。

エール大学法学部に編入した幸次郎は、まず近代法の基礎であるローマ法をはじめ、刑法、民法、商法などを学んだ。下宿の大家でもあるウェッブの弁護士事務所でアルバイトをしていたから、授業の内容は面白いようにわかった。法廷での作戦はもちろん、ウェッブ仕込みだ。

学部長でもあるボールドウィンは、ことのほか幸次郎に目をかけた。

「日本の発展のために、必死で勉強しておる」

いかなる時にも弱い者の側に立つという学部長の気質は、まさに父親譲りであった。弁護士だったボールドウィンの父親は、南北戦争前にカリブ海で反乱を起こした黒人奴隷の弁護を買って出たほどの平等主義者だ。

「どんな仕打ちを受けようが、法に生きる者はヒューマニズムを堅持しなくてはならん」

ボールドウィンは、ことあるごとに法の下の平等を説いて、ことさらのように東洋から来た若者を引き立てた。

「松方君、博士号を取るまで頑張るんだぞ」

エール大学法学部の卒業証書を手にした一八八八年(明治二十一)、幸次郎は、思いもよらない誘いをその学部長から受ける。大学院に入れというのだ。

この年、法学部の修士課程に進んだ院生は、幸次郎を含めてわずかに十一人。いずれも屈指の秀才たちである。

「大学院か……」。日本を離れて、四年目の夏が訪れようとしていた。

資金援助

一八八六年（明治十九）、エール大学の授業料は年間で百ドルだった。当時は一ドルが一円二十銭だったから、ざっと百二十円ということになる。その金額が、どれほどの値打ちを持っていたか。同じ年、日本の小学校教員の初任給が五円であり、銀座の一等地が一坪二、三十円で買えた時代だから、おおよその見当はつく。

幸次郎は、この学費以外に生活費として月々、ラトガーズ大学時代には四十ドル、エール大学に移ってしばらくしてからは五十ドルずつ仕送りをしてもらっていた。貿易商社の先駆的存在である森村組ニューヨーク支店が受け取りの窓口だった。

学費と生活費合わせて年八百円余り。大蔵卿、大蔵大臣の重要ポストに就いていたとはいえ、父正義にとってこれだけの出費は痛かった。しかも幸次郎が渡米する前年、長男の巌もドイツへ私費留学していたからなおさらである。

幸次郎が大学予備門に在学中、しつこいほど留学を切望したにもかかわらず、なかなか正義が首を縦に振らなかったのも、費用を捻出する算段がつかなかったためだ。

そんな正義に助け船を出したのが、のちに幸次郎を神戸の地へ招き寄せることになる川崎正蔵だった。薩摩閥の重鎮であり、未曽有の財政改革に取り組んでいた正義は、同じ薩摩出身で、造船界でめきめき力を発揮し始めた正蔵から継続的に資金援助を受けていた。今でいう政治献金というわけだ。正蔵は森村組の創業者森村市左衛門とも昵懇《じっこん》の間柄であり、幸次郎の学費、生活費は正蔵から森村組ニューヨーク支店に直接振り込まれた。将来、己の全事業をそっくり任せることになる相手とはむろん予想もせずに、である。

「月々の出費をこと細かく報告せよ。怠れば、留学は即刻中止だ」

正義は幸次郎が旅立つ前にこう厳しく命じていた。アメリカで遊びほうけられたのでは、スポンサーになってくれた正蔵に面目が立たないという思いだが、幸次郎にしても、父や兄たちの反対を押し切って留学してしまった負い目があった。だから、留学中に自宅へ出した手紙には、かならずといっていいほど月々の収支を項目ごとに細かく明記した。日本では間違いなく大名暮らしができた金額だが、ここは日本とは比較にならないほど物価高のアメリカ東部である。

「リンゴ一個6セント《セント》、運動靴一足1ドル《ドル》……」

幸次郎の記した明細表は、二十歳の留学青年の生活ぶりを雄弁に物語っている。

薩摩人は酒に強いといわれるが、こと幸次郎に関しては、これはまるっきり当たらない。後年、酒席に臨んだ幸次郎は、水を入れた徳利を持ってこさせて、いかにも酒を飲んだように酔ったふりをしたほどだ。

半面、下戸には往々にしてあることだが、幸次郎は甘い物には目がなかった。明治時代前半といえば、日本ではまだ菓子の種類も限られていて、砂糖そのものが貴重品扱いの時代であった。だが、アメリカ東部では事情が違った。甘党がよだれを垂らしそうなキャンデーや氷砂糖が店頭にあふれていた。

幸次郎はその誘惑の虜《とりこ》になった。左党の同級生たちを尻目に、小遣いさえあれば菓子屋をのぞくのが無上の喜びであった。

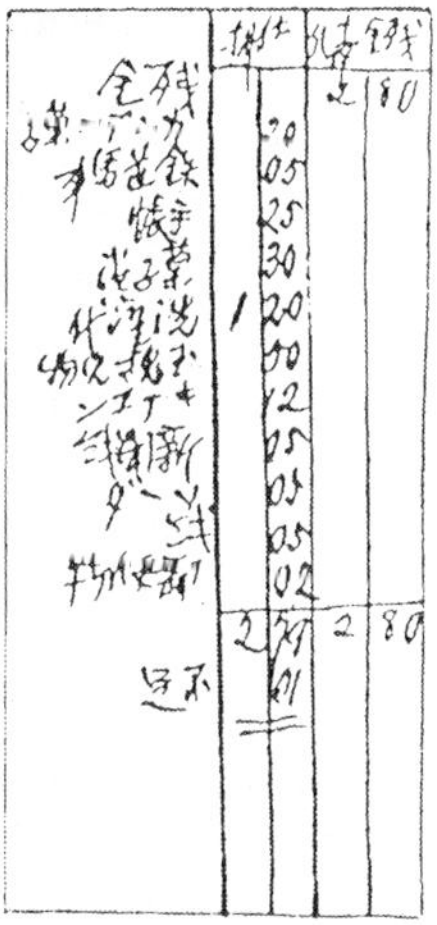

幸次郎が両親に報告した明治19年11月分の出納表の一部(左書き)。「カンデー(キャンデー)」など菓子類の出費が目につく

「千代、おいのタンスの引き出しには、氷砂糖が一杯詰まっとるぞ」

こんな子供じみた自慢を、二十歳になろうという男が嬉々として妹に書き送った。

父正義に命じられて月々報告した出納の内訳を見ても、ソーダ水三杯15セント、キャンデー10セント、アイスクリーム20セント……と、菓子類の出費がやたら目につく。

だが、幸次郎の贅沢もせいぜいこの程度だった。留学四年目になっても、幸次郎は夜会用のタキシードさえ持っていなかった。ダンスパーティーは当時の学生たちにとってごく日常的な社交だったが、幸次郎は誘われるたびに何かと理由をつくっては断った。貸衣装屋で借りる手もあるにはあったが、今度は小さな体が災いした。どれを着ても、子供が大人の服を羽織っているようになってしまう。

「大蔵大臣のご子息なんですから」との再三の招待をついに断り切れなくなり、やむなくあつらえたタキシードの代金が五十六ドル。パーティー券の二ドルもばかにならない。

「金がいるのには、まったく閉口します」

両親あての手紙を書き始めると、ついついこんな愚痴がこぼれた。

一八八六年（明治十九）二月から翌年八月までの出納記録（三カ月分は不明）でも、十二カ月分が出費超過だった。生活費だけで賄えたのは四カ月に過ぎない。

とりわけ、エール大学のあるニューヘブンはアメリカでも物価高の町だった。法律の専門書だけでも軽く六十ドルになった。

懐が底を突くたびに、幸次郎は森村組のニューヨーク支店で前借りを重ね、ついには三年先の送金まで先取りしてしまった。知らぬは、正義ばかりであった。

母への手紙

「先日は、アメリカで第一という浄瑠璃芝居を見に行きもんした」

エール大学に移った翌年一月、幸次郎は、生まれて初めて見たオペラのことを手紙に書いた。

当時、全米で人気を博していたナショナル歌劇団がニューヘブンの劇場で上演した「ファウスト」である。フランスの作曲家グノーがゲーテの原作から恋愛場面を抽出した五幕八場の作品で、甘く切ない旋律と華やかなバレエが観衆を酔わせ、一八五九年(安政六)のパリ初演以来、欧米でもてはやされたオペラだ。幸次郎は三ドルをはたいて最前列に座った。

「その芝居の面白かことを、どう言えばよかか……」

オーケストラの華麗な音楽に乗って、総勢二百八十二人の団員が舞台狭しと歌っては踊る。

「おまんさー(お母さん)も、お見やったなら、実に喜ばれることじゃろ」

「おなごが百二十八人もおりもうした。帰ってから、お聞かせもんす」

と、幸次郎は母の満佐子に感激の余韻が冷めやらない心情を書き送った。

三男の幸次郎は満佐子を前にすると、だらしないほど甘えん坊になった。大人になってからも心配ごとがあると、「おっかはん」と満佐子の着物の襟に手を滑り込ませ、胸元に触れるとほっとした表情を浮かべた。

満佐子も、やんちゃ坊主の三男坊にはとりわけ甘かった。正義の目を盗んでは、せがまれるままに洋服の仕立て代や書籍代などをこっそり仕送りしてやっていた。

満佐子への尋常一様でない情愛は、その話し言葉で綴られた薩摩弁の手紙に凝縮されている。幸次郎は、読み書きのできない満佐子のために、文字はすべて片仮名で綴り、母のそばにいる弟か妹に読み上げさせたのだ。

さて、話をオペラに戻そう。今では、芝居といえばニューヨークのブロードウェーがメッカだが、十九世紀後半には芝居はまず東部きっての文化の先進地だったニューヘブンで上演され、当たればニューヨークに出るというパターンだった。

人一倍好奇心の旺盛な幸次郎が、このオペラに無関心でいられるはずがなかった。エール大学も二年目に入ったころには、ニューヘブン中の芝居小屋ですっかり常連客に納まっていた。

だが、幸次郎にとってどうにもなじめぬ「文化」が一つあった。

苦手のダンス

まばゆく輝くシャンデリアの下、三拍子の優雅なワルツに乗って男と女が軽やかに踊る。

男はタキシード、女は腰を絞ったイブニングドレス。ウィンナワルツよりゆったりとしたボストンワルツで、流れるようにステップを踏む。

そのなかでただ一人、リズムに乗れずに脂汗を浮かべながら踊っているのは幸次郎である。タキシードだけはあつらえたものの、基本的なステップさえおぼつかない。友達から即席で教わってはいるが、相手の足を踏まないようにするだけで精一杯だ。

第一に五尺四寸（一六三センチ余り）の身の丈では、たいてい相手になる女の方が上背がある。不幸なめぐり合わせになると、顔の前に大きな胸がどんと突き出している。

「これでは、おいがまるで子供ではなかと」

しかも、幼いころにアキレス腱を切っているから、どうしてもステップが拍子に合わない。

「こんなもん、もうやめじゃ」と、舞踏会に出るたびに思うのだが、ここに顔を出さない限り大学以外の友人をつくれない。外交官を夢見るのならダンスは不可欠の条件でもある。

「そりゃあ、本格的に習わなきゃ上達しないよ」

下宿の大家であるウェッジ夫婦に言われて、幸次郎は覚悟を決めてダンス教室に入った。授業料の十五ドルは、またもや母の満佐子に無心した。

「何度言えばわかるんだね。松方君。そこは右足を先に出すんだろ」

予想通り、幸次郎は個人教授を受けても、ちっとも上手にならない。自分の下手さ加減が恥ずかしいやら、悲しいやら……。なのに、日本でも鹿鳴館で、夜ごと舞踏会が開かれていると聞いて無性に腹が立った。

鹿鳴館は、幕末に締結された諸外国との不平等条約を改正する手段として、一八八三年（明治十六）に建てられた洋館の社交場である。政府の高官たちが夫婦ともども、欧米の外交官を招いて毎日のように舞踏会を催した。

「いかに条約改正のためとはいえ、日本において男と女が手を取り合って踊るなど言語道断」と、幸次郎は両親に手紙で怒りをぶちまけたこともある。

そう思ったのは、幸次郎一人ではない。卑屈ともいえる欧化政策は世の批判をまともに浴び、鹿鳴館時代は、旗振り役の井上馨が外相を失脚した明治十九年九月、幕を閉じた。

しかし幸次郎の方はといえば、苦手なダンスのおかげで皮肉にも生涯の伴侶となる女性にめぐり合うことになるのである。

掛け軸公使館

幸次郎がエール大学で学んでいたころ、ワシントンの日本公使館はホワイトハウスの北に位置するN通一三一〇番地にあった。

政治的影響力は皆無に等しい小国の出先機関に過ぎなかったが、公使館でパーティーが開かれるたびに、政府高官や議員たちが先を競うように詰めかけた。

彼らのお目当ては、絵だった。雪舟の山水画や狩野派の花鳥図など、壁面を埋め尽くした日本美術を代表する掛け軸を、招待客たちは飽きずに眺めるのだった。

しかも、パーティーごとに掛け軸は取り替えられ、地元の新聞は「日本公使館はアメリカのアテネ、世界のアテネ」と、最大級の賛辞を贈るほどであった。

大統領府のど真ん中で日本美術の旋風を巻き起こしていたのは、幸次郎が渡米した翌月の一八八四年（明治十七）五月、文部省の局長ポストから米国駐劄《ちゅうさつ》特命全権公使に命じられた九鬼隆一である。

「九鬼の文部か、文部の九鬼か」といわれるほど文部省を牛耳っていた九鬼が、駐米公使とはいえ、畑違いの役職に転出した裏には、入れ違いに文部省入りした森有礼との確執があった。

「英語を公用語とせよ」と主張するほどの欧化教育思想だった森とは対照的に、九鬼は日本古来の伝統を重んじる国粋主義的な傾向が強く、まったくの水と油であった。罪人引き渡しなどの不平等条約改正交渉に当たるための名目だったが、内実は、森に文部省を追い出される形でアメリカへ渡ったのだった。

文部省時代の九鬼は、西洋礼賛の風潮のなかで、東洋美術を研究する岡倉天心、フェノロサを重用して古社寺の美術品調査に情熱を傾けた。公使館の掛け軸展示は、日本美術をこよなく愛する九鬼の好みであり、国粋主義者の意地でもあった。

九鬼の出身は京都・綾部藩だ。薩長二大藩閥ががっちりと押さえる明治の政官界で、九鬼は初め長州閥に、のちに薩摩閥へと接近した。幸次郎の父正義が有力な頼みの綱の一人であったことは、九鬼が正義にあてたおびただしい書簡でうかがい知れる。

その三男が、ワシントンから遠くないアメリカ東部に留学している。再起のチャンスを待つ九鬼にとって幸次郎をもてなすことは、重要な下工作の一つだったと見るのは、うがちすぎだろうか。

その日も、公使館では盛大なパーティーが催されていた。幸次郎の目は、先ほどから一人の日本人女性に釘づけになっていた。

夢見心地

その若い日本女性は、首元まで覆ったロングドレスに身を包んで、人前で目立つのを嫌うかのように九鬼夫人の陰に控えていた。しかし、その振る舞いには「東洋の真珠」と呼ぶにふさわしい輝きが満ちていた。会食中も男たちの視線はすぐ彼女の方へ引き寄せられていく。幸次郎もこの日ばかりは、一言でも言葉を交わしたさに、苦手なはずのダンスが待ち遠しくてならなかった。

女性は九鬼好子といった。廃刀、断髪、洋装……と、いち早く西洋文化を藩政に取り入れようとした旧三田藩（兵庫県三田市）の藩主九鬼隆義の二女であり、幸次郎の四歳下。色白の端正な顔立ちは父親譲りであった。

その好子がなぜワシントンにいるのか。駐米公使の九鬼隆一との関係を少し説明しておこう。

三田・九鬼と隆一の出身藩である綾部の九鬼は、ともに伊勢水軍を祖とする兄弟藩である。両藩の間は親密で、好子の父隆義は綾部藩主の三男として生まれ、三田藩主の家督を継いだ。逆に隆一は三田藩士の家に生まれたが、請われて綾部藩家老の養子となった。「子供の教育は欧米で」と考えていた隆義は、縁続きともいえる隆一が駐米公使として渡米するのを機に、好子と二人の息子隆輝、隆憲を託したのだ。

隆一が好子らを伴って横浜を出港したのは、幸次郎が船出した五カ月後の一八八四年（明治十七）九月十四日であった。乗った船は、奇しくも幸次郎と同じ「シティー・オブ・ペキン号」だった。

この時、好子はまだ十五歳だった。隆義は子供たちを見送りに来て、横浜で好子に帽子や洋服を買い与えた。愛娘との別れはさぞつらかったに違いない。

隆一は自分の目が届くようにと、好子を公使館から一筋しか離れていないM通一一〇〇番地のマウントバーノン女学校に入れた。しつけにうるさい全寮制の学校で、生徒の大半が上流社会の娘といった点も隆一の眼鏡にかなったのだろう。現在のマウントバーノン大学に残る卒業生名簿によると、好子が卒業したのは一八九〇年（明治二十三）。二十一歳までの六年間、教養とマナーをじっくりと身につけたことになる。

「踊っていただけますか」

幸次郎の申し出に、好子は頬を染めて軽くうなずいた。

運命の絆《きずな》は十年を経て、二人を神戸の地で結びつける。そんな行く末を知るはずもなく、幸次郎は夢見心地で好子とステップを踏んでいた。

意気投合

エール大学法学部には、幸次郎のほかに五人の日本人学生がいた。開けっぴろげな性格のためか、幸次郎の下宿はいつの間にか彼らのたまり場となり、「松方はいるか」と、毎日のようにだれかが顔を出した。仲間が集まると、幸次郎はいそいそとニューヨークから買い込んできた米を炊き、鳥肉や牛肉を鍋に放り込んで、自慢のすき焼きを振る舞った。留学生活も四年に及んでいて、自炊の腕前も堂に入ったものになっていた。

同じ日本人留学生のなかで幸次郎がもっとも慕っていたのは、十三歳年上の沢田俊三である。のちに東京弁護士会副会長となる沢田は、留学前すでに横浜でアメリカ人から英米法を学び、十年間判事補を務めたのち弁護士になり、東京府会議員にも選ばれたという異色の学生だ。幸次郎は鍋をつつきながら、沢田が手がけた法廷話をむさぼるように聴いた。

沢田と並ぶ兄貴分は、大学院留学の荘清次郎である。肥前大村藩（長崎県）出身の荘は、医師を志して入学した長崎医学校が廃校になったために、上京して東京大学法学部に入り直した。幸次郎がエール大学に編入した一八八六年（明治十九）に渡米して大学院に入り、修士号を取った秀才である。この時、法学部の大学院で外国人留学生は荘一人だけだった。帰国後、荘は三菱会社に入り、専務理事にまでなった。

また同年配には、大久保利通の三男で幸次郎と一緒に共立学校で学んだ親友の利武や、のちにサンフランシスコ領事となった神谷三郎がいた。

後年、幸次郎は「労働運動家の片山潜とエールで机を並べた仲だ」と語っているが、片山がエール大学に入ったのは一八九四年（明治二十七）で、幸次郎が帰国して七年後になる。しかも、片山が学んだのは神学部であり、一緒に授業を受けた可能性は皆無といっていい。

ただし、二人は一八八九年（明治二十二）六月、マサチューセッツ州の高原の町ノースフィールドで開かれた全米学生大会で出会っている。この時、大会に参加した日本人留学生は総勢三十六人。片山はアイオワ大学からの出席者だった。

幸次郎たちは、アメリカの学生に負けるものかと日本の歌を大声で歌い、広場に日の丸をはためかせてどんちゃん騒ぎをやってのけた。さすがにその光景はアメリカ人の目には異様に映ったが、幸次郎や片山たちは大いに意気投合した。その出会いが、幸次郎の脳裏に「片山潜」の名を一生刻み込むことになった。

博士号取得

ニューヘブンの抜けるような青空に角帽が一斉に舞い上がった。「コングラチュレーション（おめでとう)」の言葉が卒業生たちの頭上に雨のように降り注ぐ。

一八九〇年(明治二十三)六月、幸次郎は「民法」の博士号を取得してエール大学に別れを告げた。「十六年事件」の首謀者の一人として大学予備門を退学になり、父正義の反対を強引に押し切って渡米してから六年がたっていた。途中、エールへの編入が確定もしないうちにラトガーズ大学をあとにするという綱渡りをしながら、ついに最高の学位を掌中にしたのである。熱い血が全身を駆けめぐった。

エールに移ってからの幸次郎は人が変わったように勉強に打ち込み、二年で学士号を取った。当時、法学部への編入者は、学士になるまで三年かかるのが通例だった。主任教授の勧めで大学院に進んでからも一年目で修士号、二年目で博士号と、トントン拍子で学位の階段を上った幸次郎。予備門時代に、万年一年生だった男とは思えない優等生ぶりである。

しかも政治への関心もこのころから一段と強まり、専攻の民法以外に聴講料を払って政治学の講座も受講した。その熱心さは講義への質問や意見を担当教授に手紙で書き送るほどであった。

それにしても、大学院二年で博士号取得とはあまりに早い。全卒業生の記録を保存するエール大学同窓会事務局で当時の大学院生の学籍簿を調べても、三年で博士号を取った者がわずかにいる程度で、幸次郎の二年は異例中の異例だ。同窓会事務局長のゲイル・A・フェリスは、「優秀な学生だったことは間違いない。たぶん法学部で一、二の成績だったろう。しかし、彼がアメリカ人であったら、こんなスピードで博士号を取れたかどうかは疑問だ。新興国日本からの留学生ということで、大学側の恩典があったとみる方が妥当ではないか」とも言う。エール大学を卒業した幸次郎は、すぐに日本には戻らず、大西洋を渡ってヨーロッパへと向かった。ドイツに留学中の長兄巌と、外務省の研修生としてベルギーに滞在していたすぐ上の兄正作から、「アメリカの大学だけでは西洋の学問を吸収したことにはならん」と、ラトガーズ時代から言われていたためだ。

水平線の彼方に黒々とした大地が姿を現した。幸次郎がやがて実業家としての命運を賭けるヨーロッパ大陸が目の前に広がっていた。

花の都

幸次郎がアメリカからヨーロッパに渡ったのは、一八九〇年（明治二十三）六月、日本に向かってヨーロッパを出発したのは同じ年の八月。滞欧期間は足かけ三カ月ということになる。

後年、幸次郎の留学歴を「エール大学を卒業後、ソルボンヌやオックスフォードに学んだ」と綴った人物伝があるが、期間的にみてヨーロッパの大学に正規に入学するのは極めてむずかしい。ソルボンヌ大学資料室の記録を調べても、この年とその前年、二人の日本人学生が在籍しているが、どちらも幸次郎ではない。

しかし、当時、欧米の大学では、学生でなくても受講券さえ買えば、だれでも聴講することができた。幸次郎が自分の学んだアメリカの大学と比較するうえで、ヨーロッパ巡りの合間を縫って名門大学の授業を聴講した可能性の方が強い。その証拠に、古い人名録には「欧州巡遊」となっている。

ガイド役には事欠かなかった。幸次郎の長兄巌は幸次郎が渡米する前年からドイツへ留学しており、その下の兄正作は外務省の研修生としての滞欧生活がすでに九年目だった。また、幼なじみで共立学校の一年後輩だった川上直之助も、この時期にドイツに留学していた。

当時の英独仏を中心とするヨーロッパ列強は、植民地から吸い上げた富をもとに産業革命を達成し、のちに「ベル・エポック（良き時代）」と呼ばれるほどの繁栄の絶頂期にあった。幸次郎がヨーロッパを訪れた前年には、パリ万国博に合わせてエッフェル塔が完成した。古都の景観を一変させる巨大な鉄塔にモーパッサンら文化人、芸術家が「パリの名誉を汚す怪物」と建設反対運動を起こしたほどだ。ロンドンでは、この六年前に地下鉄の市内循環線が開通していた。その目ざましい発展ぶりはアメリカの比ではなかった。

とりわけパリは活気に満ちあふれていた。人口は二百万人に達し、タクシー代わりの馬車は一万七千台にも上った。街角の至るところにカフェが並び、幸次郎も熱いコーヒーをすすりながら新聞に目を通すのが日課のようになっていた。

モネやルノワールが古典主義中心の官展に対抗してアンデパンダン（独立）展を開いていたのもこのころだ。のちに幸次郎が収集した印象派の名画の多くは、この時期、旧体制に反逆して生み出されたものだ。

近代化の威力をまざまざと見せつけられたヨーロッパの三カ月はまたたく間に過ぎて、幸次郎はアジア航路の出発地マルセイユへと向かった。

「おっかはん、もうすぐ帰るぞ」。母満佐子の姿が幸次郎のまぶたに鮮やかに浮かんできた。

正蔵の胸中

フランス郵船の大型貨客船「イラワディー号」（三、二〇〇トン）は南仏マルセイユを出港したのち、波静かな地中海をエジプトへと向かった。

幸次郎が帰国の途に就いた一八九〇年（明治二十三）八月、スエズ運河は列強によって自由航行が保証されてすでに三年目を迎えようとしていた。だが幸次郎にとって真夏の、しかも赤道沿いの船旅は、食事もろくに喉を通らぬほどの炎熱地獄であった。寝苦しいベッドの中で、幸次郎は黒田清輝の顔を思い出した。

幸次郎がヨーロッパを去る直前のこと。パリ最後の夜に薩摩出身の外交官や留学生四、五人が送別の宴を開いてくれた。場所は共立学校で幸次郎と同級生だった黒田の下宿である。黒田は幸次郎が渡米したのと同じ一八八四年（明治十七）に法律を学ぶために渡仏したが、美術の世界に魅せられ、留学中に絵の修業に専念するようになった。のちに日本洋画壇の重鎮となった黒田だが、幸次郎が訪れたころは法律の勉強を続けるべきか、画業に転ずるかで真剣に悩んでいた時期だ。しかし黒田は、そんな心の悩みを露も見せずに、幸次郎の好物である鳥鍋をつくって同窓生との別れを惜しんだ。

六年間の思い出にひたるうちに、「イラワディー号」はコロンボ、シンガポール、サイゴン(現ホーチミン市)を経て、九月十一日には香港に入港した。神戸到着はいよいよ十八日だ。幸次郎は当初、横浜まで乗船せず神戸で帰国第一歩をしるすつもりでいた。神戸には、六年間にわたって留学費用の面倒を見てくれた川崎正蔵がいた。「最初に帰国の挨拶をせよ」と父正義からも強く言われていたのだ。

しかし、日本では、この夏長崎で発生したコレラが爆発的な勢いで全国に広がり、八月には神戸でも患者が続出して、病院が不足するほどの深刻な事態に陥っていた。やむを得ず、幸次郎は神戸での下船をあきらめ、翌十九日横浜で上陸することになった。

このため、正義から「幸次郎が神戸に到着した際はよろしくお願いする」と頼まれていた正蔵は、神戸港に停泊中の「イラワディー号」の船上で幸次郎を迎えた。

「松方幸次郎です。ただいま帰ってまいりました」と挨拶するたくましい若者が、正蔵には五年前、アメリカで病に倒れた三男新次郎の姿と重なり、まるで生まれ変わりのように思えてならなかった。

正蔵は幸次郎から、新次郎の埋葬の模様を涙ながらに聞いた。「こんな男がおれの事業を継いでくれれば」——正蔵の胸中にふとそんな思いが湧いた。

黒幕内閣

手紙のやりとりで様子はだいたいわかっていたとはいえ、約七年ぶりに見る日本は、ずいぶんと様変わりをしていた。

浅草公園に鉄製の長イスが設置されただけで話題になったのは、幸次郎がアメリカへ旅立った一八八四年(明治十七)のことだった。それが今、公園内には地上十二階建ての凌雲閣がほぼ完成し、池の水面に威容を映している。

洋服姿が急速に増え、この年、東京—横浜間に開通した電話の交換手に初めて女性が採用された。大磯海岸には、水着姿の女性が登場し、新聞記事は「薄い西洋寝巻をまとって遊びたわむれる姿は、とても見ていられない」と眉をしかめた。

いや、幸次郎がもっとも驚いたのは、政界の移り変わりの激しさだろう。

財政の実権者として日本銀行創設などを果たしてきた父正義は、明治十八年に始まった内閣制度のなかでずっと大蔵大臣を務めていた。しかし、幸次郎が帰国した当時の第一次山県有朋内閣は、第一回総選挙を受けての初の帝国議会で、過半数を占める野党を前に綱渡りの日々を送っていた。

政府予算案が削減修正されたうえに、近代国家の基本法といえる商法の施行延期までが決まりそうになった。この段になって、首相山県はさじを投げ、辞表を出した。

そして明治二十四年四月も末のある日、東京・三田にある松方邸に二人の男がひそかに訪れた。伊藤博文の意を汲んで首相就任の根回し工作に動いた井上薫と、法相を務めた日大創始者の山田顕義である。正義は結局、維新の元勲たちのバックアップを条件に首相を拝命することになるのだが、この時に初めて元勲という言葉が表面化し、第一次松方内閣はのちのちまで「黒幕内閣」と呼ばれることになる。

帰国後、これといってすることもなく退屈を持て余していた幸次郎は、父の首相就任と同時に秘書官となった。といっても、総理府の人事記録に残る正式の首相秘書官は「平山」「谷」の二人であり、幸次郎は今でいう私設秘書的な役割だったのだろう。

そしてこの時、のちに「平民宰相」となる原敬と親交を結んだが、この原も幸次郎が大学予備門を放校される四年前、同じような「賄い征伐」で司法省法学校を放校された身だった。似た者同士の波長がピタリと合ったに違いない。

もともと、外交官を夢見ていた幸次郎にとって、伏魔殿のような政界は刺激に富んだ場所ではあった。しかし、父正義を待ち受けるものは、生やさしくはなかった。大きな時代のうねりのなかで、幸次郎は再び一介の素浪人となっていく。

伊藤博文四十四歳、黒田清隆四十七歳、山県有朋五十一歳、松方正義五十六歳。前三代の首相と比べて、正義の首相就任の年齢は高い。いかにも遅咲きの花である。

しかし、松方内閣は一八九一年（明治二十四）五月の船出早々から大波に遭った。組閣五日後に、来日中のロシア皇太子が巡査の襲撃を受けた大津事件の報が入った。その時、正義は呆然と立ち尽くしたという。事後処理が一段落したところで、今度は日本内陸部で起きた最大の地震・濃尾地震が発生した。さらにこの年の暮れには、内閣内部の足並みが乱れ、日本憲政史上初の衆院解散に追い込まれた。

受難はさらに続く。翌二十五年二月の総選挙では、品川内相による野党への選挙弾圧が激しく行なわれ、内乱のような騒ぎになった。そして七月、内閣は退陣した。

幸次郎は、そんな父正義の姿をずっと傍らから見ていた。世間では、正義のリーダーシップや決断力を冷ややかに見る空気が漂っていた。のちに「超ワンマン社長」として君臨する幸次郎は、この時の父の姿を反面教師として見ていたのかもしれない。

正義が下野し、栃木県の西那須野で農場経営を始めると、幸次郎もまた浪人の身となった。エール大学で民法の博士号を取得した幸次郎は一時期、東大で講座を持ったが、学生のなかにいた旧知の友人が、「どうして松方の教えを受けなきゃいけないんだ」とこぼしたのを聞いて、さっと身を引いたという。さらに、伊藤博文が宮内省（現宮内庁）へ式部官として入れようとしたが、幸次郎が「私が宮内省に入ったら、天皇陛下を現在のようなお立場にはさせない。英国風の皇族が理想だ」とぶち上げたものだから、おじけづいた宮内省側が丁重に断ったとも伝えられる。残念ながら、宮内庁には幸次郎が在職した記録はない。

幸次郎が公式の文書に登場するのは、明治二十七年十一月、大阪で開かれた日本火災保険（現日本火災海上保険）の株主総会の席である。資本金を倍増して業務の拡大を目ざす同社は、一人の青年副社長を据えた。それが、この時二十九歳の幸次郎である。

なぜ幸次郎に白羽の矢が立ったのか。同社の設立発起人の一人、田中市兵衛が父正義と懇意の仲であり、もう一人の外山脩造も正義が創設した日本銀行の理事兼大阪支店長を務めたことを考え併わせれば、異例の青年副社長誕生の裏には、正義の存在が色濃く浮かび上がってくる。

もう一社、いやもう一人、すでに「大器」の評を得はじめた幸次郎に着目した男がいた。

経営の舵取り

神戸・布引の邸内で、川崎正蔵は思案を重ねていた。

何とか抜本的な手を打たなければいけない。無為な時間が造船所をいよいよ窮地に陥れるのは、目に見えている。

二年前の一八九四年（明治二十七）に大病を患った正蔵は、心血を注いできた川崎造船所の行く末を考えると、いても立ってもいられなかった。

五十九歳。事業への熱意は、いささかも衰えてはいない。しかし、生涯を賭けてきた造船所経営の舵取りをこの先だれに託すのかが、正蔵の最大の悩みの種だった。

正蔵の焦りを誘ったのは、三菱の存在である。長崎に大きなドックを持つ三菱は、日清戦争後の大艦時代に十分対応できる能力を備えていた。さらに三菱は明治二十六年、神戸進出計画を打ち出した。だが、対抗する川崎にはドックがない。巨大ドックを建設するにしても、個人企業では財源がもたない。ならば、株式会社にと思っても、わが身の体力が不安だ。しかし、何としても三菱には負けるわけにいかない。

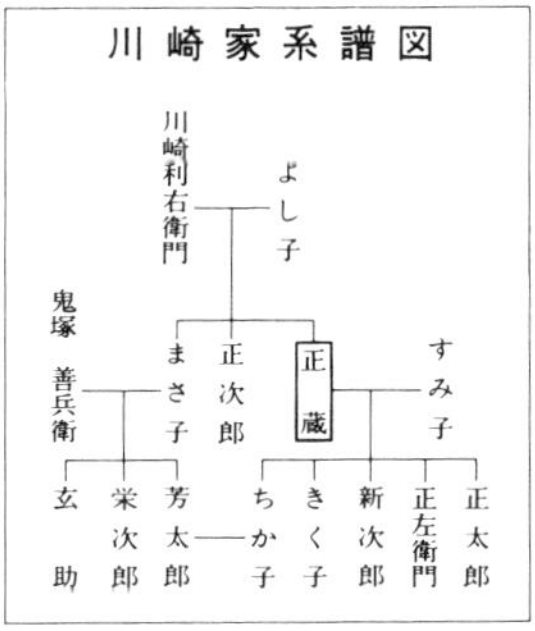

あれは、正蔵がまだ造船に手を染め始めて間もないころだった。三菱の総帥・岩崎弥太郎が、正蔵の力を見込んでスカウトしようとした。正蔵はキッと目を据えると、
「私は人に使われるのが嫌いだ。私にとっての生涯の仕事は造船。平にご免を」
と、誘いを蹴った。幼い子供とトランプをしても、勝つまでは遊びをやめなかったほど負けん気の強い正蔵である。料亭で酒を

あおると、ついつい本音が出た。「向こうが岩崎なら、こっちは川崎じゃ」と、豪遊で鳴る岩崎に劣らぬ遊びっぷりに徹した。

そんな正蔵だけに、船造りで後塵を拝するなどはプライドが許さない。だが、長男は幼くして亡くなり、三男の新次郎はアメリカへの留学中に急死、二男の正左衛門もその三カ月後に病没していた。絶望の淵に立たされた正蔵は、造船所で働いていた甥の芳太郎を後継者にしようと考えた。芳太郎は二十四年から一年余りアメリカに留学後、正蔵の二女ちか子と結婚して入り婿となった。芳太郎は毎朝、正蔵の前で手をついて出勤の挨拶をし、帰宅すると再び正蔵の前に正座して、その日一日の業務を報告するのが日課となった。確かに、芳太郎は温厚篤実で折り目正しく、非の打ちどころのない紳士である。しかし正蔵の目には、組織をグイグイと引っ張るタイプの人間とは映らなかった。

正蔵は、一人の青年のことを考えていた。幸次郎である。「彼なら……」。正蔵は、目を薄く開けると、彼方に広がる神戸港を眺めた。

強固な薩摩閥

正蔵が、造船所の切り盛りを託す人物としてなぜ幸次郎を選んだのか？　推理を働かせてみよう。

まず、かなり定説めいた話として、「葉巻問答」の一件がある。

一八九五年(明治二十八)の春、正蔵は東京の松方邸を訪れた。先客の用が済むまで、正蔵は中庭を見て時間をつぶしていたが、そのうち、向かいの部屋で葉巻をくゆらせている若者が目に入った。そこへ正義が現れた。

「お前にはまだ早い」

煙草を吸わない正義は、そう言いながら若者の口の葉巻を取り上げて、踵《きびす》を返した。すると若者は、顔色ひとつ変えずに別の葉巻をポケットから取り出すと火を付けた。正義は振り返るとジロリと若者を見据えた。

中庭越しとはいえ、正蔵はこのシーンをハラハラしながら見ていた。鉄拳が飛ぶ、と思った。しかし——

「そんなに葉巻が好きか」

正義の詰問に対して、若者は平然と笑みを浮かべると、「大好きです」と返答した。正義は思わず表情を崩した。「好きなものならふかせ」

正蔵はそのやりとりを間近に見ながら、正義を呑んでかかるこの若者がぞっこん気に入った。それが幸次郎だった。

「国家棟梁の器だ」と見て取ると、正義にズバリと幸次郎の来神を請うた。これといった仕事に就いていなかった幸次郎は、正蔵の誘いを受け入れて勇躍神戸へ向かった、というわけだ。

確かに、葉巻の一件などは幸次郎の気性から考えて決して不自然ではなく、話としては面白い。しかし、すでに紹介したように幸次郎の留学費用を工面し、毎月四十～五十ドルずつ送金したのは、正義ではなく正蔵だった。さらに正蔵は、仕事柄何度も上京しては三田の松方邸に足を運んでおり、明治二十八年になって初めて幸次郎と会ったというのは、やや不自然とも思われる。

俗に「薩摩のイモヅル」といわれるほど、明治の世での薩摩閥は強固だった。地中深く張った藩閥の根強さは世人にはうかがい知れないほど広範囲で、薩摩出身の大物の背後には、数多くの薩摩出身者が連なっていた。

正義と正蔵の関係も、極めて親密だった。留学費用の肩代わりはもとより、多額の政治献金めいた金の貸し借りもあった。正義は、現在の神戸市東灘区内に別荘を構えたが、その登記手続きなどで労をとったのも、ほかならぬ正蔵だった。

同じ薩摩の貧しい家に生まれ、政界の大物にのし上がった正義と、財界に名を成して政界とのパイプをさらに固めたい正蔵。二人の綾なす運命の糸が結ばれたところに、幸次郎がいたのである。

西下作戦

幸次郎の来神について、もう少し推理を深めてみよう。

川崎造船所入りは、幸次郎にとって実業界への第一歩とされている。しかし、幸次郎の足跡を丹念に追ってみると、一概にそうとは言えない。

川崎入りする二年前の一八九四年（明治二十七）に大阪の日本火災保険の副社長に就任したことは、すでに紹介した。さらに翌二十八年十一月、現在の神戸市東灘区内で設立された灘商業銀行（太陽神戸銀行の前身の一つ）の発起人名簿を見ると、その一番最初に幸次郎が登場する。

当時、御影には酒造業者らの手による酒家銀行があったが、経営の悪化で金融機関の体裁を成さなくなった。その窮状を憂えたのが、御影の海岸べりに二千平方メートル余りの別荘「松影荘」を構えていた正義である。金融界の元締だった正義は、この銀行の整理にかかると同時に、地元有力者を集めて新銀行を設立し、幸次郎を監査役として送り込んだのだ。

そして翌二十九年二月一日、意外なところから再び幸次郎の名前が現れる。南海電鉄の前身である高野鉄道がこの日、資本金百五十万円で創立されたが、その発起人の一人が幸次郎なのである。

毛並みが良く、その豪胆なキャラクターが、まだ人材不足の経済界で声望を集め始めていたとはいえ、三十歳。際立った財力を持つはずもない若者が、なぜ電鉄会社の取締役に名を連ねたのか？

同じ南海電鉄の前身である阪堺鉄道（明治十七年創立）の方を見ると、創立メンバーのなかに大阪財界を代表する松本重太郎と田中市兵衛の名前がある。松本は五代友厚の後継者といわれた大物実業家であり、大阪の銀行界を支えた男である。その五代の遺言を聞き取った盟友が、ほかならぬ同じ薩摩出身の正義であった。そして銀行業務の総本山である中央政界にデンと座っているのも、正義。一方の田中も、五代の仲介で正義ら薩摩閥と懇意の間柄だ。こうしてモザイクを一つひとつ埋めていくと、この時期、東京に住んでいた幸次郎が関西経済界に足場を固めていく背景に、関西との結びつきをさらに強固なものにしようとした正義の巧妙な西下作戦の一端が浮かんでくるような気がする。

もちろん、人一倍反骨心の強い幸次郎自身が、親の傘の真下で安住することを嫌って、自ら神戸行きを望んだ、という指摘もある。しかし、正義と正蔵との思惑が幸次郎の処遇を軸に軌を一にしたという推測は、あながち的はずれでもないだろう。

明治二十九年九月、正義は第二次松方内閣を組閣して、再び政界の頂点に返り咲いた。そして、国策として大艦製造方針を打ち出す造船奨励法が施行された十月一日、神戸・布引の川崎造船所の会社設立総会が開かれた。会場の一角に幸次郎が端然と座っている。未知の土地・神戸での第一歩だ。列席者の熱い視線を一身に受けながら、幸次郎はゆっくりと面《おもて》を上げた。

群像編

たぎる思い

その男の名前は、神戸港の歴史を詳細に綴った『神戸開港百年史』（二巻）の中で、たった一回しか登場しない。それも、群像の一人としてである。

しかし、松方幸次郎が社長に就く川崎造船所のルーツをたどるなら、人一倍神戸に注目したこの男の存在抜きには語れない。しかも、男の気風のどこかに幸次郎と一脈通じる激動期のたぎる血を感じるのだ。

本編では、幸次郎が来神する明治二十九年以前の神戸を舞台に、海への熱い思いを抱き、各地から集まった男たちを描いていく。そのスクリーンに登場する最初の主人公は、港の歴史に埋もれかけたこの男、石川嶂《しよう》である。

琵琶湖は古来「八十《やそ》の湊」といわれた。

日本最大の淡水湖は、北端は若狭湾にほど近く、南端は京都、奈良、大阪の畿内へと通じている。当然、湖上は物資や文化を運ぶ重要な交通路でもあり、湖岸の要所には、海と同様に「津」「湊」の付いた地名が目立つ。

その一つ、湖の北端に近いところに海津がある。ここは加賀藩の所領地であり、敦賀―海津―大津を結ぶ古くからの湖上ルートの要地だった。加賀藩は江戸時代末期、その財力にものをいわせて海津―敦賀間に運河を設けようとさえした。

その加賀藩の支藩、大聖寺藩（現加賀市）は、大坂と北海道を西回りで結ぶ北前船のメッカであった。しかし、幕末の動乱期になると西国に緊迫感がみなぎり、この北前船が無事に大坂に着けるかどうか危ぶまれ始めた。となると、物資を畿内へ届けるには、古来からの水上交通路である琵琶湖の価値がひときわ重くなる。ところが、湖上を往来するのは船頭まかせ、風まかせの和船である。これでは信頼度が乏しい。

「簡単なことじゃないか。湖に蒸気船を浮かべたら問題は解決する」

そう考えたのが、大聖寺藩の下級武士だった石川である。幸次郎が鹿児島に生を受けた翌年、一八六六年（慶応二）のことだった。

石川は、「他藩に遅れをとらずに勤王の兵を京へ送るためにも蒸気船は不可欠」と藩の上層部へ建議したが、藩側は「汽船？」と、ピンと来ない。石川は煮え切らない藩の姿勢に失望した。少年時代、伝統の剣術の改革を唱えて破門され、やがてひそかに藩を脱出して渡米を画策したが発覚して禁足処分になるなど血気盛んな石川である。優柔不断な藩を見限って脱藩に及んだ。倒幕運動がピークに達していた慶応三年春のことである。倒幕に絡んでの脱藩が頻々と行なわれていたなかで、ただ蒸気船が造りたいという石川の脱藩は極めて特異なものだった。

日本初の川蒸汽

藩を飛び出した石川は、大津に渡った。大津は琵琶湖の要《かなめ》であり、そこには湖上水運を一手に握る特権的グループ・百艘《ひやくそう》船仲間がいた。石川は彼らを説き伏せて琵琶湖での蒸気船就航を実現させようとしたのだ。

しかし、石川の夢に目を輝かせたのは、百艘船仲間のリーダー、一庭太郎平と啓二兄弟だけだった。二人がほかの仲間をどれほど説得しても、彼らは自分たちの既得権を脅かしかねない蒸気船話に顔をそむけた。

石川は「わからずやどもめ」と憤ると、今度は長崎を目ざした。船についての最新知識を得るには、長崎しかなかったのだ。天下は倒幕の争乱に揺れていた。しかし、石川の頭には船のことしかない。幕府の設けた長崎の製鉄所に着くと、日本人スタッフから機械の使い方を習い、オランダ人技師から造船の基本を学んだ。数カ月後、石川は同じ長崎に親藩・加賀藩の海軍奉行が滞在していることを知り、一計を案じた。

石川は何としても造船用の部品と職工が欲しかったのだが、先立つものがない。海軍奉行に事情を打ち明けて保証人になってもらい、脱藩の身でありながら「大聖寺藩留守居」の肩書をでっち上げると、イギリス人からボイラーを購入した。同時に鉄工や造船の専門職人計六人を雇って、意気揚々と大津に戻った。

この間、石川の蒸気船構想に懐疑的だった藩は、近代化という時代のスローガンの前で方針を一転し、朝廷に対して蒸気船運航を願い出ていた。石川は藩から一万二千五百両を支出させると、一庭兄弟の協力を得て造船に取りかかった。一八六八年（明治元）十二月に起工した船は、昼夜を分かたぬ作業で翌明治二年三月、完成した。「一番丸」と名づけられたこの船は、木造の外輪船で十四トン。上等客は本船に乗り、下等客と荷物は引き船に相乗りした。時速約五キロ。日本最初の川蒸気船は黒煙を湖面に這《は》わせながらゆったりと走った。

石川は続いて、二倍のスピードを出す二番船に取りかかったが、ここに来て頭の痛い問題が起きていた。大津はもとより京都、大阪を探し回っても造船に必要な器具が手に入らないのだ。

やがて、悩む石川の耳に朗報が届いた。

「神戸だと外国人の鉄工所があるという。神戸に工場をつくったらどうだ」

石川は、わらをもつかむ思いで神戸に足を運び、兵庫県庁を訪れた。応接に出た男は、石川の切々とした言葉をじっくりと聞き終えると、笑みを浮かべた。初代県知事伊藤博文だった。

伊藤もまた、欧米の力を熟知した男だった。イギリス留学を経て明治新政府には外国事務掛として出仕した。一八六八年(明治元)には、神戸開港場の管理責任者として来神し、五月に初代県知事となった。

石川の持ちかけた造船用器具工場の構想は、伊藤の関心を大いにそそった。沖合に停泊した外国艦隊が二十一発の祝砲を湾内に轟《とどろ》かせ、華々しく開港してから一年余りたっていた。なるほど、かけ声は勇ましいが、海岸を見れば砂浜が遠く連なり、田園のなかに県庁の白壁だけが光っている。西国街道は松の木陰に覆われ、夜ともなれば森閑とした深い闇が広がるばかりだ。そんな神戸の活性化を考えるなら、石川の申し出は聞くに値するものだった。

「わかった。尽力しよう」

伊藤の快諾を得ると、石川は故郷に取って返し、今度は旧知の加賀藩士、遠藤友三郎と関沢孝三郎を口説いた。

「いいか、これからの産業発展に不可欠なのは、鉄だ。工場を設けるため、お互いに藩を説得しようじゃないか」

遠藤は、加賀藩が七尾に設けた軍艦所の軍艦棟取、関沢はイギリス留学の体験者で機械技術の分野に秀でていた。加賀藩自体が海軍創設に色気を見せていたため、この二人の建議は無事に通った。そればかりか、藩は独自に用地借用を兵庫県に出願した。

一方の石川も、その卓越した行動力が自藩に認められて、石川の開いた汽船の建造場は藩の大津汽船局と命名されていた。こちらも石川のプランがすんなりと認められ、神戸での工場開設財源として合わせて四万七千両余りの巨費が捻出された。

石川らが目をつけたのは、港に面した川崎浜であった。明治初年、あるイギリス人がここに小さな造船所を設け、阿波藩から注文のあった木造機帆船（八十トン積載）を造ったりしていた。さらに明治二年四月、小野浜に鉄工所を開いていたアメリカ人ミュアヘッドがこの近くで造船所を開設し、汽船の修理、建造や鉄工を幅広く営んでいた。この造船所は、会計を担当した会社支配人の名をとってバルカン鉄工所とも呼ばれた。

石川らが手に入れたかったのは、この一角、薩摩藩の石炭庫などがあった兵部省用地約一千二百平方メートルである。オランダ商社と機械購入契約を終えた翌年の明治三年三月、兵部省は「兵器の優先的納入」を条件に用地貸与を決めた。

石川らは狂喜した。慌ただしく仮設工場を建てると近隣から鍛冶職人を雇い集め、七尾軍艦所の機器をすべてここへ移し、「加州製鉄所」と称した。神戸で初めての日本人による造船所の誕生だった。やがて転変を重ねて、この工場は幸次郎の時代にまでつながるのだが、その前に、石川らを悲嘆の淵に追い込むハプニングが待ち受けていた。

運命の暴風雨

旧湊川の河口西岸、現在の神戸市兵庫区東出町にできた加州製鉄所は、フル稼働を続けた。毎月十七、八回のペースで、工場で生産された造船器具が琵琶湖の大津造船局へ届けられた。その一方で、大阪の川尻を走るランチなどを製造し、生野鉱山へは機械や歯車を納入した。石川は、神戸の地を選んだことをつくづく幸運だと思った。神戸から半年遅れで大阪が開港していたが、大型船は安治川の河口から一マイルの沖合までしか近づけず、南西の風に流されると砂州に乗り上げかねなかった。その点、神戸は水深があって、船は海岸から四分の一マイルまで近づけた。しかも六甲山と和田岬が北西の風と南西の風を遮り、外国船はこぞって神戸に入港しようとした。外国人居留地が少しずつ整い、一八七〇年（明治三）九月には、九十九《つくも》商会（三菱の前身）を率いる岩崎弥太郎が海岸通に荷客取扱所を設けて高知との航路を開いた。神戸は急ピッチで都市化を進め、活気にあふれ始めていた。

明けて、明治四年。海岸の石垣工事、生田川付け替え工事に続いて、四月には和田岬に灯台が建設された。そして五月、神戸を激しい暴風雨が襲った。荒波が狂ったように岸壁を砕き、不気味なうなりを上げて突風が吹き抜けた。海岸べりの加州製鉄所はひとたまりもなかった。屋根が飛んで壁が崩れた。工場の中を海水が音をたてて流れた。ようやく嵐の過ぎ去った後、そこに残ったのは、廃墟になった工場だった。石川らは言葉もなく立ち尽くした。

加州製鉄所は、この致命的な打撃から立ち直れなかった。負債がかさんだうえに七月の廃藩置県で加賀藩の軍艦所が廃止され、後ろ楯もなくなった。石川らから製鉄所の買い上げを打診された政府は翌五年一月、正式に買収を決めた。政府はさらにミュアヘッド鉄工所も買収し、旧湊川河口の左岸に船舶修理用船架を設けると兵庫製作寮と称した。ここはやがて、兵庫工作分局、兵庫造船司、兵庫造船局、兵庫造船所と改名を重ね、明治十九年に川崎正蔵の手に渡り、幸次郎へと引き継がれていくのである。

神戸の造船の芽を作った男、石川のその後についても少し触れておこう。石川はその後、工部省の役人として兵庫に在勤したが、同僚と意見が合わず官を辞した。さらに蚕の会社設立、国立銀行顧問、故郷の大聖寺商法会議所会頭、神戸での海陸会社専務、筑後・三池での石炭販売……と多彩な活動を見せた。しかし、最近発行された『加賀江沼人物事典』では、没年は「大正？」となっており、波瀾の人生の最期はわかっていない。

鉄製桟橋建設

石川が、全精力をつぎ込みながら夢破れた神戸の造船所。それが政府に買収され、兵庫造船局と改称していた一八八四年（明治十七）十一月、港を挟んだ対岸に巨大な鉄製桟橋が登場した。長さ約百五十メートル、幅約十三メートル。簡単な岸壁しかない神戸港では、目を引く規模だった。
　突如出現した桟橋のバックには、神戸港の可能性を人一倍買っていた一人の慧眼《けいがん》の男がいた。関西経済界の巨頭・五代友厚である。

「ソロバンには弱い」といわれる薩摩人のなかで、五代は異色の存在だった。薩摩閥の政商として財界で確たる地位を築き、鉱山、紡績、鉄道などの近代産業を興した五代は、大阪商法会議所の初代会頭を務め、関西経済界に君臨した。

　その五代が、糖尿病の悪化による視力減退に悩みながら最後に手がけた事業が、神戸での桟橋建設だった。関西財界にとって、日本最大の輸入港となっていた神戸港は、産業興隆のカギを握る存在だった。ところが、満足な岸壁は一つもなく、沖に外国船が錨を下ろすと小さな倉船が船腹に群がって荷を降ろす。その非合理性、非効率性が五代らには我慢できなかった。

　五代らは有志を募ると、営業に向けての会社「鉄製桟橋」を設立した。神戸で初めての株式会社の誕生であり、株主総代には五代ら三人が就いた。

　桟橋は、神戸港の財産となった。何しろ、明治三十五年ごろになっても、三千トン級の船が接岸できたのは、この桟橋だけだった。会社は「神戸桟橋」と社名を変更したのち、増資を重ねて規模を拡大した。五代らの思惑は図星だった。そして資本金百万円に達した明治四十三年、新社長に就任したのが、ほかならぬ幸次郎であった。

　五代と松方一族との縁を考えるのなら、五代の最期にも触れないわけにはいかない。

神戸での桟橋事業が緒についたばかりの明治十八年八月、病状の悪化した五代は大阪から東京へ移った。九月二十二日、危篤に陥った五代は、自らの事業などについての遺言を言い残したあと、二十五日に逝った。この遺言の時、枕元で顔を近づけて聞き取ったのが、当時大蔵卿だった幸次郎の父正義だったという。

五代の柩《ひつぎ》は、東京・築地にあった川崎造船所の構内から小蒸気船に乗せられたあと横浜で他船に移され、神戸まで運ばれた。それから特別列車で大阪へ向かい、十月二日、遺宅に約五千人の会葬者を集めて盛大な葬儀が営まれた。

松方一族、川崎造船所、神戸、そして五代は、こうして不思議な縁《えにし》の糸で結ばれていたのである。

払い下げ

さて、川崎造船所の創始者、川崎正蔵については、「鳴動編」で青年期を、「青雲編」では幸次郎を新社長に迎える時期の姿を紹介してきた。この「群像編」ではその中間期、すなわち造船に心血を注いだころの実像を描こう。正蔵もまた、神戸港の持つ可能性にすべてを賭けた男だった。

一八八六年（明治十九）も初夏を迎えていた。

49歳ごろの川崎正蔵(左)。2人の子息を失ったのもこのころだった

正蔵は、東京・築地の自宅で病床に臥せっていた。暗い目で天井を見つめては、じっとまぶたを閉じた。体調を崩してから一年が過ぎていた。あまりにもつらく悲しい日々だった。慶応義塾を経てアメリカ留学に旅立った三男新次郎が、異境で不帰の人となったのは、前年の三月だった。その涙がまだ乾かない三カ月後、今度は二男の正左衛門が急死した。すでに長男を幼いころに亡くした正蔵は後継者をすべて失ったことになる。正蔵は、出る涙さえなく呆然と立ち尽くした。

それ以来、正蔵は病臥した。酒好きで酒量が過ぎて胃腸が参っていたし、相次ぐ悲報に精神状態までが不安定になってしまったのだ。手足は重く、胸に手を当てると鼓動が不揃いに打っているようにさえ感じた。

その正蔵が、気力を振り絞って机に向かったのは、この年二月、農商務大臣谷干城《かんじょう》にあてて兵庫造船所払い下げ願をしたためた時ぐらいだった。すでに紹介したように、兵庫造船所は加州製鉄所がルーツで、明治十八年にはイギリスから輸入した鉄船製造機械、汽力挽揚船架を設け、阪神間でもっとも優れた造船工場だった。しかし、官営になってからは営業成績はさほど伸びず、政府は経費削減のため民間払い下げを公示したのだった。

正蔵は、この話に飛びついた。筆をとると「粉骨砕身シテ必ス此業ヲシテ盛大ナラシメ国家万一ノ御用ヲ勉メ……」「私立造船所ニ於テモ巨大ノ蒸気船ヲ製造シ得ルモノ之レ無キハ私ガ実ニ遺憾トスル所……」と続け、最後に「御評議ノ上此段偏ニ御許容ノ程」と結んだ。

それが二月十八日だった。すでに二カ月以上が過ぎている。あの願書がどう扱われたのか、正蔵にはわからない。病床に身を横たえると、頭の中を駆けめぐるのは、払い下げの是非だった。おそらく、窮地に陥った造船所の経営は、払い下げを受ければ好転するだろうに……と正蔵はひたすら念じた。

家人が来客を告げた。

「ご気分はどうですか」

部屋に通されたのは、正蔵と昵懇《じっこん》の海軍軍医総監、高木兼寛だった。

洋船建造

高木は、ロンドン留学を経て医師になった。日本で初めてナイチンゲール式近代看護教育を始めたことで知られ、洋装を勧めるなど開明的文化人の側面もあった。外出時はフロックコートを欠かさなかった正蔵と、その辺でもウマが合ったのだろう。帰国後は川崎家のホームドクターのようになった。

しかし、この日は正蔵の診察に訪れたのではない。枕元に正座すると、高木はゆっくりと語りかけた。

「川崎さん、政府は造船所払い下げをあなたに決めましたよ」

正蔵は、体に電流が走ったようにピクリと震わせると、体を起こした。肉のそげ落ちた顔の中で、ただ両の目だけがランと光った。掛け布団を蹴って立ち上がり、高木の首に両手を回すと、思い切り抱きついた。

「本当か！」

「間違いありません。私がお伝えする役を仰せ付かったのですから」

正蔵は叫び声を上げると、幼子のように何度も高木の体を荒々しく揺らし、声を上げて男泣きした。高木は、じっと抱き止めていた。

正蔵が東京・築地に小さな造船所を開いたのは、さかのぼること八年前の一八七八年(明治十一)四月。造船技師を高給で雇い、盛んに新聞で広告を打った。しかし、一般にはまだ和船を好む空気が強く、正蔵は船主を駆け回って西洋船のメリットを説き続けた。初めて手がけた「北海丸」の進水式では、内輪に限っていた旧来の習いを破って、千人を超す招待客で宴を張った。その費用は船価より高くついたが、正蔵には西洋型船を見てもらう絶好の機会でもあった。

東京で船造りに打ち込みながら、正蔵の目はその実、神戸に向いていた。明治十年ごろから土地の手当てをし、十三年には現在の兵庫区東出町の官有地を借り受けて、開設準備に入った。そして翌十四年、川崎兵庫造船所はオープンした。

しかし、築地、兵庫両造船所は、日本経済がまだ成熟していなかったために注文が少なく、赤字が続いた。正蔵は、海運や官糖販売などほかの事業での収益を造船での赤字補塡に回した。他人は「船に狂った」と噂したが、正蔵は、造船への情熱をいささかも衰えさせなかった。

政府の兵庫造船所払い下げが公示されたのは、ちょうどそのころであった。その造船所は、正蔵の造船所から見ると湊川（旧）を挟んだ東側にあった。将来の需要に備えて設備拡張を図るには、どうしても欲しい造船所だった。

その払い下げが決まったのだ。病状は一気に好転し、正蔵は床上げをした。

神戸集中

もちろん、造船所の払い下げがガラス張りで行なわれたわけではない。今も昔も、政界と経済界の結びつきは不可解な印象を免れない。

たとえば、一八八四年（明治十七）、長崎造船局を貸与されて三年後に払い下げを受けた三菱の岩崎弥太郎の場合、支払いは五十年払いであった。正蔵は明治十九年に兵庫造船所を借り受けたあと、翌年七月、岩崎とほぼ同時期に払い下げを受けたが、こちらも五十年年賦で無利子だった。民間企業育成とはいえ実に寛大な条件である。

明治24年ごろの神戸・川崎造船所

払い下げ先の選定にも、政治家がちらつく。七十年前に出版された正蔵の評伝によれば、東京で石川島平野造船所(現石川島播磨重工の前身)を興した平野富二も払い下げ願を出していた。平野は長崎の出身で活字製造業に成功し、明治九年に造船界へ転身した民間造船業の草分けである。強力なライバルの出現は、払い下げ先の選定作業を一転二転させ、政府、事務当局の意向を二分させた。その混迷に断を下したのが、井上馨だった。

しかし、と評伝子は言う。薩摩閥による開拓使官有物払い下げ事件が政変にまで発展したのが明治十四年。正蔵と同じ薩摩出身で自ら「格別の間柄」という松方正義は、官民の露骨な人脈を表にするのを嫌い、井上の陰に隠れていた、というわけだ。

ともあれ、神戸を海運の要地と見定め、首尾よく兵庫造船所の払い下げを受けた正蔵は、東京・築地の造船所をたたむと神戸に一点集中した。明治二十一年には隣接する広大な陸軍用地を借り受けて、将来に備えた。

万年筆が普及し始め、神戸では女性の間で西洋風に髪を一つにして束ねる束髪《そくはつ》が大流行していた。印刷物のなかには「○○的」という表現がやたらと目につき始めた。印刷所は「的」の活字を増やしたが、追いつかなかった。どうやら、突然「的」がブームになった背景に、英語の「○

○ティック」という発音を漢字に当てはめたという洋風化現象があったようで、偏屈な文人は眉をしかめた。
野人肌の強い正蔵も脱亜入欧の潮流には敏感だったようだ。夕飯はもっぱら刺し身や故郷の薩摩汁を好んだが、昼食には西洋料理二皿とパンを用意させた。しかも大好きな酒も日本酒ではなく、ウィスキー、ブランデーだった。

正蔵は、そんな日々の暮らしを送る神戸・布引の自宅から、職員、職工六百人の待つ造船所へ毎朝歩いて出勤した。修理船が次々と入り、経営は順調だった。二十三年には、多額納税者として貴族院議員に当選した。そして二十七年夏、海の向こうから大事件の一報が飛び込んできた。日清戦争の勃発である。

日清開戦

日本が清朝（中国）に宣戦布告をしたのは、一八九四年（明治二十七）の八月一日だった。朝鮮半島を大陸侵攻への足がかりにしようとした日本は、半島での清朝の影響力を力で排除しようとしたのだ。

またたく間に半島を制圧した日本軍は、黄海海戦で制海権を握ると一気に大陸を目ざした。大本営は広島に移り、長期戦の構えに入った。

戦端が開かれると同時に、川崎造船所はこれまで経験したことのないフル操業に入った。兵員や軍需品を戦地へ送り込むためには、膨大な数の船が必要だった。しかし当時はまだ五百トン以下のクラスの船が大半で、輸送能力は低い。さらに造船所の現状からみて、大型船を次々に建造する力もない。国内各海運会社の所有船舶は根こそぎ軍務に徴用され、ピストン輸送に従事した。当然、船の修理は激増した。

造船所から夜の静けさが消えた。修理作業などは昼夜二交代で続けられ、鉄を打つカン高い音が絶え間なく響いた。さらに、この年十二月までの納期で水雷敷設艇六隻の建造などの注文まで入った。

多忙を極めたのは、神戸だけではない。正蔵は、海軍の要請を受けて、広島・宇品（現広島市南区宇品）に臨時出張所を設置し、工員を大量に送り込んだ。宇品は今、日本車の輸出港というイメージが強いが、当時は山陽鉄道（現JR山陽本線）が広島まで延伸された直後だったこともあって、日本を代表する軍港としての色彩が濃かった。続々と運ばれてきた軍需物資などが、宇品から戦地へ向かった。

大本営が中国本土侵攻を指示すると、正蔵もさらに転進した。その前年、東大工学部造船学科を卒業して入社したばかりの安部正也を呼ぶと、正蔵は「工員百五十人を連れて清国へ渡り、給水船五隻を建造してくれ」と命じた。社歴一年余りの安部は、さすがに気おくれがした。だが、正蔵はガンとして方針を変えない。防寒用長靴と護身用の日本刀を与えると、ポンと肩を叩いた。

「君ならやれるよ」

戦火は約九カ月間でやんだ。戦勝国の日本は、この戦いで一気に極東最強の軍備を擁する国となった。時流は、大船、大艦製造へと向かい始めていた。戦争が企業の拡大を促した。正蔵は、この流れに乗り遅れまいとした。個人商店では手に余る事態が目前に迫っていたのだ。

正蔵、五十八歳の夏。故郷鹿児島の墓所を手入れして心の区切りをつけると、正蔵は引退を決意した。

日豪貿易

時計の針を少し戻そう。

正蔵が兵庫造船所の払い下げを受け、川崎造船所として再スタートを切った一八八九年(明治二十二)の八月十五日、造船所とは目と鼻の先、現在の神戸市中央区栄町通五丁目あたりにささやかな一軒の店がオープンした。

「日濠貿易兼松房治郎商店」

入り口に掲げられた真新しい看板を見上げて、当の主、兼松房治郎は深い感慨を覚えるのだった。

間口二間半、奥行き五間の二階建て。表通りに面した窓には格子が一面に入り、狭い入り口が左側にある。店内をのぞくと、短く刈り込んだ頭髪と鼻下のひげが印象的な主人の兼松と二人の使用人しかいない。どこをどう見ても、開港地に店開きした小さな商店の構えなのだが、道行く人々には「日濠」という見慣れない言葉が妙に新鮮に見えた。もちろん、この商店が日本を代表する商社の一つである兼松江商へと発展するとは、だれも予想しなかった。

兼松は、商人の町・大坂に生まれた。十二歳から商家へ奉公に出たが、幕末の動乱のなかで武士になりたいと思い、手づるを頼って転身した。しかし、かりに武士の世界で出世しても先が知れていると思い直して商売の世界へUターンした異色の経歴の持ち主である。

兼松はその後、紙の輸出業、三井銀行勤務、大阪商船取締役、大阪毎日新聞経営など幅広い活躍を続けたが、不惑の年を超えてからどうにも気になり始めたのが、オーストラリアだった。

兼松が着目したのは、世界一を誇ったオーストラリアの羊毛である。明治政府は一時、牧羊の振興を図ったがはかばかしくなく、全面的に輸入に頼っていた。しかも右にならえの欧化主義の風潮で、毛織物の需要は伸びる一方である。明治二十二年には全国でフランネルのシャツが大流行した。

すでに政府は、オーストラリアからの原料輸入を行なっていたが、現状は細々としたもので、扱っていたのは横浜の外国商館だった。

「これは当たる」

と兼松は踏んだ。

明治二十年には、単身オーストラリアを訪れて現状を視察した。そして、緒についたばかりの日豪貿易の将来は明るいと見通した。シドニーなどには早くも数人の日本人が滞在して貿易に手を染めていたが、いずれも規模は小さかった。

兼松は帰国後、土地、建物、株券などを売却して貿易業への覚悟を定めた。知人たちは「冒険だ」と引き留めたが、兼松はガンとして聞かなかった。「易を捨てて難につく」――それが生きる道だと腹をくくったのだ。

そして新興の開港場・神戸へ。四十五歳での第一歩である。サイコロは投げられた。

初の原毛直輸入

一八九〇年（明治二十三）が明けた。

その前年、新しく市として体裁を整えた神戸は、人口も十三万四千七百人に達していた。市制施行に伴って第一回市会議員選挙も行なわれたが、何しろ選挙権が富裕階級に限られていたから、一般の市民はまったく関心を示さなかった。「神戸又新日報《ゆうしん》」は社説の中で、「神戸は日本有数の商業地として商業思想は発達しているが、政治思想に乏しく冷淡無頓着《むとんちゃく》……」と嘆いたが、肝心の有権者数が市民の一％余り、千七百八十一人だけなのだから、「関心を持て」という方が無理だ。

兼松は、自宅二階の窓を開けると、市制施行後初の正月を迎えたそんな神戸の街を飽きずに見つめていた。家並みの向こうに港が広がっている。そこに、数日後に乗る予定になっている「サイナン号」の船影も見えた。兼松は窓を閉めると妻の先子を呼んだ。そして、五千円入りの包みを手渡すと、かんで含めるように言った。

「私の命に過ちさえなければ、成功する可能性も多分にある。これだけあれば、何年かは生活できる。待っていてくれ」

神戸に小さな日豪貿易の店を出した兼松は、初めての商品買い付けとシドニーでの支店開設のために、オーストラリアへ旅立とうとしていたのだ。今なら造作のない仕事かもしれないが、当時とすれば戦地に赴くような悲愴感すら漂うことだったのである。

しかし、それは杞憂《きゆう》だった。オーストラリアの国情が十分に頭に入ったわけでも、有力なコネがあったわけでもない商いだったが、兼松は羊毛百八十七俵などを競売で買い付け、五月下旬に船で積み出した。日本人の手による初めての原毛直輸入だった。

業績は少しずつ伸びた。明治二十四年には、店舗を現在の栄町通三丁目に移した。旧店舗より少し広くなった。羊毛輸入の傍ら、陶器、漆器、竹器や雑貨を輸出し、年間の扱い高は五万〜七万円に上った。

二十七年四月には、店は海岸通三丁目へ移った。港が眼前に広がっていた。広さは、敷地二百四十坪。少したってから、外観を洋風に改装した。神戸市に初めて電話が開通すると、兼松はすぐに申し込んだ。まだ利用者は百四十二件しかなかった。事務所は前掛け姿の丁稚《でっち》たちが忙しく出入りし、熱気が漂っていた。

こうして兼松が基盤づくりに汗を流していたころ、事務所から見ると約三キロ南、荒涼とした砂地だけが広がる吉田新田（現神戸市兵庫区）の一角で、二十八歳の青年がまなじりを決していた。武藤山治《さんじ》である。

鐘紡進出

武藤が、三井銀行から系列の鐘紡への移籍辞令を受けたのは、一八九四年（明治二十七）の四月だった。

武藤の使命は大きかった。鐘紡の総師で三井財閥の大番頭・中上川《なかみがわ》彦次郎は、神戸の将来性を高く買っていた一人だった。中上川は山陽鉄道を創設し、三井銀行最高専務理事になるまでの一カ月間とはいえ、神戸商業会議所の初代会頭を務め、神戸とは縁が深い。その中上川が、貿易をアメリカ一辺倒ではなくアジアからヨーロッパへと視野を広げるのなら、横浜より神戸の方が適地になると読み、まだ開発の進んでいない吉田新田を進出地と見定めた。

今でこそ吉田町周辺には工場や民家がびっしりと立ち並んでいるが、当時は荒れ果てた砂地が一面に広がっていた。農地としてもあまり適さなかったこの一帯を安価で買収すると、中上川は工場建設から創業までのもっとも大切な時期を託せる人材を探し、二十八歳の俊英を抜擢した。それが武藤だった。

のちに「鐘紡の武藤か、武藤の鐘紡か」といわれたこの不世出の実業家の生い立ちについて少し触れておこう。

武藤は慶応三年、岐阜県の旧家に生まれた。幸次郎の二つ年下である。慶応義塾を経て幸次郎より一年遅れでアメリカ留学を果たしたが、皿洗いなどをしながらの苦学だった。帰国後、英字新聞の編集や貿易会社勤めなどをしていたが、そのころ三井改革に乗り出していた中上川が武藤をスカウトし三井銀行へ引っ張ったのである。

その中上川から、鐘紡の命運を握る兵庫支店支配人を仰せ付かり、四万錘《すい》という国内で前例のない大紡績工場の創業を命じられたのだ。ほかの紡績会社からは「三井の道楽工場」という冷やかしの声すら聞こえ、武藤は事の重大さをひしひしと感じた。

着任後二カ月で、工場の建設工事が始まった。武藤は、構内の事務所が完成すると、そこにベッドを持ち込み、率先垂範で工事を急いだ。八月には、日清戦争が勃発した。中上川は、工事の一時延期を求める声を言下に退けた。戦地から勝利の報が入るたびに国内は沸き、紡績業界は活況を呈した。

武藤は気が急《せ》いた。二十八年後半には建物の本体工事がほぼでき上がり、イギリスに注文していた紡績機械が次々と到着し、据え付けられていった。ここまでは、順調だった。神戸で日本最大の紡績工場が稼働する日が近づいていた。あとは、本社が国産にすると決めていた千三百馬力の蒸気機関を待つだけだった。ところが……。

似通った二人

千三百馬力という蒸気機関の製造は、当時の日本の技術をはるかに超えていた。結果的には、それが国産技術力アップへの踏み台になったとはいえ、待てど暮らせど到着しない機械に武藤は腹立たしさばかりが募った。

巨大な蒸気機関は、予定の納期より半年も遅れた一八九六年（明治二十九）の二月に到着した。ところが今度は、同時に発注していた電気機械が届かない。他社からは「それ見ろ、絵に描いた餅だ。どうせ三カ月でつぶれるよ」と冷笑の声がもれた。

武藤の踏んばりどころだった。大きな百目ロウソクを随所に灯して徹夜作業を続けた。従業員には懸賞を出した。

「いいか、一日早くでき上がれば百円、二日なら五百円だ」

試運転を経て昼夜フル稼働に入ったのが、十月下旬のことだった。遅れに遅れたとはいえ、「三カ月しかもたない」とからかわれた蒸気機関は、結局三十二年間の長寿を誇り、鐘紡の基礎となった。

武藤はやがて、全社支配人から専務、社長へと上りつめ、鐘紡の代名詞的存在となるのだが、神戸時代の武藤を見る限り、同じ時期に神戸を拠点に奔走した幸次郎と不思議な類似点を見出すことができる。

多感な青年時代をアメリカで送った共通の体験があってのことだろう。二人は進取の気性に富み、一時も葉巻を離さないヘビースモーカーで鳴った。武藤は全社員に洋服着用を命じ、昔ながらの筆を廃止してペンや鉛筆で書類を書かせた。幸次郎もまた、自宅でこそ和服を着ることもあったが、外国に出ると靴下の色ひとつにまで細々と注文をつけた。さらに、アメリカでヒューマニズムに触れたせいか、そっくりな逸話まで残っている。幸次郎は二頭立て馬車で出勤途上、遅刻しそうな従業員を馬車に乗せたという。そして武藤は、車で出勤の途中、裸足で歩く女子従業員を目にとめると車に乗せ、自分は歩いて会社へ向かった……。

神戸の女性の間では、こんなささやかれ方をした。

「頼もしい夫像は、K造船所のM氏、同じ神戸のK・FさんにM・Sさん」

M氏とは松方、K・Fさんとは神戸市長を務めた鹿島房次郎、そしてM・Sさんとは武藤山治だったという。

何かにつけて対比された二人だが、大正期の新聞によれば「仲の良いような話を聞いたことがない」間柄だった。おのずから肌合いが異なるとはいえ、こうした似通った面をお互いが意識していたためかもしれない。

さて、もう一人、忘れてはならない男が、神戸に根を下ろし始めていた。

鈴木商店の再出発

一八九四年（明治二十七）の六月といえば、朝鮮半島では覇権を争う日本と清国（中国）が一触即発の状態に達していた。二十八歳の幸次郎はまだ、東京で素浪人の日々を送っている。武藤は二十七歳。鐘紡入りする直前で三井銀行の抵当係として頭角を現し始めていた。係長は、のちに政財界の巨頭となる藤山雷太だった。

神戸に目を移せば、五十六歳の川崎正蔵は、朝鮮半島での戦雲の行方を見定めながら川崎造船所の従業員を督励し続けていた。海岸通三丁目では、四度目の渡豪から帰国した兼松房治郎が、移転間もない新事務所で対豪貿易拡大への策を練っていた。

金子直吉

さて、その兼松の店から目と鼻の先、栄町通四丁目の地味な商店の中で、満二十八歳になったばかりの若者が、じっとうつむいて年長者たちの切迫した話し合いを聞いていた。店の名は、鈴木商店。若者はやがて、この小さな店を日本屈指の大商社へ育て上げることになる金子直吉である。後年、幸次郎が命運をともにする盟友であり、頑固一徹な彼が唯一耳を傾けた畏友《いゆう》である。

金子が身じろぎもせずに聞いていた話し合いとは、店の主人・鈴木岩治郎が病没したため、この先、店をどうするかというものだった。親類や友人たちは、口をそろえて、

「二人の子供も幼いことだし、女手でこの厳しい商売を続けるのは大変だよ。どうだい、いったん店をたたんで子供が大きくなるまで待ったら」

と言った。

店員たちが「お家さん」と呼んだ未亡人のよねは、腹のすわった女性だった。周囲からの助言をじっくりと聞くと、こう切り返した。

「別に借金を抱えたわけではない。多少の遺産だってあります。それに二十年来のお得意さんや主人が育ててきた店員たちがいるじゃありませんか。女主人だからといって、これまでの商売を続けられないはずがありませんよ」

有無を言わせぬ迫力と自信にあふれていた。金子は、その一言一句を頭に叩き込んだ。話し合いは結局、よねが女主人として鈴木商店を引き継ぎ、兄弟番頭の柳田富士松が砂糖、長久という男が薄荷《はっか》、金子が樟脳《しょうのう》の商いを担当して再スタートを切ることになった。いわばトロイカ体制での難局打開である。

金子は、この樟脳の取引をテコに仕事へ没頭していくのだが、その前に金子の辛酸をなめた少年期にも筆を進めておこう。水魚の交わりとはいえ、幸次郎は金融界に君臨した大立者の三男坊。しかし、金子の方はとなると……。

たたき上げの金子

高知県吾川郡名野川村（現吾川郡吾川村）は、四国山地の深い山ひだに囲まれた山村である。金子は、幸次郎の誕生より半年遅い一八六六年（慶応二）六月十三日、村の一角にあったつましい呉服反物店に長男として生まれた。明治維新の混乱期に一家は高知へ出たが、雨漏りのひどい四畳半一間の長屋住まいだった。十歳の時、家計を助けるために紙屑買いを始め、やがて砂糖や茶、乾物の店に丁稚奉公に出、十四歳で質屋の丁稚になった。

貧しさのために学校へ通えない金子は、近所の宮司から読み書きを習った。そのため暗唱できるのは「高天が原」の祝詞《のりと》だけという特異な勉強で、友達からは「ばかだ」と嘲り笑われた。

しかし、どこに幸運の女神が潜んでいるかわからないものだ。質屋の店先に座って客を待つ間、金子は質入れされた本を片っ端から読んだ。軍記物から珍しい翻訳書までテーマは何でもよかった。なかでも少年の心をつかんだのは孫子の兵書である。後年、金子は商売のコツを問われると、「敵を知って己を知る」など孫子の兵法を持ち出したものだった。だれもが驚く博覧強記の基礎は、この質屋奉公の時にできたといってもいいだろう。

だが、昼夜を問わない乱読に次ぐ乱読は、金子の視力をかなり悪くした。長じてからの金子は鉄縁の眼鏡がトレードマークのようになったが、かなりの近視に乱視が混じり、やや斜視であった。しかし、この時の金子にとって、視力が落ちることなど大した問題ではなかったのだろう。一つのことに気持ちを集中させると、ほかのことが目に入らなくなる。そんな金子にまつわるもっとも有名なエピソードにこんな話がある。金子が功を遂げたのちのことだ。電車に乗って本を読んでいると女性が席をあけてくれた。駅で降りると、この女性も降りてあとをついてくる。家に入ってもついてくる。そこでやっと、この女性が女房であることに気づいた、というのだ。

丁稚時代もそうだった。金子は玄関先にある履物なら何でも引っかけた。自分の物も他人の物もない。女物も気にしない。あるものを履いた。だから、金子が現れるとだれからともなく「直吉だ。履物を隠せ」とささやき合った。

金子は、そんなのめり込みぶりで力をつけた。うすのろ扱いされた丁稚が、弁護士が舌を巻くような文章を書くようになった。そして明治十九年、二十歳になった金子は、質店主の勧めもあって神戸に来た。「西洋人を相手に商売をしたい」と思ったのだ。だが、神戸の水は、そんなに甘くはなかった。

よねの温情

開港地の神戸は、魅惑の香を漂わせていた。そこに行けば一旗揚げられるうまい話が転がっているような雰囲気があった。一八九一年（明治二十四）ごろからは、メーンストリートの栄町通一帯の地価が高騰し、数年で二倍になったほどだった。

しかし、金子にとって、そんなことはどうでもよかった。いや、そんな世事に目をとられる余裕すらなかった。

勤め先の鈴木商店は、砂糖、油、大豆かすなどの輸入商である。主人は、鈴木岩治郎といった。関東・川越藩の下級武士の出身で、菓子作りを志して修業した長崎からの帰途、神戸に立ち寄り、そのまま煎餅《せんべい》の店に雇われた。のちにその店を譲り受けて砂糖の商いに切り替えた。

鈴木商店に関する出版物は、一致して「ささやかな店」などと表現するが、果たしてそうだろうか。

神戸商業会議所（商工会議所の前身）は明治二十三年、国の商業会議所条例施行を受けて、真っ先に創立された。翌年実施された初めての会員選挙では、高得票の四十人が第一期会員に当選した。その二十七番目にいたのが、鈴木である。それ以前にも鈴木は、神戸石油商会を設立したり神戸貿易為替会社社長に就任したりしており、その行動範囲は単に一商店主の域にとどまっていない。

金子はその鈴木の下で身を粉にして働いた。朝は六時に起き、夜は十時になるまで体を動かし続けた。しかし、鈴木の口から出るのは、叱責ばかりだった。鈴木はこと仕事になると、とびきり厳しい。葉書一枚を書き損ねただけで烈火の如く怒った。一度などは、そろばんで頭を殴られた金子は流れる血をぬぐおうともせず、主人の怒りが収まるまでひたすら謝り続けたこともあった。

さすがの金子も、あまりのつらさに耐えかねて帰郷を口実に逃げ出そうとしたが、金子の心底を見抜いていた「お家さん」のよねが巧妙に金子の実家へ手紙を送り続け、金子は母に諭されて再び神戸へ戻ってきた。後年、よねの葬儀で店員総代として弔辞を読んだ金子は、

「平素誠に温順閑雅そのものなりしが、決して普通の婦女子にあらずして……」

と死を悼んだが、のちの金子があったのは、酸いも甘いも知りながら決して表に立たず、店の奥から店員たちを温かく見守ったよねがあってのことである。

金子は少しずつ頭角を現し、鈴木の死後は、兄番頭の柳田富士松らと店の切り回しの最前線に立った。だが、さあこれから、と腕まくりをした途端、金子は目の前が真っ暗になる崖っ縁に立たされた。

樟脳で窮地に

ナフタリンなどが開発されるまで、防虫剤といえば樟脳《しょうのう》が代表格だった。原料のクスノキは、中国南部、台湾や日本南部に生育している。金子は鈴木商店で樟脳を担当するのだが、それは単に国内市場だけが対象ではなく、国際市場をにらんでの商売であった。

日清戦争後のことだった。その樟脳がジリジリと値上がりしてきたのを見て、金子は外国商館

と先物売約（空売り）を始めた。値上がりの上限を約六十キロ当たり四十円と踏んでの契約である。ところが、相場は天井知らずに高騰し、七十円、八十円、九十五円とつり上がった。その異常な値上がりに金子は顔面蒼白となった。このままだと高く仕入れて安く売ることになる。損害は甚大だ。金子は見通しを誤ったとホゾをかんだが、もう遅い。夜、帳場に一人ポツンと座り、金子は打開策を探し求めた。

　金子にわかるすべもないが、樟脳の高騰は仕組まれたものだった。日清戦争で日本は、樟脳の主産地・台湾を割取した。単純に考えれば日本の樟脳市場にとってプラス要因だったのかもしれないが、機を見るに敏な人間はいるものだ。イギリスのある相場師は、

「台湾人が日本に服従するわけがない。反日運動が起きて逆に樟脳が市場に出回らなくなる」

と読み、大がかりな買い占めに走った。金子が呆然自失となった相場高騰の裏には、この買い占めが絡んでいたのである。

　しかし、原因がわかったところで、金子には打つ手がない。要は、金だった。契約先へ予定の樟脳を納めるには、店の金をすべてつぎ込んでも足りなかったのだ。

　窮した金子は、女主人のよねに一部始終を打ち明けた。よねは、意外なほど泰然としていた。

「そうなったんなら仕方がない。何か方策を考えよう」

　よねは、金子に対して愚痴を一つも漏らさなかった。主人岩治郎が病没した際、店の後見人になった大阪の実兄宅へ金子を連れて行くと、打開策に知恵を絞った。

金子は、必死だった。すべては自分の責任である。市場を甘く見すぎた責めは、自らが負わねばならない。話し合いが続く間、金子は座をはずすと町へ出た。わらをもつかむ思いだった。手当たり次第に樟脳の店をのぞいた。

「ついさっき、七十五円で売ってしまった」「相場は八十円を超えたよ」「ほんの少しだけしかないねえ……」

万事休す、だった。

話し合いも、さしたる策を見出せぬまま終わった。「できるだけ損を少なく」というだけである。この段になっても、よねは金子を見限らない。金子はいよいよ、腹をくくった。

攻めの経営

走り始めると周囲の雑事など目に入らない。

それが金子の性分である。窮地に立たされた金子は、取引先の弁護士から「速やかに品物を引き渡されたい」との書面を受け取ると、意を決した。もう逃げられない。当たって砕けるしか手はなかった。

金子は、神戸の居留地にある大口の外国商館を訪れると、一六二センチの体を折りたたむようにしてひたすら謝った。

「見ての通り、別の商館からも催促の書面をいただいている。このままでは、鈴木商店は破産するしか道はない。ただ、日ごろからお引き立てをいただいているこちらのお店にできるだけの義務は果たしたいが、思うようにはいかない」

そう言って金子は突然、懐《ふところ》に隠していた短刀を机上に置いた。

「わずかの品と三千五百ドルでご勘弁願いたい。だめだというのなら、この場で腹を切るまでです」

明治の世に「腹を切る」というのも芝居めいたやり方だが、少なくとも金子の熱意は十分に伝わった。商館側はとうとう、四千ドルの折衷案で折れた。

金子は同じような交渉で大口の契約先を一気に駆けめぐり、すべて話をつけた。体を張って、損を最小限に食い止めたのだ。

このエピソードは、金子の真骨頂としてよく知られているものだが、金子らしさを問うのなら、事後の顚末の方がふさわしい。普通なら、これほど痛い目にあった樟脳から手を引きたくなるものだろう。しかし金子は、苦汁を飲まされた樟脳の商いにいよいよのめり込んでいく。

店の従業員を大工と偽って台湾へ送り込み、産地の事情を調査させたのは序の口で、台湾の初代民政長官後藤新平に接近して、政商としての道を築き始める。こうした下工作は次第に花開き、台湾を舞台にした金子の樟脳商いは、のちの鈴木商店の昇竜の勢いへと結びついていくのである。

俳句をひねる時、金子は「白鼠《しろねずみ》」と称した。白鼠とは、大黒さんの使いとなる福の神のことであり、店に忠実な番頭の意をもっていた。破産寸前から立ち直った鈴木商店の「白鼠」は、文字通り福の神になっていくのだが、その積極果敢な攻めの経営姿勢とぴったり波長が合ったのが、幸次郎だったのである。

さて、金子の話は「熱情編」でも触れるとして、「群像編」の最後に一人の少年を登場させよう。少年は生涯を通じて幸次郎と直接顔を合わせることはなかったが、その存在は幸次郎の人生にも何がしかの陰影を及ぼしたように思えてならないのだ。

賀川、故郷へ

番頭が、

「ぼん」

と呼びに来たのは、少年が戸の閂《かんぬき》を振り上げて喧嘩相手に殴りかかる瞬間だった。番頭のただごとでない顔色に、喧嘩の興奮が萎《な》えた。番頭に連れられて戻ると、自宅の二階では、父が臨終の間際を迎えていた。

それが、キリスト教社会事業家、賀川豊彦の波瀾の幕開けだった。一八九二年（明治二十五）十一月。賀川はまだ、四歳である。葬儀が終わった一カ月半後、母は四男を出産した。しかし、産《さん》褥《じょく》熱に冒された母は、赤子に乳を与える力すらないまま逝った。賀川はたった二カ月の間に両親を相次いで亡くした。

のちに賀川は、自らのことを、

「不思議な運命の子」

と表現した。それは、幼くして両親を失ったことだけでなく、この両親の生きざまをも含んでの謂《いい》かもしれない。

父は徳島県板野郡の造り酒屋の三男として生まれ、十五歳の時、同じ郡内の庄屋賀川家に養子に入った。妻が病弱だったこともあり、やがて才色兼備の芸者と情を通じた。それが、賀川の実母である。

その後、父は東京での元老院書記官、徳島での役人、横浜でのドル相場取引所仲買人と職を変え、明治二十年、三菱の下請けとして「賀川回漕店」を神戸に開いた。故郷の阿波藍《あい》の運送を一手に引き受け、商売は順調だった。一年後、家は兵庫港の浮き桟橋のすぐ近くに移った。丁稚は八人に増えた。転居の直後、二男が生まれた。長男誕生から十五年後。父は大いに喜んで、古里の祭神・豊受大神にあやかって豊彦と命名した。

賀川豊彦

本妻を徳島に残しての生活だが、一家は幸せだった。何事もなく時間が過ぎれば、賀川の人生模様も違っただろう。しかし、両親の死去は、運命を一変させた。親族会議の結果、家業は兄が継ぎ、賀川と姉は徳島の本家へ、弟二人は乳母が引き取った。二十六年春、賀川は兵庫港から徳島へ向かった。蟹をとって遊んだ海辺の光景が、涙でかすんだ。

　賀川は義祖母と義母のもとで、小学校から旧制徳島中学校へと進んだ。しかし十五歳の時、兄の事業失敗の影響で賀川家が破産した。賀川は、親類宅から中学校へ通うつらい日々のなかでキリスト教に触れた。宣教師から、

「さあ涙をふいて。泣いた目には太陽も泣いて見え、微笑む目には太陽も笑って見える」

と励まされ、心を揺り動かされる。賀川が洗礼を受けたのは、その直後だった。

　やがて賀川は、神戸の貧窮地域に住み込んで伝道を始め、労働争議にも関わっていく。その時、対峙《たいじ》するのが、幸次郎の率いる川崎造船所だった。それは、ハイピッチでひた走る近代資本主義の旗手と、その底辺で地を這う運動を繰り広げた旗手との運命的な出会いであった。

熱情編

造船所の新体制

秋の日差しが、大広間の奥にまで伸びていた。その光が、居並ぶ十一人の男たちの顔を明るく浮かび上がらせた。

一八九六年（明治二十九）十月一日。神戸は日中、気温二六度を超えた。そして、ここ布引山麓の川崎正蔵邸では、男たちの扇子がせわしなく動くなか、株式会社となる川崎造船所の新体制が内定した。

社　長　松方幸次郎
副社長　川崎芳太郎
顧　問　川崎　正蔵

創業者は一線を退いて顧問となり、三十歳の若者に後事を託したのだ。

「無謀だ」

との批判が株主の間からわき上がる恐れは、だれよりも正蔵自身がわかっていた。だからこそ正蔵は、設立総会の発起人十一人の人選に意を尽くした。

その筆頭格は、正蔵の親友であり、対米貿易を開拓した凄腕の実業家森村市左衛門である。正蔵が肩代わりした幸次郎の留学費用は、市左衛門の会社が送金した。彼こそ正蔵と幸次郎との関係をもっとも理解している一人であった。

川崎造船所役員だった武文彦氏の描いた明治29年ごろの通勤風景。旧湊川沿いは従業員で埋まった（田所新三さん提供）

さらにもう一人、強力な援軍を招いた。幸次郎の母満佐子のいとこ、川上左七郎である。幸次郎にとって心強い存在だったには違いないが、それ以上に正蔵には、幸次郎の父正義が首相を務める政府、薩摩閥との結びつきをさらに固めようとするねらいもあったのだろう。

総会は、異論なく順調に終わり、二週間後の十月十五日、会社設立の登記手続きがすべて完了し、資本金二百万円の株式会社川崎造船所が誕生した。

だが、正蔵の細心のシナリオ作りにも、思わぬところにほころびの芽があった。発起人十一人のなかで渡辺尚だけは、新体制に不満を抱いていた。渡辺は、正蔵が東京・築地と神戸で造船業を営んでいた当時、神戸側の支配人だった男だ。正蔵と苦楽をともにして事業を発展させてきた腹心であり、心中ひそかに後継人事に期待を寄せていただけに、意外な輸入人事は苦い屈辱感を与えた。子飼いの部下の反感は、のちに予期せぬ事態へと発展していくことになる。

しかし、若い幸次郎に人事の機微がわかる由もない。幸次郎の脳裏をよぎるのは、早朝、造船所へ通勤するおびただしい男たちの後ろ姿である。彼らとその家族たちの生活を幸次郎は一身に背負うことになったのだ。

明治二十年当時に比べて、従業員は三倍の千八百人余りに達していた。早朝の出勤時、埋め立てる前の旧湊川の土手や橋は、菜っ葉服に草鞋《わらじ》履き、脚絆姿の職工たちで埋め尽くされた。河口に広がる造船所まで、それは太い帯のように続き、新興都市神戸のエネルギーを象徴する光景でもあった。

だが、幸次郎には感傷は許されない。新社長は就任と同時に、正蔵の悲願でもあった乾ドックの建設に取りかからねばならなかった。それは、日本の造船史上、空前絶後の難工事となった。

悲願の乾ドック

正蔵が、手塩にかけた川崎造船所の社長に幸次郎を迎え、自らは顧問に退いてまで乾ドックにこだわった理由は何か。

当時の川崎造船所にあった船架は、台車を使ってロープで船を陸上に引き揚げるスタイルで、二千トン級以上の大型船の船底修理には、まったく用をなさなかった。すでに紹介したようにライバルの三菱は長崎に大ドックを持っており、さらに一八九三年（明治二十六）には、神戸への進出計画を打ち出していた。船の建造より修理が最大の収入源だった当時の日本造船界で、ドックの有無は造船所の存亡に関わる大問題であったのだ。

しかも造船界は、ドックさえあれば〝濡れ手に粟〟の時代を迎えていた。神戸に入港する大型の外航船は、明治二十年を境に飛躍的に増加し始め、幸次郎が社長になった二十九年には四百四十七隻に上っている。また、日清戦争の時に急きょ大量輸入した大型船が老朽化して、修理を必要とする船があふれていたのだ。

実は、神戸でのドック建造計画は正蔵が初めてではない。官営兵庫造船所（川崎造船所の前身）も乾ドック建設のための地質調査まで行なっていた。だが、造船所周辺は湊川から運ばれてきた土砂がうず高く堆積しており、どこを掘っても砂と軟らかい泥ばかりが続き、結局「建設不可能」と、着工を断念していた。

にもかかわらず正蔵は、日清戦争が勃発する二年前の明治二十五年、悪条件下にあることを重重承知のうえでドック建設を決意した。大阪府の土木技師であった野尻武助に依頼して、とりあえず造船所の海岸線に沿って地盤調査を行なった。

野尻がボーリング調査をしてみると、案の定、豆腐に箸《はし》を刺すように錐《きり》状の掘削棒がズブズブと砂の中へ沈んでいった。しかし、地下十五メートルまで掘り進んだ瞬間、掘削棒が「ガチン」と硬いものに突き当たった。「ひょっとすると」と掘削棒を引き上げてみると、それはまさしく花崗岩であった。

「そうか、岩盤があったか」

野尻の報告を受けた正蔵は、ひざを叩いて喜んだ。とはいえ、岩盤の上を覆う砂や泥のことを考えただけでもドックの建設費用は莫大な額となる。川崎家の全財産を投じても着工に踏み切るべきか――正蔵は悩み苦しんだ。

「やはりドックを造る」と最終決断を下すまで、二年の歳月を要した。本格的な着工準備として、海軍技師恒川柳作が招かれ、再度入念なボーリング調査が行なわれた。

ところが、この再調査で正蔵の悲願を根底から打ち砕きかねない事実が明らかになる。

最悪の結論

恒川の顔は青ざめていた。ボーリングの掘削棒はとっくに地下十五メートルを過ぎているのに、二年前の調査で見つかった花崗岩の岩盤に突き当たらない。「岩盤が途切れているためか」と、ボーリングの場所を移しても結果は同じだった。しかも、さして力を加えていないのに掘削棒はどんどん沈下していく。額の脂汗をぬぐいながら、恒川は最悪の結論を下さざるを得なかった。

泥の下に広がっていると思われた岩盤は、初回調査のボーリング地点にたまたま埋まっていた花崗岩の破片に過ぎず、偶然、そこに掘削棒が当たってしまったのだ――と。

恒川の報告を聞いて、正蔵は呆然自失となった。岩盤だけが、ドック建設の頼みの綱だっただけに、二年もかけて練り上げた建設計画は、すべて水の泡である。こうなっては、川崎家の財産を残らず投じても、建設費を賄うことは到底不可能だった。

川崎造船所にも重苦しい空気が漂い、「やはり船架でいくしかない」との消極論がにわかに高まった。だが、そのなかで、当の正蔵だけは強気の姿勢を崩さなかった。

一八九六年(明治二十九)三月、幸次郎が社長に就任する七カ月前、「不可能を可能にする」といわれた男が、造船所の門をくぐった。男の名は山崎鉉次郎《げんじろう》。海軍呉鎮守府のドック建設当時、恒川の部下だった工部大学校出身の気鋭の青年技師であり、地盤が軟弱であってもドック建設は可能――との革命的な技術論を標榜《ひょうぼう》していた。

恒川の推薦で正蔵は、当時、横浜港の拡張工事に心血を注いでいた山崎に、「私の一生の夢をかなえてほしい」と懇願した。その熱意にほだされ、山崎は横浜の仕事を辞して神戸にやってきたのだ。

正蔵はただちに詳細な地質調査とドック設計を山崎に命じる一方、財源確保を目ざして株式会社設立に奔走した。着工は川崎造船所が会社組織となってから、わずか四十三日後の明治二十九年十一月二十八日であった。この時、正蔵はすでに顧問に退いており、総指揮は青年社長の幸次郎が振るった。起工式の席上、幸次郎と山崎は固い握手を交わし、成功を誓い合った。

だが、底無し沼のような地盤は、二人の情熱にのっけから冷水を浴びせかけた。

「社長、ダムが沈み始めています！」

そのダムは、山崎のアイデアでドック用地を取り囲んで造られた巨大なものだ。それが、駆けつけた幸次郎の目の前で、水中に没しようとしていた。

強大な海水圧

乾ドックの建設現場をぐるりと取り囲んだ巨大なコンクリートの塀が、音もなくゆっくりと傾いた。やがて海に面した部分が次第に水中に没していく。山崎からの急報で駆けつけた幸次郎は、その想像を絶する光景に口もきけぬほどの衝撃を受けた。

このコンクリートの塀は、山崎が「不可能を可能にするには、これしかない」と試みた革命的ともいえる工法であった。乾ドックを造るには、まず海岸部を船底の形に合わせて掘削しなくてはならない。だが、湊川の河口沿いにある川崎造船所の地盤は、砂と泥がうず高く堆積して軟弱だった。杭《くい》を打ち込んだだけで、海水の圧力を受けた地下水が噴水のように湧き出した。その水量は一時間で十二トン《トン》にも達し、工事現場は、たちまち池のようになってしまった。そこで山崎は、湧水《ゆうすい》に煩わされずに工事を進めるにはドック予定地周辺をすっぽりとコンクリートのダムで囲んでしまうしかないと決断し、ただちにコファー（箱）ダムの建設に着手したのである。

完成までに一年を費やしたダムは周囲四百六十二メートルにも及び、海に突き出した要塞のようであった。

山崎らがかたずを飲んで見守るなか、ダム内の排水が始まった。ポンプがうなりを上げて水を吸い出していった。水位が四メートルを切り、「これで本工事に入れる」とだれもが思った瞬間、まるで海底の地殻変動のように水面下の地面が隆起し、中央部分が島のように水面上に突き出してきた。と同時にダムが一斉に沈み始めたのである。

ずぶ濡れで働いていた作業員たちが、悲鳴を上げながらダム内から必死に這い出してきた。「水中で何が起きたのか?」。幸次郎も山崎も、その絶叫が耳に入らぬかのように呆然と立ち尽くした。このダムのために、ドック一つが完成するほどの資金をつぎ込んでいたのである。

失敗の原因は、強大な海水圧だった。ダム内の水が減ったため、予想をはるかに上回るダム外からの海水圧で軟弱な地盤が下から押し上げられたのだ。山崎の独創的なアイデアもこの劣悪な自然条件には歯が立たなかった。

これではダムを改修したところで、水を抜けばまた元のもくあみである。残された手は、すべての作業を水中で行なうしかない。危険このうえない難工事になるのはもとより、天文学的な資金が必要となるだろう。

社長室に戻った幸次郎は、しばらく目を閉じた。それから、独りで布引の正蔵邸へ向かった。胸のポケットには、したためたばかりの辞表が入っていた。

水中への挑戦

幸次郎のいつになく沈痛な表情を見て、正蔵は来訪の目的をすぐに察した。乾ドック建設が重大な危機に瀕し、責任を取るために来たに違いない――と、その胸中を見抜いていたのだ。

それでなくとも、幸次郎に対する世間の風当たりは強かった。川崎造船所の社長に就任して二カ月もたたないうちに着手した乾ドック建設が、すでに一年を過ぎようというのに基礎工事終了のめどすら立っていないのだ。当初は「青年社長の英断」と称える好意的な声もあったが、次第に「未熟者の暴挙」との非難が高まり、幸次郎への株主や従業員の信頼さえ揺らぎかねなくなっていた。

正蔵と向かい合った幸次郎は、辞表の入った胸のポケットに手をやった。それを正蔵はにこやかに押しとどめ、

「乾ドックの完成なくして川崎の発展はない。社運を賭けてもやり遂げるように」

と、逆にはっぱをかけて励ましたのだ。思いもよらぬ正蔵の言葉に、幸次郎は弱気になった身を恥じた。心底から、ありがたいと思った。

造船所に戻った幸次郎は、意気消沈している山崎に工事の続行を命じた。前代未聞の水中作業への挑戦である。

作業はまず、軟弱な地盤を押さえるため、直径三～三・六メートル、長さ十四メートルの巨大な筒を次々と水中に沈めるところから始まった。次いでその中にコンクリートを流し込んだ。

地固めの一方で、筒と筒の間で掘削作業が進められ、着工からまる二年後の一八九八年（明治三十一）秋、ようやく造船所の岸壁にドックの形ができ上がった。

しかし、工事はそれからが正念場だった。六千トンにも及ぶ大艦を支えてもびくともしない床を沼のような地盤の上に築かなくてはならない。地中に頼みの岩盤はない。山崎は「それならつくるまでだ」と、ドックの底にびっしりと杭《くい》を打ち込む工法を採った。

だが、当時は杭となるような強靱なコンクリート柱は求めようもない。連日の議論の末に決まったのは、手に入れやすいうえ腐りにくい松材を使用することであった。残る問題は杭の長さである。杭打ち機を水中に沈めるわけにはいかない。といって、水面上から打ち込むとなると、長さ二十メートル近い松でないと硬い地層まで届かないが、そんな大木は値段がべらぼうに高い。苦肉の策として考案されたのが、松を二本継ぎ足して打ち込む方法だった。

1世紀近くたった現在も川重神戸工場の乾ドックの底は1万本余りの松杭によって支えられている

　幸次郎は、この奇抜な工法が、またしても作業を窮地へ追い込むことになるとは夢にも思わず、ひたすら打ち込み開始の日を待ち続けた。

一万本の杭打ち

突然、雷が落ちたような轟音が川崎造船所内に響き渡った。

「技師長！」

と、杭打ち機を操作していた作業員が大声で叫んだ。

「杭が裂けてしまったようです」

山崎は、

「もう一度打ち込んでみろ」

と、怒鳴るように命じた。蒸気の圧力で杭の頭が勢いよく叩かれた。すると、先ほどまでは数十《セン》《チ》ずつしか打ち込めなかった杭が、何の抵抗もなくズブズブとめり込んでいくではないか。もはや地中で杭が裂けたことは明白であった。原因は間違いなく、長さの足りない松を二本継ぎ足したことにあった。

二本目の杭打ちも、松材が裂けるすさまじい音を残して同じ結果に終わった。山崎は、杭打ち機のパワーを大幅に落とし少しずつ打ち込むように指示をしたが、それでも継ぎ目がぐらついて、垂直に打ち込むことは至難の業であった。

こうなると、どれだけ慎重にやっても一日に打ち込めるのは二、三十本がせいぜいだ。計算では、打ち込まねばならない杭は一万本を超える。突貫工事でも一年で終えるのは不可能とみられた。山崎から報告を受けた幸次郎は、「心配せんでいい。頑張って続行してくれ」と励ましたものの、心中では「果たして、本当にできるのだろうか」と、暗澹《あんたん》たる思いにかられた。

案の定、杭を七割方打ち終えるころには、着工からすでにまる三年が過ぎていた。このペースでは、どれだけの資金と時間をつぎ込まねばならないのか想像もできなかった。山崎はとうとう、責任の重圧に耐え切れなくなり、幸次郎には黙って正蔵に辞職を願い出た。

これに対しても正蔵は、

「この工事の指揮は、余人をもって代えがたい。よしんば六年が七年かかっても、焦らず努めてほしい」

と、笑顔で造船所に追い返した。

そんな正蔵も、着工以来一日として休むことなく、家宝である不動明王の掛け軸に手を合わせ、完成を心待ちにしていた。山崎には笑顔で対しても、その実、胃の痛む思いで工事の成り行きを見守っていたのだ。

一九〇〇年（明治三十三）四月、正蔵はパリで開かれている万国博に自ら焼き上げた七宝焼を出品するため、神戸港からヨーロッパへ渡った。幸次郎ら会社幹部はともに艀《はしけ》に乗って、沖合の外航船まで見送った。正蔵は最後に幸次郎の手をしっかりと握りしめ、

「ドックをよろしく頼む」

とだけ言い残してタラップを上がった。

その船上から手の届きそうなところに見える造船所では、間もなく、ドック建設の成否をかけた最後の難工事が始まろうとしていた。

水との戦い

杭をびっしりと打ち込んだことで、ようやく地盤は固まった。しかし、ドック内は相変わらず水びたしのままである。湧水を断たなければ、ドックはただの池でしかない。

底を固めるにはまず、突き出た杭の頭を切りそろえたあとにぐり石を敷き、その上をコンクリートで塗る方法しかなかった。地上であれば苦もなくできる作業だが、現場は水深六メートルを超す水中である。一つ間違えば大惨事につながるだけに、幸次郎は食事も喉を通らぬほど気を揉んだ。

何とかぐり石を敷き詰め、底にたまった泥を取り除いたものの、今度はドック内の海水が工事を阻んだ。このまま水中でコンクリートを敷くと、塩害のために耐久性が著しく低下する。完全に固まってしまうまでは、せめて淡水にする必要があった。

ドック内の海水は、八万トンもあった。これをそっくり淡水に入れ替えるのだ。造船所内の井戸水では、ドックの底を湿らせるほどの量しかない。幸次郎は山崎のたっての要請を聞き入れ、神戸市の水道を引き込むことに決した。

ただし、ドック内の水圧を一定に保たねば、再び倒壊の恐れがある。海水を排出しつつ水道水を注ぎ込むことにしたが、地層に滲み込んだ塩分は容易なことでは取れない。結局、完全に塩分を洗い落とすまでに三十一万トンもの水道水を使った。現在の神戸市の水道供給量が一日平均五十五万トンであることを考えると、その消費量の膨大さが理解できよう。

コンクリートの敷設作業は、明治三十三年に入ってすぐに始まった。ドック上に浮かべたボートからコンクリートを次々と投げ込んで、潜水夫が人海戦術で敷き詰めていく。水中で固まる時間は約九時間。コンクリートをむらなく塗り固めるために作業は昼夜を分かたず進められ、夜も川崎造船所には照明がこうこうと輝いた。

延べ十五万人を動員した水中工事は、その年十一月二十日に完了し、ドックの水抜き試験は翌年四月十八日と決まった。幸次郎も山崎も四年前の失敗が頭をよぎった。その日が近づくにつれ、知らず知らずのうちに体がこわばる感じがした。地盤がしっかりと固まっていなければ、ドックの底に敷いた厚さ三メートルのコンクリートなど、地中の圧力で軽々と押し上げられてしまうだろう。また、コンクリート敷設にわずかのミスでもあれば、排水してもたちまち海水が湧き上がってくる。どちらにしても会社を倒産の淵に立たせることは間違いない。

そして、いよいよ水抜きの日——。排水ポンプのスイッチが入り、ドックの水位がゆっくりと下がり始めた。

八万トンの水が、ゆっくりと減っていく。祈るような表情の幸次郎と山崎らの前に、水中で塗り固められたコンクリートの側壁が次第に姿を現し始めた。

「異常はないか！」

山崎が、ドックに潜っていた作業員に怒鳴った。

「びくともしていません」

痛いほど張りつめていた空気が、一気に緩《ゆる》み、安堵のため息があちこちで漏れた。

水位は海面下三・六メートルまできた。ちょうど半分の水が排出されたことになる。もうだれもが成功したも同然といった顔つきだった。

その時だ。

「ポンプを止めろ！」

突如、山崎が血相を変えて排水の停止を命じた。ドック下の圧力計の針がピーンと跳ね上がったのだ。これ以上水を抜くと底に敷き詰めたコンクリートが突き破られ、地盤が隆起してくるのは間違いなかった。間一髪の判断に山崎の額から冷や汗が滴り落ちた。

ただちに、砂利とぐり石を重し代わりに投下する作業に入った。一カ月後の一九〇一年（明治三十四）五月二十二日、残り半分の水を抜く作業が再開された。ドック内の水は、六日目に完全になくなった。だが、ドックは微動だにしなかった。水漏れは一分間に一升瓶十五本程度だった。ほぼ完璧に近い出来映えだ。布引の私邸から駆けつけた正蔵は、海に面して巨大な窪地が出現したのを目の当たりにし、涙をはらはらとこぼすと、「よくやってくれた」と、幸次郎と山崎の手を握って離そうとしなかった。

正式にドックが完成するまでは、まだ一年以上の仕上げ工事が必要だったが、内外の船会社からは矢のような催促が殺到した。その声に押し切られる形で翌年六月二日、第一号として日本郵船の「三河丸」（二、八八四トン）がドック入りした。

この年だけで、修理の依頼は三百二十件にも達し、年内に軍艦四隻、商船十七隻がドック入りを果たした。なかでも幸次郎にとって感慨深かったのは、アメリカ留学の際、横浜から乗船した全長百二十八メートルの巨船「シティー・オブ・ペキン号」が楽々とドックに納まったことであった。

総工費百七十万円。今の金額に換算すれば七十二億五千万円にのぼる大事業を資本金四百万円の企業がやってのけたのだ。幸次郎は川崎造船所の経営に揺るぎない自信を抱いた。

ドック完成は山崎に工学博士の学位をもたらし、その論文はアメリカの専門誌にまで掲載された。そして幸次郎も、難工事のさなかに華やかな人生の節目を迎えていた。

川崎造船所社長の初仕事として乾ドック建設に取り組んでいた幸次郎は、空前の難工事のさなか、独身生活に別れを告げ、身を固めた。

相手は、アメリカ留学時代にワシントンの日本公使館で出会った旧三田藩（三田市）の藩主九鬼隆義の二女、好子である。

異国での舞踏会以来、十年を経て結ばれた二人だが、挙式の日取りや結婚に至るいきさつははっきりしない。

好子の戸籍によると、

「明治三十一年二月二十三日、東京芝区三田一丁目三十八番地、華族松方正義三男幸次郎妻となる」

とある。だが、二人の末娘である松方為子（聖ドミニコ学園理事長）によれば、「結婚はもっと前だったはず」という。

長男正彦が一八九八年（明治三十一）二月十四日に生まれていることを考えると、出生届に合わせて入籍したのかもしれない。

為子の記憶では、結婚式は戸籍にある東京の正義邸で行なわれ、仲人は西郷従道《つぐみち》だった。正義率いる第二次松方内閣が誕生したのは明治二十九年九月。この時の海軍大臣が西郷隆盛の実弟、従道であった。松方内閣は第一次と同様に第二次も短命で、翌三十年十二月に倒れている。正義、従道ともに薩摩閥の重鎮とはいえ、幸次郎、好子の仲人を頼むとなれば、やはり首相と閣僚の間柄だった時期の方が自然だ。正彦誕生からさかのぼって推測しても、挙式は三十年春とみてほぼ間違いないだろう。

さて、伊藤博文ら長州閥にも人望が厚く、大臣を歴任した従道は、明治海軍の育ての親でもある。幸次郎にとって願ってもない仲人であった。この直後、海軍省は川崎造船所に水雷敷設艇三隻を発注しているが、多分に従道からの祝儀的色彩が濃い。のちに戦史に残る軍艦を数多く建造した川崎と海軍との関係が、この結婚式を境に深まっていったとみるのは、うがちすぎだろうか。

各界の名士を集めた華燭の典は盛大を極めた。幸次郎の傍らで恥ずかしげにうつむく新婦好子の美しさは、人々の視線を釘づけにした。明治三十二年九月撮影の正彦を抱く好子の写真を見ても、色白できめ細かい肌、意志の強さをうかがわせる通った鼻筋、涼しげな二重まぶたなど、その美貌は日本人離れさえしている。まさに三国一の花嫁だった。

だが、一つ気になるのが結婚時の好子の年齢である。三十年春とすれば二十八歳。明治の世ではかなり遅い。華族の令嬢でもあるたぐいまれな美人が、なぜ、この年まで独身を通したのか。そのあたりの事情をもう少し探ってみよう。

家柄も美貌も申し分のなかった好子は、当時の男性からするとあまりにも高嶺の花であった。学歴にしても明治の女性としてはずば抜けている。幸次郎と同じ一八八四年（明治十七）にアメリカへ渡り、ワシントンのマウントバーノン女学校に留学。六年間、教養とマナーをじっくり身につけたことはすでに紹介した通りだ。「女に学問など不要」との風潮が強かった時代、並の男なら、これだけでしっぽを巻いてしまう。

好子にしても、自分との釣り合いを考えれば、欧米の文化を理解し、語学が堪能な男性が理想的だ。しかし、そんな眼鏡にかなう男はめったにいるものではない。結局、持ち込まれた縁談はどれも好子の首を縦に振らせることができなかったのだろう。

片や幸次郎。川崎造船所の社長が独身とあっては、世間体が憚《はばか》られる。神戸に根を下ろし、経営に専念することを内外に印象づけるためにも、地元の女性と結婚するのが望ましい。顧問に退いた正蔵も幸次郎にふさわしい相手を熱心に探し求めたに違いない。一説では、関西財界の大立者松本重太郎が二人の間を取り持ったともいわれる。新興都市神戸では、子爵の九鬼家は、伯爵の松方家に見合う数少ない家柄でもあったのだ。

こうして幸次郎、好子の結びつきを推し測っていくと、よくある上流階級の結婚とさほど変わらぬパターンへ落ち着く感じだが、ここにとびきりロマンチックな恋愛説もある。

幸次郎の長兄巌が、家族に語って聞かせたというエピソードだ。巌によると、二人は留学帰りの船上で初めて言葉を交わした。居合わせた人から「彼女にいい縁談があれば」と相談を持ちかけられた相手が幸次郎だったというのだ。ワシントンの日本公使館でダンスを楽しんだ間柄であれば、これを機に、長い船旅でほのかな恋が芽生えたとしても何の不思議もない。満天の星空の下、デッキで語り合う光景が日に浮かんでくるようだが、幸次郎の帰国はヨーロッパ回りであり、好子が同じ船に乗り合わせたかどうかは確認できない。さらに帰国から結婚までの期間も長く、船上ロマンス説はやや信憑性に乏しい。

新婚生活も明らかではないが、結婚翌年には長男正彦、四年後の明治三十四年九月には二男義彦が誕生しており、幸せな日々だったことをうかがわせる。幸次郎の事業熱にもさらにはずみがつき、義彦が生まれる直前には、自ら清国へ乗り込んで外国からの受注第一号である灯台巡視船「流星号」の契約を成立させた。

率先垂範のモーレツ社長の芽が少しずつ現れ始めていた。

広大な邸宅

好子との結婚と相前後して、幸次郎は広大な邸宅を買い求めた。川崎造船所といえば、のちに

旧松方邸の跡。今は会社社長宅、マンション、駐車場などになっている（神戸市中央区山本通４）

建設されるガントリークレーンがシンボルであり、それは神戸港になくてはならぬ繁栄のモニュメントである。そして幸次郎はといえば、日本ではほとんど見かけることのなかった二頭立て馬車での通勤と、この息を飲むようなお屋敷が神戸人のため息を誘った。

屋敷は、現在の中央区山本通四丁目。神港学園のちょうど東隣に当たる。今は、マンションや駐車場に使われていて、往時の面影はその一角を占める汽船会社経営者宅の濃い緑に残っているだけだ。

神戸地方法務局に眠る旧土地台帳の中に、この邸宅の転変を物語る記録があった。

もともとの所有者は、大阪市に住む藤田伝三郎であった。幸次郎は一八九八年（明治三十一）三月三日に藤田から買ったとされているが、幸次郎を知る人は「もっと早くから住んでいた」と口をそろえており、土地台帳に残るこの日付は、あくまでも登記をした日と考える方がいいかもしれない。

ところで、前の持ち主である藤田伝三郎とはいったい何者なのだろうか？

藤田は長州藩（現山口県）の萩の出身で、幸次郎の父正義より六歳下である。生家は酒造業を営んでいた。藤田はかなり血気盛んな若者だったようで、幕末の動乱期には奇兵隊員として弾の下をかいくぐった。明治維新後は実業界に身を投じ、大阪で兵部省用達業、土木建築業を始めた。明治十年には、実兄の鹿太郎らと三人で藤田伝三郎商店を創業し、鉱山への投資などにも手を広げた。そして西南戦争では、軍靴や糧米などの調達で巨利を得、長州閥をバックに関西を代表する実業家の一人となった。

明治十四年には、藤田を社主とした藤田組を設立。贋札《にせさつ》事件で取り調べを受けるなど不透明さはあるものの、鉱山経営などで財閥化を成し遂げ、神戸では湊川の付け替え工事にも関わった。

薩摩出身者の強固な結束力はすでに紹介したが、維新の原動力となった薩長閥もまた根強い。父正義が第一次松方内閣を組閣した際、薩摩出身の海相樺山資紀《すけのり》は、

「今日の隆盛は薩長政府のおかげではないか」

と藩閥政治を声高に演説して物議をかもしたほどだ。事の是非はともかくも、地中でも両藩出身者の根は密接に絡まり合っている。幸次郎が、長州閥の色彩の濃い藤田から土地を買い求めたという記録は、単なる不動産の売買というレベルでは終わらないように思える。二人を結ぶものは何か？

旧土地台帳からの推理をもう少し続けよう。

強固な薩長閥

幸次郎と藤田をつなぐ最大公約数を求めていくと、そこに再び登場するのが明治初期の関西財界の巨頭、五代友厚である。

五代と幸次郎の父正義が、同じ薩摩出身という縁で昵懇《じっこん》な間柄であったことはすでに述べた。五代はその一方で、長州閥である藤田とも密接な関係を築いていた。

五代は大阪をバーミンガムのような工業都市に育てようとした。その礎《いしずえ》として商法会議所を設立した際、五代とともに奔走した一人が藤田であった。同時代の大阪経済人を見てみると、藤田は長州閥の窓口的存在とも思われ、藤田を介して伊藤博文、井上馨、桂太郎ら長州閥の大物政治家とのコネを築くことができた。つまり、当時の関西にあって、薩摩閥との縁を欲するなら五代への接近が必要不可欠であり、長州閥に注目するなら藤田に近づくのが最適だったのである。そしてこの二人が、地中では根を固く絡ませていた。薩長閥は政界だけに限らず、経済界においても近代資本主義の基部を支えていたともいえる。

そういう目で幸次郎の身の置き場所を見直してみると、彼もまた、ものの見事にこの薩長閥の中にいた。

たとえば、幸次郎が初めて経済界に足を踏み入れた日本火災保険(現日本火災海上保険)。一九〇四年（明治三十七）の臨時株主総会で選任された新しい役員の顔ぶれを見回すと、幸次郎とともに四人の取締役の一角を占めているのが、藤田平太郎という男だ。ほかでもない。伝三郎の長男である。

そして、すでに紹介した神戸で初めての株式会社だった神戸桟橋、のちに幸次郎が社長に就くこの会社の誕生には、五代だけでなく藤田も尽力していたという。

こうして推理を重ねていくと、藤田から幸次郎へと所有権が移ったことを示す旧土地台帳は、五代、藤田らを核にした関西での薩長閥の根強さを雄弁に物語っているように思えてならないのだ。

幸次郎がこうして居を構えた神戸市中央区山本通四丁目。ものの試しに、あちこちがほころびかけた旧土地台帳をめくっていくと、幸次郎の家があった「四丁目百拾番」（当時）とは目と鼻の先と思われる「四丁目百弐拾四番」「百弐拾四番ノ二」「百弐拾六番ノ一」（いずれも当時）の所有者欄に気になる人物の名前があった。いずれも幸次郎が来神するはるか以前にこれらの土地を手に入れている。幸次郎はわざわざ、この男の所有地と軒を接するような場所に居を構えた格好なのだ。

男の名前は、九鬼隆輝。幸次郎が娶《めと》った妻好子の実弟である。

土地買い占め

一説では、

「神戸の土地を買え」

と勧めたのは、明治の大思想家で教育者の福沢諭吉だったという。

勧められたのは、最後の三田藩主・九鬼隆義。すでに紹介したように幸次郎の新妻好子の厳父である。旧土地台帳にチラリとのぞいたその九鬼一族の広範な土地買い占めについても少し紹介しておこう。

隆義は一八七一年（明治四）、三田藩知事を免ぜられると、あっさりと三田を離れて神戸・花隈に移り住み、やがて須磨へ転居した。十五年に上京して宮内省準奏御用掛となり十九年まで華族局、吹上御苑などに勤務し、二十四年に死去した。

隆義はこの間、神戸に旧藩士らと「志摩三商会」という商事会社を興している。志摩とは九鬼一族の出身地名、三とは三田のことだ。会社は、シャツ、靴下、ブランデー、ワイン、消しゴム、ランプから医学機器までの輸入販売をする一方で貸金業も営んでいたが、この会社の設立と相前後して旧三田藩家臣らに不思議な行動が目立ち始めた。

旧家臣の足跡を調べている高田義久（三田在住）のまとめによると、廃藩置県時に禄高五十石以上の家臣は八十六家を数えた。ところが、今も三田に残る末裔はわずかに五家。大半の旧家臣は故郷を捨てて神戸に移住したのである。

そして、隆義をはじめ財力のある家臣は、神戸の土地を次々と買っていく。明らかに開港場としての神戸に着目した先行投資である。その際、将来性のある場所として現在の元町周辺より三宮近辺を勧めたのが、福沢だったというわけだ。隆義は、江戸で活躍した蘭学者川本幸民(三田藩出身)を介して福沢と親しくなり、長男の摩爾(改名隆輝)を慶応幼稚舎に入れている。また、兄弟藩・綾部藩家老の養子で明治期を代表する文部官僚となった九鬼隆一も、慶応義塾に入塾して一年ほど福沢の教えを受けるなど一族との縁は深い。

その福沢がなぜ、神戸の実情に通じていたのかは定かではない。しかし、「神戸の土地を買え」という福沢の読みは図星だった。地価は高騰し、九鬼一族とその家臣らは巨利を得た。ちなみに明治末期、神戸市内での高額地租納税者を見ると、一、二位を、旧三田藩関係者が占めているのである。

さて、話を幸次郎に戻そう。そんな九鬼一族の所有地と指呼の間に居を構えた幸次郎だが、深い木立に包まれて市民らにはなかをうかがうすべもなかった。いったい、屋敷内はどうなっていたのだろうか？

ここに、一九一九年（大正八）に作られた「神戸市街全図」がある。

現在のＪＲ元町駅が「三ノ宮停車場」と表示され、旧居留地と道を隔てた現在の中央区浜辺通に広大な外国人墓地が記されている。

この地図の中で、個人の邸宅は二つしか記載されていない。一つは、現在相楽園になっている小寺邸、そしてもう一つは、幸次郎の屋敷である。小寺邸はざっと六千坪（約二万平方メートル）、松方邸はその半分だが、西隣の神戸女学院よりひと回り以上も大きい。

その広い敷地の南端には、巨大な黒門が建っていた。御影石を敷き詰めた上にそびえる門は、深いひさしを持ち、太陽が高く昇ると黒い影を落とした。屋根の瓦には、九鬼の家紋がくっきりと浮き上がっていた。門は、九鬼家から移築したものだった。朝になると、門がいっぱいに開いた。通行人は、その門前から邸内を見るのが習わしのようになっていた。

「ここが松方公のご子息のおうちらしい。川崎の社長になられたそうな」

老人たちは、そうささやき合った。

門の真ん中に大きな青銅製の鉢があった。門前の飾りなのだが、威風堂々とした門と違和感なく溶け合って、寺社の山門のようにも見えた。時々、何を勘違いしたのか、その鉢の前に老女らが正座して念仏を唱えることがあった。経が終わると老女らは、決まって何度も頭を垂れ、鉢の中に五厘銭を投げ込んだ。いつの間にか市民らは、この鉢を「松方さんのお賽銭《さいせん》箱」と呼ぶようになった。

　というのも、松方邸は門前から見ると、目に入るのは右手に曲がる坂道と、うっそうと茂った松、楠、紅葉などの木立だけである。その木々の間からは、二つの池と庭内に置いた雪見灯籠や狛犬《こまいぬ》などが垣間見えた。老女らの勘違いも無理はない。

昭和30年に撮影された松方邸跡。うっそうとした木立が屋敷を囲んでいる（神戸市中央区山本通４）

　門を入って左手には、馬手たちの屋敷と馬小屋があった。小屋には、五頭の馬がつながれていて、その横に馬を馴らすための馬場があった。

　さて、幸次郎と馬車の話はおいおい紹介するとして、もう一度、目を門前に戻そう。坂道は、木立を縫うようにして曲がりくねり、延々百五十メートルほど続いた。のちに幸次郎の子供たちは、学校からの帰途、トイレを我慢してやっと門までたどり着きながら、この長い坂道に悲鳴を上げたものだった。

　坂を上りつめると、木造二階建ての屋敷に着く。表道からは、この本宅は木々に覆われてあまり見えない。幸次郎はここで、川崎造船所の社長時代を送り通すことになる。

床の間の地図

見栄えの豪壮さとは裏腹に、幸次郎の生活はかなり質素だった。

屋敷内には、十を超す部屋があった。十数畳の和室が二つある二階は、父正義の来神時にのみ使われ、家族は普段は一階だけで生活した。やや時代が下るが、子供たちが大きくなると、食事は十二畳の間にテーブルを並べ、子供たち全員がそろって席に着いた。夜になるとテーブルは片付けられ、子供たちはこの部屋に布団を敷いて寝た。布団は木綿だった。幸次郎は、生活が華美に流れることをことさら嫌った。

部屋の一角に大きな床の間があった。幸次郎はここに、畳三枚分はあるようなどでかい日本地図を張った。子供たちには、何の説明もしなかったが、どうやらそれは、

「神戸なんて、日本全体から見ればちっぽけなものだ。何をするにしても、神戸だけに小さく凝り固まるな」

という幸次郎一流の思い入れらしかった。少なくとも子供たちは、突然張り出された日本地図の意味するものをそう読み取った。

ただし、純日本風の屋敷に住みながら、幸次郎は欧米の風を家の中に吹き入れようとした。家庭内では両親のことを「パパ」「ママ」と呼ばせたが、子供たちは、学校ではそれが恥ずかしく思

え、「お父さん」「お母さん」と呼んだ。子供が小学校に入学すると、洋服での通学を命じた。女の子なら、えび茶の袴《はかま》が当たり前の時代で、洋服姿はクラスで一人か二人だった。幸次郎は、そんな子供たちと顔を合わせると頬にキスをするのが常だった。

妻の好子も子供たちには厳しかった。子供たちが小学校に入ると、好子は毎朝、英語の特訓をした。テキストは『ナショナルリーダー』だった。好子がまず一読し、子供らが続いて読んだ。特訓は子供たちが学校へ行く直前の十分から十五分間だった。子供が上手に読めないと時間が延びた。遅刻しそうになっても好子は許さなかった。子供たちはやがて、なかばべそをかきながら読むのだった。

そうした家庭環境は、子供たちの目を自然に海外へ向けさせた。幸次郎はほとんど、子供たちの進路に口をはさまなかったが、六人の子供のうち五人までが留学体験を積んだのは、幸次郎の思惑通りだったに違いない。

さて、その幸次郎はといえば、毎朝、出勤前に自宅で目を通す新聞は、英字新聞であった。ソファーに身を沈め、葉巻をくゆらせながら、海外の事情を新聞の中から汲み取ろうとした。

しかし、やがて幸次郎は、読む立場でしかなかったその新聞の経営に関わらざるを得なくなっていく。

正蔵の怒り

正蔵の憤りは尋常ではなかった。神戸・布引山麓の私邸で新聞に目を通していたと思ったら、突然、新聞を床に叩きつけ、「渡辺を呼べ！」と顔を真っ赤にして怒鳴ったのだ。

正蔵を激怒させたのは、当時、兵庫県下随一の日刊紙として影響力を持っていた「神戸又新《ゆうしん》日報」である。

「政府は失政に失政を重ねて当初の期待は地に落ちたり。取り返しつかばお慰みなり」

川崎造船所が会社組織になって間もない一八九六年（明治二十九）十二月四日、「神戸又新」は一面のコラム「時事漫評」に、松方内閣を真っ向から批判する記事を掲載した。さらに、その六日後には「松伯（松方正義首相）、もし下流の人ならば小金貸屋を営まん」と、財政官僚タイプだった正義を徹底的に皮肉ったのだ。

正蔵も、ほかの新聞であればこれほど腹を立てはしなかった。だが「又新」は明治二十四年、発行元の「五州社」が経営難に陥った際に、川崎家が出資して窮状を救った新聞である。しかも、社長には正蔵の腹心、渡辺尚を送り込んでいた。それがこともあろうに、幸次郎に川崎造船所の経営を託し、政府との絆を強めようとしている矢先に冷水を浴びせかけたのだ。

「又新」の内閣批判は、今回に限ったものではなかった。正蔵が穏やかな口ぶりで論調に意見をはさんだこともあったが、その答えも「新聞に中立あり。しかし、中立は無主義にあらず」と「時事漫評」で返してくる。

渡辺を呼びつけて面罵しても、もはや反骨心をあおるばかりだ。ここに来て正蔵は、渡辺が造船所の後継者からはずされたことを心良く思っていなかったのだと改めて知り、愕然となった。

だが、渡辺は正蔵と幸次郎への面当てだけで政府批判の論陣を張っていたのではない。人望も厚く、明治二十八年には神戸の市会議員に選ばれ、正蔵との衝突で川崎造船所の取締役を辞任したあとも、日本海上保険の社長や市会議長などを務めたほどの男だ。

一方、内閣を率いる正義は財政通で鳴らしてはいたが、一国の宰相としては他人の意見で方針をコロコロ変えることから「後入斎《こうにゅうさい》」と仇名されるほどであった。「又新」の論調は決して的はずれではなかった。

こうなれば、渡辺の下で固まっている「又新」の編集方針を変えさせるのは極めてむずかしい。正蔵は幸次郎と養子の芳太郎を私邸に呼び寄せて対策を練った。

「神戸新聞」発刊

「それなら又新をあっといわせる新聞をつくりましょう」

と、幸次郎が正蔵と芳太郎に諮《はか》った一計が「神戸新聞」の発刊であった。現代の常識では推し測れないようないきさつだが、それもまた明治時代の実像であった。

渡辺率いる「神戸又新日報」は一八九七年（明治三十）に入って、ますます政府非難のボルテージを高め、「松伯の小心、隈伯（大隈重信外相）の面従、相まって新内閣の柱礎を脆弱《ぜいじゃく》ならしむ」「味方一人を得ればホッと一息す。憲府の宰相もこれでは長命実におぼつかならん」などと、連日のように松方内閣を斬った。

このままでは「川崎家の新聞が政府に楯をついている」との噂が広まって、幸次郎の面子《めんつ》をつぶすことになる。とはいえ、「準県報」と称されるほどの「又新」が相手では、並の紙面では到底、対抗できない。正蔵らは頭を悩ました末、識見に定評のあった「又新」の編集次長岩崎虔を主幹に招き、編集、営業などの一切を任せた。

「神戸新聞」の創刊は明治三十一年二月十一日。岩崎は「発刊の辞」で「中正公明の判断をなし、邪曲(不正)をいれず、虚偽を貸さず」と、不偏不党の編集方針を謳った。記者の顔ぶれも多士済々で、論説、政治はのちに代議士となった主筆の白川鯉洋、新聞小説は尾崎紅葉らの硯友社同人で冒険小説を得意とした江見水蔭、県政、市政、経済は童話界の先駆として少年雑誌の売れっ子だった尾上新兵衛こと久留島武彦が担当した。

正蔵は芳太郎を社主に据えたものの、「又新」とのいきさつから、川崎家の名前を表に出すべきではないと判断した。そこで、川崎家出入りの穀物問屋、石井源兵衛を社主代理とした。しかし、これでは経営拡大へ本腰が入らず、創刊一周年を機に、正蔵は幸次郎に新聞社の経営を託した。

創刊当時の社屋は、現在の神戸中央郵便局の北側に当たる栄町六丁目。川崎家所有の木造二階建て長屋で、二階が編集、営業部と宿直室、一階を印刷工場にあてた。幸次郎は社長になったとはいえ、新聞社に顔を出すのは月に一、二回程度。編集内容に口をはさむことはまったくなかった。

「神戸新聞」が創刊当初から社論として掲げたのは、神戸港の築港であった。川崎造船所が乾ドック建設に悪戦苦闘していたころ、神戸港には、外洋船を横づけできる埠頭もなかった。三代目主幹の国木田北斗（国木田独歩の弟）は、

「神戸港に日本最大の埠頭をつくるべし」

とぶち上げた。

そのキャンペーンのさなか、思いを一にする大物知事が兵庫県に着任した。

願ってもない男

優に三百人は超すだろう。神戸・花隈の社交場、神港倶楽部の玄関口は、続々と詰めかけてくる兵庫県下の名士たちで挨拶も交わせないほどの混雑ぶりだった。大宴会場に並べられた六列のテーブルに全員が着席すると華やかな音楽が鳴り響き、神戸市長の鳴滝幸恭が案内役となって一人の男が悠然と入場してきた。

一九〇〇年（明治三十三）十一月十四日に催された兵庫県第十三代知事の歓迎会は、それまでとは比較にならないほどの盛大な規模となった。

兵庫県民、とりわけ神戸市民がその着任を祝った新知事の名は服部一三。歓迎の挨拶で鳴滝は、「本県の知事候補が二、三人いると聞いていましたが、閣下と決まって県民は大いに満足しております」と、手放しで喜んだ。

それもそのはず、服部は、知事クラスなどは呼び捨てにしてはばからない伊藤博文でさえ、「服部さん」と一目置くほどの大物知事であり、神戸築港を急務とする兵庫県、神戸市にとっては、願ってもない中央政府に顔の利く男であった。

服部は一八五一年（嘉永四）二月、長州藩士の三男として山口市近くの吉敷村に生まれた。幕末の動乱期、高杉晋作が倒幕を目ざして「奇兵隊」を組織すると、服部は遊撃隊に志願した。そして、十六歳にして第二次長州征伐の幕軍を向こうに奮戦し、数々の勲功をあげた。

維新後は、東京英語学校（東大の前身の一つ）校長をふり出しに、東京大学予備門主幹、東京大学幹事など、近代化の先兵を養成する最高学府の基礎固めに専念した。その手腕を買われて明治二十四年からは岩手、広島、長崎の知事を歴任してきた。服部は、殖産興業のためには、まず交通網の充実が欠かせないと、予算が不足すれば己の資金をつぎ込んでも道路をつけ、橋を架けた。この実行力と政治力こそ、神戸築港に欠かせぬ条件であった。

万雷の拍手のなか、服部はゆっくりと会場を見渡した。相手の心を刺し貫くような鋭いまなざし、強靱な意志を物語る引き締まった口元……。その表情は、白刃をかいくぐり、敵将の首を持ち帰った歴戦の勇士を思わせる凄味に満ちていた。

「官民諸氏によって計画されている事業成就のために誠実公平に努力することを誓う」

その挨拶をだれよりも感慨深く聴いていたのは、ほかならぬ最前列のテーブルに陣取っていた幸次郎であった。幸次郎が服部の顔を見るのはこの日が初めてではない。初対面は神戸の遙か彼方、アメリカの地であった。

同窓の知事

服部の着任挨拶を聴きながら、幸次郎は十五年前、留学先のアメリカ東部、ラトガーズ大学で初めて服部と出会った時の光景を懐かしく思い出していた。幸次郎と服部はともにラトガーズ大学で学んだ同窓生だったのだ。

服部は維新直後の一八六九年（明治二）、幸次郎と同じように、まずラトガーズ大学付属グラマースクールに入学した。さらに理学部に進んで、明治八年、学士号を取得して帰国した。幸次郎が入学する九年前のことである。

幸次郎と服部が直接出会うきっかけとなったのは、幸次郎が留学した明治十七年、アメリカ・ニューオーリンズで開かれた万国工業博覧会であった。すでに東京大学幹事となっていた服部は、英語が堪能なことから博覧会事務官に派遣された。この博覧会は翌年二月に閉幕したが、今度は文部省の命令でアメリカ国内の各大学を三カ月かけて視察することになった。服部が胸を躍らせて真っ先に訪れたのは、もちろん母校ラトガーズ大学である。

「わが国の将来のために、しっかり勉強してくれ」

熱っぽい口調で励ます服部の言葉にじっと耳を傾けていた日本人留学生のなかに、若き幸次郎の顔があった。

余談になるが、服部はニューオーリンズ滞在中、一人のイギリス人記者と知り合った。この出会いは、のちに日本を世界に紹介するうえで少なからぬ意味を持っている。そのイギリス人ラフカディオ・ハーンは、服部の話に興味を持ち、アメリカに日本の話題を送る特派員として、明治二十三年に来日した。しかし、契約のもつれから特派員の職を失い、仕事が見つからなければ帰国を余儀なくされていた。その時、ハーンの学識を買って、島根県立松江中学の英語教師に斡旋したのが、当時、文部省普通学務局長だった服部である。ハーン、すなわち小泉八雲は日本を舞台に『心』や『怪談』など歴史に残る名作を数多く著した。服部との出会いがなければ、小泉文学は生まれなかったかもしれない。

さて、留学先の先輩を知事に迎え、幸次郎には絶好のチャンスが到来していた。神戸の経済界は、遅々として進まない築港計画にしびれを切らし、早期着工を目ざして幸次郎を委員長とする「神戸市七実業団体連合会」を組織していた。そして、服部が着任する前年の明治三十二年十一月、独目の築港計画を発表した。

幸次郎は拍手の渦巻くなか、退場する服部の後ろ姿に向かって心の中で叫んだ。

「閣下の力で、是が非でも政府を動かしてもらいます」

三つの築港案

幸次郎を委員長とする「神戸市七実業団体連合会」が独自の築港計画を発表するまでに、神戸には二つの築港案があった。

一つは一八七三年(明治六)、兵庫県令神田孝平に建白された「マーシャル案」である。案をつくったジョン・マーシャルは、開港間もなく神戸港長となったイギリス人の元船長で、神戸港気象観測の基礎をつくった功労者でもある。船長の経験から欧米の港湾を熟知しており、貨物の積み降ろしをする護岸もない神戸港の実情を憂い、開港後初の築港計画を立てた。工費三十万円で、旧生田川(現フラワーロード付近)から旧湊川(現川重神戸工場)までを港域とする、今からみれば小規模な計画で、神田はマーシャルの建白通り大蔵省に上申した。しかし、政府は首都東京を抱えた横浜や商都大阪の築港を優先的に考えていたため、「時期尚早」とこの案を却下してしまった。

第二案が出たのは、それから四半世紀も経た明治三十一年のことだった。隣の大阪が官民一致で築港案を国会に提出したことが大きな刺激となった。神戸市は明治二十九年、本格的な築港調査のため有能な技師を派遣してくれるよう兵庫県に要請した。県は第五区土木監督署（大阪）の署長だった沖野忠雄を調査の最高責任者とした。二年がかりでまとめられた「沖野案」は、すでに神戸港の貿易額が「マーシャル案」当時の三倍を超えていたことから、総工費千六百万円弱、三本の突堤と延長一キロ余りの防波堤を備えた堂々とした築港計画だった。

幸次郎らの「連合会案」は、まさに、この「沖野案」に張り合う形でつくられた。連合会の依頼で具体的な修築案を練ったのは、川崎造船所の乾ドック建設に打ち込んでいた山崎ら技師二人と船長二人である。幸次郎らは築港に要する膨大な費用が政府承認を得られない最大の障害と判断し、工費の節減と工期の短縮を念頭に置いて計画を立てた。このため、「沖野案」が突堤を中心としたヨーロッパ型なのに反し、「連合会案」は、取り付けの簡単な鉄製桟橋を主体とするアメリカ型であり、すべてが対照的であった。

着任したばかりの服部の前には、この「沖野案」と「連合会案」、それに「沖野案」を修正した「神戸市築港調査委員会案」が互いに相譲らず三つどもえの状態になっていた。

だが、服部は期待に反し、築港について一切口を閉ざしてしまった。

服部私案

服部が、神戸築港について黙り込んでしまったのも無理はなかった。幸次郎を委員長とする「神戸七実業団体連合会」は築港計画を立てる際、先に神戸市の予算で立案された「沖野案」の調査データを基にすることにしていた。ところが、神戸市長鳴滝幸恭は「市の重要資料を公開するわけにはいかん」と、幸次郎らの申し出を拒絶してしまった。港内の水深や海底の地質などは築港計画にとって欠かせない資料であり、明らかに、幸次郎ら民間主体の築港運動に対する嫌がらせであった。

服部一三が築港案を披露した当時の兵庫県庁

だが、こんな仕打ちにへこたれてはいられない。

「おいたちは私利私欲で動いているのではない。神戸港を東洋一の貿易港にしようと誠心誠意取り組んでおる」

委員長の一歩も引かぬ姿勢に「連合会」の結束はさらに強固になり、市の力を一切借りずに自力で築港計画をつくり上げた。「沖野案」とは対照的ともいえる「連合会案」には、官尊民卑の風潮に対する幸次郎らの意地が色濃くにじんでいた。

それだけに、県の最高責任者としての服部が築港について安易に発言できる状況ではなかった。しかも、着任直前に鳴滝が、内務、大蔵両大臣に提出していた防波堤中心の「神戸市会案」が、またもや膨大な経費がネックとなって却下されていた。この時、すでに横浜港には防波堤があり、大阪港も築港補助費案が国会を通過していた。

当然ながら「まったく頼りにならん知事だ」との悪評も立ち始めたが、服部は、素知らぬ様子で口を閉ざし続けた。

その服部が沈黙を破ったのは二年後の一九〇二年(明治三十五)六月十一日であった。「至急相談したい」と幸次郎や鳴滝らを突如、県庁の知事室に呼び集め、

「政府の財政状態からみて、大規模な築港は不可能だ。とりあえず小野浜税関に桟橋を付け、鉄道を引き入れてはどうか」

と、私案を披露した。想像もしなかった知事自らの築港計画に幸次郎らはそろって賛同し、服部は十七日後、首相桂太郎と内務、大蔵両大臣に「神戸港修築意見書」を提出した。表向きの態度とは裏腹に、行動派の知事は立案に至るまで眠れぬ夜を何日も過ごしていたのだ。

「神戸は市も経済界も築港を熱望している。横浜の先例もあり、ぜひ取り上げていただきたい」

との服部の意見書は、期待を裏切らぬ絶大な力を発揮し、政府はこの年早くも桟橋引き入れの鉄道工事に着手した。幸次郎らの悲願は音を立てて前進し始めた。

艦艇建造へ

神戸港修築の後日談はのちに述べるとして、時間を少し戻そう。場所は、東京の海軍省。木で鼻をくくったような幹部の返事を耳にして、幸次郎の仏頂面が続いている。

「軍艦を造らせろ、だと？　何を生意気なことを言うんだ。君らは、お国のために貨客船を造りゃいいんだ。軍艦は海軍工廠《こうしょう》が造る。生意気を言うんじゃない」

幸次郎は、食い下がった。なるほど、民間造船所の技術レベルはまだ低い。しかし、日清戦争に勝ったとはいえ、日本の軍事力は乏しい。海軍の驕《おご》りこそ鼻持ちならない。

幸次郎は、いきりたつ思いを懸命に鎮めた。

「おっしゃる通り、私たちのお願いは生意気かもしれない。しかしですよ、一朝有事の際には海軍工廠だけでは到底間に合わないでしょう」

幸次郎は、間合いを取った。

「ぜひとも民間造船所を挙げて国防の衝に当たらしめるよう、切にお願いしたい」

幸次郎は深々と頭を下げた。

海軍省幹部は腕を組んで考え込んだ。

「そうか……。心情はよくわかった。しかし、ここでは具体的な話もできない。呉の鎮守府へ行け。手紙を書いておこう。呉で仕事を頼んでみろ」

幸次郎はもう一度頭を下げると、部下をせきたてるようにして部屋を辞した。

「この機を逃せん。呉までの切符を買ってくれ。すぐに呉へ行こう」

一九〇〇年(明治三十三)。乾ドックの工事が最後の山場に差しかかったころ、幸次郎は次の一手に渾身の力を込めていた。

日清戦争後、政府は十カ年計画で海軍力の四倍増強を打ち出した。戦火はひとまずやんだとはいえ、中国情勢は混沌としていた。日本が講和条約で得た遼東半島は、ロシア、フランス、ドイツの三国干渉で返還させられた。その後、ドイツは膠州湾《こうしゅう》を租借し、ロシアは旧満州(現中国東北部)へ進出していた。諸列強のアジア侵略はいつか日本との激しい摩擦を招くだろうとだれもが読んでいた。

しかし、海軍の抱える艦艇はといえば、甲鉄戦艦や装甲巡洋艦はフランス、ドイツ、イギリス製で、オリジナル艦艇は極めて乏しかった。一般の船舶にしても海運会社はこぞって外国建造の船を買っており、政府は前年の三十二年、航海奨励法改正で国内建造船への特典を増やしたばかりだった。

幸次郎は、艦艇建造が社運のカギを握る、と見ていた。何が何でも海軍省をウンと言わさねばならない。幸次郎は呉へ向かう車中で、こぶしを固くした。

水雷艇建造

日清戦争後、日本海軍の造艦の拠点は、東京・築地から呉に移っていた。船だけでなく、砲身、薬莢《やっきょう》、弾丸などの工場も稼働を始め、製鋼炉は昼夜、激しい炎に満ちていた。

幸次郎は、こうした呉の町が放つ熱気を初めて目の当たりにして、改めて「こりゃあ、近い」と感じ取った。

近いとは、戦争のことである。

軍部は、日清戦争の渦中にある時から、「次はロシアとぶつかる」とにらんでいた。すでに一八九六年（明治二十九）から、陸海軍とも対ロシア戦を想定した軍備拡張計画に入り、海軍は一気に世界でもトップクラスの陣容を目ざしていたのだ。それは、中国大陸を舞台にした帝国主義戦争への備えでもあった。

幸次郎は、呉鎮守府の門をくぐると、海軍省でのいきさつを縷々《るる》説明し、「民間造船所でも艦艇の建造を」と懇願した。

押し問答の末、鎮守府側は折れた。ただし、幸次郎に命じたものは、砲艦ではなかった。水雷艇、それもフランス・ノルマン社から部品で輸入した艇の組み立てである。

それまでにも川崎造船所は、木製の水雷敷設艇建造を受注したことはあった。鋼鉄製とはいえ、同じような水雷艇の組み立てである。だが、不満の色など見せられる筋のものではない。

幸次郎はひたすら頭を下げ、全力を尽くして完成させることを誓った。とにかく、開かずの扉がほんのわずかでも開いたのだ、と自らに言い聞かせて……。

後年、社員の間でこの幸次郎の対海軍交渉を「隠れた功績」とほめる声が出た。確かに幸次郎一流の強い押しと説得力があっての成果だろうが、冷静に見てみると、もう一つの力学が働いていたようだ。

前述したように、海軍は二十九年度から十カ年計画で、莫大な予算を組んで海軍力増強を図っていた。しかし、中国大陸から朝鮮半島にかけての情勢は、日増しに緊迫していた。三国干渉の結果、旅順と大連を租借したロシアは明治三十三年、反帝国主義に中国民衆が立ち上がった「義和団事件」を機に、大軍を中国に投入した。それはかろうじて保たれていた列強の力の均衡を崩すものであり、日本の参謀本部は軍の増強計画を予定より早めざるを得なくなった。川崎造船所の水雷艇組み立て受注は、軍の工廠だけでは建造のペースアップをまかなえなくなったため、とも思われるのだ。

好むと好まざるとにかかわらず、排水量百五十トンの一等水雷艇の受注を機に、造船所構内には軍人の姿が次第に増えていくことになる。

鉄道への夢

明治三十三年、川崎造船所は創設以来最高の三十一万円余りの税引き後利益を計上した。

幸次郎は、順調に収益が伸びていくのに安堵した。陣頭指揮で注文獲得に奔走したかいがあった。

気分的に少し余裕ができると、幸次郎は社会情勢全般を見回すゆとりも生まれた。果たして、これから何が重要になるのか？　社長室の椅子にもたれてそんな思案を重ねるうち、幸次郎は、

「鉄道」

という言葉をつぶやいていた。

幸次郎は、アメリカ大陸を突っ走る汽車の姿を思い出した。あれは、父を説き伏せて留学したころ、十四、五年も前のことだ。猛煙を噴き上げて走るその姿は、近代文明のシンボルとも映った。

そのアメリカでは七年ほど前から、都市間を結ぶ交通として電気鉄道が脚光を浴びているとも聞いた。現に日本でもここ数年、電気鉄道開業への機運が盛り上がっていた。明治二十六年には、神戸の著名人らが中心となって神戸—大阪間に電気鉄道を敷設しようという神阪電鉄が創立された。この会社はやがて、摂津電鉄と改称されるのだが、明治二十八年には正蔵も資産運用の手段

としてこの会社の株を持ったりしている。

明治三十一年、その神阪電鉄が、大阪財界が別に計画していた電鉄会社と合併し、新会社として発足した。創業総会は、神戸の一流旅館「常盤花壇」で開かれ、川崎造船所取締役川上左七郎が監査役に選ばれた。そして、社名を現在の阪神電鉄と変更して二年後の三十四年四月、左七郎に代わって幸次郎が監査役に就いた。

このころ、幸次郎が川崎造船所から受けていた年俸報酬は六千円であった。小学校教員の初任給の五百倍だ。資金不足に頭を痛めていた電鉄会社側にとって、幸次郎の財力と知名度が魅力で監査役就任を請うたのか、単なる左七郎からの引き継ぎなのか判然としない。ただ幸次郎としては、アメリカの例を引くまでもなく、鉄道事業が近代国家に不可欠な分野であることは十分にわかっていた。

しかし、新電鉄会社はスタート直後から厚い壁に突き当たっていた。土地買収が難航したのだ。株主からの資金集めも限界に達しようとしていた。

明治三十五年七月。念願の乾ドックが完成したのを機に、幸次郎はアメリカからイギリスへと外遊することを思い立った。欧米の最新造船技術を視察しようと考えたのだ。その準備を始めた矢先、阪神電鉄取締役会の席上で幸次郎は、意外な依頼を受けた。

アメリカ資本調達へ

取締役会は、八方塞がりの資金集めの窮状を、数少ない国際派実業家である幸次郎の腕で打破しようとした。取締役会の席上で幸次郎は、役員たちの視線を一身に受けた。

「松方さん、聞くところによれば近々外遊されるとのことだが、その際、ぜひお願いしたいことが一つあります」

「何でしょう？」

「実は……」

依頼は、アメリカ・バッファロー市に住むミツランという男性に阪神電鉄への投資を交渉することだった。取締役会は幸次郎を「会社の代表者」とし、アメリカからの資本導入の実現を図ろうとしたのである。

阪神電鉄が外資導入を検討した背景には、日清戦争後の冷え込んだ金融情勢があった。戦争に勝ったということは、さらなる軍備拡張を強いることにつながった。一八九九年度(明治三十二年度)の予算で、軍事費は歳出の四五%を占めた。国会は増税をめぐって揺れ続けた。

軍備拡充のしわ寄せは、経済界に新たな展開をもたらした。乏しい国内の資金に見切りをつけて、外国資本に着目し始めたのだ。明治三十一年には、政府も外資導入の可否について本格的な

検討に入った。大蔵省や農商務省は、

「日本は日清戦争で数億の軍費を使い、工業へ向けるべき資本を費やした。戦後、工業資本への需要が著しく増加しており、国内資本だけに頼るのは無理だ」

と、外国資本を歓迎する空気が強かった。海外へ資本が流出する現代とはまるっきり反対の様相だったのである。

もちろん、海外の投資家から見れば、日清戦争を経て国力が一段と伸びた日本を有力な投資先と見る傾向があった。現に京都の煙草業者がアメリカからの資本を入れて業界の話題を集め、大阪瓦斯《ガス》も三十五年、アメリカ資本との合同経営で事業のスタートを切った。

大阪瓦斯のアメリカ資本導入は、極秘の交渉を経て契約締結後初めて公表された。ただし、阪神電鉄は取締役の一人が大阪瓦斯の役員を兼ねていたため、交渉経過についてはある程度知っていたのだろう。自社の資本を調達する段になって、ベルギーやイギリスの資本の導入を計画したが頓挫し、最終的に同社がターゲットを絞ったのが、大阪瓦斯が成功したアメリカ資本だったのである。

幸次郎が出発する直前、川崎造船所の重役会は支度料、旅費、交際費として一万五千円もの洋行費用を了承した。現在なら二千万円近い。新興国としてぶざまな洋行にはしたくないとの思いがにじんでいる。

幸次郎は、川崎造船所の部下を一人従えて、十二年ぶりのアメリカへ向かった。

外資導入暗礁に

幸次郎にとって、青春の地はここ以外になかっただろう。

ニューブラウンズウィック。一八八四年（明治十七）、渋る父正義を説き伏せてアメリカ留学に旅立ち、最初に訪れた地である。あれから十八年がたった。しかし、この町は、歳月がたてばたつほど幸次郎の胸に熱い郷愁をかき立ててやまなかった。

明治三十五年七月、欧米の造船技術を視察するため外遊に出た幸次郎は、真っ先にニューブラウンズウィックを訪れた。ラトガーズ大学は少しも変わっていなかった。レンガ造りの大学本部も付属のグラマースクールも昔のままだった。幸次郎は、青春時代の一コマ一コマを確かめるようにゆっくりと構内を歩いた。それから町へ出て、古い友人たちとも会った。一緒に机を並べた面々は、外交官ではなく実業家になった幸次郎の恰幅のいい紳士ぶりに目を細め、

「マッチー、君は才能のある男だと思ったよ」

と固い握手を交わした。

大学新聞も幸次郎の来訪を「ラトガーズ大に学んだ著名な日本人の一人である」との言葉で紹介した。

しかし、いつまでも感傷にひたってばかりはいられない。幸次郎は阪神電鉄取締役会からの密

命を果たさねばならなかった。

交渉の相手ミツランは、日本からの投資依頼を興味深く聞いた。しかし、幸次郎がどれほど説いてもミツランはとうとう首を縦に振らなかった。「年利六％」などの条件面が問題だったのではない。阪神電鉄は当時、営業年限が三十年間に限られていた。どうやらミツランは、三十年間で投下資本を回収できるかどうかに疑問を抱いたようだった。

幸次郎から「交渉難航」の報を受けた取締役会は、株主総会を開いて営業年限の変更を決めたが、今度は国のＯＫが取れない。外資導入は交渉の段で暗礁に乗り上げてしまった。

幸次郎は、造船所視察の本来の仕事に戻った。アメリカからヨーロッパへと足を延ばし、船舶用エンジンの最新技術をじっくりと見学した。とりわけタービンなどの仕様書を集められるだけ集めた。帰国後、日本語に訳して技術者たちに配布しようと思ったのだ。アジアの大国として体裁を少しずつ整えてきたとはいえ、欧米の技術水準との隔たりはあまりにも大きかった。

明けて明治三十六年一月、幸次郎は日本郵船の「博多丸」に乗り、香港経由で帰国の途に就いた。船が長崎へ到着する直前、神戸では悲惨な事故が起きていた。

作業船転覆

凍てついた冬の風が、神戸港に白波を立てていた。一九〇三年（明治三十六）一月十九日、時計は午後零時半を過ぎていた。川崎造船所の裏手に接岸していた小型蒸気船「隼丸《はやぶさ》」は、乗り込んだ作業員らではち切れそうになっていた。ある新聞は、「隼丸は五トンにも満たず、乗り込んでいたのは九十一人」と報じたが、狭い甲板は寒風に身をすくめる男たちで埋め尽くされていた。

男たちは、川崎造船所の従業員と現在の兵庫区荒田町にある会社から派遣された作業員だった。船が向かおうとしていたのは、修繕を受けるため沖合に停泊している日本郵船の「相模丸」であった。男たちは船上に送り込まれて、修繕作業に従事する予定だった。

「隼丸」は、ゆっくりと岸を離れた。エンジンがうなりを上げても、あまりの乗船人の多さで船はスピードが出なかった。船べりの男が羽織る白地の印半纏《しるしばんてん》の裾が、風にはためいた。「隼丸」は、岸壁近くで錨を下ろしていた「玄海丸」の船尾を回って沖へ出た。その時だった。強い風が「隼丸」に吹きつけ、船体が大きく揺れた。男たちが右へ左へと体を動かしたのが、船のバランスを一気に崩した。機関士らが「危ない！」と叫び声を上げたのと同時に、船は底を海面にのぞかせて転覆した。

「隼丸」はしばらく、波間で船体を回転させたあと、ゴボッと不気味な音を残して海中に消えた。その周囲で、投げ出された男たちが懸命に泳いでいた。厚手の作業服が体を鉛のように重くし、悲鳴が海面上を飛び交った。岸までは百メートル以上もあった。凍りつきそうな海面から一人、二人と男たちの姿が消えていった。

転覆事故に最初に気づいたのは、近くを小蒸気船「鷹取丸」で通りかかった神戸水上署員だった。波間に見え隠れする男たちのなかへ船を入れ、次々と救い上げた。

「転覆だぁ、助けてくれぇ、手を貸してくれぇ！」

署員の絶叫に周囲の和船や貨物船から次々と小船が降ろされた。急報を受けた造船所は混乱をきたした。

「船だ、船を出せぇ」

慌ただしい足音が構内に響き、小蒸気船が激しいエンジン音を残して沖へ向かった。やがて岸壁に救助された男たちが運ばれてきた。恐怖に顔は青ざめ、歯がガチガチと鳴っていた。海水を飲んだ者は、背を波打たせながら水を吐き続けた。岸壁のあちこちに焚き火ができた。男たちは無言で火を取り囲んだ。

そのうち、一人の死亡が伝わってきた。しかし、そんな数で終わる気配ではなかった。役員たちは、嗄《か》れた喉から呻き声を絞り出した。

「いったい何人が死んだんだ⁉」

大惨事

時間がたつにつれて、行方不明者の数はどんどん増えていった。

午後四時になって、神戸水上署は「行方不明は二十八人」と発表した。寒風は吹きやまなかった。行方不明者が生存している可能性はなかった。川崎造船所は沿岸の漁師に声をかけ、引き網を借り集めた。「隼丸」の沈没現場を中心に網が何度も打たれた。その一方で、社員たちは手分けをして大阪湾岸一帯十六カ所の浦役場に電報を打ち、事故の発生と水死体発見の際の通報を依頼した。

「造船所の小蒸汽沈没」

の報は、神戸市内にも次々と伝わった。造船所の正門前には、安否を気遣う家族数百人が詰めかけ、説明を求めた。神戸水上署が行方不明者の名前を正門に張り出すと、家族のなかから悲痛な叫び声が上がった。男たちはいずれも、一家を支える大黒柱である。幼子を背に泣き崩れる妻の姿が涙を誘った。

大法會
来ル二月五日午前九時ヨリ市内奥平野村祥福寺ニ於テ相營ミ候ニ付キ御縁故ノ御方ハ御参詣被下度候
三十六年一月二十二日
神戸市
株式会社川崎造船所

沈没事故犠牲者の大法会開催を知らせる新聞広告（神戸又新日報）

造船所は、構内にある船員寄宿所を家族の控室にあてた。夕刻が迫ると、死体発見の連絡が相次いでもたらされた。変わり果てた男たちの体にしがみついて絶叫する女たちの姿を、社員たちは体を硬くして見つめ続けた。

遺体の捜索は、夜を徹して続けられ、朝までに二十七人が収容された。事故直後に死体で見つかった一人を含めて死者は二十八人。まだ見つからないのは一人だけとなった。造船所は、遺族のもとに社員を派遣し、香典や葬式料を贈った。一人三十円前後だったという。

最後の遺体が見つかったのは、事故から三日目の朝だった。幸次郎が半年間にわたる外遊から帰宅した日のことだった。社の幹部から詳しい報告を聞き終えると、幸次郎は香典などだけでなく、遺族へ扶助料を渡すように指示した。造船所の従業員はこの七年間に増え続け、三千五百人に達していた。船造りを支えるのは、その一人ひとりである。幸次郎は、自分の肩に三千五百人の従業員とその家族の生活がかかっていることを改めて思い知らされた。

一九〇三年（明治三十六）一月二十五日、兵庫区の祥福寺で大法会が営まれた。本堂には錦《にしき》の布で覆われた戒壇が設けられ、各宗各派の僧侶十数人の読経が流れた。前庭は、遺族や縁故者で身動きができないほどになった。そのなかで幸次郎は、ひたすら頭を下げ続けた。

やがて惨事の記憶が少しずつ薄れるのと逆に、人々の口に上ったのは、ロシアの脅威だった。神戸にも戦時色が徐々に色濃くなっていった。

大観艦式

その数日前から神戸市内には、異様な興奮が漂い始めていた。

列車が到着するたびに一目で旅行者とわかる人々が降り立った。町中の旅館はまたたく間に満員となり、警察署には宿の紹介を求める人が列をなした。神社の境内にも野宿の人影が目立った。

人々の目的は、海軍の観艦式見物だった。観艦式は、海軍の主要軍艦を一堂に集め、その威容を観閲する儀式で、日本での本格的な観艦式は一九〇〇年（明治三十三）、神戸港沖での大演習がその嚆矢《こうし》といわれる。

それから三年。日本海軍は急速に備えを強めていた。明治三十年からの五年間に、イギリスに発注した最新最強の戦艦「三笠」（排水量約一五、〇〇〇トン）など四隻が完成し、海軍の擁する戦艦は計六隻に達していた。これら世界屈指の堅艦を含む七十隻余りが集結するのだから、町は沸きに沸いた。神戸新聞は、式当日、四月十日朝の様子を、

「神戸市はついに眠らず。（中略）街上の輪声は、夜いまだ明けざるに、神戸市に眠るすべてのものを揺り覚ました」

と昂《たかぶ》った筆致で表現した。

観艦式は午前九時半、濃霧が次第に薄れて、雲間から日差しの漏れるなかで始まった。御召艦《おめし》が所定の位置に投錨すると、外国艦船を含む約八十隻が一斉に二十一発の礼砲を放った。その砲声が港内に殷々《いんいん》と響くと、岸壁を埋めた約三十五万人の見物人から歓声が起きた。ボートを出して沖合へ向かおうとする市民を、水上署員らが海上で押しとどめた。海がだめならと多くの人は山へ登り、約四キロ先の沖に展開する艦隊に目を凝らした。そうした六甲山の山並みの一つ、諏訪山の山腹には、市内の小学生約二万五千人が海軍旗などを手にして幅四百メートルの巨大な錨を描いた。観艦式は午後二時半に終わった。しかし、岸壁の大群衆はなかなか立ち去らなかった。彼らが、

弁当を広げお茶をすすりながら待ち続けたのは、夜のイベントである。

午後七時、一発の狼煙《のろし》を合図に連合艦隊のイルミネーションが一斉に点灯され、探海灯が夜空に無数の光の帯を放った。人々はただ、その勇壮さが日本の力を象徴するものだと受けとめ、どよめきを上げ続けた。

川崎造船所もこの日は、休業した。幸次郎は、造船所の遙か沖合に浮かぶ鋼鉄艦隊の凜然《りんぜん》とした偉観に素朴な感動を抱いていた。造船所が株式会社となって八年目の春、幸次郎と創業者の川崎正蔵は、名実ともに花咲く季節を迎えていた。

豪華な園遊会

芳太郎と二人で中門に立ち、招待客を迎える正蔵は、実ににこやかだった。やせた体を何度も折り、「よくおいで下さいました」と丁寧に声をかける姿には、生涯最良の日とでもいえそうな喜びと誇らしさが入り混じっていた。

神戸港での大観艦式の二日後、明治三十六年四月十二日。正蔵は神戸・六甲山麓に広がる自邸で豪勢な園遊会を開いた。最初の計画では、大観艦式の翌日に催す予定だったが、雨にたたられて一日延期した。それでも遠方からの招待客を含めて千五、六百人もの賓客が、二本の日の丸が交差する表門をくぐった。

園遊会は観艦式を記念した企画だったが、広い庭が狭く感じるほどの盛況ぶりは、正蔵の力と名声を十分に伝えるものだった。事実、正蔵の招きで足を運んだ客の顔ぶれは、そうそうたるものだった。

政界からは、幸次郎の父である伯爵正義、田中宮内大臣、海軍からは薩摩出身の海軍大将にして男爵井上良馨《よしか》、海軍中将東郷平八郎、さらに大久保利通の二男でのちに吉田茂の義父となる全権公使牧野伸顕《のぶあき》の顔もあった。もちろん服部知事をはじめ、地元政財界のお歴々も一堂に会した。

人々は、新緑が頭上を覆う庭内をゆっくりと散策し、木陰のベンチで語り合った。楽団が、庭のあちこちでメロディーを奏で、打ち上げられる花火が人々の目を集めた。

庭内のそぞろ歩きに疲れた人は、茶席でくつろぎ、模擬店の前に足を止めた。邸内にある正蔵自慢の美術館で時を過ごす人も多かった。第一線を退いてから正蔵は、美術品の収集に熱意を燃やしていた。それは、極貧の生活から富豪と呼ばれるところにまで上りつめた正蔵の最後の事業でもあったろう。正蔵は二千余点の書画を集め、盛んに、

「ヨーロッパでは美術家への授爵叙勲は珍しくない。日本も美術奨励をもっと進めるべきだ」

と説いた。

もちろん、のちに大コレクションをなす幸次郎も、正蔵の意見を何度となく耳にしたが、三十七歳という年齢では、趣味より実業が先決である。この時はまだ、美術などは第一線を離れてからでいい、と思っていた。

さて、午後三時に始まった園遊会は、午後五時から食堂で行なわれた立食パーティーを最後にお開きとなった。人々は、正蔵邸の豪壮さを愛《め》でながらも話題の詰まるところは、「ロシア」だった。かりに戦端を開いたとして日本はかの大国に勝てるのか？

園遊会の二カ月後、そのロシアの大物がひょっこりと神戸に姿を見せた。

クロパトキン来日

一九〇三年（明治三十六）元日の神戸新聞は、一《ページ》をさいてロシア海軍の実力分析を試みた。特集は、バルチック、黒海など四方面のロシア海軍力を細かく紹介し、

「ロシアは極東経営に熱中しつつあり、いつか太平洋の制海権を手に入れるだろう」

と警鐘を鳴らした。

それは、日本人の不安に裏打ちされた記事でもあった。その前年に成立した日英同盟は、ロシアの極東進出にブレーキをかけていた。ロシアは露清条約の締結で満州からの段階的撤兵を表明したものの、この年の四月に予定していた第二次撤兵を見送った。日本政府は対応に苦慮した。ロシアとすれば、せっかく手に入れた極東での不凍港を手放したくなかっただろうし、日本はどうしてもロシアの圧力から朝鮮半島での権益を守りたかった。

やがて「満韓交換論」という折衷案が生まれた。満州でのロシアの存在には目をつぶる代わり

に、朝鮮半島には足を踏み入れるな、というわけだ。しかし、国民の間でのロシアへの不信感は根強かった。東京帝大の教授らは、

「今こそロシアと戦う時だ」

と開戦論をぶった。もちろん、

「戦争で犠牲になるのは、結局は国民だ」

と非戦論を説く声もあった。しかし、超大国の武力でじわりじわりと南下するロシアへの反発の方が国民感情では勝った。

そんなさなかである。満州視察に赴いてきた一人のロシアの大物軍人が突如、日本にまで足を延ばしてきたのだ。

アレクセイ・ニコラエビッチ・クロパトキン。歴戦の陸軍大将であり、その六年前からはロシア内閣の要《かなめ》となる陸軍大臣になっていた。

新聞紙上には、憶測が飛び交った。「満韓交換の詰めの交渉ではないか」「対ロシア戦争の準備状態を偵察しようとしている」「いや、わが国の国情を見聞するためだ」と、その一挙手一投足を報じた。

今にしても、クロパトキン来日の真意は、いまひとつ明白ではない。多少実力は備えてきたとはいえ、極東の一小国に過ぎない日本をぶらりと観光に来ただけ、という見方の方が信憑性を帯びたりもしている。

クロパトキンは、六月十一日に来日したあと東京で数日を過ごし、十七日に神戸に入った。同時に神戸港には、迎えのロシア軍艦が錨を下ろした。

新聞は、混乱ぶりを示した。対ロシア強硬論をぶつ一方で、読者にはクロパトキンの紳士ぶりを伝え、「北欧の偉人」とまで称えた。そのクロパトキンがある日、川崎造船所へ足を向けた。

舌戦

クロパトキンが、随員らしい随員もなくお忍びに近い形で川崎造船所を訪れたのは、一九〇三年（明治三十六）の六月二十二日だった。

案内役には、社長の幸次郎と副社長川崎芳太郎が当たった。クロパトキンは、いかめしい風貌とは不似合いなほど細やかな男だった。その三日前、神戸市内の製茶輸出の会社を訪れた時には、こんなことがあった。

工場を見て回ったクロパトキンは、隅に食べ終わった弁当箱のあるのを目にとめた。

「これは何だね？」

「従業員の弁当でございます」

「なかを見せてくれんかね」

「あいにく食べたあとですが……」

「それでもいいから、見てみたい」

会社幹部が渋々ふろしきを解いて弁当箱を開けた。そこには野菜の煮しめがわずかに残っていた。クロパトキンは、それを表情ひとつ変えずにじっと眺めていた。

平均的な日本人がどんな生活をしているのかということに、クロパトキンは異常なほど関心を示した。職場で幼子が遊んでいると「なぜだ？」と問い、浜の漁師には収入をこと細かにたずねたものだ。

川崎造船所でも、各種の工場を丹念に見て回ったクロパトキンは、船台のところに来て足を止めた。

「貴社の能力では、幾千㌧の船が造れますかな？」

幸次郎は一瞬、クロパトキンの目を見つめた。それから笑みを取り戻すと、

「一万㌧の戦闘艦でも造ります」

と答えた。

それは、幸次郎一流のはったりだった。川崎の建造実績では、この時船台に乗っていたのは百五十㌧クラスの水雷艇であり、一万㌧級など〝夢のまた夢〟の時代である。

クロパトキンは続けた。

「国が豊かになる基礎は、商業の発達です。どうも日本は、このところしきりに軍艦を造っておられるが、それより商船をたくさん造って、商業を盛んになさった方が良いと思いますがね」

幸次郎は、カチンときた。道理ではあるが、民間人が言うのならまだしも、クロパトキンは軍人である。明らかに日本を見下したもの言いと受けとめた。

「いやいや、ご説ごもっとも。そうおっしゃるのなら、閣下が陸軍大臣を辞めてそろばんを取られた方が、ロシアのために幸福というものではありませんか」

今度は、クロパトキンがムッとした表情になった。二人は以後、口をきかなかった。広い構内に足音だけが響いた。

募る世論

クロパトキンにとって、日本訪問時はもっとも平穏で幸せな日々だったのかもしれない。

クロパトキンは神戸滞在のほとんどを現在の垂水区塩屋にあるホテルで過ごした。時間があると小船を借りて沖に出、釣り糸を垂れた。大陸での緊迫した情勢などクロパトキンはさらさら気にもとめていない風だった。

来神して九日目の六月二十五日、クロパトキンはようやく腰を上げた。朝、塩屋駅から神戸駅に着いたパナマ帽姿の陸相は、兵庫県差し回しの馬車で湊川神社の境内にある水族館を訪れた。不穏分子を警戒して、駅や水族館には制服、私服の警官が随所に立ち、鋭い視線を投げていた。

しかし陸相は、終始笑みを浮かべ、世界の大国ロシアの要人としての緊張の色を瞬時も見せなかった。

水族館見物を終えると、クロパトキンは再び馬車に乗り、メリケン波止場へ向かった。それから市港務部の小蒸気船で沖合のロシア軍艦「アスコルド号」に着いた。日本側からは、服部知事らが船室内まで見送った。クロパトキンは、滞在中に覚えた日本語の「サヨウナラ」で別れを告げた。マストの艦長旗が降ろされ、代わって艦尾に大将旗がひるがえった。午前十時四十分、「アスコルド号」は汽笛を高らかに放つと、錨を上げて西へ艦首を向けた。

神戸の街並みが遠ざかると、クロパトキンは船室のソファーにゆったりと腰を落とした。ふと、部屋のテーブルに美しい造花が飾られているのが目に入った。

「どうしたのだ、これは？」

随員が答えた。

「川崎造船所の松方という社長が〝船中の慰みに〟と出航前に贈ってきたものです」

クロパトキンは、「そろばんを取られた方がお国の幸福だ」とずけずけと言い放った坊主頭の幸次郎を思い出した。それから口元をかすかに緩《ゆる》めると、窓外に目を移した。

クロパトキンの生涯は、神戸を離れてから運命の大波に翻弄されることになる。日露戦争時は極東軍総司令官として陣頭指揮したが、敗戦の責めを負って第一軍司令官に格下げとなった。第一次世界大戦でも北部戦線で司令官を務めるなどしたものの、二月革命後は解任、逮捕され、晩年は故郷で静かに余生を送った。

さて、クロパトキン離日後の日本へ話を戻そう。幸徳秋水、堺利彦、内村鑑三らの非戦論もむなしく、開戦世論は日増しに募った。明けて一九〇四年（明治三十七）一月、出征軍人とその家族を援助する奉公会が、神戸市内にも誕生した。

日露開戦

漆黒の闇の奥で、星のまばたきのように小さな光が灯っては消えた。

一九〇四年（明治三十七）二月六日午前一時。佐世保港に集結していた連合艦隊の旗艦「三笠」のマスト上で点滅した発光信号は、「各隊指揮官、艦長、旗艦に集まれ」であった。

張りつめた室内で、連合艦隊司令長官である東郷平八郎は、居並ぶ各隊指揮官、艦長に連合艦隊命令第一号を下した。

「わが連合艦隊は、ただちにこれより黄海に進み、旅順口および仁川港にある敵の艦隊を撃滅せんとす」

日露戦争の火蓋《ひぶた》が切って落とされたのだ。その三日後の九日正午過ぎ、陸軍の上陸部隊を護衛してきた第二艦隊第四戦隊は、京城（現在のソウル）に近い仁川港外でロシア巡洋艦「ワリャーグ」と砲艦「コレーツ」を砲撃した。交戦すること一時間、両艦は港内に逃げ込んだ末に、自沈した。

一方、旅順口に向かった主力の連合艦隊は八日夜、駆逐艦による奇襲部隊が新鋭戦艦「ツェザレウィッチ」「レトウィザン」と一等巡洋艦に魚雷攻撃をかけて戦列から引きずり降ろし、翌九日には、港内のロシア艦に一斉砲撃を浴びせた。

「たかが極東の小国」と、見くびっていたロシア側の油断にも助けられて緒戦を飾った日本は、黄海の制海権を握り、戦場を朝鮮半島から一挙に満州（現中国東北部）へと移した。

こうなると、海上輸送が前線の死命を決する。海軍の第三期拡張計画によって、軍艦の建造は急ピッチだが、一般船舶の需要もにわかに高まった。日本郵船や大阪商船などの商船は大半が軍に徴用され、その数は二百六十六隻に及んだ。それでも大陸へ兵員や物資を滞りなく送り込むには、まだまだ足りず、政府は外国船百四十三隻を購入したり借り上げたりする一方で、国内の各造船所に計二十一隻の艦船を緊急発注した。

川崎造船所も非常事態に突入した。駆逐艦「朝風」や輸送船「第八来多」など、陸海軍や海運会社から計十七隻もの艦船建造を請け負ったのだ。「工期短縮」の至上命令の下、二十四時間体制の突貫工事が続いた。

真夜中でもこうこうと輝く照明の下、リベットを打ち込む音がけたたましく響き、至るところで溶接の火花が散った。その戦場のような造船所内で、幸次郎は部下たちに大声ではっぱをかけて回った。

「日本の運命は諸君らの努力にかかっておる。一日も早く進水させて、ロシアの野望を打ち砕かなければならない」

旅順閉塞

奇襲によって機先を制した日本だが、旅順港内にはまだ戦艦七隻をはじめとするロシア艦隊が、無傷のまま連合艦隊の動きをにらんでいた。しかも、うっかり港口に近づこうものなら、すさまじい破壊力を誇る陸上の要塞砲が巨弾の雨を降らせた。戦闘旗を掲げ、一挙にロシアの太平洋艦隊を叩きつぶそうとした連合艦隊は、逆に要塞砲の猛射にさらされ、幕僚以下六十人余りが死傷した。

「旅順口を閉塞《へいそく》するしかない」

戦艦「朝日」の水雷長広瀬武夫らが主張する「閉塞」案が、俄然脚光を浴び、開戦十五日目の二月二十三日深夜、一回目が決行された。

旅順の港口は狭く、大艦が通過できる幅は九十メートル《メートル》余りしかない。石やセメントを積んだ老朽艦五隻を沈めれば、ロシア艦隊を港内に封じ込めることができるはずであった。しかし、広瀬らの祈るような願いも、二日後にロシアの巡洋艦が港外に姿を現したことでもろくも崩れ去った。

二回目は三月二十七日に行なわれ、四隻が沈められた。しかし、敵の不意を突いた前回とは打って変わって、ロシア側が陸と海から集中砲火を浴びせかけた。結果は、広瀬ら二人が吹き飛ばされたうえ、閉塞自体も失敗に終わった。連合艦隊はさらに五月三日に三回目を決行したが、ロシア艦封じ込めはついに成功しなかった。この時、沈んだ八隻の閉塞船のなかには、川崎造船所の乾ドック入り第一号だった日本郵船の「三河丸」も含まれていた。

日本側艦船の消耗も、ロシア側に劣らず激しかった。国運を託す戦艦や巡洋艦などが機雷に接触したり、味方同士の衝突で次々に沈没したりした。

このため海軍は、船会社から徴用した船舶をにわか仕立ての軍艦にして戦列に加えた。なかでも郵船の貨客船「信濃丸」などは、実戦用の巡洋艦に選ばれ、呉の海軍工廠で前代未聞の仮装工事を施された。川崎造船所でも同じく郵船の「博多丸」など十隻を仮装し、乾ドックは火を吹くような忙しさとなった。

一方、破損した艦船を一刻も早く修理して一線に復帰させるには、神戸では距離が遠すぎた。幸次郎は開戦と同時に、軍の要請で宇品港(現広島港)に臨時出張所を設置し、阿部正也を所長に二百人余りの従業員を送り込んだ。川崎の宇品出張は日清戦争、義和団事件に次いで、これが三度目であった。

両軍の戦いは旅順港閉塞作戦を境に、海から陸へと場面を移していく。

クロパトキン左遷

陸軍はいら立っていた。開戦以来、華々しく活躍しているのは海軍ばかりである。それだけに、一刻も早く大軍を大陸に送って、クロパトキンの率いるロシア軍を撃破したいとうずうずしていた。「旅順口の閉塞が完了するまで、海上輸送の安全は保障しかねる」との海軍の主張を押し切り、陸軍は一九〇四年（明治三十七）五月を期して、遼東半島に続々と上陸を開始した。そして、すさまじい肉弾戦の末、遼陽、旅順を落としてようやく面目を保った。

しかし、その代償はあまりにも大きかった。旅順を孤立させるための南山攻撃では、わずか一日の戦闘で日清戦争全体に匹敵する四千三百人が死傷した。五カ月間に四回の総攻撃を繰り返した旅順攻略でも、二人に一人が死傷するという多大な犠牲を払っての勝利であった。翌三十八年三月の奉天大会戦も、ロシア軍の退却によってかろうじて勝ちはしたものの、兵員、砲弾ともに底を突き、これ以上の追撃は不可能だった。

一方、緒戦以来、負けるはずのない日本から痛打を浴び続けたロシア軍のなかで、もっとも不運に泣いたのは、あのクロパトキンだった。

開戦の前年にぶらりと来日して、のんびりと神戸・塩屋沖で釣りをして帰ったこの前陸相は、訪れた川崎造船所で幸次郎に向かって、「軍艦ばかり造らず、もっと商船を造ってはどうか」と、日本を子供扱いしたものだが、いざ戦端が開かれると顔色はなかった。海軍出身の極東総督アレクセーエフと作戦をめぐってことごとく意見が対立し、妥協案は常に裏目に出た。奉天の会戦も、ロシア軍は兵力、装備ともに日本軍を凌駕しながら守勢に立ち、みすみす勝ちを譲ってしまった。

「この局面を見ると、クロパトキンはクロパトキン自身に敗北したとしか思えない」――作家の司馬遼太郎は、小説『坂の上の雲』でこう語っている。

クロパトキンは結局、奉天退却の責任を問われ、前述したように総司令官から第一軍司令官へ左遷された。

だが、満州における両軍の勢力図は、たかだかロシア側が一歩退いたに過ぎず、「このあたりが切りじゃ」と、総司令官大山巖と総参謀長児玉源太郎は限界を見通していた。日本国内の戦勝ムードと現実とは、およそかけ離れていたのである。

しかも、制海権奪回を目ざしてヨーロッパを出発したロシアのバルチック艦隊は、すでにマラッカ海峡にさしかかろうとしていた。日本と大陸のパイプが断ち切られれば、大陸へ進んだ日本軍が瓦解するのは火を見るよりも明らかだった。戦いは胸突き八丁にさしかかっていた。

日本海海戦

「敵艦見ゆ」との無線は、日本郵船から海軍が徴用した哨戒中の仮装巡洋艦「信濃丸」から発せられた。

一九〇五年（明治三十八）五月二十七日午前三時半。ロジェストウェンスキーの率いるバルチック艦隊は、対馬海峡に向かって北上していた。旗艦「スワロフ」をはじめ三十八隻の軍艦が波を蹴立てて続く。アジア海域では、かつてない大艦隊である。

バルチック艦隊に砲弾を浴びせる旗艦「三笠」

迎え撃つ連合艦隊は、対馬海峡の沖ノ島北方でバルチック艦隊を発見した。旗艦「三笠」は、「皇国の興廃、この一戦にあり」との四色の信号旗をへんぽんと翻した。

バルチック艦隊とすれ違うように南下していた連合艦隊は敵前でいきなりUターンし、相手の行手をふさいだ。海軍用語でいう「T字戦法」である。このため、先頭の「三笠」は激しい砲火にさらされたが、じっと耐え、距離六千メートルになって一斉に砲撃を開始した。直前まで海上での砲撃訓練を続けていた努力のかいがあった。約半時間後には連合艦隊が優位に立ち、雌雄を決した。バルチック艦隊は二十隻が沈み、五隻が捕獲された。連合艦隊側は、水雷艇三隻を失ったのみだった。日本側の予想外の海戦大勝の報は、全世界を駆け抜けた。

ロシアの民衆の多くは、この戦争が始まってから初めて日本の存在を知ったといわれ、当初はさほどリアリティーのない戦争であったのだろうが、見くびっていた極東の小国に敗れ続けたという事実は、帝政ロシアの威信を大いに傷つけた。日露戦争は結果的に民衆の不満を募らせ、ロシア革命へとつながる歴史のターニングポイントとなったのだ。

一方の日本にとっては、まなじりを決しての開戦だった。枢密院議長伊藤博文は、「露軍が大挙九州海岸に来襲することとなれば、自分も卒伍に列し、武器をとって奮闘するつもりだ」と覚悟していたし、幸次郎の父正義は、高橋是清を欧米に急派し、破算寸前の軍費を調達するため外債募集に懸命になっていた。街頭では、老女や婦人が千人針のルーツとなる千人結びへの協力を人々に訴えていた。政界のトップから民衆まで、戦いの推移をかたずを飲んで見守っていたそのさなか、幸次郎はどうしていたのだろうか？

この間、二十四時間体制の工場から進水し、注文主に引き渡されたのは、海軍省の一等水雷艇「鶺《はしたか》」「鴻《おおとり》」など十一隻に上る。ところが幸次郎は、開戦の四カ月後、殺気だった造船所からふっつりと姿を消していたのである。

極秘の潜水艇建造

海軍が旅順口の閉塞を遂げないうちに、陸軍が大陸への進攻を進めていた一九〇四年（明治三十七）六月一日。幸次郎はひそかに日本を出発して、アメリカへ向かった。

この七十日間に及ぶ出張は、社内に残る重役会の資料では「緊急の要務により」とだけ記され、表向きの目的は「造船業視察」だったが、実は海軍の要請で潜水艇の建造技術を日本に輸入するためであった。

アメリカでは、すでにジョン・フィリップ・ホーランドが海中で魚雷を発射できる潜水艇の開発に成功しており、明治三十二年、アメリカ駐在武官だった井出謙治少佐（のちに大将）が試乗して、その威力を日本に報告していた。イギリスに滞在していたほかの海軍中佐からも同様の意見書を受け取った海軍は、海戦での最悪のケースを想定し、潜水艇による敵艦隊襲撃計画を立て、アメリカに五隻を発注した。だが、五隻程度ではロシア艦隊のパワーを封じることは到底できない。是が非でも国産化を達成して増産する必要があった。その交渉役として海軍が白羽の矢を立てたのが、幸次郎だったのである。

井出はホーランドから、「これで潜水艇が建造できる」という二枚の設計図を受け取っていた。しかし、海軍の技師らは初めて見る複雑な設計図に戸惑い、頭を抱えた。幸次郎は「それなら、実際に造っている人間を連れてくるに限る」と、頭脳のスカウトをねらったのである。

「潜水艇の国産化には日本の命運がかかっております。技師をそっくり神戸に寄こしていただきたい」

アメリカに着いた幸次郎は、近代潜水艦の始祖であるホーランドに懇願した。しかし返答は、「大切な技師を戦時下の国に派遣するなど、とんでもない」と、にべもなかった。幸次郎はラトガーズ、エール両大学時代、日本人留学生を励ましてくれた教授や学友らの話を持ち出し、「極東の新興国を見捨てないでほしい」と繰り返し訴えた。

ホーランドは根負けした。翌七月になって、主任技師フォアマンら六人の技師を神戸に派遣することが決まったのである。

国産初の潜水艇建造は、この年の十一月、川崎造船所内で極秘裏に始まった。二枚の図面をもとに、建造は井出を艤装《ぎそう》委員長とする日本人技師団が担当した。残念ながらフォアマンらは実務的なキャリアに乏しく、アドバイザーに回った。このため作業は試行錯誤の連続で、「第六」「第七」の二隻の進水は日露戦争が終結した二十三日後のことだった。

その進水が目前に迫っていたころ、神戸を激しい憤怒の嵐が吹き抜けた。

講和反対のうねり

陸軍が奉天の会戦に勝利し、海軍がバルチック艦隊を撃破したことで、国民は「ハルビンに進撃せよ、ウラジオストクを占領せよ」と、戦勝気分に酔っていた。だが政府は、国民感情とは反対に、これ以上の戦争継続は不可能と講和を決意していた。アメリカ大統領ルーズベルトの仲介によって、日露交渉はアメリカ東部の小都市ポーツマスで一九〇五年（明治三十八）八月十日から始まった。交渉は二度三度と決裂寸前になりながら、日本側が譲歩に譲歩を重ねたためようやく妥結し、九月五日、正式調印となった。結果的に日本は、一円の軍費賠償も取れず、樺太も南半分の割譲にとどまった。

世論は荒れ狂った。調印当日、東京・日比谷公園では三万人が集まり、「屈辱的条約を破棄せよ」と、全権大使の小村寿太郎や講和派の頭目、伊藤博文らを激しく攻撃した。暴徒化した群衆は、内務大臣官邸や交番などを次々に焼き打ちしたため、政府はついに戒厳令を敷いた。

「講和反対」のうねりは、全国に広がった。調印翌日の神戸新聞は、どくろの絵をあしらったコラム「憤慨の声」を掲載したが、そこには「起《た》て三十万市民」などと調印を激しくなじる声が満ちていた。

幸次郎は、「これは危ない」と思った。七日、幸次郎は代議士鹿島秀麿らと一緒に兵庫県第四部(現兵庫県警本部)を訪れ、「民衆の声を力で押さえつければ東京の二の舞になる」と、強硬策をとらないよう説得した。

だが、その夜、湊川神社前の大黒座で開かれた政談演説会は、取り返しのつかない結果となった。演説で興奮した群衆が湊川神社内の伊藤博文の銅像を鎖で引き倒し、金づちなどで叩きながら市内を引きずり回したのである。制止しようとした警官に一斉に石が投げつけられ、沿道の店も巻き添えを食った。武装した警官隊が群衆を追い散らした時には、銅像の頭部はへこみ、顔の部分には三カ所も穴があき、見る影もなくなっていた。

その二日後、新開地に五万人を集めて開かれた講和反対の市民大会も、会場周辺は市内の警官だけでなく、県下各署から動員された三百人の応援部隊で固められ、一触即発の不穏な空気に包まれたが、政府を激しく糾弾する演説にも警官隊は中止命令を出さず、大会は何事もなく終わった。幸次郎や鹿島らの説得が功を奏したのかもしれない。

時の経過とともに、反講和の嵐は鎮静化していった。日露戦争に勝ったことは、日本の軍拡を一層促すことになり、重工業への期待はさらに膨らんだ。幸次郎はいよいよ仕事に没頭していく。

国益至上主義

一九〇六年（明治三十九）が明けた。幸次郎は、四十歳になった。

いつの間にか腹の周囲に肉が付き、押し出しのいい紳士の恰幅となった。鼻下のひげは常に手入れされ、髪には櫛の目がきれいに入っていた。しかし、どうしたわけか服装にはほとんど神経を配らなかった。あつらえの素晴らしい背広でも、幸次郎が着るとダブダブの印象になった。

といっても、いざ海外に出ると幸次郎は一変した。靴下の色ひとつにまで細々と注文をつけた。礼儀作法にもうるさく、随行の社員は一時も気を抜けなかった。少しでも緊張を緩めれば、

「そんなことじゃあ外国人にばかにされる」

と叱りつけた。

ある時など、一分の隙もない紳士として洋行し、帰りの船が神戸港に近づくと、幸次郎は慌てて洋服を着替え、いつものダブダブの格好で波止場に降り立ったものだった。それを聞きつけた神戸のある実業家が幸次郎の屋敷を訪れ、居合わせた妻の好子にえらい見幕で怒鳴り散らした。

「お宅のご主人は日本人をばかにしとる！」

なぜ船中でわざわざ服を着替えたのか、わからない。幸次郎の心のどこかに、この実業家が指摘するように、日本人を甘く見るところがなかったとは言い切れないだろう。しかし、薩摩男の

「ぼっけもん」の血を引く幸次郎には、「体裁なんぞ二の次」という思いがあったのも事実だ。帰宅すると玄関先から真っ直ぐに風呂へ向かい、途中の廊下で次々と服を脱び捨てた。湯舟につかって初めて、まだ帽子をとっていないのに気づいた――ということもあった。晩年の幸次郎は、だれが見ていようと頓着せず、和服の前をはだけて人に会い、時には大きな屁《へ》をひったものだ。それが素顔だった。

逆に、洋服への幸次郎のこだわりは、外国という存在を強烈に意識する思いの裏返しだろう。幕末の動乱を体験した父正義が、幼いころの幸次郎らを前に口を酸っぱくして語ったのは、

「物事を国家中心に考えろ」

ということだった。

この言葉は、現代から見れば個人の自由を束縛する国家主義的な響きも含んでいるが、日本が初めて国際社会に参入したこの時代では、素直な感じ方でもあっただろう。正義の口癖を胸に焼き付けて育った幸次郎にとって、この「国」という存在は、抜き差しならないものだった。実業界に身を投じたのも、心底を探れば、「富国」のスローガンのもと、「産業を興し、貧しい日本を少しでも豊かにしたい」という国益至上主義が横たわっていた。

それだけに、いざ外国に赴けば、幸次郎は自分を通して日本を見られているような気になった。「外国人にばかにされるな」という部下への叱責は、自らの心に打つ鞭《むち》でもあったのだ。

外国と日本――その歴然とした差異を知る幸次郎は、造船所の中でも叱責の手を緩めなかった。

二頭立て馬車

冬ならば、午前六時前。現在の神戸市中央区山本通四丁目にある松方邸の巨大な門が開くと、屋敷内から乾いた蹄《ひづめ》の音が響き始める。

やがて通りに姿を現すのは、神戸時代の幸次郎の代名詞にもなった二頭立て馬車である。幸次郎は、多人数の乗れる箱馬車、一人用の一頭立ても含めて三種の馬車を用いた。当時、日本国内で馬車を日常的に使っていたのは、極めて少ない。幸次郎がなぜ、いつから馬車に固執したのかわからないが、多くの実業家が車を愛用し始めても、幸次郎はさらさら意に介さなかった。

戦後、神戸市兵庫区内で保存されていた
幸次郎の２頭立て馬車（昭和44年撮影）

通りに姿を見せた馬車は、西へ駆ける。御者台に座る男は、片手に鞭《むち》を持ち、いかめしい顔つきで真正面を向いている。開閉式の幌《ほろ》になっている馬車の後部にも男が一人立ち、革のベルトを握っている。馬車が交差点に近づくと、この男がヒョイと道路に飛び降りて前方へ走って行き、「ハイヨー」と大声を上げる。これが「左右ＯＫ」の合図である。それから男は、再び馬車に飛び乗ってベルトにつかまるのだ。

馬車の中では、幸次郎が泰然として座っている。寒い時にはひざ掛けにくるまっている。口には終始、葉巻をくゆらせ、時に新聞を広げる。

馬車は山本通を南へ折れ、一路造船所へ向かう。高らかな蹄の音は、道路周辺の人々にとっては格好の目覚まし時計でもあった。「カッカッカッ」という響きが近づいてくると、人々はほどなく六時だとわかった。

造船所の近くまで来ると、道路は川崎造船所の従業員であふれていた。課長クラス以上は背広、一般社員は麻などの詰め襟で、現場の作業員は青色の菜っ葉服が普通だった。始業の六時になると、鐘が鳴って正門がピタリと閉じられる。遅れそうな従業員は、中折帽子や作業帽を手に走った。幸次郎は時に、こんな遅刻組を目にすると、

「乗っていけ」

と馬車へ引っ張り上げた。

幸次郎はこうして出勤すると、工場内を一巡する。それからいったん帰宅し、諏訪山の銭湯で朝風呂につかってから、元町にあるひいきの理髪店でひげを剃ってもらう。これが判で押したような日課だった。朝風呂では、松方侯の三男坊でも川崎造船所の社長でもない素顔をのぞかせた。だれに会ってもニコニコと笑みを浮かべ、水風呂につかる子供を見ると、「ぼん、おなかをこわすぞ」と頭をなでた。後年、この子供が長じて川崎造船所に入社し、幸次郎の顔を見て初めて「あ

つ、あの時の……」と気がつくほど、諏訪山の風呂での幸次郎は、平凡な一人のおじさんだった。

だが、いざ職場に入ると、その温厚なおじさんが一変した。

超ワンマン

二頭立て馬車で威勢よく出勤すると、幸次郎は真っ直ぐに社長室へ向かう。部屋は、本社の入り口わきである。玄関の守衛がそのまま社長室の受付だった。

一服する間もなく、幸次郎は造船所を一巡した。たった一人で、一年中、古いカンカン帽をかぶって歩き回る。ステッキをついた足はやや不自由だったが、上半身をリズミカルに左右に動かし、はた目には足の悪さをうかがわせなかった。

構内に幸次郎の姿が見えると、従業員たちは神経をピリピリとさせた。鋲《びょう》が一個でも落ちていると怒った。非合理的な作業をしているとカミナリが落ちた。ボイラーの前に立つとその日の調子をこと細かくたずね、旋盤の前では回転速度について質問を浴びせた。少しでも答えに逡巡《しゅんじゅん》すると、皮肉たっぷりにやり込められるか、その蛮声に身をすくませるかだった。しかも、叱る相手は管理職に限っていた。

「部下の前で上役を叱らなくても……」

という声があると、

「おれは忙しいんだ。気がついた時に言わなければ、いつ言う時がある」

と切り返した。

従業員たちは、そんな幸次郎の癖を見抜いていた。機嫌のいい時には「あんたあ」「課長おるかえ」と薩摩弁で語りかけるのだが、虫のいどころが悪いと、

「カシラはおるか？」

と、のっけから怒気を含んでいる。「カシラ……」とくると従業員らは首をすくめ、嵐が過ぎるのをじっと待つだけだった。

身近な部下は、それ以上に大変だった。ドタドタと廊下を踏み鳴らして社長室に入ると、部下を大声で呼びつけ、

「おい君、手紙を書いてくれ。あれだ、あのことだ」

と、言い放つ。

「何の手紙ですか？」

と問い返すところまでは許されるが、

「どのように書くのですか？」

などとたずねると、てきめんに怒声が飛んだ。社会情勢、社の方針、幸次郎の考えなどをすべて飲み込まないとついていけなかった。

ワンマンの最たるものだが、第一線の作業員らには不思議と受けが良かった。裏に回っての寝《ね》

技《わざ》や陰口、中傷をまったく好まなかったその人柄のせいだろう。それをある人は「ボンボン育ちらしい」と言い、ある人は「ボンボン育ちらしからぬ」と評した。茫洋《ぼうよう》とした幸次郎は、どうにもつかみ切れない存在でもあった。

しかし、その幸次郎も、隣人からの突然の申し入れには頭を抱えた。

ナボテの園

幸次郎の屋敷の西隣に「女学校」と呼ばれた一群の学舎があった。今は、西宮市岡田山に美しいキャンパスを擁する神戸女学院である。

ある日、その女学院から、

「土地を譲ってほしい」

との話が舞い込んだ。

さすがの幸次郎も、これには参った。にべもなく断れない事情があったのだ。

「女学校」がこの地に校舎を完成させたのは、一八七五年（明治八）のことだった。最初の生徒は、寄宿生三人、通学生二十三人だった。

実は、この学校ができる時に、日本人のなかでもっとも心を砕いて経済的援助をしたのが、幸次郎の義父、九鬼隆義であった。西欧文明に早くから傾倒していたこの旧三田藩主は、二人の男児にクリスチャンネームをつけ、自らも晩年は敬虔《けいけん》なキリスト教信徒として過ごした。女学院創立者のタルカット、ダッドレー両女史が、最初に神戸・花隈に開いた私塾も旧三田藩士宅の屋敷の一部を借りたものであり、創設時の生徒のなかには旧三田藩士の子女が何人かいた。のみならず、女学院に残る資料には、明治三十五年卒業の生徒のなかに幸次郎の妻好子の名前まで見えるのである。

女学院側はかなり早くから、東隣の幸次郎邸の買収を計画していた。欧米文化への抵抗があまりなかった神戸という土地柄のせいもあって、生徒は順調に増え続け、敷地は次第に手狭になっていた。幸次郎が土地を買う直前、女学院側もこの土地の買収を決め、予算まで組んでいたのだが、タッチの差で幸次郎の手に渡っていたのだ。女学院では、幸次郎の土地を、

「ナボテの園」

とひそかに呼び合った。

「ナボテの園」とは、旧約聖書の列王紀略上、第二十一章に登場する話である。サマリアの王アハブが、邸宅横にあるナボテのぶどう園が欲しくなり、「もっと良いぶどう畑を差し上げるか代金を払うから、あなたの園を譲ってくれ」と持ちかけるくだりである。

もちろん、市内の別の場所へ移転する構想もあったが、市制施行後市内の地価が著しく上がっていたうえ、東西に細長い神戸の地でまとまった土地の確保は困難だった。校地の南側に広がる湿地帯を買い、埋め立てて庭園にするなど少しずつ拡張を進めてはいたが、幸次郎の土地をごっ

そり買収できるなら頭痛の種は一気に解消する。

女学院側の熱意はわかりながらも、「ナボテの園」の主は、売る気はまったくなかった。この土地がぞっこん気に入っていたのだ。幸次郎は断りの言葉を考え続けた。

断りの言葉

幸次郎は、考え抜いた末、神戸女学院にこんな回答を返した。

「私の所有地約二千二百坪を二万五千ドルで売りましょう」

ただし、である。

「交換条件として、女学院の敷地約三千百坪を四万ドルで買い取りたい」

これでは、単に土地を換えっこしようというだけのことだ。「お断りする」と面と向かって言わない代わりに、とても飲めない条件で相手側が断らざるを得ないように持ちかけたのだ。当然、女学院側は、

「とても乗りようのない話だ」

と幸次郎邸の買収を断念した。女学院は結局、その場所で少しずつ拡張したあと、大正末期に明石市大蔵谷への移転を計画したりしたが、最終的には昭和八年、現在の西宮市岡田山へ移った。もしもこの時、幸次郎が買収に応じていたら、女学院のその後の歩みにも影響を及ぼしていただ

ろう。

幸次郎はその後も、

「おいはここを動かん」

と言い続けた。

決して不動産への執着心ではない。もともとこの土地を買った時も、門の節穴からチラッと見ただけで「よし、決めた」と言ったというし、後年、さすがの豪邸が雨漏りし始めた時もバケツで雨水を受けたとも伝えられ、実際部屋の天井にはシミが随所にあった。晩年になって、狭いわび住まいの身になった際、訪れた知人にあっけらかんと言ったものだ。

「人間、体を伸ばせる畳二枚分の部屋があれば十分なのだよ」

こと仕事以外になると、物欲も名誉欲もさらさらなく、恬淡《てんたん》としていた幸次郎が、なぜこの土地にこだわったのかわからない。二階からは、庭の樹木や家並みの向こうに神戸港がかすかに望まれたが、幸次郎がそんな風情を楽しんだ様子もない。むしろ、馬好きだといわれる松方一族の一人として、狭いなりにも馬場まで備えたこの屋敷を手放したくなかったというのが本音だったのかもしれない。

男盛りの名士にありがちな浮いた話もなく、酒はからきしだめ。趣味といえば葉巻をくゆらせ、馬車を駆る程度だ。部下と碁盤を挟むわけでもなく、顔を見れば「研究せよ。勉強せよ」の一点張りである。子供たちは時に、家庭をかえりみない幸次郎に不満の色を浮かべたが、母好子は、こうたしなめた。

「お父さまは大事なお仕事で忙しいのです」

幸次郎の関心事は仕事だけだった。企業活動がどう国益とからまるのか、にだけ精力を注いだ。その幸次郎の屋敷に足繁く通う二卵性双生児のような実業家がいた。

共通の経営哲学

幸次郎は、鈴木商店を切り回す金子直吉と不思議なほど気が合った。

幸次郎は政界の大立者・正義の三男坊で留学体験を持っている。片や金子は、高知の貧しい家に生まれて満足な教育も受けていない。水と油ほども異なる経歴を持ちながら、この二人は妙にウマが合い、ことあるごとに相談し合った。

神戸大学教育学部の桂芳男教授は、金子のキャラクターを十五のパターンに分けて考察しているが、その半分以上の項目が幸次郎の人間像にもピタリと合う。実業家としての二人は、あまりにも似通ったタイプだった。

桂教授の分類項目に従えば、二人の経営理念を貫くのは国益志向という点で、私的な利潤追求を二次的なものと見た点だ。幸次郎は盛んに、

「輸入防遏《ぼうあつ》」

を唱えた。輸入をできる限り抑え、国産を目ざそうというわけだが、金子も思いは同じだった。

さらに二人は、多角化経営戦略をとった。金子はいつしか「煙突男」と異名をとるほど広範な事業展開をしたが、幸次郎もまた造船から鉄道、製鉄、自動車、飛行機へと手を広げ、陸、海、空にまたがる複合企業化を図るのである。そして、こうした猛烈な事業拡大の背後には、膨大な銀行からの借金があった。金を借りて投資し、利潤で返済する。二人はその経営哲学でほぼ同時期にそれぞれの分野で日本一の企業となるのだが、この借金経営はやがて、二人の致命傷ともなるのである。

幸次郎は気を許す相手を前に、よく都々逸《どどいつ》を口にした。

〽都々逸は野暮でも　やりくり上手
　今朝も七つ屋(質屋)で　ほめられた
それから、

「商売のコツはこれだよ」

と笑い飛ばした。

笑えるうちはよかったが、元号が昭和に変わって間もなく、二人は胃が縮み上がりそうな断崖に追いつめられる。それは、風向きが急変し、豪快に空を翔《かけ》ていた鳥が一気に失速する様にも似ていた。

だが、このころ明治四十年前後の二人は、そんな行く末を知る由もない。常々「荒仕事は向かん」と言っていた金子が、経営難に陥った神戸の小林製鋼所を買収し、それまでの樟脳、砂糖、薄荷の「三白」の商いから脱皮し始めたのは、日露戦争後の明治三十八年九月だった。小林製鋼所はやがて神戸製鋼所と名を変え、現在の神鋼へと発展する。一方の幸次郎はといえば、神戸での造船経営が順調に伸びてきたこのころから事業欲が一段と頭をもたげてくる。金子と同様、腹をくくったら身のこなしは早い。

鉄道進出

大国ロシアに勝った日本は、富国強兵へ突っ走った。

政府はその第一弾として終戦翌年の一九〇六年（明治三十九）三月、「鉄道国有法」を公布し、全国十七の私設鉄道を買収、国鉄への一本化を進めた。

国有化の理由は輸送力増強などだが、当時十三億円にも達していた戦時外債を整理するため、鉄道を新外債の担保にしようという苦しい台所事情もあった。

幸次郎が、こうした動きを傍観しているはずがない。公布からわずか二カ月後、鉄道車両製造への進出を決定すると、神戸・東尻池村（現長田区東尻池町）の運河沿岸に車両工場を建設した。

実は、幸次郎が車両生産を思いついたのは、日露戦争さなかの明治三十八年春、神戸港から満州に向けて船積みされる機関車が、すべて欧米製と知った時である。

「日本は戦争に勝っておるが、もし、欧米から機関車が入ってこなくなったらどうなるか。おいが国産化の一番槍《やり》をつけてやる」

幸次郎の思惑を裏書きするように明治四十二年、鉄道院総裁後藤新平は、機関車をすべて国内の民間工場に発注する方針を打ち出した。金子直吉と並んで多角経営の先駆となった幸次郎の第一手はものの見事に的中し、大正末までに一千両を超す機関車が川崎の車両工場で生産されたのである。

鉄道車両進出とともに幸次郎の目は、中国大陸にも注がれていた。灯台巡視船「流星号」の受注以来、川崎造船所と清国との結びつきは強くなる一方で、明治三十七年から三十九年にかけては八隻もの砲艦、水雷艇の注文を受けていた。

「中国に分工場をつくれば効率が上がる」

と幸次郎が思案していたところへ、海軍省から上海の海軍用地でイギリス製の河川砲艦「伏見」を組み立ててもらいたいとの注文が舞い込んだ。幸次郎は即座に社員八十人を出張させ、組み立て作業を開始する傍ら、独自の上海分工場建設まで計画して、腹心の部下武文彦を現地に派遣した。この構想は戦後不況のあおりを食って空中分解したが、二年後には大連港内の満鉄所有のドックなどを借り受けて大連出張所を開設、船舶修理に威力を発揮することになる。

さらに主力の造船部門でも、川崎造船所は欧米の先端技術の宝庫となった。明治四十年に導入したアメリカ製蒸気タービンの製作技術は、艦船の性能を大幅に引き上げ、海軍艦政本部は幸次郎に異例の賞状を贈ったほどだ。

四十歳代に入っていたワンマン社長は、九千人の従業員をグイグイと引っ張り続けた。

得意の絶頂

幸次郎は、すこぶる機嫌が良かった。

無理もない。日露開戦によって一時中断していた神戸港修築が、終戦とともに再び大きく動き出したのだ。

兵庫県知事服部一三らの努力で着工にこぎつけた小野浜の税関拡張と東海道線から支線を引き込む工事は、戦争を挟んで続けられ、不完全ながらも港の体裁を整えつつあった。さらに一九〇六年（明治三十九）九月十六日、神戸港の視察に訪れた大蔵大臣阪谷芳郎は、ミカドホテルで開かれた歓迎レセプションで「神戸港は日本だけの港にあらず、世界の港なり」とぶち上げ、築港着手を確約した。会場は歓声と拍手に包まれ、幸次郎は下がり眉毛を一層緩めた。築港を目的に地元財界を束ねた「神戸七実業団体連合会」の委員長に続いて、神戸商業会議所の港湾調査委員長まで引き受け、近代港湾実現にだれよりも執念を燃やしてきたのだ。陳情のための上京も数え切れないほどになっていた。幸次郎は、この日こそ神戸飛躍の出発点と確信し、レセプションで同席した神戸市長水上浩躬《ひろちか》に、こんな耳打ちまでした。

「九月十六日を神戸デーとしましょうや」

着工は、まる一年後の明治四十年九月十六日に行なわれた。小野浜の税関前で開かれた起工式では、「帝国交通貿易の大門として国勢発展の一助なりや」と刻まれた基石が、万国旗のなびく蒸気船から祝砲とともに海底へ沈められた。この日は街中がお祭り騒ぎとなり、日没とともに川崎造船所の上には、「祝」の字と神戸市章、川崎の社章を表す巨大なイルミネーションが灯り、夜更けまで見物人が絶えなかった。

築港規模は、戦後不況などで当初の計画より大幅に縮小され、とりあえずの第一期工事（大正十一年完成）は、小野浜とメリケン波止場の間に四本の突堤を付ける工事となった。とはいえ、東洋一を目ざす修築とあって、オランダ・ロッテルダム港、スペイン・バルセロナ港の修港技術を導入し、日本の技術陣が総がかりで作業に当たった。

すでに明治三十八年八月には、川崎造船所の最大のライバルである三菱造船所が和田岬に神戸工場を開設し、七千㌧級の浮きドックで川崎の乾ドックに対抗していた。築港のスタートは神戸の地位をさらにかさ上げし、大手企業は臨海部に工場や倉庫を競って建設した。神戸に流入する人口も上昇カーブを描き、明治末までに四十万人を突破して全国第六位の大都市に成長していく。

その港湾都市を代表する実業家として、幸次郎は得意の絶頂期にあった。だが、幸次郎の笑顔に冷水を浴びせる事件が、相次いで起きる。

潜水艇沈没

母船「歴山丸」の乗員が異変に気づいたのは、潜航開始から一時間後のことだった。異常事態発生の報を受けた呉鎮守府は、第七駆逐隊などを現場へ急派した。しかし、静かな瀬戸の海面に「六号潜水艇」は二度と浮上しなかった。

テスト航行中の「六号潜水艇」。初の国産潜水艇だったが…

一九一〇年（明治四十三）の四月十五日は、日本海難史上で忘れられない一日である。「六号潜水艇」は、川崎造船所で完成した国産初の潜水艇だった。まだ性能は十分とはいえず、海軍は佐久間大尉以下優れた乗員を選んでいた。

この日の訓練は、艇を水面下に潜航させ、シュノーケルだけを出して走るものだった。ところが、午前十時に潜航したまま十一時になっても浮上しなかったのだ。

捜索は夜を徹して行なわれ、翌十六日午後になって、水雷艇がようやく沈没場所をキャッチした。山口県岩国市沖約一・五キロで水面下十六メートルの海底だった。海軍は事故を極秘にしていたが、鎮守府の異様な空気を察したのか、翌十七日付の新聞には「呉電報潜航艇沈没」の一報が載った。「六号潜水艇」が、起重機に吊り上げられて海上に姿を見せたのは、この日も午後に入ってからだった。

艇内に入った海軍の幹部らは、息を飲んだ。佐久間艇長以下十四人の乗員はすべて、それぞれの持ち場で息絶えていた。さらに艇長の軍服からは、事故原因や艇内の状況を詳細に記した遺書が見つかったのだ。

おそらく佐久間は、乏しい酸素にあえぎながら、か細い灯りの下で鉛筆を手にしたのだろう。死に直面しながら最後まで冷静さを保ったそのメモは、見る人の心を激しく揺さぶった。それまで厳しい報道管制を敷いていた海軍省は二十日、遺言状の全文を公表した。戦前の小学校では、修身の教科書に「六号潜水艇」の事故が取り上げられた。戦後になっても外国の軍事評論家が佐久間の行動を「サムライの道」と受けとめたように、それは精神主義の高揚に無言の力となったのだった。

新聞は「忠勇無双」として遺族への「慰藉金」を募った。海軍大臣、軍令部長らから香典が贈られ、川崎造船所も弔意の花輪だけでなく、現在の金額にして六百万円相当の香典を供えた。自ら渡米して技術者を招き、完成させた潜水艇の惨事。幸次郎がどんな思いで事故の報を受けとめたのかわからないが、未知と向き合う先端産業に生きる者として、十四人の殉職は激しい衝撃を及ぼしたことだろう。

だが、幸次郎への試練の時は、まだ終わらない。

一九〇七年（明治四十）の後半から、日露戦争の戦後不況が始まった。日清戦争後の反動不況時と同じように、軍事費の増大が国家財政の重荷になった。企業の倒産が相次ぎ、輸出は不振にあえいだ。

川崎造船所も苦境に立たされた。幸次郎は、九千二百人の従業員に昇給ストップを伝える一方、注文の獲得に奔走したが、業績は伸びない。小口の注文をかき集めても営業経費の方が上回るありさまで、時には五万円の運転資金にも事欠いた。幸次郎は、最後の手段に頼るしかなくなった。人員整理である。

二年間にわたって段階的に行なわれた首切りは、計五千人にも達し、従業員は四千二百人に激減した。有無を言わさぬクビに、うらみの声が渦巻いた。退職金はわずかだった。勤続二十年で、二十円という老人もいた。幸次郎とすれば、会社を救うためには仕方のない措置だったのだろうが、長年勤めた者からうらみつらみの声を聞くのは、さすがにつらかった。これ以降、どれほどの不況下にあっても、幸次郎は大量解雇だけは避けるようになる。多角化へ突っ走る背景には、たくさんの従業員を何とか抱え込んでいきたいという考えも働いていた。そして皮肉なことに、人員整理を忌避し続けたことが、のちの経営破綻の一因ともなるのである。

経済がようやく好転し、大型艦船の注文が入り始めた明治四十三年七月、幸次郎は衆議院議員の補欠選挙に打って出た。神戸市選出議員の死去に伴うもので、幸次郎は市内の実業家らに担がれての立候補だった。

選挙は政友会の推す四十四歳の幸次郎と、国民党をバックにした四十歳の野添宗三との一騎打ちになった。野添は検事、判事から弁護士に転じた人格者で、選挙戦は激烈を極めた。

後半戦に入ると、野添の優勢ぶりが目についてきた。幸次郎が社長に就いていた神戸新聞は、連日幸次郎を応援する記事を載せた。今なら考えられないルール破りである。社長就任時、歓迎の芝居を上演した記者たちに、

「天下を動かす新聞記者が顔におしろいを塗って芝居のまねをするとは何事だ」

と叱り飛ばした幸次郎も、劣勢に冷静さを失ったのだろう。

幸次郎は結局、三百票差で敗れ、神戸新聞もまた「政友会の機関紙だ」と痛烈な指弾を受けた。自信家で怖いもの知らずでもあった幸次郎には、あまりにも苦い体験だった。のちの労働争議で、組合側に立った新聞記者が警察に検挙された際、幸次郎は、

「ジャーナリズムの弾圧は文化の破壊だ」

と強硬に抗議し、記者を釈放させた。その考えのベースになったのは、紙面を恣意のままにしようとして強烈なしっぺ返しを受けたこの時の経験だったかもしれない。

大正へ

一九一一年（明治四十四）。幸次郎の周辺は、にわかに慌ただしくなった。

三月二十六日、斎藤実海相らが川崎造船所を訪れ、潜航艇の秘密工場などを視察した。さらに四月十四日には、海軍大将東郷平八郎が姿を見せた。東郷は、造船所内に隠密裏に駐在していた機関中佐らと落ち合い、軍艦の設計図を前に何事かを相談し合った。

幸次郎が、早朝の汽車で神戸を離れたのは、東郷の来社から十二日後のことであった。シベリア鉄道を経てイギリスへ赴いた幸次郎は、本社へ向けて、

「職員を急派せよ」

と打電した。

これに応じて、七月六、十二の両日、若手の技術スタッフと現場の工員計十二人が、日本を発った。表向きは「造船技術見学」の海外出張だが、十二人の肩には、社の命運がかかっていた。彼らは、幸次郎がひそかに技術提携をまとめたタービンの技術習得を目的としていたのだ。

十二人がイギリスに到着した時、幸次郎はすでにフランスからドイツへと飛び、エアポンプや日本初の船舶ディーゼル機関の製作技術導入に向けての交渉を実らせていた。

こうして先端技術を一気に取得した背景にあったものは、川崎造船所が海軍と交わした一枚の

契約書の重みである。それは、東郷の来社直後に調印されたもので、かつてない超弩級《どきゅう》巡洋戦艦「榛名《はるな》」(二七、五〇〇トン)の建造契約であった。

世界的な軍備拡張の流れを受け、海軍は超弩級の巡洋戦艦四隻の建造を目ざし、うち二隻を川崎造船所と三菱に発注した。かつてない巨大軍艦の建造であり、巨艦時代の幕開けだった。幸次郎は、万難を排してこの機を逃すまいと奔走したのである。

帰国後も幸次郎は、社長室でゆったりと構える暇はなかった。「榛名」起工への準備の傍ら、神戸商業会議所(現商工会議所)の会頭職をこなし、四年前に社長に就いた九州電気軌道(西鉄の前身の一つ)の営業内容に目を光らせた。さらに社長に就任したばかりの神戸瓦斯《ガス》(大阪ガスの前身の一つ)では、製造設備の拡充と顧客増大への策を練らなければならなかった。

十月、激務の間を縫って幸次郎は、市況調査のため中国大陸へ渡った。おりからこの大国は、清朝の軍隊と革命軍が攻防を繰り返す辛亥《しんがい》革命の真っただ中にあった。そんなある日、幸次郎からの極秘電報が本社に届いた。

「革命軍に武器を売却せよ」

それが、単なる商売なのか革命軍側への支援なのかわからない。本社は突然の指令に戸惑いながら武器調達を秘密裏に進めようとしたが間に合わず、実現はしなかった。幸次郎の真意はともかくも、武器売却先に革命軍側を選んだことは、戦火のなかにあって幸次郎が、秦の始皇帝以来の王朝支配が今、終焉を迎えつつあることを鋭くかぎ取っていた証拠だろう。やがて幸次郎は、中国革命の父・孫文と数奇な関わりを持つのだが、もちろんこの時の幸次郎にわかるはずがない。

さらに、遙か海の彼方、人口二百万人を突破した大都市・パリでは、印象派の画家たちが成熟の季節を迎え、前年に創刊されたばかりの雑誌『白樺』がセザンヌ、ゴッホ、ゴーギャンらを日本に紹介し始めていた。数年後、「絵オンチ」を自称する幸次郎がこうした画家たちの名作を収集することも、もちろんだれも想像すらできなかった。

二年前に末子の為子が生まれ、十三歳の長男を頭に六人の子供を持った幸次郎は、この年四十五歳になった。幾度か辛酸をなめながらも、神戸経済界に君臨する巨頭という立場に揺るぎはなかった。時代は、明治から大正へ。神戸は、幸次郎が、そして盟友金子直吉が、果敢な生きざまを繰り広げる波濤《はとう》の季節を迎える。

本稿は昭和64年1月1日から平成元年8月26日まで神戸新聞朝刊に連載、単行本化にあたって補筆したもので、登場人物の肩書・年齢などは新聞掲載時のままです。敬称はすべて省略しました。

モネと松方幸次郎

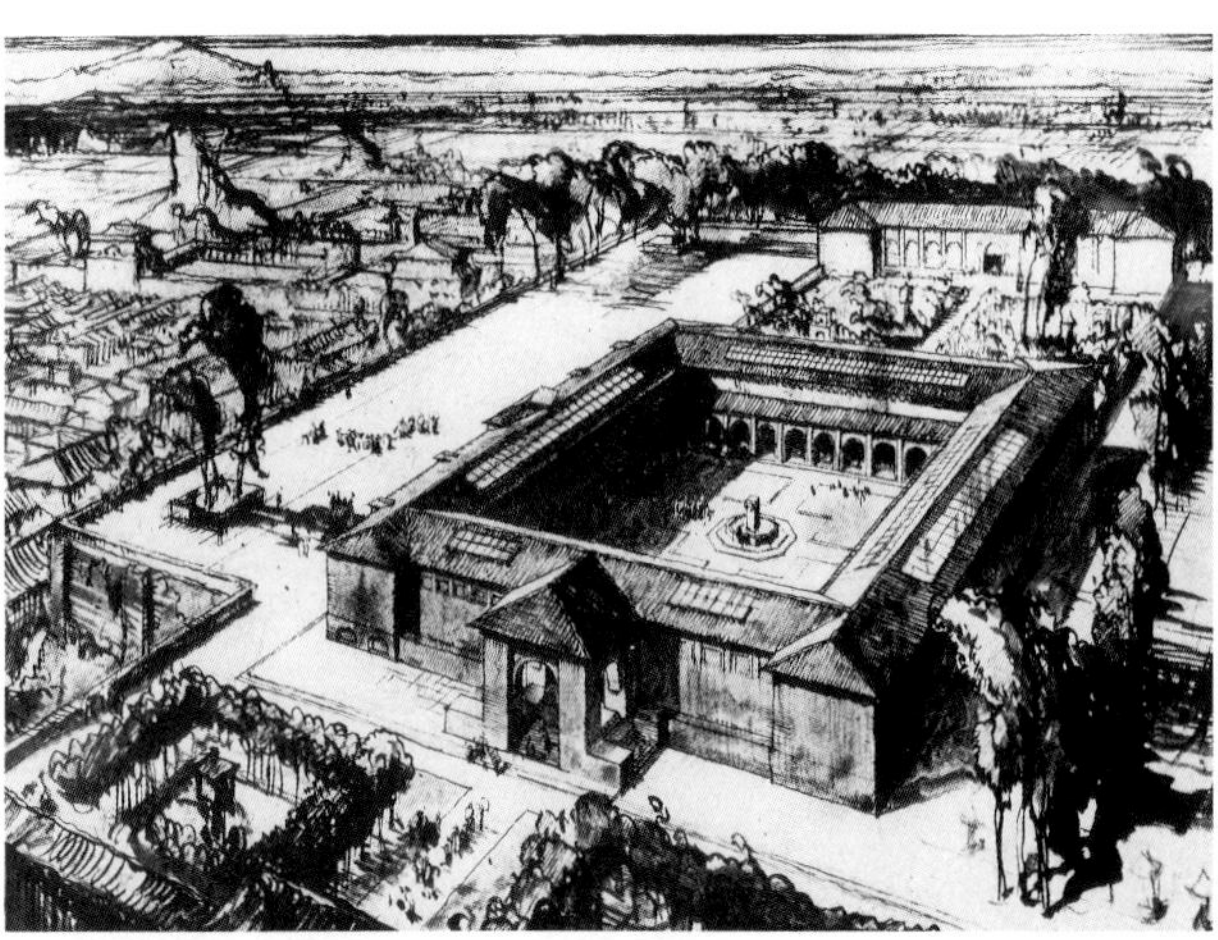

幸次郎が夢見た「共楽美術館」の完成予想図

松方幸次郎一家。前列右から長男正彦、幸次郎、二女為子、
好子。後列右から三男幸輔、二男義彦、四男勝彦

婚約中の幸次郎の長女花子と松本重治

渡航先の街角のレストランで
社員たちと食事をとる幸次郎
(右から 2 人目)

大正８年９月25日、組合の代表委員と話し合う幸次郎(手前)

大正15年４月22日、松葉杖姿で神戸駅から国際労働会議に出発する幸次郎

経営危機下、悄然と造船所を見渡す幸次郎

昭和７年８月27日、
ソ連油輸入に向けて
神戸駅からモスクワ
へ発つ幸次郎

孫たちに囲まれる
晩年の幸次郎
(松本洋さん提供)

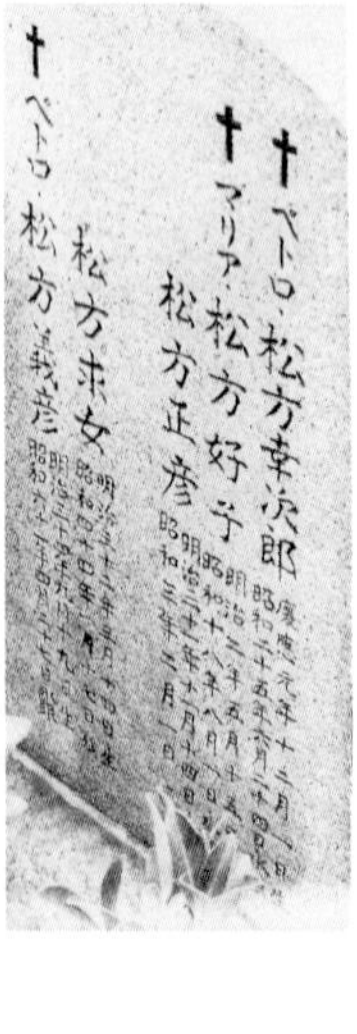

東京・青山霊園にある幸次郎の墓碑

火輪の海——松方幸次郎とその時代［下］■目次

波濤編 …… 7

苦闘編

題字　松本重治氏

●上巻のあらすじ

神戸・川崎造船所（現川崎重工業）の初代社長として三十二年間君臨し、膨大な名画や彫刻「松方コレクション」を残した松方幸次郎。この物語は、波乱に富んだその人生と時代を描きながらコレクションの謎を探るものである。

幸次郎は一八六五年（慶応元）、後の明治の元勲・松方正義の三男として鹿児島に生まれた。正義は最下級武士で極貧の青年時代を送ったが、不断の努力を重ねて昇進。維新後は大蔵官僚から首相へと栄達を遂げた。

勇武を尊ぶ薩摩の風土でもまれた幸次郎は、九歳の時に父を追って上京する。しかし、大学予備門（旧制一高の前身）では前代未聞の学園紛争の先頭に立ち、退学処分となった。

一念発起してアメリカへ旅立った幸次郎は、ラトガーズ、エール両大学に学び、民法の博士号を取得。明治二十三年に帰国後、川崎造船所の創業者・川崎正蔵に見込まれ、株式会社となっての初代社長に就任した。明治二十九年、三十歳のことである。

真新しい開港場・神戸には、各地から異能の男たちが参集していた。鈴木商店の金子直吉、鐘紡の武藤山治、兼松江商の基礎を築いた兼松房治郎……。幸次郎はこうした男たちと交わりながら、次々と積極的な戦略に打って出た。巨費を投じた乾ドックの完成をみると海軍艦艇の建造受注に奔走。国産潜水艇の建造に着手するかと思えば、鉄道車両にも手を伸ばし、多角化を推進した。

異人館街の豪邸から愛用の二頭立て馬車で通勤する姿は、神戸のシンボル的存在でもあった。軍備拡充の時流にも乗って、幸次郎のワンマンぶりは冴え、造船所は破竹の勢いを見せる。

「火輪船（蒸気船）」造りに身を投じて十六年。明治から大正へと時代は移り、幸次郎の人生は波濤渦巻く激動の時を迎える。

波濤編

提灯行列事件

「音楽はいかん。だめだ、だめだ。禁止条件に違反しとるではないか」

神戸署の巡査が突然居丈高に叫んだのは、行列が兵庫県知事の官舎前に差しかかった時だった。

「楽隊はとくに許されたはずだ。確認してもらいたい」

行列の責任者は、警察幹部にクレームをつけた。

警察側は、慌てて確認の電話を入れたが、返答に変わりはなかった。

「そのようなことは断じてない。音楽はいかん」

行列の中から激高した声が飛び、列が一気に乱れた。

「日本には、楽隊禁止の法律でもあるのか」

「楽隊がだめなら中止だ、中止だ」

だれかが、手にした提灯《ちょうちん》を地面に投げつけた。旗も叩きつけられ、引き裂かれた。不穏な空気のなかで、警官隊はひたすら行列を押し留めようとした。

一九一二年（明治四十五、大正元）の神戸は、中国での辛亥《しんがい》革命の波が寄せるなかで始まった。清帝が退位し、二千年を超す皇帝の専制政治に幕が下ろされたのは、この年の二月十二日である。その報は、国外に住む華僑らに衝撃的な事件として伝わり、新しい共和政治下での母国のスタートに狂喜した。とりわけ、華僑の多い神戸での反応は素早く、「清帝退位」の電報を受けた直後に「二月十八日の旧暦元旦に提灯行列を」と祝賀行事が決まった。行列はその後、二十四日に延期されたが、警察側の出した条件は実に厳しかった。

参加は小人数に限り、酒はだめ。日本人や子供の参加は認めない。提灯の柄は三尺以内で楽隊抜き。万歳の呼唱も場所を限定し、行列中は大声を出すな――。

不満を抱きながらも華僑側は決行した。出発直前になって「楽隊だけは認められた」との知らせがあり、一同は花火を合図に行列をスタートさせた。ところが、中華会館を出て間もなく、警備の警官からストップがかかったのだ。楽隊の是非をめぐってどこかで情報が錯綜《さくそう》したらしかったが、華僑側の腹の虫は納まらない。後々にまで「提灯行列事件」といわれるこの騒ぎは、容易なことでは決着しそうにない様相となった。

翌二十五日、中華会館には兵庫県下在住の華僑の半数に上る約一千人が集まって協議会が開かれた。会場には、語気鋭く警察の対応を責める声や日本製品のボイコットを主張する声が満ちた。「国辱記念日だ」と指摘する者もいた。

やがて、協議会が終わろうとするころ、三人の男が車を飛ばして会場に駆けつけた。神戸商業会議所（現商工会議所）会頭の松方幸次郎と前会頭の滝川弁三らである。幸次郎は息を静めると、殺気だった会場の視線を一身に受けて登壇した。

行列再挙行

幸次郎は、いつになく沈痛な口振りで語り始めた。

「諸君の催された祝賀行列が不幸にして中止となったのは、遺憾に堪えない。しかし、これは根の深い問題ではなく、双方が意思の疎通を欠いたからにほかならないのです」

参会者は、幸次郎の話にじっと耳を傾けた。おそらく、警察と華僑との間に立ってトラブルを収められるのは、両方に顔の利く幸次郎ら神戸財界人以外にはない。そんな思いもあったのだろう。幸次郎は満員の場内へ静かに語り続けた。

「あの日露戦争時、諸君はわれわれの祝賀行列に参加された。私はその好意を忘れず、今回の中華民国成立の祝賀行列にも誠意を尽くしたい」

「当局に何らかの要求がおありなら、私どもへ一任願いたい。及ばずながら諸君らが満足されるよう交渉いたしましょう」

会場を辞すると、幸次郎は同行の滝川弁三と善後策を協議した。二人には、今回の一件は偶発的なトラブルとして片づけられないものに思えた。もし、この騒ぎが日本製品のボイコットにまで発展すれば、貿易港・神戸のダメージは計り知れない。いや、中国との取引が多いこの造船王とマッチ王個人にとっても深刻な影響を及ぼすことになるだろう。そもそも警察側が提灯行列に神経を尖《とが》らせたのは、日本政府が中国での革命にどう対応すべきかを決めかねていたからである。しかし、それとこれとは別だ。二人はその足で兵庫県庁を訪れると、じゅんじゅんと説いた。華僑側も再び協議会を開き、行列の再挙行を賛成多数で決めた。その結果、「万歳をする場所はイギリス、アメリカなどの各国領事館前」との条件はついたものの懸案の楽隊も認められ、ようやく決着した。

曲折を経た提灯行列は一九一二年（明治四十五）三月三日、雨の降る中で行なわれた。参加者は三千人近かった。道はぬかるみ、提灯はまたたく間に雨で破れた。しかし「中華民国万歳」と書かれた大灯籠を先頭に下山手通から旧居留地へと進む行列は、最後まで乱れなかった。メリケン波止場では仕掛花火が雨中に鮮やかに咲き、華僑の商業会議所前では爆竹が激しく鳴った。

幸次郎は、つつがなく挙行される行列の様子に胸をなでおろした。港湾都市から国際港湾都市へと脱皮を重ねる神戸。そこに生きる幸次郎らにとって、国際情勢の荒波から逃げられないのは宿命である。規模は小さいとはいえ、今回の提灯行列中止事件は、そうした現実を改めて知らせる出来事だった。

ともかくも、事件は何とか収束した。「次は……」。幸次郎は、机上に広げられた巨大な鉄柱の林立する一枚の設計図をにらんだ。

日本一のガントリー構想

社長室を退出してきた技師の正田茂と宮島可二郎は、すっかり拍子抜けしてしまっていた。本来なら歓声を上げてもおかしくないのだが、予想もしない成り行きに、目の焦点も定まらない表情になっていた。

正田と宮島はこの日の朝、覚悟を決めて幸次郎を待ち構えていた。幸次郎が出社すると同時に、いきなり社長室に飛び込んでいったのだ。

「どうかしたのか」

と、幸次郎がのんびり葉巻をくゆらせながら尋ねると、二人は直立不動のまま、

「ぜひ第四船台にガントリークレーンをつけていただきたいのです」

と答えた。

正田らは社長の雷が落ちるに違いないと、じっと身を竦《すく》めていた。建設となれば、乾ドックも足元に及ばぬ莫大な資金を要する。日露戦争後の不況を辛うじて脱した会社の屋台骨を再び揺るがしかねないのだ。

ところが幸次郎は、煙をフッと吐き出すと、

「いいだろう。よし、準備にかかれ」

と、何の問い返しもせずに建設着手を命じたのだ。二人が啞然としたのも無理はなかった。
正田らが幸次郎への直訴に及ぶに至った発端は、一九一二年（明治四十五）一月にさかのぼる。海軍は、川崎造船所に発注した「榛名」など超弩級《どきゅう》巡洋戦艦三隻を国内で建造していたが、同じタイプの戦艦「金剛」はイギリス・ビッカーズ社に発注していた。「榛名」は日本側にとって、初の二百メートルを超す巨艦だった。この年一月、正田、宮島ら五人の技師はビッカーズ社に海軍技術官の資格で派遣された。

正田らは、産業革命の粋を集めた近代的な造船施設に度肝を抜かれっ放しだったが、中でも船台にドッカリと跨《またが》るガントリークレーンの威力には目眩《めまい》を覚えるほどの衝撃を受けた。何十トンもの鋼板や機材を軽々と持ち上げ、取り付け位置にピタリと降ろす。その魔法の手が船台の上をいくつも動き回っているのである。

「川崎に今一番必要なのはガントリーだ」

正田と宮島は固く意を決して神戸に帰ってきたのだが、幸次郎もまた欧米の造船所視察でガントリークレーンの必要性をひしひしと感じていた。正田らの唐突な願いに間髪を入れずゴーサインを出したのも、幸次郎にとっては緻密な計算に基づいてのことであったのだ。

そこへ三菱長崎造船所もガントリーを建設するとの一報が伝わってきた。幸次郎はドングリ眼《まなこ》を見開いて怒鳴った。

「何？　三菱もつくる？　よーし、諸君、つくるんならわが方が日本一のをつくれ。いいな」

奇妙な起工式

何とも奇妙な起工式であった。

一九一二年（明治四十五）三月十六日、川崎造船所の第四船台には紅白の幔幕《まんまく》が張られ、頭上には万国旗がはためいていた。貴賓席には、第一艦隊司令長官出羽重遠や兵庫県知事服部一三らが居並び、奏楽のなか、建艦監督官が幸次郎から鉄槌《てっつい》を受け取ると、第一リベットを勢いよく打ち込んだ。世界最新鋭となる排水量二万七千五百トンの巡洋戦艦「榛名」の起工式は盛大を極めた。

だが、招かれた者たちが揃って首をひねったのは、「榛名」の部品となるべき材料がどこにも見当たらず、L字型やH字型の鋼材だけが船台の周りに積み上げられていたことだ。

実のところ、この日の起工式は形だけに過ぎなかった。幸次郎の鶴の一声でガントリークレーンの導入が突然決まったため、取り付けが完了するまで第四船台が使いものにならなくなってしまったのだ。とはいえ、受注時に海軍と契約した起工の日取りは、何があってもずらすわけにはいかない。

「おいに任せておけ」

幸次郎の頭に閃《ひらめ》いたアイデアは「対外的にセレモニーだけやってしまえ」という苦肉の策であった。異例の起工式をもっともらしくやってのけるあたりは、幸次郎らしい知恵だ。

据え付けられるガントリーはドイツのデマーク社製。組み立てれば長さ三百三メートル、幅四十メートル、高さ五十メートルの巨大な鋼鉄の櫓《やぐら》になる。三菱長崎造船所がイギリスに発注したガントリーよりひと回り大きく、まさしく日本最大であった。

　完成の期日はこの年の八月末と定められた。わずか半年足らずだが、「榛名」の建造をストップさせていることを考えれば一日たりとも遅らせるわけにはいかない。ガントリーの早期構築には、幸次郎のみならず川崎造船所全体の命運がかかっていた。

　すでに起工式前から船台の両側に支柱を埋め込む掘削工事が急ピッチで進められていたが、またしても難関は軟弱な地質であった。

「これではいくら掘っても支柱はぐらぐらで、すぐに倒れてしまいます」

　早くも足踏み状態になってしまった工事に主任技師の口からは嘆きの声が出た。その悲痛な報告を聞きながら、幸次郎の脳裏には乾ドック建設時の苦い思い出がよぎった。しかも今度は時間との競争である。

「いくら金がかかってもかまわん。工期だけは死守せよ」

　だが、幸次郎の懸命の叱咤《しった》にもかかわらず、工事はズルズルと遅れるばかりであった。

時間との闘い

豆腐の上に鉄の塊を置く――に等しい工事が昼夜ぶっ通しで続いた。掘っても掘っても砂と泥ばかりの軟弱な地盤の上に巨大なガントリークレーンを据え付けるには、支柱の固定こそが成否の鍵を握る。幸次郎の命令一下、川崎造船所は日本一のガントリーを発注したが、支柱が沈下してクレーンが傾きでもしたら、それこそ世間に大恥をさらすことになる。

幸次郎にガントリーの導入を進言した技師の正田茂や宮島可二郎らは、基礎工法をめぐって連日連夜激論を戦わせたが、妙案は浮かんでこなかった。最終的に残ったのは、コンクリートで支柱の先端まで固めてしまう工法だが、これだと経費がどこまで跳ね上がるか予測もつかない。正田も宮島も資本金一千万円の会社の力量を考えると、「これでやろう」とは言い出せなかった。とはいえ、期限はどんどん迫る。幸次郎はためらう正田らの尻《しり》を叩くように号令をかけた。

「船台の周りを全部コンクリートの岩盤にしてしまえ」

社長の決断によって、支柱用の穴にコンクリートが滝のように流し込まれた。だが、正田らが心配したように穴はなかなかいっぱいにならない。やっと口まで埋まった時にはコンクリートの投入量は一千トンにも達していた。しかも、支柱は三十六本も立てなければならないのだ。正田らは途方に暮れた。だが、幸次郎はひるむどころか、

「どんどん続けろ。コンクリートを惜しむな」
と、ハッパをかけ回った。

大地が灰色の泥水をのみ込むように、各支柱に一千トンのコンクリートが次々と注入されていく。基礎工事が終わるころには、幸次郎の言葉通り三万六千トンのコンクリート岩盤が誕生していた。

だが、幸次郎や正田の表情は日に日に険しくなっていった。ガントリーの重量にもびくともしない盤石の基礎はつくり上げたものの、時間との競争には完敗してしまったのだ。期限と定めた一九一二年（大正元）八月があと数日で終わろうというのに、まだ鉄骨の構築作業にも入っていない。

工期の遅れが何を意味するのか、正田ら技術陣は想像するだけで身震いする思いであった。ガントリーが完成しなければ、「榛名」の建造も後ろへ大きくずれ込み、海軍への引き渡しが契約の期日に間に合わなくなる。川崎の信用が地に墜《お》ちるのだ。幸次郎にしても進水式まで海軍の目を欺くことはできない。だれもが目を血走らせていた。

苦い体験

地上五十メートル。巨大なガントリークレーンの頂上部は、死と隣り合わせの過酷な現場でもあった。突風に煽《あお》られ、転落死する作業員もいた。その切り裂くような悲鳴が起きると、地上の作業員

ガントリークレーン

は目を覆い、はるかなガントリーの高みをこわごわと見上げた。

川崎造船所のガントリーの据え付け工事は、すでに期限を過ぎ、「榛名」の建造工期を食い潰しながら進められていた。一刻も早い完成が幸次郎の至上命令であったが、一分一秒を争う突貫工事に男たちの疲労は極限に達していた。気が焦れば焦るほどリベットの打ち込みもうまくいかず、ハンマーを振り上げるたびに、体がふらついた。体のバランスを崩して転落死する作業員が続出した。

四人目の犠牲者が出ると、主任技師が相生橋署に呼びつけられ、「いったいどんな工事をしているのか」と、詰問された。新聞からも「危険工事の犠牲　またまた一名の惨死」と、痛烈にたたかれた。幸次郎は、工期の遅れに加えての相次ぐ労災事故というダブルパンチを受け、四面楚歌の心情になった。

「安全を無視してまで働かすわけにはいかん。工期の遅れは気にせず作業に当たってくれ」

苦慮した末、やむなく工事のスローダウンを指示したものの、これで「榛名」着工はさらに遠退く、と幸次郎も主任技師も観念した。

だが、蓋を開けてみると事態はまったく逆であった。休養をとった男たちは、見違えるようにきびきびと働き、日を追うごとにガントリーの威容が神戸港に姿を現し始めた。しかも、あれほど相次いだ事故もぷっつりと途絶えたのだ。労働時間を短縮することが、かえって作業の能率をアップさせる——この事実を幸次郎は痛いほど思い知らされた。ガントリー建設の苦い経験が、のちに幸次郎が断行する日本初の八時間労働制の伏線になったのかもしれない。

半世紀にわたって神戸港のシンボルとなったガントリークレーンは、当初の期限より三カ月遅れただけで、一九一二年（大正元）十一月二十二日に完成した。すべての試運転にパスし、技師らは初の戦艦着工に向けて精気をみなぎらせた。

しかし、ガントリー建設から「榛名」の建造へと造船所がフル回転していたこの時期、幸次郎はただ社長職に専念していたわけではない。彼には、やらねばならないことがあまりにも多すぎた。

代議士へ

湊川神社前の大黒座は、千人を超す入場者で埋まっていた。顔触れは多士済々である。兵庫津を代表する豪商で神戸市会の初代議長神田兵右衛門、薩摩出身の鉄道経営者村野山人、マッチ工業を育て上げた滝川弁三、初代神戸市長で財界の世話役鳴滝幸恭、マッチ輸出に多大な功績を挙げた直木政之介、羊毛工業に腕を振るった川西清兵衛、そして幸次郎。県、市会議員も席の一角を占めた。それは、松方陣営の出陣式ともいえる市民会の発会式であった。

一九一二年（明治四十五）五月五日。第二次西園寺内閣下での任期満了に伴う総選挙が、十日後に迫っていた。神戸の経済界は、再び候補者に幸次郎を推薦しようとしたのである。

滝川が登壇し、推薦の辞を述べた。

「神戸は実業を本位とし、通商貿易が生命であります。相当の学識を持つ人物でなければこの神戸を代表できないでありましょう。ご来会諸君、私は松方幸次郎氏を最適任者と認めますが、いかがでありましょうか」

満場の拍手を受け、幸次郎が壇上に進んだ。

「不肖松方を推薦していただき厚謝する次第であります」

幸次郎の脳裏を、二年前の惜敗時の苦い記憶がよぎった。

「一昨年、先輩、知人の支援を受けながら面目を失墜させたのは、今なお慙愧《ざんき》に堪えません。私の不徳を責めることなく再び推薦していただき、衷心より深く光栄と思う次第です。当選の栄に浴するならば、帝国の財政と経済に貢献したい。それが不肖松方の宿望であります」

わずか十日間の選挙期間だったが、神戸経済界のバックアップを受けて、幸次郎は終始優勢を保った。ところが、選挙戦の最中に、意外なクレームがついた。

「政府事業の請負が多い川崎造船所の社長が議員になる資格があるのか」

というのだ。選挙母体の市民会は、動揺した。幸次郎は、あっさりと意を決した。

「社長を辞めたらいい」

投票の四日前、幸次郎の肩書は社長から顧問に変わった。風当たりをかわすこうした戦術も効果があったのだろう。開票の結果、幸次郎は得票率が六割を超す圧倒的な支持を受けてトップ当選を果たしたのだった。

もちろん、社長辞任は一時の方便である。当選の約四十日後、川崎造船所の臨時株主総会が開かれ、「顧問」の幸次郎は「社長」に戻った。仕事が面白くて仕方のない幸次郎が、いくら国会議員になりたくても社長職をなげうつはずがない。今なお、この幻のような「川崎造船所顧問」の肩書が生き残るのは、国会関係の文献だけである。

選挙に勝った余勢でもないだろうが、当選の一週間後、幸次郎は神戸市民の耳目を集めるイベントを打った。ほとんどの人が絵本でしか知らない飛行機を神戸の空に飛ばしてみせようというのだ。

大飛行大会の開催

一九一二年（明治四十五）六月二十二日。夜来の雨は、午前八時ごろにあがった。そのころから、神戸・須磨海岸は人で埋まり始めた。最寄りの駅には臨時電車が二分間隔で着き、乗客は綱敷天満宮前の浜へ小走りで急いだ。水上飛行機の大飛行大会は、市中の話題を十分に集めていた。海岸はまたたく間に立錐の余地もないほどになった。

主催は神戸新聞社だった。いや、社長幸次郎の主催という方が正確かもしれない。幸次郎以外にこんなイベントを面白がって実行できる者はいない。新聞は「そもそも飛行機なるものは……」と、その構造や特徴を解説し、浜辺には来賓用のビアホールが特設された。日本ではまだ、満足に乗りこなせる操縦士さえいない時代。飛行大会は、いかにも幸次郎好みの「破天荒な快挙」だった。

アメリカ人操縦士アトウォーターは、三十歳の怖いもの知らずだった。その前月、横浜で行なった飛行では高度四百メートルから墜落する事故を起こしていたが、まったく気にもしていないようだった。たっぷりと海上滑走テストを行なったあと、昼食をとり、第一回の飛行をした。滞空時間は五分五十秒。二回目からは、くわえ煙草で笑みを浮かべながら舞い上がった。その都度、楽隊が勇壮なマーチを奏で、沖合の船が一斉に汽笛を鳴らした。約十万人に膨らんだ大観衆は、幻影のように空を翔《かけ》る光景に思わず「万歳」を叫んだ。

翌二十三日。好天に恵まれたこともあって観衆はさらに増え、警察側は人出を「三十万人」と発表した。観覧船は千隻をはるかに超えた。

アトウォーターは、上機嫌だった。満面に笑みを湛え、観衆に手を振った。十四分間に及んだ最後の飛行では、海岸に向かって低空飛行を試み、操縦席から盛んに手を振るサービスまで付け加えた。

人々はただ、その壮観に歓声を上げ続けたが、くわえ煙草のアトウォーターの姿に少なからず衝撃を受けた者もいた。海軍の中島少将は、こう慨嘆したものだった。

「今なお日本には、十分な技術を持つ技師も飛行家もいない。日本の前途は遼遠《りょうえん》である」

日本ではこの年、陸軍がようやく各師団から飛行将校を募り始めたばかりであり、空は未知の世界だった。中島の嘆きも無理はないが、肝心の幸次郎にしても飛行機にどれほどの現実味を覚えていたかは疑問だ。幸次郎が、その重要性に気づいて製作を命じるのは、この七年後である。日本の航空機業界はまだ、暗闇の中にいた。

正蔵逝く

神戸・布引山麓の自邸で、川崎正蔵はしきりに体を起こそうとした。家人はそれを止めようとしたが、正蔵はきかなかった。這《は》うようにして窓際へたどりつくと、正蔵は目を細めた。南へ約四キロ。冬霞の奥に川崎造船所の巨大なガントリークレーンが望まれた。それは、神戸港の関所のように港にせり出し、入り組んだ湾内を圧していた。あの鋼鉄の櫓《やぐら》の中では、男たちが「榛名」の建造に汗を流しているのだ——と思うと、正蔵は不覚にもはらはらと涙を落とした。その肩が小刻みに震えているのを知ると、家人らもまた、袖を目頭にあてるのだった。

一九一二年(大正元)も師走にかかろうとしていた。持病の糖尿病から腎臓病を併発し、病床に伏していた正蔵は、家人に神戸港を見渡せる部屋へ移すようせがんだ。正蔵は死期の近いことを

川崎正蔵

悟っていた。もう思い残すことはなかった。東京・築地の海岸に四百坪余りの小さな造船所を開いてから三十四年になる。建造第一号は、わずか八十トンの西洋型帆船だった。それが今、巨大なガントリーの中で二万七千五百トンの巨艦が生まれようとしている。感無量だった。「船に狂った」と冷やかされた遠い日々が、冬霞のなかに消え去ったようにも思えた。

自らは顧問に退き、幸次郎に後事を託したのも正解だった。彼には、突き進むエネルギーがあった。なるほど乾ドック建設の試練に遭った際、辞表を懐中にしのばせて面会に来たこともあった。しかし、それは実業界に踏み込んだばかりの若い経営者なら何度か味わう失意だろう。事実、彼は至難のドック建設を成し遂げ、造船所経営を軌道に乗せたではないか。株式会社になった明治二十九年、川崎造船所の従業員は千八百九人だった。それが何度かの浮沈を経ながらも一万人を優に超す規模になったではないか。

正蔵は、目を閉じて来し方を振り返るのだった。万感の思いを胸に窓辺に立つその後ろ姿を家人らは無言で見つめ続けた。

十二月一日、正蔵は三九度七分の熱を出した。家人らは枕元で病状を見守ったが、翌二日、危篤に陥った。そして三日午前四時、「もう三年生きて榛名の竣成が見たい」とつぶやきながら静かに息を引きとった。七十五年と五カ月。船造りにかけた人生だった。

葬儀は、八日午後一時からと決まった。春日野葬場は、周辺の田畑を整備して広い式場を設けた。神戸はもとより、大阪、姫路などの葬儀業者には造花や花輪の注文が殺到し、価格は急騰、品切れになった。そして当日。悲しみに満ちたような雲が垂れ込めるなか、神戸開港以来空前の盛葬が始まった。

空前の葬儀

錫杖《しゃくじょう》を手にする男二人が、先払い役として川崎邸を出たのは、午後一時だった。時間にうるさかった正蔵の葬儀にふさわしく、会葬者の列は予定の時刻ちょうどに動き始めた。

政財界の主だった会葬者のあとに花輪や放鳥が続き、高張り提灯が曇天下に揺れた。僧侶の一団に導かれるように、正蔵の眠る白木の寝棺が白衣の男十六人の肩に担がれてゆっくりと進んだ。その後ろを喪主の芳太郎や未亡人のすみ子らが歩んだ。先頭が熊内《くもち》橋を経て春日野葬場に着いた一時間半後、二万人を超す一般会葬者の最後尾がやっと到着した。

香煙の満ちる棺《ひつぎ》の前に、大導師天竜寺管長高木竜淵以下百五十人余りの僧の読経が流れた。

参列者を代表して、霊前に進んだ幸次郎が、張りのある声で弔詞を読み上げた。

「翁は剛毅俊敏、つとに志を立て（中略）険難を冒《おか》してついに今日の大を成す。ただに帝国実業界の耆宿《きしゆく》たるのみならず、実に帝国造船界の恩人なり」

幸次郎は、社長就任以来の十六年間の思い出を一言一句に込めた。この間、顧問の正蔵は幸次郎の営業戦略にまったく口を挟まなかった。その一事をもってしても正蔵の包容力の大きさは十分にわかるのだ、と。幸次郎は、胸が熱くなるのを覚えながら、言葉を継いだ。

「奮励努力を誓い、大戦艦の成功と造船所及びその事業の発展を図り、翁が君国に対する忠誠の万一を致さん事を期す」

葬儀は午後三時に終わった。沿道で葬送した人も含めると、いったい何万人が最後の別れを交わしたのかわからない。警察は、あまりの人出に驚き、消防関係者にも出動を求めて事故に備えた。それは、だれも見たこともない盛大な葬儀だった。

正蔵の死は、維新の動乱期を体験した経済界第一世代の終焉を象徴するものでもあった。幸次郎とすれば、胸にポッカリと穴があいたような思いだったろうが、冷静に見れば、幸次郎の人生を左右する大きなターニングポイントでもあった。

甲南大学の三島康雄教授は、正蔵の死を契機に川崎造船所での幸次郎の持ち株比率が上昇し始めた点を指摘する。また、京都産業大学の柴孝夫助教授も、

「正蔵の死は松方への牽制《けんせい》力が消えてしまったことを意味していた」

と分析する。

正蔵の死は、幸次郎がさらに奔放に思うがままに積極経営を展開し、栄華と破局を味わうドラ

マの序章でもあったのだ。

軍拡めぐる政争に

神戸・諏訪山派出所の巡査が不審な男に気づいたのは、二月六日の午後十時ごろだった。男は、代議士小寺謙吉邸（現相楽園）の塀沿いに歩いて行くと、正門前で立ち止まり、手にしていたものを門にぶつけ始めた。尾行していた巡査は慌てて男を取り押さえた。明かりの下で男の投げたものを確かめてみると、それは墨汁をたっぷりと入れた三十七個の卵の殻だった。

一九一二年（大正二）は、激しい政争に明け暮れた。その発端は、前年に陸軍が出した朝鮮半島への二個師団増設案である。日露戦争下で設けられた特別税は、戦後も軍備拡張の名の下で存続し、民衆の不満は強かった。そこへかなりの財源を要する二個師団増設案である。植民地化した半島の治安維持などが目的だったが、陸軍の策動は大きな反発を招いた。幸次郎の率いる神戸商業会議所はもとより、全国の会議所が反対運動を展開した。

この問題の処置をめぐって西園寺内閣が退陣し、第三次桂内閣が誕生した。尾崎行雄の政友会と犬養毅をリーダーとする国民党は、これを機に「閥族打破、憲政擁護」の護憲運動を繰り広げた。政党を基本にした政治改革、後にいう大正政変である。桂は政友会と国民党の弱体化を狙って立憲同志会を設立した。政友会は党内引き締めで離脱者を食い止めたが、国民党からはかなりの議員が桂新党に流れた。その一人が、神戸の小寺謙吉である。国民党員らは「憲政擁護に反する変節」として小寺の動きを受けとめた。墨汁入りの卵投げつけ事件は、その皮切りだった。
広大な小寺邸の土塀や門には墨が何度も塗りつけられ、十三日夜には約五千人の群衆が、同様に桂新党に入った横田孝史邸と小寺邸を襲った。小寺邸では表門が破壊され庭内の木が引き抜かれた。さらに十四日夜にも群衆が気勢を上げたため警官と軍隊が出動し、約二百五十人が検挙された。

この間幸次郎がどうしていたのか、明らかではない。総選挙に当選後、幸次郎は圧倒的多数を占める政友会にも属さず、無所属議員だった。このグループはやがて「同志会」「亦楽会」と改称し、この年の暮れ、政友会から分かれた「政友倶楽部」と合併して「中正会」となった。メンバーの中には、政友会の前リーダーで脱党した「護憲の神さま」、尾崎行雄もいた。しかし、幸次郎がなぜ、議会内ではさして発言力もない小会派にばかり席を置いたのかはわからない。大樹に寄り添うことを嫌う性分が反映していたのかもしれない。

さて、小寺邸をめぐって群衆と警官隊との間に不穏な空気が流れていた最中の二月十四日、神戸の南京町だけはまったく異なったムードだった。各店の前には中華民国旗が掲げられ、笑みを湛えた華僑たちが挨拶を交わしあっていた。

孫文神戸に

神戸駅のプラットホームには、川崎造船所副社長川崎芳太郎らがフロックコートにシルクハットの礼装で立っていた。憲政擁護運動の盛り上がりの中で第三次桂内閣が倒れたのが、三日前のことだ。幸次郎は、激動する帝国議会から目を離せず、上京していたのだろう。芳太郎が川崎造船所を代表して駅頭に立っていた。

午前九時前、その神戸駅に鉄道院の仕立てた貴賓車が到着した。最後尾の展望車から端正な顔立ちの男が姿を見せた。芳太郎らはその男と固い握手を交わした。それから、男は神戸の街並みに目を移した。懐かしそうなまなざしである。停車は、わずか九分間だった。男は、芳太郎らと展望車で記念写真に納まると、再び動き出した車中の人になった。汽車がプラットホームを外れると、男は身を乗り出すようにして芳太郎らに手を振った。

「初めて日本に来たのは、二十年前だった。それから、神戸を何度も通った。最後に日本と別れたのも、ここ神戸から安芸丸に乗ってシンガポールへ向かった明治四十三年六月二十五日だった。あれから三年……」

男は、目まぐるしかったこの三年間のことを思い返していた。本当に、何と目まぐるしかったことだろう。三年前には、国賓のような厚遇で日本の地を踏めるとは夢にも思わなかった。それが今……。その男、孫文はしみじみとした感慨を覚えずにはいられなかった。

辛亥《しんがい》革命が成功し、孫文が中華民国臨時大総統に就任して中華民国の成立を宣言したのは、前年一九一二年（明治四十五）の一月一日である。孫文は二月十三日になって大総統職を袁世凱《えんせいがい》に譲り、全国鉄道督弁（国鉄総裁）に就いて鉄道事業拡大に全力を挙げていた。今回の来日は、鉄道の借款交渉とこれまで革命を支援してくれた人々と会うことが目的だった。孫文は革命に身を投じてから亡くなるまでの三十数年間のうち四分の一以上を日本で暮らした。それは、日本の明治維新を重視し、「日本はアジアの先覚者」とみて日本の支援に期待していたからだ。しかし、日本政府は一度も孫文をバックアップすることはなかった。政府は常に、時の体制側を支援して中国大陸での権益の拡大に精力を注いでいた。唯一、日本政府が孫文をもてなしたのは、中華民国が成立した直後のこの時期だけではないだろうか。

東京での政府交渉などを終えた孫文は、横浜、横須賀、名古屋、京都、大阪で旧友や華僑たちの大歓迎を受けた。そして三月十三日、孫文は思い出の神戸に戻ってきた。

革命の意義

一発の号砲を合図に阪神電車の特別車が滝道終点（神戸・三宮）に到着したのは、一九一三年（大正二）三月十三日の午前十一時だった。

数百人の華僑が中華民国旗を振り、鹿嶋市長らが麗々しく出迎えるなか、孫文は悠然と駅頭に降り立った。中国からの随員に交じって、晴れやかな笑顔の一人の日本人がいた。一貫して孫文の革命運動を支援した宮崎滔天《とうてん》である。彼にとってもまた、日本側における革命の基地の一つ神戸に、こうして胸を張って凱旋できるのは、何にも増してうれしいことだった。

駅の構外では、軍装の同文学校生徒が銃を手に敬意を示した。孫文は宿のオリエンタルホテルに入って休んだあと、中華会館での歓迎式に臨んだ。当時の在神華僑は二千五百人ぐらいだったが、そのうち千五百人が会館に詰めかけた。孫文は満面に微笑を浮かべて登壇し、革命支援への謝意を述べたあと革命の意義をわかりやすく説いた。

川崎造船所を訪れた孫文（中央）

「革命によって一商店が会社になったのです。国民は使用人ではなく株主であります。すなわち国政は、株主の求めるところに従って行なわれなければならないのです」

一節ごとに拍手が館内に満ちた。

孫文はそれから、基督教青年会館、中華民国国民党支部でも演説をし、夜には再び中華会館での歓迎式に出席した。疲れ切ったのか、この席では随員の戴天仇が代読した。

時の人、孫文の強行スケジュールは、翌日も続いた。午前中、同文学校を視察した孫文は、正午前に川崎造船所を訪問した。幸次郎はこの時も帝国議会のためか不在である。代わって副社長川崎芳太郎らが構内を案内した。孫文はとりわけ、ガントリーの下で建造中の巨艦「榛名」に関心を示し、

「その規模の大きさと顕著な進歩にただ驚嘆した」

とコメントを残した。

その後、舞子の呉錦堂別荘を訪れ、夕刻からは神戸市などの主催するレセプションに出席した。会場の兵庫の旅館常盤花壇は紅白の幔幕《まんまく》が張りめぐらされ、在神の大物実業家らで埋め尽くされた。

孫文は挨拶の一語一句に真情を込めた。

「私は、東洋いや世界の大局にかんがみ、両国が手をとり合うことを切実に望むものです。これまでの誤解を一掃し、永久的提携に向けて努力せねばなりません」

孫文は、人々に強烈な印象を残し、その夜、群衆の見送りを受けて神戸駅から広島へ向かった。孫文は名残惜しそうに展望車からプラットホームの人々に別れの挨拶をした。それが、神戸での最後の満面の笑みとなった。

一転した運命

「孫文の首に十万元の賞金がかかったらしい」

「聞くところによると、刺客が放たれたそうや」

「そういや、警察の姿が多いな」

神戸市中は、そんな噂話で持ち切りとなった。

孫文が笑顔で神戸を去って五カ月後の一九一三年（大正二）八月。再び神戸市民の口に上った孫文は、「悲劇の主人公」に急変していた。革命の同志が中華民国大総統袁世凱一派の手で暗殺されたのを機に孫文が第二革命に着手したのは、この年七月である。しかし多勢に無勢で孫文らは海外亡命の運命となった。

台湾経由で「第二の故郷」日本を目ざしたものの、頼みの日本政府は冷ややかな対応に終始した。亡命を許せば、日本が第二革命を支援したかのように受けとめられる。袁の率いる中国側とのパイプを保ち大陸での権益を守りたい日本政府にとって、孫文は「招かざる客」なのである。

孫文の乗船した「信濃丸」が到着地・神戸に近づくと、物騒な話が輪をかけて広がり、神戸新聞には、

「（孫文は）政府に謀叛《ぼうはん》して万民を塗毒す。国を禍する民賊は、わが華僑同胞得て之を誅《ちゅう》し……」

と暗殺宣言が舞い込んだ。

孫文の支持者らは、水面下で慌ただしく動いた。東京では、犬養毅が首相山本権兵衛らにかみついた。

「窮鳥が懐に入れば猟師も殺さんという。手のひらを返すようなひどい仕打ちをするとはけしからん」

とりあえず、政府は孫文の上陸を認めることにはなった。しかし、日本に放たれたという刺客から彼をどう守るのか？

神戸では、和服姿に扮した刑事らが旅館での不審な投宿客に目を光らせた。「日本語は知らないと言いながら本当は少しだけ喋《しゃべ》る中国人がいる」「宿帳には長崎へ行くと書きながら東京に向かった男がいる」……。刑事らはその都度、市内を駆けめぐった。

そして八月九日早朝、「信濃丸」が神戸港に入った。ややあって乗船客らは下船したが、孫文だけが下りてこない。船長は「孫氏は和田岬沖でランチに乗り移った」ととぼけた。午後四時になって、日本側の支援者は「今後の行動予定について絶対に秘密を守ること」の条件下で、詰めかける記者団と孫文との会見を認めた。船内に潜んでいた孫文は、

「当分神戸で静養したい。天は永久に無情とは思わない」

と、もの静かに語った。

同じころ、孫文の同志ともいえる神戸の海運業者三上豊夷《みかみとよつね》は、幸次郎らと善後策を練っていた。

何としても孫文を刺客の手から守らねばならない。幸次郎は唸《うな》った。

闇夜の救出

淡い月の光が、神戸港を青白く包んでいた。静まりかえるその港に、一隻のランチが現れたのは午後八時過ぎだった。ことさらエンジン音を絞り、忍びやかに進むランチの中で、幸次郎と三上豊夷らはじっと息を詰めていた。

どうやって孫文を刺客の手から守り、かくまうか？　幸次郎らが頭を痛めた末に決めたのは、夜陰に乗じて孫文を上陸させ、自分たちの目の届く隠れ家に送り込むことだった。しかし、幸次郎が自ら進んで孫文救出に動くことは、川崎造船所の中でも異論を招いた。株式会社になって以来、外国へ輸出した艦船は二十七隻。そのうち十七隻が清朝時代を含む中国との取引である。社長自らが、中国政府から追われる孫文をかくまうことは、今後の艦船建造受注に悪影響を及ぼしかねない。社の幹部らは、幸次郎にそう忠言した。

しかし幸次郎は、とりあわなかった。なるほど冷静に考えればそうだろう。しかし、名誉や権力を求めずひたすら救国運動に走る孫文の姿に、幸次郎は深い感動を覚えていた。彼には、その姿勢が何よりも尊く思えた。耳打ちする部下に対して、幸次郎はとうとう声を荒らげた。

「船の一隻や二隻がなんだ。今は孫文を助けるのが大義ではないか、そうだろう。半年前にあれほど歓迎しておいて手のひらを返すようなことができるか」

自らランチに乗り込んだのも、幸次郎としては一か八かである。今後の中国との契約が破談になれば、自分一人が責めを負えばいいのだ。

ランチは、沖合に停泊する「信濃丸」の陸地から見えない舷側に着いた。すぐに、事前に知らせを受けていた孫文らが、乗り移った。ランチは再びエンジン音を上げると、川崎造船所の岸壁へ向かった。そこで待機していた車に乗り込むと、一行は人影の途絶えた神戸の街並みの中へ姿を消した。幸次郎は時計を見た。午後九時だった。

翌朝、一九一三年（大正二）の八月十日、新聞各紙は孫文の着神は報じながら居所はぼかした。市中には、孫文支援者らのまいたデマが飛び交っていた。

「隠れ家は舞子の方らしい。華僑の別荘ではないか」

「いやあ、三上の家と聞いたがなあ」

「本当は山本通の松方邸やないか」

この日、兵庫県知事服部一三は、外務大臣牧野伸顕にあてて極秘の報告書を発した。服部は、幸次郎らの手で孫文を無事に上陸させ、目下、渡米を説得中だと報告。最後に、刺客を恐れる孫文は在日の中国人と会うことを嫌っていると付け加えた。果たして孫文は、神戸のどこに息を潜めていたのだろうか？

孫文上京

幸次郎の屋敷から北西へ二百メートルほど歩くと、諏訪山の麓にあたる。その一角に旅館常盤花壇の山荘があった。もしも、鋭敏な人がその付近を通りかかったら、物音ひとつしないその山荘からただならない張り詰めた空気を感じとったかもしれない。

幸次郎らの手引きで神戸に上陸した孫文が、失意の身を潜めたのは、この山荘なのである。

一階の奥六畳間には、柔剣道に覚えのある警官三人がボディーガードとして張り付き、孫文は二階に隠れた。山荘の向かいの家には、後に孫文の臨終に呼ばれたただ一人の日本人、萱野《かやの》長知《ながとも》らが詰め、刺客の襲来に備えていた。

孫文は上陸後一週間、山荘から一歩も出ずに息を潜め、知人と会うことも避けた。三上豊夷らがこの山荘を訪れたのは文献で確認できるが、おひざ元の山荘に幸次郎が足を運んだのかどうか定かではない。おそらく無用の憶測を避けるため、いつもと同じように二頭立て馬車で造船所と自邸を往復し、何事もないかのように装っていたのだろう。

しかしこの間、孫文の処遇をめぐって政府側の困惑は深かった。兵庫県知事服部一三も孫文と面談し、

「長く日本に留まるのは決して得策ではない」

と、アメリカ亡命を勧めたりしている。

そして一九一三年（大正二）八月十六日、孫文は上京する。その前夜、服部は内々の送別の宴を開いた。孫文も感無量だっただろう。わずか半年間で運命が百八十度変わったのである。そのささやかな宴の中で、服部はこんな歌を孫文に送った。

「つまれても　猶もえいづる春の野の　若菜ややがて　花ぞ咲くらん」

孫文は翌朝、山荘を出た。同行の中国人女性は、目立たないように日本髪を結い、和服を着て変装した。近くに住んでいた中家仲助《なかやなかすけ》という民間人が護衛に付いた。孫文の乗る人力車が走り始めると中家も傍らにピタリと付いて駆けた。中家の和服の懐には、万一に備えて忍ばせた短刀があった。港に着くと孫文は中家に、

「博愛」

としたためた扇子を贈った。

孫文は、午前九時に神戸港に着いた「襟裳丸《えりも》」に乗り込むと、横浜へ発った。海上から神戸の街並みを見ながら、危険を冒してわが身を助けてくれたさまざまな日本人の顔を思い浮かべたことだろう。

その一人、幸次郎がどこで、どんな思いで孫文を見送ったのかわからない。幸次郎のことだ。騒然とした造船所の中で蛮声を張り上げながら、遠ざかる船影をチラリと見ただけかもしれない。何しろ、社運をかけた巨艦建造の工期が迫っているのだ。

倒産の危機

巡洋戦艦「榛名」の建造は一九一二年（大正元）十一月二十三日、ガントリークレーンが完成すると同時に川崎造船所第四船台で始まっていた。

ガントリー建設のため、九カ月遅れの着工である。しかし、海軍との契約では、翌年末までには進水させなければならず、残された期間は、わずか一年余りしかなかった。それまでなら不眠不休の突貫工事となるところだが、二万七千五百トンもの巨艦をそんな短期間で建造するのは、どだい無理な相談である。だが、事態は一変していた。地上五十メートルのガントリーに取り付けられた七台の三十トンクレーンと七トンクレーンが、船台上を自在に移動し、わし掴《づか》みにした鋼板やパイプを軽々と据え付け位置に運ぶ。「榛名」着工にストップをかけていたガントリークレーンが、今度は目覚ましい勢いで遅れを取り戻し始めていたのだ。だれもがその威力に驚嘆した。

そんな中でただ一人、浮かぬ顔をしていたのが、会計課長である。帳簿をにらみながら頭を抱え込んだ末、思い切って、

「社長、このままでは会社は間違いなく倒産です」

と打ち明けた。

藪《やぶ》から棒の言葉に、幸次郎は一瞬、「なんだと！」と、気色ばんだ。帳簿を片手に課長がこんこ

んと説明すると、幸次郎は葉巻に火をつけるのも忘れ、天井をにらんだまま押し黙ってしまった。

確かに世界最大級のガントリーだったうえ、基礎工事にも大量の資材を投入したが、まさかこれほどまでに経費が桁外れになろうとは、幸次郎も予想していなかった。会計課長が示したガントリーの総工費は締めて一千万円。川崎造船所の資本金と同額であり、今の金額に換算すれば、ざっと二百三十億円になる。いかにガントリーをフルに稼働させても、投資分を回収できるのははるか先になる。会計課長の心配どおり、会社の資金繰りは次第に苦しくなり、銀行筋も融資に難色を示し始めた。膨大な借金を抱えたまま、会社がひっくりかえりでもすれば、「榛名」の建造はおろか一万二千五百人の従業員が路頭に迷うことになる。

幸次郎は、巨艦建造に燃える技師たちを意気消沈させることのないよう会計課長らに固く口止めし、単身、上京の途についた。金策に走り回るつもりはさらさらなかった。目ざすは銀行ではなく、「榛名」の発注主、海軍省である。神戸発の夜行特急「つばめ」の車中で幸次郎は、ひたすら打開策を練った。

海軍との談判

海軍省の接客室は異様な空気に包まれていた。ソファに体を沈めたまま岩のように動かない幸次郎に、主計官らは額に青筋を立てて罵声《ばせい》を浴びせた。

「私企業の分際で、何を血迷ったことを言うか。さっさと帰れ！」

だが、幸次郎は臆するどころか、うっすらと笑みさえ浮かべて軍人たちの興奮が治まるのを待った。ガントリークレーンの総工費一千万円の何割かを海軍で負担しろと持ち込んだのだから、相手がいきりたつのも無理はない。幸次郎は、ゆっくりと間合いを取り、下っ腹にぐいっと力を入れて話し始めた。

「私はね、川崎のために援助を要請しているのではありません。海軍、いや日本のためにお願いしておるのです。ガントリーなくしては巨艦建造はかないません」

海軍もこの点を突かれると弱かった。なるほど、川崎をこのまま見殺しにすれば「榛名」の建造はストップし、将来の建艦構想も大幅に狂ってしまう。海軍にとって川崎の倒産は大きなマイナスだ。対する幸次郎も、海軍が進めようとしている艦艇の国産化が民間造船所の協力なくしては達成できないことを暗にほのめかしながらの駆け引きである。

理詰めの説得に海軍側はついに折れ、ガントリー総工費の四分の一にあたる二百五十万円を川崎造船所に代わって負担することで交渉はまとまった。危機に直面した会社の経営は、これで息を吹き返した。

六甲おろしが吹きすさぶなか、川崎造船所だけは「榛名」建造で熱気に満ちていた。幸次郎は社長室にじっとしておれず、船台のそばにやってきては「頑張っちょるな」と、だれかれとなく労をねぎらった。だが、その幸次郎がただ一つ眉《まゆ》をしかめたのが、職工たちの旧態依然としたりベット打ちであった。

川崎造船所は一九〇六年（明治三十九）、業界に先駆けてエアポンプによる鋲《びょう》打ち機を輸入し、ハンマー打ちから機械打ちへの転換を図った。しかし、導入した鋲打ち機は日本人の体力では反動が強過ぎ、職工たちは結局、長年親しんできたハンマー打ちに戻ってしまった。とはいえ、相手が「榛名」のような巨艦になると人力では能率が上がらない。しかも、鋲打ち機も年々改良され、扱いやすくなっていた。たまりかねた幸次郎は主任技師を呼びつけ、意外な命令を下した。

「職工たちの技術力がアップしなければ、いい船はできん。親方たちに本場イギリスの造船を見せてやったらどうだ」

相次ぐ海外派遣

超弩級《ときゅう》巡洋戦艦「榛名」が船台に乗っていた約一年十カ月の間、川崎造船所が海外へ派遣した社員は六十七人に上る。中には「水雷艇回航」で東南アジアへ赴いた技術職員もいるが、大半は「建艦技術習得」などが目的である。その六十七人の中には、普段は威勢のいいねじり鉢巻き姿の職工の親方連十七人がいた。

叩き上げの彼らにとって、ヨーロッパへ出張することなどは夢にも思い描かなかったことだろうが、社長幸次郎は、

「何事も勉強だ。研究心が大切なのだ」

と、隣町へでも送り出すような口調で渡欧を命じた。

造船という当時の最先端産業に身を置いていると、日本と欧米との力量の差はいやというほどよくわかる。

なるほど、口では、

「おいは川崎を世界一流の造船所にしたい」

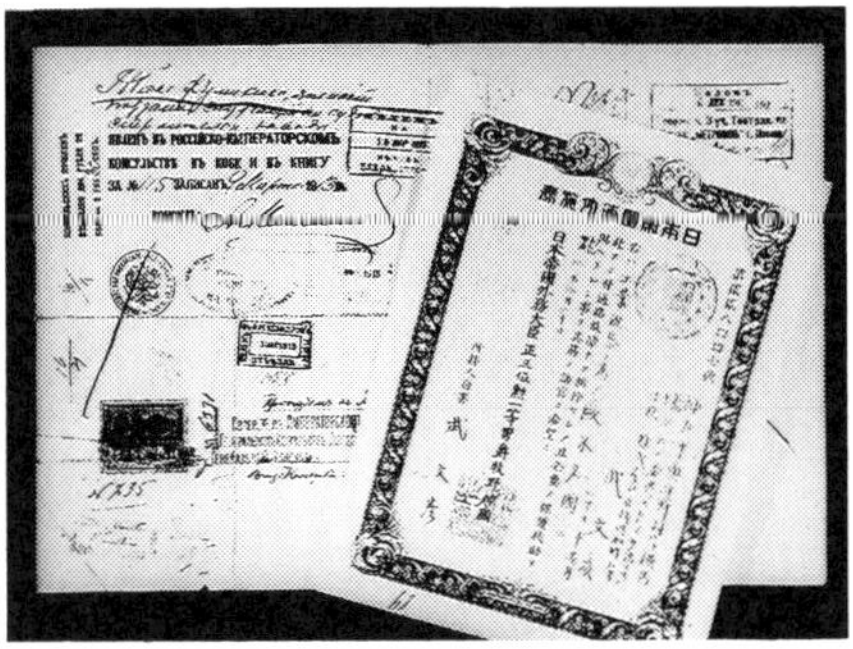

大正期、川崎造船所社員が使ったパスポート
（武徳子さん提供）

と、ぶち上げてはみる。しかし口ではそう言いながら、実力の差異はいかんともしがたい。とてもではないが、鋲打ち一つとっても一流国づらのできるレベルではない。だが、一人や二人のリーダーが「欧米に追いつけ」とハッパをかけてもせんのないことだ。造船所に働く者のレベル全体を底上げしない限り「世界一流」などは空文句でしかないのだ。

幸次郎は幹部社員に口酸っぱく説いた。

「いいか、日本人が少々勉強したって欧米の技術には追いつかんのだ。日本が一流だと言われるようになるには、欧米技術を心底尊重し、導入せねば道は開けんのだ」

その言葉を受けて、技術者たちは交代でイギリス、ドイツへ出張し、詳細なレポートを提出した。海外派遣者は、大正元年から昭和三年までの間に、計二百人余りに達した。造船所内には外国人技術者の姿が増え、一時は外国人技師が三十五人もいたほどだ。社員らは辞書と首っ引きでその講義を聴かされた。そして親方たちもまた、着慣れぬ背広姿でシベリア鉄道に乗ったのだった。

百聞は一見にしかず、である。親方たちは、イギリス・ビッカーズ社などで建艦作業を目の当たりにして衝撃を受けた。合理的とはどういうことかをまざまざと知った。

帰国した親方らは、部下の一人ひとりに体験談を語って聞かせた。やがて、旧来のハンマーによる鋲打ち光景が少しずつ消え、構内には鋲打ち機の音が響き始めた。

口で言うのはたやすい。しかし、それでは人は働かない。自分たちより優れたものに接した時、人はそれぞれの心の奥で前に進むエネルギーを燃やす。幸次郎は、つくづくとそう思うのだ。

幸次郎のレベルアップ作戦はまだ続く。

奨学金制度

「優等生には日給に四銭上乗せする」

こんな告示が張り出された川崎造船所の掲示板の前には、朝から職工たちが続々と押しかけてきた。

四銭といえば、当時かけそば一杯程度の金額だが、月にすればほぼ一円となり、鰻重を二つ注文してもお釣がくる。職工たちが目を輝かせるのも当然であった。

幸次郎は、技師や親方を海外に派遣して「榛名」建造に必要な技術を習得させる一方、全職工の能力を引き上げるため、学校に通うことを熱っぽく奨励した。幸次郎の指示で川崎造船所は、一九一二年（明治四十五、大正元）から、勤労青年向けの神戸市立湊川実業補修学校など三校の夜間部に従業員の受け入れを依頼した。入学した職工に対しては授業料を全額肩代わりしたうえ、筆、紙、墨などの文房具から教科書やそろばんに至るまで無料貸与した。

職工たちの大半は地方の貧しい農家出身だけに、十分な小学校教育も受けていない者が多かった。これでは親方がイギリスで吸収してきた知識も正確に理解できない。社内では「そこまで面倒をみてやらなくても」といった声もあったが、幸次郎は、

「いずれ、もとは取れる」

と、まったく意に介さず、若い職工を見るたびに「学校へ行け」と怒鳴った。

だが、職工にすれば無料とはいっても昼間の仕事でくたくたになってからの授業である。幸次郎が躍起になってハッパをかけても、入学を希望する者はわずかしかなかった。「それなら」と、幸次郎が持ち出した次の手が「奨学金制度」である。理数系科目の成績が優秀なら四銭、普通の成績でも二銭、そのほかの科目が優秀な者でも二銭をそれぞれ日給に上乗せする——と掲示板に張り出したのだ。

この日以来、会社の労務課には入学を希望する職工たちが殺到し、翌大正二年までに千六百八十人余りが通学した。その後も毎年、千人以上が入学し、三校の夜間部は川崎の従業員で占拠されてしまったほどだ。幸次郎の思惑以上に、卒業生の仕事ぶりは入学前とはガラリと変わった。技師と一緒に図面を読み、作業は勘や経験に頼らず、測量や計算に基づいて行なった。単純なミスは激減し、ガントリークレーンや鋲打ち機も手足のように使いこなせるようになっていった。

「社長、進水式の準備をそろそろ始めていただけないでしょうか」

主任技師が願い出たのは、「榛名」着工からまだ一年にもならない大正二年十一月初めのことであった。

スピード建造

「榛名」の進水日が一九一三年（大正二）十二月十四日と決まると、海軍や造船業界は大騒ぎとなった。

着工したのは前年の十一月二十三日。昼夜ぶっ通しで建造しても年を越す——とだれもが読んでいたのだ。「年内の進水はあり得ない」と公言していた海軍工廠《こうしょう》の技術将校らもいた。

「起工式の時のような仕掛けがあるのでは」と、呉、横須賀の海軍工廠、三菱長崎造船所などから建艦視察者が続々と川崎造船所を訪れた。だが、彼らが目にしたのは、紛れもなく第四船台の上で晩秋の日差しに映える巨人な鋼鉄の船体であった。欧米の専門誌も、このスピード建造を大きく取り上げ、川崎の名は一躍、世界の造船界に通用するまでになった。

幸次郎の吹くラッパは、いよいよ高くなる。

「よーし、世の中が度肝を抜くような進水式にしろ」

事務員たちは招待者のリストアップやプログラムづくりに忙殺された。技師や職工たちにも最後の仕上げにハッパがかかった。「あと〇日」が全員の合言葉であった。

だが、その言葉を耳にするたびに工作部長の山本盛正は、心臓に錐《きり》が突き刺さるような痛みを覚えた。かつて経験したことのない巨艦である。果たして無事に進水させることができるだろうか。山本は、眼前にそそり立つ「榛名」の船体を見上げながら、背筋が凍りつくような恐怖感すら覚えるのだった。

これだけの鉄の塊を進水させるには、船台にレールを敷き、船を滑走台に載せて進水させるしかない。だが、船体が大きくなるほど滑走台も巨大になる。船体と一緒に海中に没した滑走台が船底から離れず、浮力で船を押し上げるようなことになれば、進水したばかりの船は横倒しになりかねない。事実これまでにも、皇族を招いての海軍工廠の進水式では、水中台が式の前に浮き上がってしまうアクシデントがあった。わずかのミスも許されない。それが進水式の宿命なのだ。

山本は部下の吉国彦二、山川麒一郎と三人で、進水と同時に「榛名」と滑走台を速やかに分離する方法を徹夜で練り続けた。

進水式まで秒読み段階に入ったある日、山本らは身の丈ほどある錨《いかり》をガントリークレーンで船台上に降ろし、錨の先端を滑走台の前部に取り付けた。山本は吉国と山川の顔をじっと見つめ、つぶやいた。

「これが失敗したら、おれの命はない」

進水式の舞台裏で

畳二枚分はある日の丸と海軍旗が、ガントリークレーンの上でへんぽんとひるがえった。

一九一三年(大正二)十二月十四日午前八時半、神戸港の満潮時を期して挙行された巡洋戦艦「榛名」の進水式は、川崎造船所始まって以来の大規模な祝典となった。

白砂が敷き詰められた造船所前の道には、「榛名」の威容をひと目見ようとする市民が夜明け前から殺到し、川崎の社員が総出で雑踏整理に当たった。第四船台前の貴賓席には海軍大臣斎藤実、呉鎮守府司令長官松本和ら海軍首脳が勢揃いし、兵庫県知事服部一三と京都、大阪府知事が並んだ。財界人席の筆頭には、三菱造船所を傘下におさめる三菱合資会社社長岩崎久彌が座り、ライバルの偉業達成に敬意を表した。

やがて名代の伏見宮貞愛親王《ふしみのみやさだなる》が貴賓席最上段に姿を見せると、幸次郎はただちに、燕尾服に威儀を正す工作部長山本盛正に進水開始を命じた。両舷の腹盤木が取り払われ、中央盤木も外されると、あちこちで船底のきしむ音が響いた。四万人の大観衆がかたずを飲んで見守るなか、幸次郎が支綱を斧《おの》で切り落とした。シャンパンの瓶が艦首に当たって砕けた。「榛名」の巨体がゆっくりと海に向かって動き始めた。ガントリーから吊るされたくす玉が割れ、紙吹雪が華やかに舞う真ったただ中、一斉に放たれた鳩が群舞を繰り広げた。船台の周りでは、吹奏楽団が高らかにファンファーレを鳴り響かせた。観衆の中には、あまりの感動に涙ぐむ者もいた。

だが、割れるような拍手と歓声に包まれながら、ただ一人緊張感に身を硬くした男がいた。工作部長の山本である。滑走台が進水と同時に船底から離脱してくれるか――山本はひたすら祈り続けていた。

次第にスピードをつけた「榛名」が海上に滑り込むと、水煙が高々と上がった。それを合図に、「榛名」に乗船していた山本の部下が命令通り滑走台に取り付けた錨を船上から海中に投げ込んだ。滑走台は、ものの見事に海底へと沈んでいった。

砲塔据え付け中の「榛名」

巡洋艦「八雲」「厳島」など、港内に停泊する全艦船と神戸市内の各工場が、三分間にわたって汽笛を鳴らし、「榛名」の進水を祝した。山本の顔からやっと笑みがこぼれた。この日は、今も「川崎方式」として受け継がれる進水方法の誕生日ともなった。

式後の立食パーティーでは、来賓を代表して服部が壇上に立ち、「このような光栄をかち得たのは、松方社長以下所員一同の努力のたまもの」とたたえ、全員で「川崎造船所万歳」を三唱した。だが、喜色満面の幸次郎は、その笑顔の裏で有頂天になりそうな思いを懸命に引き締めていた。まだ、すべてが終わったのではないのだ、と。

至宝の自決

「榛名」は、ただちに艤装《ぎそう》工事に入った。川崎造船所内の造機工場で製造された機械、部品が次々と艦内に運び込まれ、一九一四年(大正三)の夏が過ぎるころ、「榛名」の心臓である三万二千馬力の蒸気タービン二基が、中央部の両舷にすっぽりと納まった。幸次郎が三年前、イギリスのジョン・ブラウン社とひそかに技術提携をまとめて以来、川崎造船所の造機工作部が総力を挙げて製作してきたブラウン・カーチス型タービンの一番機である。

さらに幸次郎は、砲塔、魚雷発射管など兵器類の装備も従来の海軍工廠《こうしょう》への委託方式をやめ、自社で装備する方針を打ち出した。艦艇建造のノウハウを余さず吸収してしまうためではあったが、まったく未経験の兵装まで加わり、造機工作部の能力は限界に達していた。

部長の篠田恒太郎は、工科大学(現東京大学工学部)機械科卒業時、研究室に残るように勧められたほどの秀才で、造船界でも「川崎の至宝」と謳《うた》われていた。それだけに責任は重く、深夜に帰宅してからも図面をにらんで工事の進捗《しんちょく》表をチェックし、翌朝全部員に細かい指示を与えた。

しかし、篠田が恐れたとおり、十四吋《インチ》の主砲四基の据え付けに大幅に手間取ったうえ、土壇場でタービンに欠陥のあることがわかった。もはや、十一月十八日に予定されていた海軍技官立ち会いの公式試運転は延期せざるを得ず、幸次郎も海軍の手前やむなく篠田を叱責《しっせき》した。

篠田は十八日朝、入念にひげを剃り上げ、正装のうえ、カミソリで喉をかき切った。遺書はなく、累が幸次郎らに及ぶことのないよう全責任を一身に背負っての自決であった。通夜の席で幸次郎は、篠田が悶々《もんもん》として、ここ三日ほど寝ていなかったことを知った。

「おいが川崎の至宝を死に追いやってしもうた」

と大きな目を真っ赤にすると、残された妻子に深々と頭を下げた。

篠田の死は「殉職」として扱われ、葬儀も「社葬」となった。また、二人の息子の学費も大学卒業まで会社が支払うよう社長決裁が下された。

篠田の死は、技師たちを奮い立たせた。「部長の死をむだにするな」と泊まり込みで作業を続け、わずか五日後に、全艤装を完了した。十一月二十三日、「榛名」は白波を蹴立てて大阪湾を回航し、公式試運転は見事に成功した。

だが、艤装のさなか、幸次郎の目は「榛名」の雄姿を超え、ヨーロッパに釘づけになっていた。

川崎造船所が「榛名」の艤装に総力を挙げていた一九一四年（大正三）六月二十八日、バルカン半島の州都サラエボ（現ユーゴスラビア領）で発射された二発の銃弾が、もろいガラス細工のような欧州列強間の平和をこっぱみじんに打ち砕いた。

この日午前十一時過ぎ、オーストリア・ハンガリーの帝位継承者フランツ・フェルディナント大公夫妻は、サラエボ市庁を公式訪問後、アッペル・ケー通りを車で走行中、沿道から駆け寄ってきたセルビア人青年に続けざまに撃たれ、絶命した。サラエボを州都とするボスニア地方はセルビア人の土地でありながら、列強の一つオーストリア・ハンガリー帝国によって強引に併合されたため、反オーストリア運動が沸騰していたさなかのテロであった。

「大公暗殺」に、ヨーロッパ中が震撼し、激怒したオーストリア・ハンガリーは七月二十三日、セルビア王国（現ユーゴスラビア東南部）に四十八時間の期限を付けた五カ条の最後通牒を突き付けた。その内容は、セルビア国内での反オーストリア活動家の捜査権を要求するなど、独立国の主権を完全に無視したもので、明らかに開戦の口実をつくるためであった。

険悪になる一方のバルカン半島情勢のニュースは刻一刻、世界を駆けめぐった。神戸・栄町の神戸新聞社にも「最後通牒」の内容を伝える外電が飛び込んできたが、複雑極まりない欧州列国の角逐のなかで、この五カ条の要求がいったい何をもたらすのか、確たる予測ができる者はだれもいなかった。

主幹の進藤信義(のち社長)は「こうなれば社長に聞くしかない」と、入電したばかりのニュースをひったくり、車を飛ばして川崎造船所へ向かった。欧米の情勢に精通する幸次郎なら、この難解なパズルを解き明かしてくれるに違いないと読んだからだ。

外電を見つめた幸次郎は唸《うな》るように、

「こりゃあ、えらいことになりよる。世界大戦が始まる」

と、ソファに沈み込んでしまった。

確かに宣戦布告に等しい要求ではあるが、たかだか欧州の片隅での紛争に過ぎない。進藤は「まさか、そこまでは……」と戸惑った。しかし幸次郎は、その声がまったく耳に入らないかのように、

「ヨーロッパは膿《う》みきっている」

と言ったまま、石のように黙り込んでしまった。息苦しいほどの静寂が社長室を包んでいた。

大戦勃発

幸次郎は、しばらくすると卓上のベルを叩きつけるように鳴らして部下を呼んだ。

「おい、世界戦争だ。屑でもスクラップでもかまわん。鉄と名のつくものなら、すべて買いあされ。いいか、この一週間が勝負だ。一分でも遅れるな」

吠《ほ》えるように命じた幸次郎は、唖然とする神戸新聞主幹の進藤らを尻目に床を踏み鳴らして社長室を飛び出した。そして、

「そうだ。おいの靴も一ダース注文しておいてくれ。歩いて歩いて歩き回らにゃならん」

と言い残すと馬車に乗り込み、阪神三宮駅へ向かった。

戦時景気で鉄の値が高騰する前に、造船資材をたっぷりと確保しなければならない。その調達費のために大阪の金融筋を駆け回ろうというのである。

社長室に残された進藤は、ただちに神戸新聞社に引き返し、幸次郎の予測に従って一気呵成に論説記事を書き上げた。オーストリア・ハンガリー帝国がセルビアに宣戦布告した翌日の一九一四年（大正三）七月二十九日付神戸新聞には、

「墺国（オーストリア）の背後に独逸（ドイツ）の隠れているごとく、塞国（セルビア）の背後には露国（ロシア）が隠れている。一朝この独露両国が戦端開かば英、伊、仏も黙ってはいまい。ついに欧州列強の大戦争となり、その勝敗は容易につかざるべし」

との社説が掲載された。

この三日後、オーストリア・ハンガリーの同盟国ドイツは、セルビアを支援するロシアに宣戦布告し、またたく間にイギリス、フランス、ベルギーが参戦した。社説通りの展開となったので

ある。

後にアメリカの経済学者ジョン・K・ガルブレイスが「歴史学上とりあげられた問題で、第一次世界大戦の原因ほど議論を呼んだものはない」（『不確実性の時代』）と記したように、複雑な要因の絡んだこの戦争の拡大を緒戦段階で占うことは極めて困難であった。ドイツなど同盟国側は当初から、バルカン半島の局地戦に過ぎないことを各国にアピールしており、連鎖反応的に戦線が拡大する恐れがあるとみていたのは、イギリス外務省だけだった。

そんななかで幸次郎が大胆に予測できた背景には、日ごろから英字新聞を読んでいた欧州情報の蓄積があったに違いない。

だが、部下たちは、受注船の心要量はとっくに確保したのに、まだ、

「鉄だ、鉄！」

と買いまくっている理由だけはさっぱりわからなかった。

ストックボート第一号

「おまえは買い付けの方法も知らんのか！」

川崎造船所の社長室から幸次郎の怒鳴り声がドア越しに廊下に響き渡った。

雷を落とされたのは、鉄の買い付けを受け持つ購買課長だ。幸次郎の命令を受け、鋼鉄材を大

量に発注するため取引業者を集めて入札しようとしたのだが、幸次郎は、この昔ながらの買い付け方法を「最低のやり方」と痛罵《つうば》した。

購買課長が声を失って立ち尽くすと、幸次郎は、一転して声をやわらげた。

「いいか、これまでにない大量買い付けだ。それを入札なんぞにしてみろ。業者はこちらがよほど鉄を欲しがっているとみて、逆に値を吊り上げるに決まっとる。それ以上に悪いのは、川崎が鉄を買いあさっているという情報が造船業界に広まってしまうことだ。わかるな。一軒一軒足を運んでひそかに買い集めろ。いいな」

幸次郎の読みは的中した。第一次世界大戦の勃発とともに金融の引き締めが始まり、資金調達が極度に困難になった。さらに欧州からの輸入が滞り、鉄材の値が一気に跳ね上がった。開戦直前に金策を終え、膨大な鋼鉄を確保した川崎だけは同業者の悲鳴を対岸で聞くことができたのだ。

とはいえ、一九一四年（大正三）後半の日本経済は、欧州貿易の不振が大きく響き、大阪株式取引所の機関銀行である北浜銀行が支払い停止に陥るなどどん底状態にあった。川崎造船所も商船の受注がパッタリとなくなり、同業者からは「鉄の山を抱えたって船の注文がなければ、宝の持ち腐れではないか」と皮肉る声も出た。

そんな最中の翌年六月三日、川崎造船所の第一船台で貨物船「大福丸」の建造が始まった。千六百㌧と大きくはなかったが、「いったいこんな不況時にどこが注文したのか」と、業界は訝《いぶか》った。やがて、発注先は日本郵船でも大阪商船でもなく当の川崎造船所であるという意外な真相が広まった。

「なに、注文なしで船を造っているというのか」

前代未聞の造船経営に、今度は川崎の株主たちが黙ってはいなかった。建造中に開かれた株主総会では、

「万一、売れ残ったら迷惑するのはわれわれだ。山勘で経営されては困る。第一、株主に何の相談もなしに、こんな無謀なことをやるとは何事か」

と、壇上の社長に集中砲火を浴びせた。

だが、幸次郎は動じる様子などみじんもなく、抗議の嵐をやり過ごすと、ゆっくりと席から立ち上がった。

強気の値付け

答弁次第では役員総退陣さえ要求しそうな株主たちを前に、幸次郎はズバリと切り出した。

「あなた方は、船は注文を受けて造るものと頭から決めておられる。しかし、これでは注文主の懐に左右され、利益はわずかしか上がりません。こちらが望む値段で売るには、船を造っておき、すぐに欲しいという客を相手にすることです。目下建造中の船はその実験台です」

とぶち上げ、株主たちを煙に巻いた。

実のところ、この「大福丸」は開戦直後の不景気で受注が途絶え、鉄の山を寝かしておくよりは、と造り始めた船である。ところが着工直後に社長室に提出された一枚の見積書が、幸次郎に株主たちの非難を言下に跳ね返すアイデアを思いつかせた。

その見積書は、会計課長補佐の武文彦が利潤の薄い営業課の値付けに我慢できず、独自に弾き出した私案であった。幸次郎が驚いたのは、武が収入欄に「二十万円」と書き込んでいたことだ。今なら四億円は優に上回る金額である。「あの船一隻でどうしてこんなに儲けられるんだ」と尋ねられた武は、

「社長のおっしゃるように、世界戦争となれば遠からず特需景気となり、海運業は活況を呈するでしょう。その莫大な利益を頭に入れて船価を弾き出したまでです」

と、熱っぽく訴えた。

幸次郎は葉巻をくわえたまま、じっと考え込んでいたが、「よし、わかった」とこともなげに原価に二十万円を上乗せし、「大福丸」の売値を四十五万円にしてしまった。

武が予測したように、一九一五年（大正四）も後半になると、日本からイギリス、ロシアへの軍需品輸出が激増し、日露戦争以降赤字続きだった貿易収支が黒字に転じた海運業界は船不足に陥り、争うように貨物船を発注した。そのなかで垂涎《すいぜん》の的となったのが、注文主がないまま進水を終え、艤装の進む「大福丸」であった。その入札の場で幸次郎は、

「四十五万円以下の入札は差し控えていただきたい」

と集まった船主たちにくさびを打ち、思惑通り二十万円の利益を上げてしまった。

「大福丸」の売却成功は、幸次郎の経営戦略に大胆な道を選ばせることになった。注文の有無にかかわらず船の既製品・ストックボートを建造し、高値で買い手を待つ。常識外れだが、「戦争はわれわれに味方する」と読んだのだ。

乱調の時代。幸次郎はつくづくと、身軽さを求めたあの時の決断が正しかったと思った。

総選挙出馬せず

それは、「榛名」の引き渡しを間近にした一九一五年（大正四）の年明け早々のことだった。

前年の暮れ、陸軍の師団増設問題をめぐって大隈内閣は衆議院の解散に打って出た。幸次郎は議員二期目をかけて総選挙に打って出なければならなくなった。しかし――。

第一次世界大戦の勃発で、造船所はのるかそるかの節目にさしかかっている。地方の一造船所で終わるか、望み通りの「世界一流」のドックヤードに飛躍できるかの瀬戸際でもある。おそらく、自分が陣頭指揮して切り込み隊長にならねばだめだろう。

あの時もそうだった。いつか幸次郎は、大学卒の技術者を全員集め、一人ひとりを指さして、

「君は無線電信を知っとるかね」

と問い詰めたことがある。

技術者たちは戸惑った。船舶用無線はまだ実用化の緒に就いたばかりだ。正直、知識としてなら知っているという段階である。幸次郎は、返答を聞くのももどかしそうに一言だけ口を継いでサッサと部屋を出た。

「いいだろう。そのうち無線電信は一般の商船にも使われる。今のうちに十分勉強をしておくんだな」

自分が海外で新しい技術や知識を吸収し、現場に実用化を課していく。無線電信に限らず、このやり方で乗り切ってきた。先端技術に関する出版物を取り寄せ、翻訳して全社員に配ったパンフレットは八十一種類にも及んでいた。それが、未成熟な日本経済にあってリーダーの抱く矜持《きょうじ》であり、宿命でもあった。

艤装中の「榛名」

だからこそ、この緊迫化した情勢のなかで、自分が社長室を離れたらどうなるのか。次期総選挙が、憲政擁護運動下での初の選挙という大事な岐路に立ったものだということは重々承知しながらも、自分は今、造船所を離れられない。

選挙を四十日後に控えた二月十三日、幸次郎の支持母体である市民会の幹部三人が立候補をうながすために造船所を訪れた。さらに十九日にもほかの幹部連が出馬を懇請した。しかし、幸次郎の返答は変わらなかった。

「周囲の事情をかんがみれば、到底立候補が許される状況ではないのです。この決心はいささかも変わりません」

市民会は説得を断念し、ほかの候補を擁立した。しかし選挙戦の立ち遅れはいかんともしがたかった。二議席を五人が争った選挙で、幸次郎に代わって出馬した候補者は次点に泣いたのだった。

選挙の結果に心中複雑なものがあるとはいえ、胸のバッジを外したことは正解だった。もはや、仕事以外に心を悩ませるものはない。あとは、前に進むだけである。

製鉄へ進出

前例のないストックボート構想を固めた川崎造船所は一九一五年（大正四）の末、八隻の建造を決定した。

だが、肝心の鉄鋼材は戦局激化で欧米からの輸入量が落ち込み、価格が奔騰した。戦争前には八十五円だった鋼板が十五倍の千二百八十五円に跳ね上がり、棒状の鋼材でさえ七十五円が五百五十九円の高値を呼んでいた。幸次郎の機転で開戦直前に蓄えた鉄鋼も、みるみる底をつき始めていた。このままでは、またとない好機に遭遇しながら、ストックボート建造をみすみす中止しなければならない。

幸次郎は、日一日と崖っ縁へ追い詰められていった。だが、その土壇場で、幸次郎は最後の一手に打って出た。

「ないなら、つくるまでだ」

川崎造船所は鉄鋼を自社で賄うべく、翌年二月、資本金を倍額増資して二千万円とし、車両と造船用の鋳鋼品などを製造していた兵庫工場（神戸市長田区）に十トン平炉二基を増設することを決定した。さらに広大な鉄鋼市場への参入を狙って、製鉄専門の工場を神戸港の脇浜海岸に建設する計画を打ち出した。

当時、日本では官営の八幡製鉄所（現新日鉄八幡製鉄所）しか鋼鉄材を本格生産しておらず、幸次郎は技師や職工を八幡製鉄所に送り込んで技術を習得させた。鉄を使って船や機関車を造ることには慣れていた男たちも、鉄自体の生産についてはズブの素人に過ぎない。技師は冶金《やきん》の基礎から頭に叩き込まねばならず、職工は酷熱に耐えて溶鉱炉の操作を学んだ。だれ一人として、自分たちが築き上げる川崎の製鉄部門が、やがて鉄鋼大手の一角を占める川崎製鉄に成長しようとは想像もしなかったであろう。

だが、自給体制が整うまでにはあまりに時間がかかり過ぎた。やがて稼動する兵庫工場の生産量でも、ストックボート建造の必要量は到底満たせない。造船部門から火がついたように鋼鉄材を催促された資材部員たちは、ノイローゼ状態になっていた。目をつむって高い鉄を仕入れるにしても、足元を見た業者が相場よりさらに高い値段をふっかけてきた。川崎側がやむなくのむと、今度は相場全体が跳ね上がり、悪循環を繰り返すばかりとなった。幸次郎はまたもや窮地に立たされた。もはや日本国内で打開策を見いだすことはできない。

鉄を買い、ストックボートを売る。幸次郎は四度目の欧米出張に備えて旅装を整え始めた。

単身ロンドンへ

この旅が幸次郎の運命を左右することになるとは、本人もまったく思わなかっただろう。

一九一六年（大正五）の三月二十四日。幸次郎は部下の阿部市助、伊元玉一郎を連れて夜行列車で上京し、翌二十五日午後三時、横浜を発ってアメリカへ向かう「春洋丸」に乗船した。

川崎造船所の重役会は、幸次郎の渡欧費用を一年余りの期間に限って認めていた。アメリカでひと仕事したあとイギリスへ向かい、ストックボートを売り込む。おそらく一年余りで決着するだろう、とだれもが読んでいたのだ。社長室を神戸からロンドンへ移すのである。幸次郎はもとより、だれ一人としてこうした異常事態が長期化することを望まなかった。

アメリカに到着すると、幸次郎は政府筋や製鉄業者に対し、すでに発注している造船用鋼材を遅滞なく送り出すよう交渉を重ねた。イギリス、フランスの連合軍とドイツ軍の攻防は一進一退である。幸次郎らが日本を出発する前日、ドーバー海峡でイギリスの連絡船がドイツ潜水艦の攻撃を受けて百人以上が死亡、行方不明となっていた。犠牲者の中にかなりの数のアメリカ人がいた。それがアメリカの態度を硬化させ、大統領ウィルソンはドイツに強硬な抗議を申し入れていた。アメリカの目は戦火に包まれたヨーロッパ大陸に注がれていた。

そんな最中の渡米である。交渉は難渋したことだろう。幸次郎は、エール大学留学時代の人脈なども駆使したに違いない。

部下をホテルに待機させての一人っきりの交渉が、何日も続いた。やがて固い扉が少しずつ開き、日本向けの鋼材輸出が「ゴー」となった。

しかし、鋼材交渉は今回の旅の目的の一つにしかすぎない。幸次郎は伊元をニューヨークに、阿部をシアトルに残して鋼材などの船積みをチェックするように命じると、大西洋航路の船上の人となった。乗り合わせた客の中で日本人は彼一人だけだった。潜水艦が跳梁《ちょうりょう》する大西洋に好き好んで来る日本人などほかにはいなかったのだ。しかし、恐怖心など二の次である。一万五千人が火花を散らしてとりかかっているストックボートを生かすも殺すも自分の腕次第なのだ。後退は許されない。

そのイギリスはこの年五月、世界一を誇る大艦隊がデンマーク沖でドイツ艦隊と激しい会戦に臨んだが、十四隻が撃沈され、六千七百人の死傷者を出していた。さらに六月六日には、機雷に触れた戦艦が沈没し、乗っていた辣腕《らつわん》の陸相キッチナーが死亡した。戦況がますます混迷の度を加えるイギリス・ロンドン。幸次郎はそのなかへ単身乗り込んでいく。

高畑との対面

とりあえずロンドンのホテルに旅装を解いた幸次郎は、シティへ足を向けた。

シティは、世界の金融、保険、海運の大本山である。各国の銀行や企業が、このほぼ一マイル《マイル》(約一・六キロ《キロ》)四方の区域にオフィスを出し、商品や情報を取引した。第一次世界大戦を境にニューヨーク・ウォール街の存在が急激にクローズアップされるが、幸次郎が訪れたこの時期はまだ、シティが世界経済を牛耳り、政治情勢をも動かすパワーを持っていた。

ロンドンは、世界でもっとも早く地下鉄の走った都市でもある。日本がまだ幕末の動乱期にあったころに開通したロンドンの地下鉄は、この年一九一六年(大正五)のずっと前に市内循環線も完成し、一大交通網になっていた。地上には重厚なビルが立ち並び、その間を二階建てバスや美しく装った馬車が駆け、書類を小脇に抱えたビジネスマンたちが慌ただしく道を横切っていた。

幸次郎は、戦時でありながらいささかも活気の衰えないシティの中を歩きながら、ロンドンの底力を改めて感じるのだった。

幸次郎は、イングランド銀行の前からロイドの横を通り、「ミンシングレーン」と表示された横道に入った。ここまで来るとテムズ川はほど近い。しばらく歩くと、左手に「マーケットビルディング」と明記された共同の事務所ビルが目に入った。全部で三十四社が入るこのビルの中に目ざす会社の名前があった。

「ＳＵＺＵＫＩ＆ＣＯ」

盟友金子直吉の率いる鈴木商店ロンドン支店である。

この時鈴木商店は、金子の積極経営の下、海外二十三都市に支店を構えていたが、ロンドンはニューヨーク支店と並んで海外進出の双璧を成していた。大正十二年には、駐在員も二十九人に達する大所帯となり、現在の商社と比べても遜色のない陣容を誇っていた。

単身でロンドン入りした幸次郎にとって、頼みの綱はこの鈴木商店だった。ぶらりと事務所に入ると、端正な顔立ちの青年が応対に出た。後に鈴木商店の取締役に就き、日商（現日商岩井）の初代会長を務めることになる高畑誠一である。

高畑は、神戸高商（現神戸大学）を卒業しており、幸次郎の名声は以前から耳にはしていた。しかし、面と向かって話をするのは初めてだった。

幸次郎はソファに深々と座ると、金子がこの年、幸次郎らの意見を聴いて播磨造船所（現石川島播磨）を買収して造船業に進出したことを話題に上らせた。

「金子さんは強気じゃね。おいも同様に強気で船を造っとる。そこで一度ヨーロッパの様子を見たいと思って来たんじゃが、どうじゃ」

高畑誠一は、金子直吉から内々の指示を受けていた。

「松方さんは大戦での船不足を見込んで大量のストックボートを造った。それを売り込むために渡英するから、情報を十分に提供して協力するように」

というのである。

高畑は早速、自分のオフィスの隣室を幸次郎に明け渡し、自社のタイピストも自由に使って下さい、と申し出た。鈴木商店ロンドン支店の中に川崎造船所の仮社長室を設けた格好で、高畑は実質上、幸次郎の私設秘書的な役回りとなった。

それから高畑は、ロンドンから見た大戦の状況をかいつまんで伝えた。開戦時、イギリス国民の多くは行く末を楽観視していた。大英帝国の艦隊が海上封鎖をすれば、ドイツは食糧などが底をついて手を上げるだろう——と。

しかし、ドイツはUボートを大量生産して封鎖網を破ると北大西洋、北海から地中海へと進出し、潜水艦が恐るべき戦

鈴木商店ロンドン支店のあった場所（右手の囲いの中）

闘用艦艇であることを実証していた。とりわけ貨客船が次々と沈められるのは、イギリスにはこたえた。ドーバー海峡を渡る商船の四隻に一隻がUボートの餌食となり、食糧不足に泣かされたのはイギリスの方だったのだ。

当然、各国とも船不足に苦しんだ。イギリスはもとよりオランダもフランスも海上輸送の足を失い、深刻な事態を招いていた。鈴木商店の売った例では、トン当たり五、六十円の建造コストだった貨物船に三百五十～三百七十円の値がついた。造りさえすれば売れ、桁外れの利益が手に入る。絶好のチャンスだ。高畑はそう説明した。

幸次郎は葉巻をくわえて笑みを浮かべた。

「おいも金持ちになったもんだ」

しかし、高畑が、

「それでは買い手を探しましょう」

と言うと、「まだ売らん」と首を振った。

「もっと高くなるよ。売るのはそれからだ」

やがて、日本国内でも船不足の状態となり、本社重役会からは、

「捨てた相場ではない。船を売りたい」

との電報が何度も届いた。

幸次郎はそれを読むと苦々しい顔つきになって、こんな返電を打った。

「知恵は余るほどあるのに諸君らは欲が足りない。知恵をもって欲に変えろ」

騒々しい周囲の声など知らんぷりで、幸次郎は待ちの構えに入った。戦争はまだ続く。船不足は募る一方だ。待つのだ。ひたすら待つのだ。

そしてある日、街頭を散歩する幸次郎の足が自然に止まった。目の前に数枚のポスターがあった。

ポスターの戦い

あるポスターは、軍隊をバックにして正面を向いた紳士が、

「この中にいないのはだれだ。おまえか」

と詰問している。

別のポスターでは、荒れ果てた原野に立つ将兵の後ろ姿が描かれ、

「ウェールズの軍隊に資金を」

と書き込まれている。

それは、大戦に際して愛国心を惹起《じゃっき》し、義憤を募らせ、カンパを求めるおびただしい戦争ポスターだった。人々は次々と張り出されるポスターを食い入るように見つめた。幸次郎は、ポスターそのものより、ポスターの及ぼす意外な力の方に関心が向いた。

第一次世界大戦中、各国は競ってポスターを作っていた。単なる商品紹介の手段だったポスターが、国民へのプロパガンダ（宣伝）のもっとも有効な方法となったのである。しかも、最初のうちは文字だけで訴えていたのが次第に絵に比重が移り、作者には著名な画家が起用された。日本ではまだ、ポスターの価値に注目する段階に至っていなかったが、長期化した大戦下にある欧米各国は、ポスターで人心をまとめ、激戦を乗り切ろうとしたのだ。当然、良いポスターを作るには、優れた画家と印刷技術が必要だった。第一次世界大戦は、戦場での戦いだけでなく文化の総合力の戦いでもあったのだ。

とりわけイギリスはこの年一月から、それまでの志願兵制を徴兵制に切り替えて総力戦に入っていただけに、ポスターによるプロパガンダは徹底していた。なかでも、当時のイギリスを代表する画家の一人、フランク・ブラングィンの作品は大きな影響力を持ち、

「ブラングィンのポスター一枚で一軍団の兵力に匹敵する」

とまでいわれていた。

幸次郎は、これまで小ばかにしていた絵のパワーに驚いた。かつて、絵の好きだった腹心の部下武文彦に、

「おい武よ、絵なんてものは隠居をしてから楽しむもんだ。今は仕事だ、仕事。もっともっと研究せよ」

と怒鳴ったものだが、どうやらそれは偏見かもしれない。優れた絵は、文化の一つの頂点であ

り、国の豊かさのシンボルでもある。国力は、造船などの重工業だけで計れるものではない。貧弱なポスターしかない日本は、文化の面でも欧米に大きく遅れている。幸次郎は、「社長、そう言いますが……」と口をとがらせた武の顔を思い起こしながら、人垣の頭越しにもう一度ポスターを見た。

空前の海運景気

ロンドンのセントジェームズ公園の南側に、クイーン・アンズ・マンションというホテル形式の高級アパートがあった。

公園の西側にはバッキンガム宮殿があり、東と北側には国会議事堂をはじめ外務省、大蔵省、海軍省などの重要施設が並ぶ。当然、アパートの住人には貴族や代議士らが多く、建物の名前の主人公・アン王女の像が飾られるアパート周辺には高貴な空気が漂っていた。

時々、そのアパートの一室の窓から場違いな白い布が垂れていた。川崎造船所の社員たちは、出張でロンドンに来ると、その布を目印にして幸次郎の部屋を見つけた。布は、幸次郎が自分で洗って干した褌《ふんどし》だった。

幸次郎は、ホテル住まいを経てこのアパートに入った。居住者は百三十五人。記録に残る住人の中に日本人の名は見当たらない。おそらくまた借りをして入居したのだろう。

幸次郎は毎朝、アパートを出てミンシングレーンにある鈴木商店ロンドン支店へ通った。神戸の本社から届く電文に目を通すと「社長決裁」の返電を打つ。日本とのそんなやりとりのなかで、神戸港が異常なまでの大戦景気に沸いている様子がわかった。輸入港の色あいが濃かった神戸は、東南アジア向けのヨーロッパ諸国からの輸出が戦時下でダウンしたため、一転して輸出が増大していた。貿易の主導権を握っていた外国商館のパワーも衰え、日本の商社が急成長を遂げていた。「スエズ運河を通過する船の一割は鈴木の品を積載している」とまで言われた鈴木商店は、日本を代表する大商社にのし上がっていた。

とりわけ海運業界の景気は空前のものだった。交戦国が商船の建造や運航にまで手が回らないためで、神戸では船成り金が続出した。高級料亭街の花隈では、札束が舞い、暗がりで自分の靴が見つからない酔客は、札束に火をつけて足元を照らした。

歓楽街・新開地も繁栄を極めた。三年前、東京・帝劇の向こうを張って誕生した聚楽館《しゅうらくかん》は、新開地の盛況を象徴していた。夕刻ともなれば、川崎造船所から吐き出される一万人余りの男たちが新開地を埋め尽くし、立ち並ぶ劇場からの呼び込みの声が家路につく男たちの足を止めていた。

そして、ロンドン。まだ幸次郎は動かない。

「値は上がる」

と首を縦に振らない。

鈴木商店ロンドン支店長高畑誠一が、幸次郎の身辺にささやかな異変が起きているのに気づいたのは、そんな最中である。葉巻以外に趣味のない幸次郎の部屋に、一点の絵が飾られていたのだ。それは、造船所で働く男たちを描いたものだった。

初めての絵

幸次郎が初めて買った一枚の絵。残念ながら、それがいつ、どこで買い求められたものなのか定かではない。

一説では、アパートから公園を隔てた北側のセント・ジェームズ街を散歩している時、ギャラリーのショーウインドーに飾られた絵が気に入って、買ったといわれる。現在の価格にして四十～六十万円の値だったという。

今も、このセント・ジェームズ街から横道のジャーミン街にかけての一帯には、高級服飾店や画廊が並び、公園から続く格好の散歩コースになっている。

また別の説では、鈴木商店ロンドン支店のあるビルの地階で昼食後、隣室で絵のオークションが開かれているのを知った幸次郎が、

「暇つぶしに冷やかしてやろうか」

とセリに加わり、今の値で二十～四十万円の絵を一点だけ買ったのが最初ともいわれる。

絵の素人がいきなりセリに入るのは突拍子もないことだが、太っ腹で英語の堪能な幸次郎のイ

メージからすると、こちらの説もいかにもありそうなことだ。

ただし、この二つの話の中で一致していることが一つだけある。それは、絵が静物でも人物画でもなく、荒々しい造船所光景を描いたものだという点だ。感傷にふけるという性分ではない幸次郎も、旅に出るとつい神戸を思い出したようだ。袖口をまくり上げた男たちの大声が飛び交う造船所の現場。アパートの一室で葉巻をくゆらせながら、幸次郎はそんな絵を眺めて無聊《ぶりょう》を慰めたのだろう。

そしてどうやら、この絵の作者がフランク・ブラングィンだったらしい。かつて幸次郎が絵に潜む偉大な力を初めて知ったおびただしい大戦ポスター。その中でもっとも優れた力量だといわれたのが、ほかでもない、ブラングィンである。画廊で買ったかセリで落としたかは別にして、幸次郎はブラングィンの名前に着目して買ったと考えてもいいだろう。

やがて高畑は、幸次郎の身辺に起きたささやかな異変が、次第に膨らんでいくのに気づく。幸次郎のアパートに立ち寄ってみると、一点だけだった絵が二点、三点……と増え始めたのだ。それもまだ、上半身裸の男たちが重いハンマーを手にした作品だったりしてテーマは偏っていたが、明らかに幸次郎の体内に何かの衝動が走り始めたことを物語っていたのである。

「美術なんてものは……」と見下していた幸次郎の胸の中で何が燃え始めたのか？

文化の力

絵画購入へ突っ走り始めた幸次郎の心底を探ってみよう。

晩年になって幸次郎は、コレクションについてこんな打ち明け話をしている。

アメリカへ行った時のことだ。気の許せる友人がいつになく厳しい口調で幸次郎に言った。

「松方君、君の国には本物の資本家も金持ちもいないのかね」

「どうしてだ」

「三井家や岩崎家など大財閥といわれる連中にしても、もっと堂々としたらどうだい。質素や倹約もいいが、外国に来た時ぐらいは日本の体面にかけても胸を張って振る舞えばいいじゃないか」

負けず嫌いの幸次郎は、内心カチンときた。

「そこまで言われて黙っておれん。おいが日本の資本家の気前の良さを見せてやろうじゃないか」

そう思って意を決めたのが、絵画の購入だった、というのだ。

「日本国」という言葉が、幸次郎の信条の根幹にあることはすでに紹介したが、ここでもまた幸次郎は、「日本の資本家は」と指摘されて反骨心がメラメラと燃えたのである。それは、薩摩の「ぼっけもん」として育てられた男の直情径行ともいえる心根をいたく刺激した言葉でもあった。

もう一つ、幸次郎が絵の世界にのめり込んでいった要因は、絵に代表される文化のパワーだったのだろう。

立ち遅れた造船界にいると、先生役の欧米から最初に学ぶものはテクニックである。造船にまつわる科学や技術を輸入し習得していくことが何よりも大切だった。それが一定の成果を上げてくると、次に幸次郎の関心を呼んだのは、技術を支える労働者のレベルの問題である。どれほど優秀な機械を購入しても、実際に取り扱う者が旧態依然とした考え方では宝の持ち腐れというわけだ。平気で遅刻をし、終業時間が近づくといそいそと帰り支度を始める。仕事の段取りは、作業にかかってから考える。その非能率性、非合理性はイギリスなどと大きく異なる点であり、業績の伸展を阻害する一因とも思えた。

幸次郎は、日本の労働者が克服しなければならない最大のテーマは、修養の乏しさだと考えた。欧米の労働者が日ごろ、どんな文化的な環境のなかで自分を磨いているのかを日本人に伝えたい。そんな思いにかられている幸次郎のハートをつかんだのが、絵画だったのではないか。優れた西洋美術は、欧米の文化そのものを代表する存在のように思えたのだろう。

こうして芽生え始めた絵画購入への思いをさらに駆り立てたものがあった。

画学生の実情

幸次郎がロンドンを訪れた一九一六年（大正五）、イギリスの在留邦人は六百七十二人に過ぎない。このうちロンドンに滞在していたのは、半数の三百二十九人。その八割近くが貿易などの関係者だった。

彼らは、ロンドン市中にある日本人クラブに足を運ぶのが何よりの楽しみだった。戦況を分析し合い、商売の情報を交換し、はるか彼方の故郷の思い出話に時を忘れた。ストックボートの売り込みで待ちの態勢をとっていた幸次郎も、時間があると日本人クラブをのぞいた。そこは、刺激に満ちた場所だった。とりわけ、船造りに突っ走ってきた幸次郎には、文化、芸術に携わる面面との対話が新鮮だった。

その中に岡田友次と石橋和訓がいた。三十六歳の岡田は、日本を代表する東洋美術商「山中商会」（大阪）のロンドン支店長である。山中商会は当時、「英王室御用達」の称号でバッキンガム宮殿に出入りできた唯一の日本の会社で、五人の駐在員がいた。明治三十八年に赴任した岡田は、三十年間にわたって支店長を務めることになるのだが、山中商会の創業者山中定次郎と幸次郎の父正義とが旧知の間柄だったこともあり、二人は懇意にしていた。

また、この時四十歳の石橋は、南画から洋画に転じたあと、明治三十六年にイギリスに来ていた。ロイヤルアカデミーの卒業で、肖像画家としてイギリスはもとよりフランス、アメリカにまで名声が広まり、英国王室技芸委員などを務めた男である。酒癖が悪く、奇行で知られた画家でもあったが、それが磊落《らいらく》な幸次郎とウマが合ったのかもしれない。

幸次郎はこの二人を筆頭に、数多くの日本人と付き合うのだが、石橋らの話は直情な気質を大いにかきたてるものだった。

東京美術学校（現東京芸術大学）に西洋画科が新設されたのは、明治二十九年である。指導者となったのは、幸次郎の友人でもある黒田清輝だ。しかし、真摯《しんし》に洋画を学ぼうとする若者たちにとって厚い壁が立ちはだかっていた。明治末期以降、ヨーロッパの美術界は激しい転換期に入り、セザンヌ、ゴッホら後期印象派の巨匠は没後になっていよいよ声価を高めていた。その一方でマチスらの野獣派が注目を集め、ピカソらの立体派も新潮流を成していた。しかし、日本ではこうしたうねりは美術雑誌で読むか写真で見るしかわからない。本物と接したいのなら留学すればいいのだが、貧しい画学生はどうすればいいのか？

幸次郎はこみ上げてくる熱っぽい思いを抑え切れなくなった。

終生の仕事

それは天からの声だったのかもしれない。幸次郎は、

「これは、おいの終生の仕事じゃ」

と思った。

言葉や文字以上に絵は見る者を揺り動かす。しかし、その優れた西洋画を日本の貧しい画学生は見ることができない。ならば、富豪の一人として名を成した自分が、西洋画を買って日本に持

ち帰ろう。単に画学生だけでなく、先進国の文化を知らない一般大衆にとっても、絵は多大な感銘を与えるだろう。幸いにも今、戦時下の欧州にあって絵画は値崩れを起こしている。日本政府にその気がないのなら、自分がやってやろうじゃないか。

「絶好のチャンスが眼前に転がっておる。機を見て動かざるは男子の恥じゃ」

幸次郎は、自らを諭すようにそう決心した。

「仕事」と言い切ったのが、いかにも幸次郎らしかった。既述したように、川崎造船所の創業者川崎正蔵は、書画、陶磁器、漆器などを収集して自邸の一角に美術館を開き、また、副社長の川崎芳太郎も書画が好きだった。

幸次郎が足を運んだ画廊の1つ「ルフェーブル」

この年、一九一六年(大正五)四月、貴族院議員に転身するため兵庫県知事を辞した知友服部一三も、一万枚を超す浮世絵コレクターとして知られていた。どう見ても文人肌ではない盟友金子直吉にしても、「白鼠《しろねずみ》」「片水」の号で、

「成り金の　夢や昼寝の　春の雨」

など奔放な句をひねった。

対して幸次郎は、無趣味を絵に書いたような男だ。酒を飲めないのに宴席でドンチャン騒ぎをし、別当(馬丁)を座席に乗せて自分が御者台に座り、未明の神戸を走ったりするちゃめっ気

が目を引く程度である。もちろん、

「絵のことなどわからん」

と常々言っていた。

その幸次郎にしてみれば、絵画収集は美的関心のなせるわざでも趣味の対象でもなく、あくまでも「仕事」なのである。欧米を先覚者として仰ぐ日本経済界のリーダーの一人として、文化の輸入もまた、やりがいのある「仕事」と映ったのだろう。

しかし、悲しいかな、幸次郎には絵画を選別する眼力がなかった。金はあるが美術にはチンプンカンの「カモネギ」だと受け止められたのだろう。オランダ人の美術商には、食わせものの絵を買わされたりもした。

「おいは、絵を買うんじゃない。おたくの店の暖簾《のれん》を買いたいのじゃ」

と、日本流の談判で接してみるのだが、敵も海千山千のプロだけになかなか首尾よくいかない。

他人の言辞にあまり耳を傾けない幸次郎も、ほとほと困った。信用のできるアドバイザーが必要だった。

ブラングィンと親交

絵画収集を思い立った幸次郎が、最初に出会うことになるアドバイザー。それは奇しくも、初めて買った絵の作者とみられるフランク・ブラングィンであった。

ブラングィンは、幸次郎より二歳下で、赤ら顔のでっぷりとした男だった。ヨーロッパでもっとも美しい町といわれるベルギーのブルージュで生まれ、八歳の時建築関係の仕事をしていた父と一緒にロンドンに移った。父の仕事を手伝ったり美術教室でデッサンを習ったりして画才を磨き、壁画やステンドグラスにまで制作領域を広げる多彩な作家として名声を博していた。どちらかといえば、とっつきにくい印象のあるこのブラングィンが、なぜ幸次郎と知り合って親交を深めたのだろうか?

二人の縁については、三つの説がある。ロンドン在住の酔いどれ画家石橋和訓がお互いを紹介したという説と、美術商山中商会の岡田友次が顔合わせをしたという伝え話。そしてブラングィンの伝記に登場するのは、こういうストーリーである。

ブラングィンの家には、一人の日本人が下宿していた。その日本人の知人だという日本大使館の関係者が、弟を連れて訪れてきた。「ブラングィンに会いたい」というその弟が、幸次郎だったというのである。すでに述べたように幸次郎の兄正作は、ブラングィンの故国ベルギーを振り出しに外交官としてヨーロッパで活躍しており、この伝記の信憑性は高い。

さて、幸次郎と会ったブラングィンは、英語が巧みで太っ腹なこの日本の富豪と意気投合した。幸次郎にしても、当時のイギリスの画壇を代表する画家と知り合いになれたのは、絵画の収集に大助かりだった。二人は絵画の話から文学や芝居の話題へと尽きることなく語り合い、冗談を言ってはケラケラと笑った。

ある日、ブラングィンは、

「ちょっと待て」

と幸次郎をソファに座らせると、ほかの絵を描き始めていたキャンバスを引き寄せ、その上に一気に肖像画を描き出した。パイプを手にした幸次郎は、ソファの肘掛けにゆったりともたれ、ブラングィンの言うままにポーズをとった。絵の具を叩きつけるような荒っぽいタッチだったが、そこには幸次郎への友情があふれていた。余白にチューリップを描き込むと、ブラングィンは時計を見た。それからキャンバスの裏に「ペインテッド　1アワー（一時間で描く）」とサインをした。

幸次郎は、こうしたブラングィンとの親交を軸に画壇に食い込んでいった。しかし、ここにきて幸次郎の悪い癖が顔をのぞかせた。

鷹揚な買いっぷり

どうも幸次郎には、一が一で収まらないきらいがあった。

渡航する際、子供たちから土産をせがまれると、何十個もの高級懐中時計や万年筆を買ってきた。親類の幼子が「キャラメルが欲しい」というと、段ボール箱一杯のキャラメルが目の前に運ばれてきた。自宅のどこを見ても同じような鋏《はさみ》がゴロゴロと転がっているのに首をかしげた人もいた。

後に国際汽船を運航することになった時、港に船が入ると幸次郎は、船員への贈り物を欠かさなかったが、その菓子や果物は、運ぶ車からあふれそうになるほどの量だった。外国のレストランで食事をとる段には、ボーイが目を白黒させそうな高額の紙幣を惜しげもなくチップに使ったものだ。

画廊でもその性癖は変わらなかった。一点だけを買い求めることはない。いつも、

「ついでにそれも」

だった。

ある時など店に入ってグルリと見回すと、店主を呼んでこう言った。

「君、そこからここまで全部でいくらかね」

ステッキでさし示したのは壁にかかる絵画すべてである。思わず手揉みする店主の視線を背に受けながら、幸次郎は悠然と葉巻をくゆらすのであった。

絵画の収集方法を生来の性分と結びつけて考えるのは乱暴かもしれないが、鷹揚《おうよう》なその買いっぷりは余人には真似《まね》のできないものだった。いつまでロンドンに滞在するかわからない身の上だ。思い立ったら一気呵成に勝負をかける幸次郎一流のせっかちさも多分に反映していただろう。

この時はまだ資金に不安はなかった。五年前の臨時株主総会で、社長報酬と交際費は計二万七

千円に増額決議されていた。一九一六年（大正五）と現在との白米の相場で換算すれば、これは約九千五百万円に相当する。当時はほかに四、五社の社長を兼務しており、川崎造船所での持ち株比率も七・五％に達していた。こうした報酬総額に株の配当金を加えれば、幸次郎の年収は群を抜く高額だったのである。

本社は、年俸を十二等分して月給制にし、ロンドンにはその半分を送った。しかし、絵画購入のピッチが速まると、手持ちの資金では足りなくなった。幸次郎は鈴木商店ロンドン支店を介して、日本への逆為替を組んだ。債務者が債権者に送金する並為替の反対で、債権者が債務者から代金を取りたてるための為替である。やがて神戸の自宅には、こうした請求書が次々と届き始めた。妻の好子は、夫が地球の裏側で何をし始めたのかわからず、呆然とした。

だが、大きな目で見ると、何も幸次郎だけが突拍子もない行動に出たのではない。この時期、欧州には美術収集家があふれていた。

コレクター相次ぐ

時代は、不思議な同調性を持っている。

幸次郎が絵を買い始めた一九一〇年代（大正初期）は、世界的に見ても著名なコレクターが出現した時期とほぼ一致している。

かつて美術は、王侯貴族か教会のものだった。それがフランス革命を機に呪縛《じゅばく》から解き放たれたように大衆化の道を歩み始め、十九世紀の末には資本家や富裕な市民階級の間からコレクターが続出した。

それは、資本家らの間に文化的関心が高まったからであり、芸術家―画商―コレクターという美術市場が確立されたためでもある。また、十九世紀末から二十世紀初めにかけ、印象派、後期印象派に続く前衛芸術家たちが奔放な制作を展開し、美術界全体が豊熟の季節を迎え始めていたことも影響していただろう。

著名なコレクターに、アメリカを代表する大富豪ジョン・ピアポント・モーガンがいる。彼は幸次郎が収集を開始する直前に病死したが、今も「史上最大のコレクター」と呼ばれ、その買いっぷりは幸次郎の流儀と一脈通じていた。

モーガンは、一点ずつ吟味して買うのではなく、美術商が売り込みに来ると、

「わかった。君の買い値の一〇%増で買おうじゃないか」

と、札びらを切ったといい、一説では、モーガンの登場で美術品の相場が三倍に暴騰したともいわれる。

また、幸次郎がロンドンで画廊めぐりをしていた少し前、パリでは小柄なロシア人実業家が話題を集めていた。セルゲイ・イワノビッチ・シチューキンである。貿易業者だった彼は、商用で訪れたパリの老舗画廊デュラン・リュエルでモネの絵に魅せられ、ベルネーム・ジューンなど有

名画廊を回って収集を始める。印象派以後の世代に属するマネ、ピサロ、シスレー、ルノワール、ドガ、マティス、ピカソなどの作品が主流で、そのコレクションは帝政ロシア時代の若い画家らに多大の刺激を与えた。

しかし、シチューキンが収集に費やした期間は十七年間に及び、総点数は二百二十一点である。モーガンにしても、収集に二十年間をかけたといわれる。こうした歴史に名を残した海外のコレクターと比して、幸次郎の買いっぷりは疾風迅雷のようだった。知友ブラングィンらの勧めるままに買って買って買いまくった。ロンドンに来て一年とたたない間に、購入した美術品は山を成した。それをどうやって持ち帰り、どう生かせばいいのか。「さて」と考え込む幸次郎に、山中商会のロンドン支店長岡田友次が耳打ちをした。

美術館構想

岡田は、意外なアイデアを口にした。

「美術館を作ったらどうですか」

幸次郎は、眉根《まゆね》を寄せた。

「美術館だと?」

「そうです。松方さんの事業も時間がたてば忘れられる時が来る。しかし美術館は、松方さんの名前とともに永遠に残りますよ」

「美術館……ねえ」

戸惑いも無理はない。この年一九一七年（大正六）、日本には本格的な美術館が一つもなかった。ヨーロッパではルーブル美術館が一七九三年に開館していたほか、十九世紀に入って各国が競って美術館を作っていた。しかし日本では、現在の東京国立博物館が一八八二年（明治十五）に設けられたものの、西洋美術に的を絞った本格的な美術館は、岡山の実業家大原孫三郎が一九三〇年（昭和五）に倉敷市に大原美術館を創設するまで皆無だった。このため大正元年に設立された国民美術協会は、

「完全な美術館の建設」

を唱えたが、国はまったく熱意を示さなかった。

岡田が進言した美術館構想は、幸次郎を揺り動かした。膨大な絵画を私物化する気はさらさらない。しかし、それを国に寄贈しても、政府は美術館建設など端《はな》から頭にない。絵画を死蔵しないためには、手は一つしかなかった。私財をなげうって自分で美術館を建設するのだ。

幸次郎は、友人の画家ブラングィンに相談した。すでに頭の中には、美術館の構想が膨れ上がっていた。見せたいものは絵だけではない。西洋の文化そのものだ。陳列品には、家具や壁掛けも盛り込もう。いや、西洋絵画がどんな環境の中で生み出されるのかも知らせたい。とすれば、ロンドン郊外にあるブラングィンのアトリエをそっくりそのまま日本に運び込もう。「それに」と

幸次郎は思った。

「おっかはん（母）の絵を飾りたい。おっかはんは喜んでくれるじゃろ」

ブラングィンは、幸次郎のプランに共感を示し、設計を快諾した。最初は館名を「ブラングィン美術館」と決めた。しかし、幸次郎のコレクションが多岐に及んできたため、館名はやがて「南無共楽美術館」に、そしていつの間にか「南無」が消えて「共楽美術館」となる。

「共楽」。共に楽しむ。それは幸次郎の思いそのままだった。もしも、美術館に個人の名声や驕《おご》りを託すなら「松方美術館」とすればよかった。しかし幸次郎はそんな考えを「ケチくせえ」と一笑に付した。

「おいは、日本と日本人のためにやるのじゃ」

こうして幸次郎が美術館構想に夢中になっていた最中、鈴木商店ロンドン支店長の高畑誠一はさすがに痺れを切らしていた。

「松方さん、もう売りごろですよ」

誤った読み

ロンドンに腰を落ち着けて、十カ月になる。もうそろそろだ、と高畑は思った。

しかし、幸次郎はまだ強気一点張りである。

「おいは、トン当たり千円になるまで売らん」

と自説を曲げない。

高畑は粘った。

「しかし松方さん、売りのタイミングですよ。戦前の相場からみたら十数倍です。決して惜しい値ではない。売り時じゃないですかね」

「そうかねえ……」

幸次郎は考え込んだ。

一九一七年（大正六）の二月一日、ドイツ軍はイギリスによる海上封鎖に対抗して無警告無制限の潜水艦攻撃を発表した。連合国側に関連する船舶はすべて撃沈するという宣言であり、その二日後、アメリカ船がUボートの餌食となった。だれもが、戦況の悪化で船価がさらに高騰すると読んでいた。幸次郎は、

「まだ高くなると思うがなあ」

と渋りながらも、

「ストックボートはこれからも造れるわけだし、まあ、ひとまず売っておくか」

巨利を生んだストックボート

と、高畑の意見を受け入れた。

高畑は、イギリス政府船舶省と掛け合い、計十二隻の売り込みを成功させた。第一号の契約は、この年三月十七日付。船価は日本円で約四百六十万円。ほぼ同型船が前年、百三十五万円で売却されており、トン当たり約四百円と幸次郎の思惑の半値以下とはいえ莫大な利益が転がり込んだ。四月に入ると、Uボートの被害はさらに甚大なものになり、一カ月間に百万トン以上の船が海中に消えた。この月六日、アメリカは中立の姿勢を打ち破ってドイツに宣戦布告をした。戦況は混迷の度を加えた。川崎造船所の本社重役会は六月九日、長引く社長の出張旅費としてさらに一万ポンド（現在に換算して約二億円）の追加を決定した。

十二隻の売却契約後も船価はジリジリと上がった。幸次郎は「早過ぎた」と悔やんだ。本社から「日本郵船が契約を申し入れてきた」と打診の電報が届くと、「もう売らん」と蹴った。戦争はさらに長期化し、船価は天井知らずだと見たのだが、それはあまりに強気すぎた。高畑は、その予測の危うさを何度も口にしたが、幸次郎は聞く耳を持たなかった。

おそらく、八十四年余りの人生の中で、この時の決断は一つの節目にあたるのだろうが、幸次郎は再び待ちの姿勢に入ってしまった。

そして八月二日。参戦に伴ってアメリカは、日本向けの鉄材輸出を止めた。日本の重工業の生命線が断たれる。幸次郎の表情がこわばった。

アメリカの鉄輸出禁止

アメリカの鉄材輸出禁止令は厳酷を極め、契約済みの鉄材であっても、連合国側の軍用品以外は一切積み出しを禁じた。

この段階で日本がアメリカに発注していた造船用鉄材は、約四十六万トン。すでにイギリスも鉄材の輸出をストップしており、アメリカからの造船用鉄材は、全輸入量の九割以上を占めていた。その命綱を突如として失った日本は、重工業全体が破滅の危機に瀕した。

アメリカと鉄材契約を結んでいた最大の発注主は、神戸の鈴木商店だった。積み出し禁止を受けた鉄材は、十一万六千トンにも及んだ。鈴木商店を通して造船用鉄材の大半を確保していた川崎造船所も、ストックボートを中心とする四十九隻の造船計画が一気に宙に浮いてしまった。その打撃は深刻で、国内の造船業界は未曽有のパニックに陥った。

一刻の猶予が命取りになると即断した鈴木商店の金子直吉は、ロンドンの幸次郎と頻繁に電報を交わして対策を練った。二人は輸出解禁運動の拠点を神戸と決め、禁止令が出た五日後の一九一七年(大正六)八月七日、神戸のオリエンタルホテルに造船、商社、海運の二十六社を糾合して「米鉄輸出解禁期成同盟会」を発足させた。以後、日本の輸出解禁運動は終始、神戸の経済界が主導権を握り、盟主となった金子は地球の裏側の幸次郎と絶妙のコンビを組んで、難局打開に渾身《こんしん》の力を振り絞っていく。

金子の動きはダイナミックだった。期成同盟会を組織した直後、首相以下各大臣を歴訪し、「禁輸が解けるよう至急ご尽力いただきたい」と政府の尻を叩いたかと思えば、二日後にはアメリカ大使館に乗り込み、「ペリー提督によって開国して以来の親しき友国ではないですか」と切り出し、理路整然と禁輸措置が連合国の利益に反することを説いた。

金子らの呼び掛けに応じ、東京、大阪にも相次いで期成同盟会が結成され、経済界は結束を固めた。さらに、川崎造船所や三菱神戸造船所などの職工たちで組織する友愛会神戸連合会も「造船労働者の死活問題」と危機感を強め、友愛会会長の鈴木文治が全米労働同盟会に電報で支援を要請した。

金子と幸次郎の思惑通り、解禁運動の輪は急速に広がり始めていた。だが、金子はこれでも満足しなかった。

「国民挙げての運動にしなければアメリカは動かん」

船鉄交換交渉

「世論の喚起」こそが、アメリカの鉄材輸出禁止令を解かせる鍵とみた金子ら「米鉄輸出解禁期成同盟会」は一九一七年（大正六）九月一日夜、神戸・湊川公園で「市民大会」を開いた。単に造船業の危機だけでなく、一般市民の死活問題であることを訴え、解禁を求める声をほうはいと湧き起こすことが狙いであった。

日が沈むとともに花火が間断なく打ち上げられた。定刻の午後七時前には、市内の各工場が一斉に汽笛を鳴らして大会への動員を図った。明々とイルミネーションがともる会場は、五万人の市民で立錐の余地もなく、扇子が波のように揺れた。

「戦国の世、上杉謙信は敵の武田信玄に塩を送った。ところが、同じ連合国であるはずのアメリカは、友邦への鉄材輸出を禁じておる」

壇上では、金子らの要請で発起人となった神戸市長鹿島房次郎、市会議長太田保太郎が熱弁を振るった。

当初は財界だけの騒ぎとしか受け止めていなかった市民は、全国第三位の大都市となった神戸が壊滅的打撃を受け、四万人の造船関係者が仕事を失うと聞かされ、身を乗り出すようにして耳を傾けた。最後に鹿島が、「禁輸の対象国から日本を除外せよ」との要求をアメリカ大統領に直接打電することを提案した。会場は「当然！」との声と割れるような拍手に包まれた。

一方、各都市で盛り上がる解禁運動を無視できなくなった日本政府は、

「鉄材を輸出してくれれば、建造した船舶の大部分をアメリカへ譲り渡す」

という「船鉄交換」交渉を進めていた。

喉から手が出るほど船が欲しいアメリカ側の事情を汲《く》み、十五万重量トン相当の現有船舶を先渡しするとの好条件まで持ち出し、四十五万トンの鉄材を輸出してくれるよう申し出たのだ。ところがアメリカ政府は、

「向こう十カ月間に百万トンの船舶を提出せよ」

と、日本の造船能力をはるかに上回る要求を突きつけてきた。

交渉は決裂し、譲歩した日本側の修正案も実らず、日本政府はこの年十一月十七日、対米交渉を打ち切ってしまった。ロンドンの幸次郎が、腹心の阿部市助らを使い、アメリカで展開していた独自の解禁運動の努力も、すべて水泡に帰してしまったのである。

金子は、自分の出番だと思った。政治の世界から縁遠い根っからの実業人だが、交渉事は政界も経済界も同じだ。最後は、腹をくくっての直談判しかない。

金子は幸次郎に、

「知恵を貸してくれ」

と電報を打ち、机に向かってロンドンに送る手紙を書いた。

気迫の親書

横にのばせば六メートルにもなる巻紙が鈴木商店ロンドン支店に届いたのは、一九一七年（大正六）も

押し詰まった時だった。

「親展」と書かれた手紙は、大番頭金子直吉が支店長高畑誠一にあてたものである。鮮やかな墨痕を読み進めていくうち、高畑は胸が熱くなるのを覚えた。

金子は、高畑の時宜を得た状況報告に謝したあと、戦争が終結すれば船や鉄、砂糖、米、豆、樟脳《しょうのう》、薄荷《はっか》、銅、亜鉛の値段、労働賃金などがどう変化するかの詳細な予測レポートを求めた。さらに、これまで鈴木商店の選んだ作戦はすべて「満点の成績」とし、お互いに商人としてこの戦乱の真っただ中に生き、世界的なスケールで仕事ができることを、

「無上の光栄だ」

としるしていた。

高畑の感動は、巻紙がほぼ尽きようとするあたりにさしかかってさらに募った。金子のたけだけしいまでの気魂と決意が行間に満ちていた。

「此戦乱の変遷を利用し大儲りを為し三井三菱を圧倒する乎《か》、然らざるも彼等と並んで天下を三分する乎、是鈴木商店全員の理想とする所也。小生共是が為め生命を五年や十年早くするも縮小するも更に厭《いと》う所にあらず……」

後に「天下三分の計」とも呼ばれる金子の手紙を読み終えると、高畑はしばらく、言葉を失ったように目を閉じた。須磨の白宅で一気に筆を進める金子の姿が脳裏をよぎった。しばらくして、幸次郎もこの巻紙を読んだ。すさまじいばかりの気迫に、さすがの幸次郎も気圧《けお》された。

金子の手紙は、神戸そのものの勢いも映し出していた。

金子が宣言したように、鈴木商店はこの年、貿易年商で三井物産を凌駕《りょうが》した。「榛名」に続く巨艦「伊勢」をこの年暮れに進水させる川崎造船所も大活況を呈していた。従業員は二万一千人を超えたが、それでも人手が足りなかった。船台からは次々と新船が誕生し、兵庫工場からは磨きあげられた機関車や客車が搬出された。四〇%もの超高配当を受けた株主たちは、十二月二十五日の株主総会で幸次郎あてに異例の「謝電」を打つ決議をした。幸次郎はすぐさま返電を打った。

「従業員一同奮励努力の結果であり、年期職工に至るまで等しくこの光栄に浴すべきである」

これを受けて、本社は世間が度肝を抜くようなボーナスを出した。それは部長クラスで七十〜百カ月分に上る桁外れのものだった。

だが、金子にしろ幸次郎にしろ、喜んでばかりもいられない。手強い敵との一戦が残っていた。

決裂の淵

一九一七年(大正六)十一月、日本政府による「船鉄交換」の対米交渉が何の成果もなく失敗に終わると、造船界の危機感は頂点に達した。政府は緊急措置として海軍工廠《こうしょう》などの鉄材を各造船所に配給したが、焼け石に水だった。

焦った造船会社や商社は、着任したばかりの駐日アメリカ大使ローランド・モリスに競って面会を申し込み、自社の都合に合わせた「船鉄交換」の条件を持ち出した。しかし、足並みの揃わない単独交渉は、日本の立場を不利にするばかりであった。対米交渉に乗り出した金子はまず、「私利に走れば日本経済は壊滅する」と、民間交渉を一本にまとめることから始めた。

金子らは翌年二月二十七日、「交渉成立後一年間に三十万重量トンの船舶を譲り渡す」と大幅に譲歩した「船鉄交換」の条件を示した。しかし、アメリカ政府の返答は、新規契約を認めないうえ「現有船舶二十万重量トンを二カ月以内に引き渡せ」という強硬なものだった。これでは鉄と引き換えに日本の海運界を抹殺することになる。民間交渉もまた、決裂の淵に立ったのである。

それにしても、貿易をめぐる日米間の確執の構図は、今も七十年前もまったく変わっていない。アメリカの強硬姿勢の背景にあるのは、現代と似たような貿易不均衡だった。

「われわれは日本から多くの商品を輸入しているのに、日本は買おうとしない」

との不満がアメリカの政、財界に渦巻いていた。

かつて辛次郎は、アメリカの財界人に対し、

「われわれがいったい何を求めているのか、あなた方の市場調査が足りない。無知が原因だ」

とまで言い切ったものだ。

アメリカが、日本重工業の生死を左右しかねない「船鉄交換」の交渉で、報復措置ともいえる態度で臨んできたことは、国民感情にも影を落とした。日本国内では「アメリカは経済的にわが国を敵視している」との声が強まり、同じ連合国とはいいながら、日米関係はトゲトゲしさを増

すばかりであった。

そして三月十七日夜。金子は神戸駅から特急「つばめ」に乗り込むと、考えをめぐらし続けた。日本側の譲歩はすでに限界に達していたというのに、アメリカとの溝は一向に狭まらないのだ。これからの一対一の交渉が、最後のチャンスになるだろう。かつて、商いで大失敗をした金子は、自決用の短刀を懐中に窮地を脱したことがある。その時の気合と政治の交渉と違うはずがない。手は一つ。常々言い続けた商売の心得を実践するまでだ。

「商いは、最初の五分間が勝負」

なのである。

作戦成功

早朝に電話一本を入れただけで、金子がアメリカ大使館にローランド・モリスを訪ねたのは、午前十一時だった。突然の会見申し入れだったが、内務大臣後藤新平の紹介状が無理を通した。

奇策縦横で鳴る金子には、腹をくくっての一策があった。金子は神戸からの車中、なぜ「船鉄交換」の交渉がことごとく失敗に帰したのかをじっくりと振り返った。思い当たったのはただ一つ、日本側が先に交換条件を提案し、アメリカに足元を見られてきたことだ。金子は、それを逆にしてみようと思った。

大使と型通りの挨拶を終えると、金子は胸ポケットから一通の英文電報を取り出し、モリスの面前に開いた。電報の送り主は、ロンドンの幸次郎である。

「今、貴国に対し、船をもっとも多く引き渡すことができるのは川崎造船所であります。その社長が主張する交換条件とは、この通り、われわれの提案よりはるかに強硬な内容であります。しかもその条件は、日本海運界の現状に照らしても不当な要求ではないでしょう。そこのところをよくお考えになって貴国の条件を示していただきたい」

神戸で開かれた船鉄交換祝賀会。幸次郎、金子の姿も見える

金子は、これだけを言うと口を閉ざし、丸い眼鏡の奥から大使の顔を見つめた。

モリスは電報を一読して唸《うな》っていた。それは、日本側がこれまで示してきたようなアメリカに都合のいい内容ではなかった。これまでは鉄一トンに対して二〜三重量トンの船という交換条件だったが、幸次郎は一トンに対して一重量トンという対等の姿勢をとり、もしアメリカが三重量トンの船を要求するなら、鉄材以外に錨やパイプなど、付属品一切合切《いっさいがっさい》を付けさせろと主張していたのだった。

アメリカとしても、ヨーロッパへの輸送船が連日のようにUボートの餌食にされていることを思えば、いたずらに交渉を長引かせることは得策ではなかった。モリスは熟慮の末、「本国政府と協議する」と金子に確約した。そして四日後、アメリカ国務省はモリスの進言を受け入れ、「船鉄交換」に応じることを決定した。契約済みの鉄に限って、一トンに対して一重量トンの船と交換する。ただし、この交換に先立って日本は十二隻を引き渡すという両国案の折衷だった。

実は、金子が切り札とした幸次郎の電報は、二人が綿密に練った交渉用の道具立てであり、幸次郎の強硬論で高圧的なアメリカ側に揺さぶりをかけるのが目的であった。二人の作戦はものの見事に成功し、暗礁に乗り上げた取引を実現させたばかりでなく、冷え切っていた日米関係も再び血が通い始めたのである。

幸次郎は、「契約成就」の電報に胸のつかえが一気におりたような気がした。しかしここロンドンでも、前例のない大商いが幸次郎の身に迫っていた。

浮世絵の大商い

幸次郎は正直、不思議でならなかった。

知友ブラングィンは俵屋宗達を絶賛し、画商も安藤広重や葛飾北斎、鈴木春信、喜多川歌麿らの名前を盛んに口にした。西洋画を買おうとしているのに、逆に日本の伝統絵画や浮世絵について質問を浴びる。合点のいかないことだった。

門外漢に等しい幸次郎にはわかりにくい流れだったが、浮世絵を筆頭にした日本美術は、西洋美術に多大な影響を及ぼしていた。とりわけ印象派以降の若い画家たちには、浮世絵の持つ斬新な構図や単純化された色彩、表現技法が、旧来の伝統に立ち向かう新しい美意識として迎えられた。ゴッホやモネは熱心な浮世絵コレクターとして知られ、ピサロは「広重は素晴らしい印象派画家だ」とまで語った。セザンヌ、ゴーギャン、ロートレック、ボナール、ドガ、マネらも、浮世絵からさまざまな啓示を受けていたのだ。

そんなある日、幸次郎は東洋美術商山中商会の岡田友次に会った。

「どの画家のところへ行っても浮世絵の話題ばかりだ。どうなってるのかねえ」

と話しかける幸次郎に、岡田は思い詰めた表情で言葉を返した。

「その浮世絵ですがね。フランスに宝の山があるんですよ。ところが、どうにもモノが大きすぎて……」

と、岡田が語り始めたのは、こんな話だった。

パリを代表する宝石細工師の一人にアンリ・ベベールという男がいる。彼は幸次郎より十一歳年長で、フランス宝飾史の専門家だった。浮世絵収集家としても知られ、日本美術愛好者の月例会を主催するなど熱心なコレクターだった。

つい最近、商用でパリを訪れ、そのベベールに会った岡田は、耳を疑いたくなるような商談を持ちかけられた。

ドイツ軍が長距離砲でパリを砲撃し始めたのは、一九一八年（大正七）の三月である。最大射程百キロ以上という前代未聞の長距離砲の出現は、パリ市民をパニックに陥れた。ベベールは、四十年を費やして集めた浮世絵約八千枚を戦火で失いたくないと思った。彼は日仏両国語で書かれたリストを見せ、買い手探しを岡田に頼んだのだ。総額で十万ポンドの現金払い、期間は二週間以内。切羽詰まっての大商いである。

ロンドンに帰ると岡田は、母校青山学院の先輩で、大戦景気で巨万の富を築いた神戸の勝田銀次郎に打診の手紙を書いた。しかし、二週間の期限で、現在の邦貨にして二十億円を超す買い物である。勝田からの返事を悠長に待っていられない。この話はどうやら実を結びそうもない……。

岡田の話を聞き終えると、幸次郎はニヤリと笑った。

「おいが買おうじゃないか」

大金を抱いて

「十万ポンドですよ」

岡田が聞き返すと、幸次郎は、

「買うといったら買う」

とぶっきらぼうに言った。

「ただし、おいは絵のことなどわからんから、あとは一切、君に任せた」

何とも鷹揚《おうよう》な物言いだが、それは幸次郎の本音だった。浮世絵の美術的価値はわからない。しかし、明治維新後三百万枚ともいわれる浮世絵が海外に流出し、国内にわずかしか残っていないという事実を聞くと、

「国民として恥ずかしく、国家として不名誉なこと」

と思えた。

まだ発展途上にある日本の名を広く西欧に知らしめた浮世絵師らは、

「日本の大恩人」

だとも思った。

「だから岡田君、日本の遺産を取り戻そうじゃないか」

岡田はすぐ、パリのアンリ・ベベールに「買い手が見つかった」と電話を入れた。それから、幸次郎に代金の支払い方法を尋ねた。

「金？　鈴木に言え」

返事はそれだけである。岡田は鈴木商店ロンドン支店に立て替えを申し入れると、慌ただしく旅装をまとめた。ベベール側の税金対策だろう。事は極秘裏にと強く念押しされている。岡田はさらし木綿を胴に巻きつけると、その隙間に巨額のポンド紙幣を詰め込んだ。入り切らない紙幣は、トランクに隠した。それからとり急いで港都サザンプトンへ向かった。

Uボートの跋扈《ばっこ》するドーバー海峡。その前年の一九一七年（大正六）、首相ロイド・ジョージの特命で連絡船などに護衛の駆逐艦がついて以来、撃沈される船舶が減ったとはいえ、暗闇の海峡は薄気味悪い。岡田の乗った連絡船は、灯火を消し、駆逐艦に左右を守られて出港した。船団はコースをジグザグにとったりしながら海峡へ向かったが、「Uボート接近」の報でもあったのか二度も逆戻りをした。連絡船は、平時なら三、四時間で横断する海峡を二昼夜もかかってやっとフランス・ルアーブル港に着いた。ほとんど眠れなかった岡田は、真っ先にタラップを下りた。胴に巻き付けた札束が発見されないよう、貴重品になっていた葉巻を税関吏への袖の下に使った。顔は笑っているのだが、脇の下から冷たい汗が流れた。

無事に税関を通ると、岡田はピレネー山脈にほど近いベベールの疎開先ボルドーへ向かった。このあたりまで来ると、戦火の険しさが薄れていた。のどかな車窓の光景に目をやりながら、岡田は大金とともに生きて海峡を渡ったという実感をしみじみと覚えた。

別荘のベベールは、両手を広げて岡田を出迎えた。それから使用人に命じ、浮世絵を運び込ませた。柳行李《やなぎごうり》に似た十一個の箱が積み上げられた。岡田は「フー」と息をついた。

強気の収集

合わせて八千余点。東洋美術が専門とはいえ、岡田にしても初めて見る膨大な浮世絵群である。

岡田は、コレクションの所有者・ベベールが用意した日仏両国語のリストを手に、一点ずつ丹念に照合した。ベベールの人柄だろう。浮世絵は一枚ずつ丁寧に厚紙で表装してあり、鮮やかな色は少しも衰えていなかった。

真贋《しんがん》を見分けていくだけでも一枚に一分はかかる。岡田は毎日、十時間前後も浮世絵と格闘し、十二日目でやっとチェックを終えた。八千余点のうち、秘戯画を除くと七千五百点だった。それを再び箱に詰め戻し、ベベールに代金を払い終わると、体の底から疲れを感じた。岡田は三日間、ゆっくりと骨休めをしたあと、十一箱の作品と一緒に魔のドーバー海峡を戻った。

岡田はこの買い付けで、依頼人の幸次郎からまったく手数料をとらなかった。今なら優に二十億円を超す大商いだが、幸次郎が私欲を挟まずに金を出したのなら、岡田もまた意気に感じて命を賭《と》した。七十年後の今、東京国立博物館で厳重に保管されるこの浮世絵群は、二人の気骨がなければ現存していなかったかもしれない。

さて、岡田が死線をくぐってドーバー海峡を往復していた間も、幸次郎の絵画収集は続いていた。この渡英時、どのくらいの点数を買ったのか明確ではない。岡田は後に、鈴木商店ロンドン支店が「松方氏勘定」として支出した金額は、

「ロンドン　五十二万磅（ポンド）　巴里（パリ）　二十万磅」とメモに書いている。

おそらくロンドンでの五十二万磅《ポンド》の大半は、この時期に集中していただろう。五十二万磅《ポンド》は米価を基準に換算すれば、現在ならざっと百十億円余り。さすがの幸次郎も神戸の屋敷を抵当に入

れて工面したとも伝えられ、夫の行状に決して口を挟まなかった妻好子が、たまりかねて自重を求める手紙を出した節もうかがえる。大量の絵画購入は、あり余る金を惜しげもなくつぎ込んだのではなく、かなり無理を重ねたものだったのである。

幸次郎はある日、鈴木商店の支店長高畑誠一を前に、こんなつぶやきを漏らした。

「高畑君、こんなことは久彌さんらのやることで、おいどんなどがやる仕事ではないかもしれんね」

久彌とは、三菱の総帥で幸次郎と同年齢の岩崎久彌のことである。自らの財力の限界に珍しく弱気の虫をのぞかせた瞬間だが、逡巡《しゅんじゅん》は一時のことだった。岡田はそんな幸次郎に限りない魅力を感じながらも別のメモにこんな走り書きを残した。

「松方氏ノ悪イ癖　自信ガ強過ギル　進ムコトヲ知ッテ止マルコトヲ知ラズ」

船価下落

幸次郎が、二年余りに及んだ滞英生活を切り上げて、

「そろそろ帰るか」

と腰を上げたのは、一九一八年（大正七）の八月だった。

まだ第一次世界大戦の行方は混沌としていた。前年の六月から、ロンドンはドイツ軍の長距離

爆撃機「ゴータ」の空襲にさらされるようになった。逃げまどう市民の中にあって、幸次郎はひそかに、

「これからは空の時代だ」

とにらみ、飛行機生産への態勢を整えるよう川崎造船所へ打電した。

ようやく本社兵庫工場内に飛行機科が設けられたのは、それから一年後のつい一カ月前のことだ。さらに欧米で急増していた車に着目し、本社造機設計部に自動車掛を新設させたのも同じころである。

それらの新機軸を自分の目でチェックしなければならない。いやそれよりも、神戸の騒がしさが気になって仕方がなかった。大戦景気は、米価を異常に吊り上げていた。物価はこの五年間にざっと二倍になっていた。とりわけ、米は大正七年の七、八月だけで二倍になっていた。しかし、労働者の賃金は過去五年間に五割アップしただけである。市全体が活況を呈しても、一人ひとりの生活は豊かさとは縁遠かった。米価急騰は、人々の忍耐力を極限に追い詰めていた。

そして八月十二日、「米の暴騰は、鈴木商店が買い占めているためだ」と噂《うわさ》されていた鈴木商店が、数千人の群衆から焼き討ちに遭った。筋向かいの神戸新聞社も放火され、神戸市内は異様な雰囲気に包まれた。後にいう米騒動である。

幸次郎が帰国を決めたのは、こうしたことが絡まってのことだろう。しかし、この段になって、幸次郎は、見通しを誤った。戦争はさらに長期化する。仮に大戦が終結しても、ヨーロッパが荒

廃から立ち直るのは当分先のことで船価はまだ上がる——。戦いの渦中にいた幸次郎はそう見た。

鈴木商店ロンドン支店長高畑誠一が、

「船価が上昇したのは、戦争を早く決着させるために高いとわかっても買ったためです。戦争が終われば暴落しますよ」

と反論したが、幸次郎は一蹴《いっしゅう》した。

「そりゃあ、若い人間の間違った見方じゃ。終戦後も船価は上がるよ」

幸次郎は結局、国内の海運会社から入っていた商談を断り、イギリス政府に対しても十二隻の受注に留まった。高畑の予言通り、終戦と同時に船価は一気に下落してしまうのだが、強気一点張りの幸次郎にはそこまで読み切れなかった。逆鱗にふれるのをおそれたこともあったのだろう、社内には幸次郎の方針に正面から異論を挟める人材がいなかった。内に、外に、つまずきの芽はこの時、地表にのぞき始めたのである。

大戦の終結

帰国する途中、幸次郎はパリに立ち寄った。ドイツ軍の砲撃が小止みになっていると聞き、世話になった高畑誠一を「パリでうまいものを食おうや」と誘ったのである。

一九一八年（大正七）の八月初旬。ドーバー海峡を無事に渡り、灯を消した夜汽車でパリ郊外に着いたのは午前零時ごろだった。パリは不気味な静けさのなかで息を詰めるようにして眠っていた。時たま、暗闇のなかで砲火の赤い光が走った。

二人は、予約をしていた最高級ホテル・モーリスに投宿した。翌朝、幸次郎の来仏を知って、日本大使館の海軍武官が部屋を訪れた。高畑が挨拶を交わそうとした瞬間、「ドカーン」と耳をつんざく大音響が襲った。道を挟んだ南側のチュイルリー公園の森から、激しい羽音をたてて鳥が飛びたった。

「あれがドイツ軍の長距離砲ですよ」

海軍武官は冷静だった。

「一カ月ほど故障していたが、どうやら修理したようですな。どこに砲弾が落ちるのかわからんので雷と一緒ですよ。ドイツ軍は、あれを十五分おきに撃ちます。午後六時までピッタリ十五分ごとです。次は、そう……九時十五分ごろですかね」

高畑は、ビクッとした。それを幸次郎は、笑い飛ばした。

「なあに高畑君、頭の上に落ちたら百年目じゃよ。まあ、せっかくのパリだ。美術品でも買おうじゃないか」

幸次郎は、こうして一週間をパリで過ごし、アメリカ経由で帰国の途についた。

ニューコークに着くと、幸次郎に奇妙な取引話が来た。革命成就直後のソビエトでカムチャツカ半島が売りに出たというのである。値段は二億円。「ロンドンで儲けた金で買え」と勧める者までいた。真偽のほどは確かではないが、こうした浮世離れした話が舞い込むほど造船王としての名は広まっていたのである。

幸次郎が第一次世界大戦が終わったことを知ったのは、あと二週間で横浜に到着するという帰国直前の船上でだった。連合軍総反撃で敗色が濃くなり始めたドイツ国内で水兵が反乱を起こし、戦時体制が一気に崩壊したのである。「大戦はまだ続く」との読みは、あえなく外れた。終戦後も船価が高価を保つかどうか。ヨーロッパに滞在中、「戦争は六年間は続く」という情報を耳にしていた幸次郎は、高値を覚悟でかなりの鉄鋼材などを買い込んでもいた。それをどう利用するか。

幸次郎は予測を少しずつ修正しなければならなくなった。

横浜に到着後、出迎えた副社長の川崎芳太郎と東京で一泊だけすると、慌ただしく夜行列車に飛び乗った。二年八カ月ぶりの神戸。莫大な利益を得ての帰神だが、宿題も多い。残ったストックボートをどうするか、そして……。

日本への義務

早朝の三ノ宮駅には、各界の名士が次々と車で駆けつけた。県知事、市長、商業会議所副会頭以下神戸経済界のメンバー、そして川崎造船所の幹部たち。

八時五十五分、列車が到着すると、幸次郎は満面に笑みを浮かべてホームに降り立った。無造作にかぶったソフト帽に手をやって、だれかれなしに「やあ」「やあ」と声をかけた。駅頭には、妻の好子らも迎えに来ていたが、幸次郎の乗った二頭立て馬車は自宅へ向かわず、造船所へ直行した。

幹部社員らに帰国の挨拶をし、ようやく社長室に腰を落ち着けたが、今度は詰めかけた報道陣の相手をしなければならなかった。彼らが聞きたがった点は二つあった。欧米の実情と日本にまで伝わってきた絵画収集の真偽である。

幸次郎は一気に語り出した。

「日本はどうも労力に対する報酬が少ない。教育に力を入れて啓発し、労働者がもっと給料をとれるようにしなければならん」

「だいたい、日本人は模倣ばかりに生きておる。もう少し独創に重きを置かねばならん。できんことはないのじゃよ。ストックボートにしても今になってアメリカが始めた。独創は欧米の占有物ではないのじゃよ」

帰神した幸次郎（大正７年11月28付神戸新聞）

それから幸次郎は「柄にもない仕事じゃが」と苦笑しながら、コレクションにも触れた。

「収集は、わが輩が美術を研究するためでも趣味のためでもない。一に、美術館に陳列して公開したいがためである」

「労働者の啓発とは、心理的にも微妙なものがある。その意味で、絵画は観る者の心理作用に非常な影響を与えるものであり、国家のためと心得て収集したのじゃ」

幸次郎は少し間をおいて言葉を継いだ。

「実は、名画購入ではかなりの借金をしたので、家族から大いに文句を言われた。しかし、浮世絵を含め苦心をして集めたところで、わが輩の義務は終わったと考えておる。帰国と同時に絵のことは忘れてしまっておるのじゃよ」

それは本音だったろう。幸次郎とすれば、経済的な能力はつついっぱいだった。一人の富豪として日本と日本人に対しての「義務」は果たした、と。しかしこの二年後、幸次郎は再び絵画収集を強いられる運命となるのだが、この時にはわかるはずもない。

新聞記者が部屋を出ていくと、幸次郎は専務の永留小太郎を呼んだ。

「ロンドンから送った箱を持ってきてくれ」

箱といっても二人がかりでしか運べない重さだった。幸次郎はそれを床に置かせると、永留らに言った。

「諸君、これは魔法の箱じゃよ」

労働運動の台頭予見

ゆっくりと開けられた箱の中には、英文のパンフレットや刊行物がぎっしりと詰まっていた。幸次郎はそれをパラパラとめくると、専務の永留らに視線を向けた。

「いいかね。これを使い損なったらガラガラ蛇になって食われる。しかし、上手に使えば日本の産業は飛躍的に伸びる。この魔法の箱を日本で開けられるのは、おい以外におらんじゃろうね」

それは、労働問題についてのおびただしい資料だった。

労働運動の先進国イギリスに長く留まった幸次郎は、資本主義の発達が労働密度の強化へとつながり、労働者階級の不満を鬱積《うっせき》させる結果となることを見てきた。神戸で発生した米騒動も根っこは同じかもしれなかった。もしかすると、神戸は日本の労働運動の発火点になるかもしれない。幸次郎はそうも思ったのである。

事実、神戸は労働者の都市として急成長を遂げていた。この一世紀を人口でみると、神戸は常に全国六〜八位の町である。しかし一九二〇年（大正九）、神戸は一躍東京、大阪に次ぐ三番目の大都市となる。あとにも先にもこの時期だけの記録だが、それは造船、鉄鋼など基幹産業が隆盛の頂点を極め、労働者を吸収したからにほかならない。

鈴木商店が三井物産を凌駕《りょうが》したことは既述したが、川崎造船所もまたこの時期、ライバルの三菱をはるかに超す営業収益を上げていた。大正八年の上・下半期を合わせ、川崎が計上した利益は約二千二百万円、対する三菱はその半分だった。

禿山《はげやま》だった六甲山が、植林作業を重ねて現在のような緑の屏風《びょうぶ》となり、神戸港の第一期修築工事がほぼ完成してきたのもこの時期だった。市電が軽やかな音をたてて街を走り、繁華街のあちこちにカツレツやビフテキの洋食屋が誕生していた。

神戸がもっとも華やかでエネルギッシュだったこのころ、幸次郎はその栄華の渦中にいながら、労働運動の推移に神経を尖《とが》らせていたのである。

当初は労働者の共済団体だった友愛会が次第に労働組合の色彩を強め、川崎、三菱の従業員が次々と加わった神戸連合会は、関西での友愛会の拠点となっていた。そのリーダーの一人が、約二十五年前、涙を浮かべながら故郷神戸を離れた賀川豊彦である。明治学院から神戸神学校を経てスラム街に住み込み、伝道活動を続けていた賀川は、労働運動の旗手としても急速にクローズアップされていた。

しかし幸次郎は、ひとまず魔法の箱を閉じねばならなかった。持論に反して、大戦終結と同時に船価が日を追って下がり始めたのである。

川崎汽船誕生

船価の落ち込みは、急激だった。

一九一八年（大正七）十月に一重量トン当たり九百円まで奔騰していた国内の船価は、第一次世界大戦が終わると同時に値崩れを始め、翌年一月には、五百五十円から四百円と半値ほどになってしまったのだ。しかも、川崎や三菱の各造船所は、大量のストックボートを抱えている。船舶相場がいったいどこまで下落するのか、幸次郎も見当がつかなかった。

川崎造船所のことだけを考えれば、戦災復興で船を必要としている欧州各国にストックボートを売り込めば、赤字は防げる。だが幸次郎には、国益を無視して企業の儲けを優先させる気はさらさらなかった。

「新造船を海外に売却すれば、いたずらに外国海運を助けることになる。わが国の発展のためには、新たに海運会社を興して新造船を活用すべきではないか」

幸次郎の胸中にあったのは、川崎造船所の保有の船舶を動かす船会社をつくってインド、北アメリカ、オーストラリア航路に進出し、欧米の海運界に対抗することであった。

その構想通り、この年四月五日、川崎芳太郎を社長、幸次郎を副社長とする資本金二千万円、運航船舶二十七隻の汽船会社が川崎造船所内で設立された。今日の川崎汽船の誕生であり、神戸港に面する海岸通八番地に社屋を構えた。

川崎汽船の創立と歩調を合わすかのようにこの年、鈴木商店の金子直吉らを中心としてもう一つの海運会社設立の動きがにわかに活発化していた。内航や近海航路の過当競争を防ぐため、各船会社や造船所が船舶を提供し合って世界航路に乗り出そうというもくろみで、アメリカの船主からも参加申し出があるなど、国際的にも注目を浴びた。しかし、船価がますます落ち込むにつれ、新会社設立の目的は、船会社や造船所が抱える大量の船の処分先づくりへと変質していった。幸次郎は「提供船の価格は新会社の負担にならないよう一トン当たり二百円に抑えるべきだ」と主張したが、海運不況に苦しむ船主たちを考慮して三百五十円と決まった。

結局、川崎造船所、鈴木商店、浅野造船所など九社が計五十万トンの船舶を提供することで話がまとまり、この年七月三日、日本郵船、大阪商船に次ぐ一大海運企業が誕生、世界航路への雄飛を目ざして「国際汽船」と命名された。

幸次郎が心配した通り、国際汽船は高い船価が終始重荷となり、苦難の道を歩むこととなるのだが、新会社の滑り出しを見守る余裕さえない事態が、幸次郎の足元で動き出していた。

混迷の十一日間

神戸新聞の一九一九年（大正八）九月十四日付社説は、約一カ月後に迫った第一回国際労働会議をテーマにとりあげた。

この会議の議題のうち、もっとも関心を呼んでいたのは八時間労働制である。第一次世界大戦後、各国で活発になった労働運動は、軌を一にして労働時間短縮を求めていた。しかし日本ではまだ、十時間労働が当たり前で、組合の要求としても本格的な八時間労働制を唱えるケースは少なかった。日本政府の考え方は、八時間労働制の趣旨は尊重しながらも実施は時期尚早とするものであり、この会議に日本の資本家側代表委員として参加する鐘紡の武藤山治も、「原則賛成」とは言いながら導入には批判的だった。社説と同じ日付の紙面には、神戸・住吉の自宅で記者に語った武藤のコメントが載った。

「外国の真似《まね》をして採用すれば、現状では生産力は激減し、わが国産業の不振をきたす」

さて、その新聞が出た当日、結果として日本初の八時間労働制を導き出すことになる五十一人の男たちが、神戸・会下山《えげやま》の料亭にひそかに集まった。いずれも川崎造船所の本工場で働く労働者の代表である。

大戦後の物価高騰に賃金の上昇が追いつかない実情が、五十一人の決意を固めさせていた。彼らは、賃上げや年二回の賞与支給など四項目の要求をまとめ、十五、十七日の二日間に分けて直属の部長へ提出することを決めた。しかし、前例のない団体交渉であり、彼らにも不安は強かった。回答次第ではサボタージュ戦術に踏み切るが、万一解雇者が出た場合に備え、全職工から日給額に応じたカンパを集めることにした。

その決行日。険しい表情の職工から要求書を受け取った各部長は、「とにかく預かっておく」と答えたものの処置に困った。回答を求められた部長たちは、しばらく要求書を手元に置いていたが、回答指定日の十八日朝、幸次郎に判断を仰いだ。

幸次郎はしばらく考え込んだあと、「とうとう魔法の箱を開ける時がきた」と思った。

「よし、会おうじゃないか」

第一回団交は、この日午前十時から本社地下室で始まった。会社側から五十四人が出、職工代表は二十三人だった。狭い部屋は、熱気と人いきれで埋まった。幸次郎が、

「おれは、いつも職工の幸福と利益の増進を念じてやってきたが、今回こんな要求が出たのは、お互いの意思疎通を欠いたためじゃろう。この際、腹蔵なく意見を交わそうじゃないか」

と口火を切った。

労働運動史上に残る混迷の十一日間が始まった。

怠業突入

幸次郎は、緊張した表情の職工代表者を見回すと、四項目要求への回答を示した。

それは、職工たちには「拒否」の回答だと思えた。確かに賞与や設備改善は要求を十分に満たす内容だったが、肝心の賃上げは要領を得ないものだった。

幸次郎はこんな説明をしたのである。

「おれは二カ月ほど前から昇給について調査をしてきておるのじゃよ」

そう前触れしておいて、

「むしろ、先決問題は八時間労働なのじゃ。おれはね、こいつを一緒に考えてお前たちの要求を一気に解決したいんじゃよ」

職工のリーダーたちも八時間労働問題は知っている。しかし労働時間短縮と賃上げがどう絡んでくるというのか。

「それでは事実上、要求拒絶ということですね」

「残念じゃが、これ以上はまだ返答できん」

飽迄《あくまで》遣《や》る積《つも》りだ
吾々の態度がダレて来た？
そんな事は断じて無いぞと
實行委員の鼻息中々盛ん
今日は皇靈祭で全部休業

川崎造船所の怠業を報じる神戸新聞

「結局、私どもの主張は聞き入れられないのですね」

「そうじゃない、誤解をせんでもらいたい」

やりとりは約二時間に及んだ。幸次郎は、八時間労働という「魔法の箱」をチラリと開けてみせたが、あくまでも賃上げを求める職工たちには場違いな回答と映ったのである。

職工たちは会場を辞すると、申し合わせたサボタージュ（怠業）に入った。正午と同時に男たちの手が止まり、耳をつんざく鋲《びょう》打ちの轟《とどろ》きが消えた。広大な造船所は墓場のように静まりかえった。製材工場だけは機械が動いていたが、働く姿はなかった。会社側は、一切の干渉をやめた。定時になると、職工たちは何事もなかったかのように帰路についた。

不気味な静寂の中で、日本で初めての本格的なサボタージュにことさら神経を尖らせたのは、警察だった。「扇動者がいるはずだ」と内偵の命が飛び、労働運動に詳しい一人の新聞記者が治安警察法違反で検挙された。その取り調べの最中、幸次郎からの強硬な抗議が当局に入った。

「おれの会社の争議は、おれが解決する。新聞記者が独自の立場で取材するのは当然じゃないか。ジャーナリズムの弾圧は文化の破壊じゃよ。検挙なんぞやめてもらいたい」

警察は幸次郎からの突き上げに折れ、記者を取り調べ室から解放した。

しかし、争議は緊迫した情勢のままだった。二日目に入ると争議団は保安委員を選び、統制を徹底した。犠牲者を想定してのカンパも集められた。サボタージュは兵庫分工場の一部にも広がった。職工たちは時々機械を動かしたが、半時間で手を止め、休んだ。そして七日目。第二回団交が行なわれた。

戦術強化へ

一週間前の第一回団交では、職工たちの熱情に押され気味だった幸次郎だが、この日の団交では持ち前の攻めの姿勢がよみがえっていた。

「お前たちは生活に困るという。だが、お前たちの要求を見ると下の者ほど賃上げ率が低い。生活の苦しい者ほど割が悪いなんて変ではないか。おれの理屈はおかしいかい」

「おれにはおれの考えがある。どうもお前たちは、おれの真意がわかっておらん」

幸次郎の口調は次第に荒くなった。

「サボタージュは卑劣じゃよ。世界中を見たって、だれも同情しない。やるのなら日本の男らしくストをやれよ、ストを」

職工代表たちは食い下がった。

「何とか誠意のある回答を」

「お前たちは、おれを親じゃという。おれは、お前たちを子供じゃと思う。お前たちがかわいい。おれを親じゃと思うなら、おれを信じて働けよ」

団交は、一時間五十分で終わった。職工たちは賃上げの言質《げんち》をとれないまま引き揚げた。

翌朝、職工代表たちは会議を開き次善策を練った。選択肢は二つである。社長に一任するか、サボタージュを続行し、場合によってはストに突入するか。

論議はまとまらず、記名投票で決することになった。一回目の投票では、小差で社長一任論が勝った。だが、職工の一部から投票方法に異論が出て、再投票したところ一転して強硬論が上回った。翌朝、全労働者に前日の投票結果が伝えられた。彼らは、サボタージュの限界にいらだっていた。「ストライキだ」の声が次々と起きた。電気工作部があくまでも社長一任の姿勢を示しただけで、約一万七千人は戦術をさらに強めるよう求めたのである。

職工たちのこうした動向は、幸次郎の耳にも刻一刻と入ってきた。「ストライキ決行の構えだ」の連絡が届くと、幸次郎は腹をくくった。確かに時期尚早かもしれないし、平気で遅刻や欠勤をする職工たちの現状に照らせば思い通りの効果を上げられないかもしれない。しかし、「実業界の一番槍《やり》」をもって任ずるなら、避けては通れない。「魔法の箱」は完全に蓋を開けねばならない。

幸次郎は、平常の業務が続いていた葺合と兵庫の両分工場に一枚の張り紙を出すよう命じたあと第三回目の団交に臨んだ。スト決行を伝えようとする職工代表たちは、硬い表情で席に着いた。

幸次郎は、

「煙草でも吸おうや」

と言って、愛用の葉巻をとり出した。

八時間労働制採用

スト突入を伝える職工代表の事情説明を聞き終えると、幸次郎は、

「それは、いろいろご苦労じゃった」

と、やんわり出端《でばな》をくじいた。

それから少し表情を引き締めると、

「実は、兵庫と葺合の工場には発表したのじゃが、今からお前たちにも告げておきたい会社の案がある。おれは、夜店の客みたいに五十銭まけろ、七十銭まけろなんてケチなことは言わん。ストをやるそうじゃが、そうなれば解雇されて戻って来ない者もおるだろうから、今から朗読させる会社案をよおく聴いてくれ」

と皮肉っぽく語りかけた。

うながされて庶務課長代理が訓示を読み上げた。

「就業時間を左の通り改正し、十月一日より実行す。就業午前七時、正午より半時間の食休後、停業は午後三時半。日給は従来の十時間と同額で残業に歩増を加給す」

それは画期的な八時間労働制への移行宣言であり、実質的な賃上げにもなっていた。地下室にどよめきが起きた。

幸次郎は言葉を添えた。

「労働は商品にあらずという。おれは賃金をまけろなんて言わんよ。八時間労働は世界の趨勢《すうせい》じゃよ」

職工代表たちに戸惑いの色が浮かんだ。幸次郎はそれを見てとると言葉を継いだ。

「お前たちのその赤い腕章。おれにくれよ。記念のために額に入れて後々にまで伝えたい」

団交が終わると、職工たちは対応を協議した。しかし、結論は明白だった。現状の残業を加味すれば、給料は一気に増える。一万七千人を巻き込んだ大争議は、闘争に入って十一日目で終結した。平常に戻った日の朝、造船所は従来に倍する活気を呈したのだった。

川崎造船所の八時間労働制実施は、労働界に強烈なインパクトを与えた。資本家側からは「暴挙だ」との声が強かったが、この年、一九一九年（大正八）に造船、鉄鋼などを中心に八時間制を採用したのは、全国で二百十四工場にのぼったのである。

ただし、幸次郎の頭の中には、資本家としての冷徹な計算も働いていた。確かに残業次第では給料は大幅に増える。しかし残業を削れば賃上げ率はそう高くない。幸次郎は、職工たちの歓呼の声の陰で、大戦後の反動不況下でのひそかな合理化をもくろんだのである。十時間分の仕事を八時間に圧縮し、残業を減らす。それは、声に出して言わないまでも、不況下での生き残りをかけた「魔法の箱」の使い道でもあったのだ。

こうして大争議を乗り切った幸次郎の前に、イギリスから厳重に封印されたお土産が次々と届き始めた。

美術品到着

幸次郎の買い求めたおびただしい西洋絵画が日本に届き始めたのは、一九一九年（大正八）の春である。最初に手にしたのは、レルミットの油絵などだった。幸次郎は真っ先に、東京に住む父と母にそれを見せた。

初夏に入ると、二週間ごとにイギリスからの船便が着き始めた。いずれも後事を託していた東洋美術商山中商会の岡田友次が厳重に荷づくりをし、二週間に一度出港する日本郵船の定期便に乗せたものだ。一度に送り出せばいいようなものだが、慎重な岡田は万一の事故を考えたのだろう、二十九回に分けて送った。それらは、幸次郎が労働争議の解決に奔走している間も神戸に次次と届いた。岡田の残したメモには、発送点数として、

「絵画　八六七点　彫刻・家具調度品・プリント・タペストリー　四八〇点　ヴェヴェル浮世絵八二一三点」

とある。箱数にして二百七十五個。海上保険の額は約四十五万ポンド《ポンド》。現在の円に換算すれば百億円前後に上った。

こうした絵画などが港に着くたびに、幸次郎は本社の地下室に運び込ませた。広大な自邸でもよかったのだが、「雨漏りがする」と嫌った。広い地下室もやがて箱で埋まった。とりわけ八千点もの浮世絵を整理する必要にかられた幸次郎は、東京から二人の専門家を呼び寄せた。

「リストと解説書を作ってほしい。整理が済み次第、政府に寄贈して国民に公開したいのじゃ」

幸次郎の願いを聞き入れて二人は整理にかかったが、浮世絵の集大成ともいえる圧倒的な点数を前に、二人は放心の体《てい》となってしまった。鮮やかな作品群を目にするたびに、二人は作業を忘れてしばし見入ってしまうのだった。

そんな仕事が地下室で続いていたある日、幸次郎は腹心の部下武文彦を呼んだ。元はといえば、絵の好きなこの男の存在が西洋美術の収集に突っ走る一つの動機にもなっていたのだ。めったに弱音を吐かない幸次郎だが、武の前ではつい本音が漏れた。

「武君よ、おれはケチな考えは持たんつもりじゃよ。宝物なんてあの世には持っていけんのじゃからな」

そう言ってから、幸次郎は少し声を和らげた。

「おれは美術館をつくったらお国に献上したい。だが、おれの財力がどこまでそれをリアライズ(実現)できるか……。やれるだけやるつもりだが、金が続くかどうか、ね。正直、心もとなく考えておるのじゃ」

武は、強気一点張りで通るこの豪胆な実業家の素顔の一端に触れたような気がして、その一言一句を胸に刻み込んだ。

そして秋風が冷たさを増し始めたころ、ロンドンから幸次郎の夢を凝縮した美術館の設計図が届いた。

雄大な美術館

それは壮大な美の殿堂だった。幸次郎は、一目で気に入った。

知友ブラングィンの手による「共楽美術館」の設計図は、ほぼ一年がかりの力作だった。まだ確定版には至らなかったが、当時とすれば世界でも屈指の規模となる美術館の全容が十二分にうかがえた。

中世の僧院を思わせる本館は、描かれた人間の大きさなどから推定して横七十五メートル《メートル》、奥行き八十メートル《メートル》もの巨大な建物だった。中庭には噴水が設けられ、日本庭園を挟んだ本館の西側には、家具などを展示する別館があった。本館内は過度な装飾をすべて排し、採光は開閉式の屋根からだけに絞っていた。その屋根は日本の瓦《かわら》で葺かれ、外壁のほとんどはレンガだった。

幸次郎は専門家の意見を聴こうと思った。とすれば、格好の人物は一人しかいない。美術界の巨匠であり、同郷の縁で松方一族となじみの深い黒田清輝である。

川崎造船所で注目の八時間労働制がスタートした直後の一九一九年(大正八)十一月末、幸次郎は設計図を手に上京し、父正義のもとを訪れた。雨が降り続くなか、三田の正義邸には次々と美術関係者が集まった。黒田をはじめ、ちょうど幸次郎の母満佐子の肖像画にとりかかっていた石橋和訓、千葉県下で作陶活動に入っていた若き日の陶芸家バーナード・リーチの姿もあった。

昼食を一緒にとったあと、面々はブラングィンの設計図を前に思い思いの意見を述べあった。その勇壮なプランは、黒田らの関心を大いにそそった。しかし、これだけの美術館建設にどのくらいの費用がかかるのか。

幸次郎は、

「およそ四百万円はいるだろう」

と言い放った。

今でなら八十〜九十億円か。黒田らは再び設計図に目を落とした。

幸次郎は、これほどのスケールの美術館を建てられるのは、約三十年前に正義が購入した麻布竹谷町の仙台坂にある兄正作名義の広い土地しかないと思っていた。美術館構想を抱いた当初、幸次郎は「神戸につくりたい」と考えていたようだが、適地がなかったうえ、父はもちろんのこと松方一族の協力なしには夢の実現が図れないと決心したのだろう。あるいは、帝都・東京の街並みを一望の下に収めるこの仙台坂の高台こそ、ロマンが実を結ぶ場所にふさわしいと思っていたのかもしれない。

正義邸での会合は、夕刻五時まで続いた。帰宅した黒田は、その日の日記に、

「面積外観共ニ単純ニシテ雄大ナリ」

と記した。

だが、幸次郎の「夢」を「幻」へと追い詰めていく暗雲が、少しずつ垂れ始めていた。

車両部門の健闘

欧州の戦災復興で一時的に息を吹き返していた日本海運界の景気は、被災国の傷が癒《い》えるとと

もに、再び大きく落ち込んだ。一九二〇年（大正九）に入ると、欧州に向けて物資を運んでいたアメリカ商船が太平洋航路に参入してきたため、日本海運は空荷同然で航行するような深刻な事態に直面した。

海運市況の悪化に伴って、川崎造船所のストックボートも買い手を失い、神戸港に錨を下ろしたまま船底には錆《さび》が回り始めていた。苦戦を強いられている川崎汽船、国際汽船への多額の投資も回収の見込みが立たず、第一次世界大戦中には莫大な利益を上げた川崎造船所も日ごとに資金不足に陥り、手形発行による借金経営へと変質していった。

社長就任以来二十四年。強運続きだった幸次郎だが、今度ばかりはツキに見放された。

川崎造船所が、戦争による鉄鋼相場の高騰やアメリカの鉄材輸出禁止措置に懲りて、製鉄部門の葺合工場を建設したことはすでに述べた。この工場で生産された鉄鋼材は、戦争中こそ大いに役立ったが、戦後不況に見舞われると在庫の山を築くばかりとなり、

「戦後建造のストックボートは大量の鉄鋼材のはけ口という一面もあった」（柴孝夫・京都産業大学助教授）

という事態に陥っていた。

しかも、海運会社との商談を断ってまでストックボート建造を推し進める強引な経営は、日本郵船や大阪商船など従来の得意先をも失う結果となり、造船部門は、四面楚歌の状態に追い込まれた。

ただ、兵庫工場の車両部門は、造船が不振にあえぐなか、鉄道院（国鉄）や各私鉄から機関車、電車などの注文を順調に受け、中国大陸への市場拡大を目前にするまでになっていた。日露戦争の最中、神戸から満州（現中国東北部）へ船積みされる欧米製の機関車を見て決意した多角経営の第一手であったが、十四年後に川崎の屋台骨を支えるところまで成長していたのだ。

しかし見方を変えれば、車両部門の健闘は社の経営破綻の時期を早める結果ともなった。幸次郎が、その後に来る不況下にあっても人員整理や不採算部門の切り捨てを避けたのは、多角経営で不況の波を乗り越えることができると踏んだからである。

さて、海運会社からの注文が一隻もないという異常事態のなかで、幸次郎は意外に平然としていた。

「商船がだめでも軍艦があるではないか」

と、海軍の軍備拡張に回生の策を託していたのだが、それは、ボタンのかけ違いをさらに進める結末へとなっていく。

八・八艦隊

海軍の建艦熱は、すさまじかった。アメリカが、世界最大の海軍国イギリスに対抗して戦艦十隻、巡洋戦艦六隻を主力とする大建艦計画を打ち出したことが、日本をいたく刺激していた。

太平洋を挟むアメリカとの海軍力バランスが著しく崩れることは、日本の安全にとって由々しき事態とみた海軍は、次々と建艦計画を国会に提出し、一九二〇年（大正九）七月には「八・八艦隊案」が第四十三帝国議会を通過した。艦齢八年未満の戦艦、巡洋戦艦各八隻を中心とする大艦隊を向こう八年間で完成させようという一大計画で、予算も十億円と突出していた。

「榛名」「伊勢」などの建艦実績を持つ川崎造船所は、「八・八艦隊案」の遂行に万全の体制を敷き、この年七月、排水量三万九千九百トンの最新鋭戦艦「加賀」の建造がスタートした。中小造船所の倒産が相次ぐなか、川崎や三菱などガントリークレーンを有する大手だけは、海軍の巨艦発注によって活況を呈し、川崎造船所は前年以来、戦艦から駆逐艦まで十七隻も受注していた。商船なら四十万総トン以上に匹敵する大量受注である。海運企業からの注文がパッタリと途絶えても、なおかつ幸次郎が平然としていられたのは、建艦ラッシュという特需があったからにほかならない。

進水する戦艦「加賀」

だが、戦後不況が広がるにつれ、各国とも建艦競争が財政を圧迫し始めていた。しかもこの年一月に国際連盟が発足したことは、世界的に軍備縮小への関心を高めていくことになった。日本では、尾崎行雄が国会で軍縮を主張し、関西財界でも鐘紡の武藤山治が軍備制限運動に乗り出すなど、「八・八艦隊案」は、成立直後から暗雲が漂っていたのだ。

そしてこの年八月、川崎造船所のメーンバンクである十五銀行が、浪速、神戸川崎、丁酉の三行と合併し、国内第四位の大手都市銀行となった。幸次郎の長兄で頭取の巌は、

「支店網と資金量の増大を図るには合同こそもっとも賢明な近道」

とぶち上げた。

確かに資本金も倍額の一億円となったが、健全経営だった十五銀行に比べ、吸収された三行のうち浪速と神戸川崎は多額の不良債権を抱えており、合併後の経営は、巌の言葉とは裏腹に悪化の道をたどっていく。

従業員は二万人を超え、ガントリークレーンの下では巨艦が横たわる。メーンバンクも規模を拡大した。はた目には順風ぶりだけが目立っていたが、幸次郎を支えていた経営の土台は、静かに崩れ始めていたのだ。その前途を暗示するかのようにこの年、かけがえのない人が相次いで幸次郎の前から消えていく。

あふれ出る涙

いつもと同じ穏やかな朝だった。

幸次郎の母、満佐子は五時半に床を立ち、七時からの朝食では、同席した三女津留子や五男五郎の話を楽しげに聴いた。量は少なかったが、食卓に上った料理にも余さず箸《はし》をつけた。食べ終わると、これも日課の朝風呂に入った。湯気が立ち上る窓からは鼻歌さえ漏れ聞こえた。

異変が起きたのは、風呂から上がり、着物を整えている時だった。突然「うーん」と唸り声を上げ、崩れ落ちるように床に倒れた。間もなく三人の医師が駆けつけたが、脳溢血《のういっけつ》を起こして昏《こん》睡《すい》状態に陥っており、もはや手の施しようがなかった。一九二〇年（大正九）九月十三日午前八時二十分、満佐子は、東京・三田の邸内で七十六年の生涯を静かに終えた。

那須野の別邸にいた正義は、鹿児島以来、波乱の道をともに乗り越えてきた伴侶の臨終に立ち会うことができなかった。

そして、神戸——。「母、危篤」の知らせを川崎造船所の社長室で受けた幸次郎は、とり急いで東京行きの列車に飛び乗った。ひげをたくわえ、白髪も目立ち始めた五十四歳の男も、満佐子に対しては幼子と何の変わりもなかった。アメリカ留学時代、父正義に内緒で送金してくれた母、寝つかれない夜にその布団に潜り込むと優しく背中をさすってくれたあの時……。車窓の奥に懐かしい日々の思い出が次から次へと浮かび、胸を締めつけた。

「おっかはん、生きおいやったもんせ……」

しかし、その願いもむなしかった。三田の屋敷に着いた時、邸内ではすでに通夜が始まろうとしていた。

葬儀は三日後の十六日朝、邸内の大広間を使い神式で行なわれた。長子の巌ら遺族は満佐子の棺《ひつぎ》の傍らに並び、弔問客に深々と頭を下げた。その中でただ一人、幸次郎だけは呆然と突っ立ったまま、あふれ出る涙でハンカチを重くしていた。

満佐子の死のちょうど二カ月前には、川崎正蔵の養子で川崎造船所副社長だった芳太郎が五十二歳で他界していた。その一年前、腎炎の療養のため、すべての役職を辞していたが、慎重な芳太郎は、強引に突っ走ろうとしがちな幸次郎にとって有形無形のブレーキ役でもあった。芳太郎亡き後、幸次郎の袖を引ける人物はもうだれもいなくなった。

川崎家からの経営独立を目ざす神戸新聞社は、芳太郎の死を契機にこの年十一月一日、株式会社となり、幸次郎も二十一年に及んだ社長職を辞した。乱雲を一気に突き抜けるような人生も大きな節目を迎えていた。

極秘の特命

右か左か。人生には何度か、心が千々に乱れることがある。

おそらく一九二〇年(大正九)の日本で実業界に身を置いた人々は、あまりにも激しい時代の波に選択を迷い、髪をかきむしる日々を送ったことだろう。

第一次世界大戦の勃発した大正三年から終戦翌年の大正八年の間、かつてない好景気の恩恵に浴した日本は、GNP（国民総生産）が一挙に三倍、外貨の保有高は六倍に膨らんだ。戦争成り金が続出し、札束が乱れ飛んだ。

しかし、大正九年を境に景気は反動不況の谷間に陥り、昭和六年までの十二年間、日本経済は長く暗いトンネルに入る。この十二年間のうち七年間の経済成長率がマイナスという泥沼のような低迷期が続くのである。

もちろん、曲がり角の大正九年時点で不況の長期化を予測するのは困難なことだったろうが、その兆しを見てとった時の実業家たちは、あくまでも攻めの姿勢を保持するか、守りに転じるべきかの判断を迫られたことは確かである。

たとえば、一貫して日本を代表する総合商社三井物産はこの時、どんな選択をとったのだろうか？

大戦勃発の翌年、筆頭常務渡辺専次郎はすでに、戦争終結後の反動に備え、「取扱商品ノ選択ニ注意」と指示し、終戦と同時に、

「利益ノ大ヲ追ッテ猪突猛進セズ、タトエ利益小ナリトイヘドモ安全確実ヲ期シ……」

と、慎重主義を唱えた。

結果として三井物産は、債権整理や商品の厳選作戦が功を奏し、寒風を耐え忍ぶことになる。

さて、神戸の港を舞台に一気に国際経済界に躍進した二人の風雲児はどうしたのだろうか？

鈴木商店の大番頭金子直吉は、既述したように鉄から小麦粉まであらゆる商品を販路に乗せ、

関連企業は六十社を超えるまでに急成長した。しかし多額の借金を抱えながらの膨張は、反動不況の到来と同時に強烈なダメージを受け始めるのである。

そして、幸次郎。終戦直後に帰国した幸次郎は、船主たちが神戸・オリエンタルホテルで開いた歓迎会の席上、悲観的な彼らにハッパをかけた。

「世界の海上輸送力は大きく不足しており、運賃や船価はまだまだ上がる」

他人にはうかがい知れない内面の葛藤《かっとう》はあったのだろうが、幸次郎は結局、大正八年以降も海運業界進出のためにストックボート造りの手を休めず、積極的な多角化経営の旗を一時も降ろさなかった。その一方で、海軍の「八・八艦隊」の計画遂行に向けて造船所内の設備投資に金を注ぎ、不況克服を期した。「猪突猛進にして投機冒険的経営」と受け止める識者もいたが、幸次郎の自信は揺るぎなかった。

そして大正九年も押し詰まったある日、その海軍の幹部が「頼みがある」と幸次郎の耳元に何事かをささやいた。どんな時にも笑顔を絶やさず豪胆で鳴らした幸次郎の口元から、笑みが消えた。その日以来、妙に怒りっぽくもなった。居丈高な海軍が腰を折ってまで依頼したこと。それは、幸次郎の心を千々に乱れさせ、再びヨーロッパへと向かわせることになる極秘の特命だった。

苦闘編

Uボートの図面入手へ

松方幸次郎は、数日間思案に暮れた。海軍の軍令部からおり入って頼まれた密命。それは、

「最新鋭のUボート（ドイツ潜水艦）の図面を入手してくれ」

というものだった。

懇請には、それなりの理由があった。第一次世界大戦中のUボートの大型化、スピード化は連合国側の驚異の的だった。終戦後、Uボートは戦利品として連合国に分配され、日本は七隻を入手した。しかし、一隻だけ進水していた最新鋭艦は戦争終結前にドイツ自身の手で破壊され、設計図そのものも消失したとされていた。だが、各国はそれを信用していなかった。

「青写真がどこかに隠されているはずだ」

日本海軍も、航続距離の長い最新鋭Uボートの図面はどうしても欲しかった。だが、軍人を民間人に変装させてドイツに送り込んでも、連合国の監視委員会はたちどころにキャッチするだろう。ならば民間人、それも潜水艦の知識を持つ人物に入手を頼むしかない、というわけである。

幸次郎は、悩んだ。造船所にとって海軍は上得意客である。薩摩閥と海軍との縁も極めて強い。しかし、身も心も捧げているわけではない。

あれはイギリスに滞在中のことだった。専務の永留から「本社に地下道をつくりたい」と打診の電報が届いた。地下道は、造船所駐在の海軍将校の要求だった。将校用の事務室から道向かいの本社へ行くのに、仕事用の服では威信に傷がつく。人目につかない地下道をつくれ、というのだ。幸次郎は、傲慢《ごうまん》な海軍の態度に激怒し、返電を打った。

「つくってほしいというならつくればいい。ただし、入り口に〝海馬路〟の表示をしておけ」

「海馬路」とは「海軍の馬鹿野郎の通る路」という意味だった。その表札は、だれも真意を知らないまま第二次世界大戦が終わるまで付いていたという。

だが、海軍の高慢さは嫌いながらも仕事は仕事だった。この不況下にあって海軍に貸しをつくるのは大きい。とすれば、だれを派遣すればいいのか。露顕すれば二度と故国の土を踏めないかもしれないスパイ役だ。気骨のある社員の顔を思い浮かべながら、幸次郎は首を振った。

「おいが行くしかない」

幸いにも、ヨーロッパでは「美術コレクター」として名前が通り始めている。どこに足を運んでも「日本の成り金が絵を買いに来た」と見られるだろう。「貧しい画学生のために」と一万点もの美術品を集めてから二年。それで終わりのはずだったが、今度はUボート図面入手のカムフラージュとして再び絵画を買い集めよう。手はそれしかない。幸次郎は、そう腹をくくった。

一九二一年（大正十）二月二十三日、川崎造船所重役会は「欧州造船界視察」への旅費・交際費として十万円（約一億八千万円）の支出を決めた。ただし、

「その他の費用は実費支給」

である。おそらく「その他」とは、図面入手の工作費をさしていたのだろう。

大収集家を装い

Uボートの設計図入手という極秘の使命を帯びて、幸次郎が五度目の渡欧に旅立ったのは、一九二一年（大正十）の四月十四日だった。イギリスへ留学する三男幸輔も途中まで同行した。

幸次郎はあくまでも、「富豪の大コレクター」を装わねばならなかった。横浜からサンフランシスコ、そしてニューヨークに着くと、セントラルパーク横のホテルプラザでもっとも値段の張る部屋をとった。川崎造船所の駐在員がホテルを訪れると、わざわざロビーに場所を移し、大声でしゃべった。

「フランス、ドイツで美術品を買うつもりじゃよ。戦災で美術品は二束三文じゃろうからね」

一本三ドルのハバナ産葉巻を悠然とふかし、

「金貨を持って美術品を買いに来た」

と豪語する幸次郎の存在は、またたく間にニューヨークの美術商の間に伝わった。新聞は「東

らせ続けた。

洋の謎《なぞ》の大コレクター」と書きたてた。ホテルに日参する美術商を幸次郎は、皮肉たっぷりに焦《じ》

「大戦で一番金を儲けたのは、アメリカではないか。当然、ここの美術品の相場は高いじゃろう。おれは、ここでは買わん。本場のパリでじっくりと買うよ」

それで引き下がる美術商ではない。「では、当店のパリ支店でぜひ」と名刺を置き、パリへ連絡をとった。それこそ幸次郎のシナリオ通りである。ほうっておいても、パリでは「大コレクターが来る」と評判がたつ。カムフラージュには格好の前宣伝になるのだ。

幸次郎は、こうしてニューヨークで数日間を送ると豪華客船でロンドンへ渡った。それから常宿の高級アパート、クイーン・アンズ・マンションで旅装を解いたあと、チェルシーへ向かった。だれよりもまず、幸次郎が真っ先に会おうと思ったのは、「共楽美術館」の設計者ブラングィンである。

チェルシーには、一人の若者が同道した。矢代幸雄《やしろゆきお》。後に美術史の大御所として文化功労者となる矢代は、この時三十一歳。ルネサンスの画家ボッティチェリの研究のためイタリアに来たばかりで、黒田清輝らの紹介で幸次郎のもとを訪れていたのだ。矢代は後年、数カ月にわたる幸次郎との交わりの様子を『藝術のパトロン』と題した著書の中で述べているが、太っ腹でなかなか本音を見せない富豪は、この気鋭の学究の徒をすっかり虜《とりこ》にしてしまったようだ。

ブラングィンのアトリエには、石膏《せっこう》でつくった「共楽美術館」の模型があった。幸次郎は上機

嫌で美術館についてしゃべった。この時にはすでに、東京・仙台坂の丘の上には「共楽美術館建設用地」の表示が立っていた。おそらく、この旅から帰れば、美術館の建設に着手しようと思っていたのかもしれない。幸次郎は、夜更けまでブラングィンとの話に興じ、矢代は楽しそうに眺めた。それは幸次郎にとって、ブラングィンとの最後の心なごむひと時だった。

情報待ち

どこを見ても、不審な素振りはなかった。泰然とした富豪コレクターを装う幸次郎の胸の内に、大胆なたくらみが秘められているとは、だれも予想すらできなかっただろう。

ブラングィンと旧交を温めた幸次郎は、なじみのグーピル画廊やルフェーブル画廊をのぞき、旧知のロイヤル・アカデミーの画家、オーガスタス・ジョン、J・J・シャノン、C・リケッツらとも会った。舞台が当初の目的地パリに移っても仮面は外さなかった。常宿の高級ホテル・モーリスに入ると、ニューヨークから連絡を受けていた画商たちが押しかけた。幸次郎は、笑みを絶やさずに体《てい》よくあしらった。

「おれはね、一年間ほどパリにおるつもりじゃよ。そう慌てなさんな。まあ、じっくりと研究して、ぼつぼつと買っていくから」

画商たちは、人気画家の名前すらろくに知らない東洋の富豪を格好のカモだと瀬踏みした。その気配を察すると、幸次郎はやんわりと釘《くぎ》をさした。

「おれはね、根っからの素人じゃ。静物の絵を見ても、それが赤かったらリンゴ、白かったらタマネギだと思う程度じゃよ」

そう言ってから、丸い目をひんむいた。

「だがね、ここで買った絵は日本でつくる美術館で陳列するつもりじゃからね。もしもだ。おれに偽物を売ったら、そいつも永遠に残ることになる。ということはだ。君らの店の名前も、偽物屋として永遠に残る。そうなったら世界中の信用を失って、美術市場はパリからベルリンやロンドンへ移るじゃろう。まあ、それでもいいなら別だが、どうだい」

画商たちはたじろいだ。幸次郎の押しの強さは、歴戦の画商たちの顔面に的確なカウンターパンチを浴びせた。

「もちろん、作品は私どもが全責任を負います。ですが、古い作品となりますとさまざまな論議もございましてむずかしい点がございます。鑑定家を選ばれたらいかがでしょう」

「それもいいが、おれは鑑定家の目より君らの良心を尊重したいね。まあ、おいおい買うから」

画商たちがようやく退散すると、幸次郎は大きく息をついた。五十五歳の体の底に、疲労感が澱《おり》のように沈んでいた。しかし、あくまでもコレクターであり続けねばならない。ロンドンとこパリで、Uボートの図面入手の可能性を探るため、幸次郎はひそかにいくつかの手を打っていたようだ。その結果が耳に届くまで煙幕は張り続けねばならないのだ。

幸次郎は疲れた体に鞭《むち》を打った。パリ在住の日本人画家らとも精力的に会った。その一人が、エコール・ド・パリの寵児《ちょうじ》となっていた藤田嗣治《つぐはる》だった。幸次郎は一緒に食事をし、絵を一点だけ買い、美術の話に時を忘れた。数々の奇行で知られ個性の強い藤田だったが、度量の大きい幸次郎とは話が弾んだようだ。パリの夜は、しんしんと更けた。

画廊めぐり

たとえカムフラージュであっても、それが「共楽美術館」の壁を飾る限り、作品は厳選しなければならない。画廊めぐりを重ねるうち少しは眼力がついてきたとはいえ、幸次郎はあくまでも素人だった。信頼の置けるアドバイザーが欠かせなかった。

幸次郎が頼りにしたのは、ブラングィンの紹介を受けたレオンス・ベネディットだった。当時の国立近代美術館であるリュクサンブール美術館長だったベネディットは、フランス美術界の権威である。幸次郎は、この大物の推す作品を次々と買い、ベネディットが館長を兼ねるロダン美術館に保管していった。

だが、ロンドンで別れたあと幸次郎からやや遅れてパリに来た矢代幸雄は、ロダン美術館でこうした作品群を目にして深い落胆を覚えた。彼の目には「通俗でわかりのよい」作品ばかりだと映ったのだ。ベネディットは確かに美術界の大立者ではあったが、おそろしく保守的で、印象派以降の新潮流にはかたくなに扉を閉ざしていた。矢代は、幸次郎が時代遅れの絵ばかり買っていると忠告した。しかし、返ってきたのは、

「君のような若い者に何がわかるか」

といったとりつく島のない言葉だったという。

矢代は、幸次郎の頑迷さに時に悔し涙を浮かべるのだが、それでも幸次郎と一緒に画廊を歩いた。幸次郎のお供をすれば、めったに会えない美術界のお歴々とも言葉を交わせられるからだけではない。茫洋《ぼうよう》とした幸次郎の持ち味に魅せられたからでもある。

ロンドン滞在時の矢代幸雄（右）。中央は岡田友次（佳知晃子さん提供）

矢代の随想『藝術のパトロン』の中には、三十一歳のこの若い美術史研究家が歴戦の実業家の手練手管に舌を巻くいくつかのエピソードが盛り込まれている。たとえば、画商がしつこく売り込むと、とぼけてみせたり笑い飛ばしたりしてサッと切り上げる。作品をこきおろすかと思えばほめ上げ、ある作品をじっと見つめて買う素振りをしながら本当に狙っているのは別の作品だったりする。不自由な幸次郎のフランス語が武器でもあった。つたない会話が、相手にこちらの真意を汲み取らせない煙幕にもなったのだ。

気に入った絵を見つけた矢代が購入を勧めたりすると、幸

次郎は不機嫌になった。

「君なんかと一緒にいると、本当のことをすぐ言ってしまって困るよ」

シャンゼリゼを二人で散歩しながら、矢代はこんな話も聞いた。

「日本に何千人もの油絵描きがいながら本物のお手本を見ることができずにいる。気の毒でね。ひとつおれが本物を集めて見せてやろうと思っている」

画商とのやりとりを楽しみながら絵を買う。そんな一見道楽のような流儀の奥に潜んだ使命感。矢代は素朴な感銘を受けるのだった。

そしてある日、幸次郎と矢代は、松方コレクションを代表する名画とめぐり合った。

ゴッホの名作

矢代幸雄はそれを、

「狂熱的な絵」

だと思った。

真っ赤な掛け布団のベッド。クロームイエローの二つの椅子。青い洗面具が置かれた机。リラ色(淡紫色)の壁。ガラス窓には、南フランスの太陽がまぶしく照る……。シンプルな構図と鮮やかな色彩のコントラストが、目を射た。ゴッホの名作「アルルの寝室」だった。

画商ローザンベールのところでこの絵と対面した矢代は、夢中になった。ゴッホの言葉を借りれば、彼が表現しようとしたのは「絶対の休息」であり、意図して強調したのは「何もない簡素さ」だった。そしてこの「簡素さ」とは、浮世絵などから影響を受けた日本家屋の簡素さへと結びつくイメージでもあった。矢代は、

「これはどうしても日本のために買って下さい」

と幸次郎に頼み込んだ。

ゴッホの名作「アルルの寝室」(パリ・オルセー美術館蔵)

幸次郎は、例によってうるさそうにとりあわなかった。何度頭を下げても無視された矢代は、腹の底から怒りを感じて帰ってしまった。その数日後のことだ。いつの間にか幸次郎が、「アルルの寝室」だけでなく同じ画廊で売りに出ていたルノワールの大作「アルジェリア風のパリの女たち」も買ったことを耳にした。矢代は、からかわれたような妙な気持ちになったが、知らんぷりを装って結局は絵を購入した幸次郎に、人間としての「面白味」を感じるのだった。もちろん、この時の二人は、「アルルの寝室」が悲運の道をたどるとは夢にも思っていなかっただろう。

こうして幸次郎は、ベルネーム・ジューン、デュラン・デュエル、ローザンベールなど一流画廊を回って絵を買い集め、

ムードンの丘にあるロダンの鋳物工房に足を運んで「地獄の門」「カレーの市民」など三十八点の購入契約もした。ロダンは、この年一九二一年（大正十）の四年前に没しており、二人が顔を合わせたかどうかはわからない。しかし、大量の注文は関係者の目を引き、幸次郎を招いての公式の歓迎式典まで開かれた。気をよくした幸次郎はさらに追加注文をした。

その精力的な収集ぶりは格好の新聞ネタになり、地元のコレクターは、

「彼はパリの画商の店を空っぽにしてしまった」

と嘆いた。

名声の効能は大きい。この年に遊学でパリに来た日本画家土田麦僊《ばくせん》の推奨で、幸次郎が「ゴーギャンを見たい」と画商に言うと、またたく間にゴーギャンの作品が集まった。各画商間の連絡網は驚くほど緻密で素早く、しばらくするとロンドンやベルリンからも次々とゴーギャンの絵が届いた。幸次郎は労なく、ヨーロッパ中のゴーギャンから好きな作品を選べたのである。

ちょうどこのころのことだった。長兄巌の娘竹子が、結婚してパリにいた。竹子と夫の黒木三次はともに美術好きで、一人の老画家と懇意にし、絵を譲ってもらったりしていた。その竹子が、幸次郎を誘った。

「おじさまも一緒にアトリエへ行きません？」

画家の名前は、モネといった。

モネとの出会い

ジヴェルニーは、パリの北西約六十キロにあるひなびた村である。南西の方角になだらかな曲線を描く丘が続き、眼下にセーヌが流れる。つましい赤レンガの民家が点在する間には、牧場や芋畑が広がり、セーヌ河岸にはポプラが天を突いて並ぶ。

印象派の巨匠クロード・モネがこの小村に移り住んだのは、一八八三年、四十二歳の時だった。「印象派」の語源ともなる「印象・日の出」を描いたのが、その十一年前のこと。以来、移りゆく光をありのままにキャンバスに表現しようとした「光の画家」は、自然の恵みにあふれたこの地を終生のテーマとし、「積み藁《わら》」「パラソルをさす女」「ポプラ並木」などの名作を世に出していた。

モネのつくった睡蓮の庭園
(フランス・ジヴェルニー)

モネはまた、熱心な浮世絵の愛好家であり、それを生んだ東洋の小国に強い憧《あこが》れを抱いていた。五十二歳の時、庭の西側にある細長い土地を買い取ったモネは、そこに人工の池をつくり、日本風の太鼓橋をかけた。それは、巨匠が慕い続けた日本の風景であり、陽光にきらめく水面の睡蓮《すいれん》は、この神秘的なまでの自然主義者を虜《とりこ》にしていた。

老境に入ったモネは、体力や視力の衰えに悩みながら、畢生《ひっせい》の大作にとりかかった。今はパリ・オランジェリー美術館にあるこの作は、一つのシーンを何区画かに分けた横長の連作で、モネは十二枚のキャンバスを使って睡蓮の池を表現しようとしていた。この労作がほぼ完成に近づいた一九二一年（大正十）、八十一歳のモネのアトリエを幸次郎が訪れたのである。

白ペンキが塗られた館《やかた》。美しく手入れされた広い庭園。その向こうに見える日本の桜やしだれ柳の木立。幸次郎は、老大家の細やかな美意識に深い感銘を覚えた。そして、館の中に一歩入り室内の様子を目にしてさらに強烈なショックを受けた。

玄関から二階へと続く階段、左手のアトリエ、右側の食堂、階上の寝室……。どこを見ても、壁面を百点近い日本の浮世絵が埋めていたのだ。それらは、ガラス窓越しに差し込む日差しで少し変色していたが、鮮やかな色調は館内のムードと違和感なく溶け合っていた。

絵には、国境がない。ましてや、時間や空間の束縛もない。極東の島国に生まれた版画が、はるか彼方のパリ郊外で印象派のトップランナーの心をとらえている。逆に、西洋美術は近代国家づくりに突っ走る日本人に対して文化の厚みの大切さを教えることになるだろう。モネの館で生き生きと息づく浮世絵群は、美術の持つ偉大な力を改めて感じさせるのだった。

真っ白いあごひげをたくわえたモネは、幸次郎のことを新聞で読んで知っていた。

「よく来てくれました」

モネは、遠来の客を歓待した。幸次郎は、心を重くする密命の存在を忘れて、モネの絵を眺め続けた。

友情を交わし

幸次郎は、パリ郊外の小村ジヴェルニーのモネ宅を少なくとも二度訪れ、計三十四枚の絵を買ったとみられるが、最終的に何度足を運び何点を購入したのか明らかではない。

そのうちの一回は、少壮の美術史家だった矢代幸雄がお供をした。後に矢代がエッセーの中で紹介したエピソードが、現存する資料の中では唯一確かなものである。

この時には、幸次郎と同郷の画家で後に東京美術学校（現東京芸術大学）の校長になる和田英作も同行した。幸次郎はモネを再訪する前に、パリのレストランで一八〇八年もののナポレオン一本を買っていた。いつの間にか幸次郎は、モネの好みまで知っていたのだ。

「このお土産を持っていくとモネは喜ぶんじゃ」

効果はてきめんだった。リポレオンを見ると、モネは歓声を上げた。「ナポレオーン、ナポレオーン」と子供のようにはしゃいだ。

それから三人は、アトリエなどを見て回った。モネは、自分の気に入った作品は売らずに手元に置いていた。幸次郎はそれを一点ずつ数え、十八点になったところで、

「私のためにこれだけをとくに譲っていただきたい」

と切り出した。

モネは驚きの表情を見せた。

コレクターがモネのもとを訪れて作品を買って帰ることは珍しくない。モネがジヴェルニーに腰を落ち着けて間もない一八九一年（明治二十四）には、印象派の収集家で知られるアメリカのパーマー夫人が来て、何点かを買い入れている。しかし幸次郎の申し出は、十八点。しかもモネが手放したくない作品ばかりである。

「お前は、私の絵がそんなに好きかい？」

「ええ、あなたの素晴らしい絵を日本の貧しい画学生に見せたいのですよ。彼らは、本物の洋画を見ることができないまま懸命に絵を学んでおるのです」

個人的な道楽でも投機でもなく、社会的な使命感を口にする幸次郎に、モネは折れた。

「そんなに言うのなら、譲ろう」

英語は堪能だがフランス語は苦手な幸次郎。英語はまったくわからないモネ。その二人の会話は決して滑らかではなかったが、八十一歳と五十五歳の二人の男は、親子のような真情を交わしながら語り合った。矢代は、その光景を微笑《ほほえ》ましく思いながら見つめていた。

こうして幸次郎が、名画を精力的に収集しながらUボートの設計図入手の機をうかがっていたころ、神戸には険悪な空気が張りつめていた。不況による合理化が進む一方で、消費者物価は高騰を続けていた。友愛会（日本労働総同盟）の指導を受け、大阪電灯、藤永田造船所、住友大阪の三社が組合加入の自由などを獲得したことも、神戸の労働者たちを強く刺激していた。

一九二一年六月二十五日。神戸・三菱内燃機の職工たちが「横断組合の存在を認めよ」「団体交渉権を認めよ」「賃上げせよ」などの嘆願書を会社に提出した。血に染まる空前の大争議の幕開けだった。三菱に上がった火の手は数日後、幸次郎の本丸にも飛び火した。

空前の大争議

川崎造船所の中で最初に決起したのは、本社工場の電気工作部員八百八十人だった。

職工たちは、不満を鬱積《うっせき》させていた。社員や技師たちと職工とは食堂やトイレも違っていた。ランチから職工が転落して行方不明になった時も、会社の対応は誠意を欠いたものに思えた。さらに社の創立二十五周年を記念する祝い金があまりにも少なかったことが、こうしてくすぶっていた不満に火をつけたのである。

八百八十人がサボタージュに入って四日目、友愛会は神戸労働組合連合団体を組織し、三菱内燃機と川崎造船所電気工作部を結びつけた広範な運動の展開を目ざした。動きを察した川崎造船所の部長は、

「松方社長以外の重役は、留守番にすぎない。問題を裁断する資格も機能もない」

と行動の自重を求めた。

幸次郎の超ワンマン体制下にある社としては、一切の権限を握る社長の不在時に面倒を起こしてくれるな、というわけだ。だが、電気工作部員たちはそれを無視し、会社側と労働条件などを話し合う工場委員制度の採用、ほかの労組への加入の承認、日給増額などを要求した。幸次郎の留守を預かる重役の永留小太郎は、社長不在を理由に要求書の受理を拒んだ。この段階ではまだ、労使間のほころびが空前の大争議へと発展するとはだれも予想していなかった。

しかし、三菱、川崎という当時の日本を代表する大企業の中で燃え始めた火は、またたく間に広がっていく。三菱内燃機の争議は三菱造船所へと飛び火し、川崎造船所内でも他部へ分工場へと波紋が及んだ。そして、一つの暴行事件が火に油を注いだ。

川崎造船所の本社構内で、争議で解雇された職工も含めたデモ行進が行なわれていた時のことだ。青色の鉢巻きや腕章をして襷《たすき》をかけた一群の男たちが、棒や短刀を手にデモ隊を急襲したのである。造船所に出入りするペンキ塗り業者の男たちだった。大乱闘の末、職工側に十数人のけが人を出して騒ぎは終わった。男たちの襲撃は会社側と何の関係もなかったが、この事件は労働者側の怒りをさらに募らせた。

一九二一年(大正十)の七月八日。川崎、三菱両争議団は軌を一にしてストに入り、大倉山で合同の大会を開催した。運動を一つに絞って「川崎・三菱労働争議団」と命名し、会社側と交渉にあたる全権委員七人を決めた。その一人が、賀川豊彦である。その著書『死線を越えて』を耽読《たんどく》し、賀川を慕って運動に加わった職工は少なくなかったし、神戸のやくざ組織が争議に介入しなかった理由の一つは、貧民街で地道な活動を続けた賀川の人柄が、無言のブレーキになっていたともいわれた。

最高幹部らに賀川らを迎えた争議団は、大デモンストレーションを計画した。神戸の夏は、ひと際暑かった。

流血の惨事

一九二一年（大正十）七月十日、快晴の神戸・会下山は、早朝からカンカン帽の男たちで埋まった。川崎・三菱労働争議団に関西一円の支援者が加わり、数は四万人に達していた。

午前八時半、参加者は二手に分かれて市内のデモ行進に移った。人の流れは、十キロ近くに及んだ。その光景は、労働者の士気を奮起させ、沿道の店からはレモン水などのカンパが相次いだ。

市中での大デモの成功は、運動に弾みをつけ、争議はほかの工場へも波及した。逆に激化する争議に危機感を強めた三菱三社（造船、内燃機、電機）と川崎造船所は、相次いでロックアウトに入り、持久戦の構えをとった。兵庫県知事は、姫路の師団に軍の派遣を要請した。機密事項の多い造船所が主舞台だけに軍も事態の推移に神経を尖《とが》らせ、東京から憲兵隊が急派された。隊長は、後に大杉栄らの殺害で懲役刑を受ける憲兵大尉甘粕《あまかす》正彦である。

神戸を揺るがせた大争議

強硬姿勢を崩さない会社側に痺れを切らした川崎の争議団は十三日、ヨーロッパの幸次郎に対して争議経過と回答を求める長文の電報を打った。「社長が不在だ」と門前払いを続ける重役連に業を煮やしての策だったが、それだけ幸次郎への信頼感は強かったのだろう。残念ながら、幸次郎がこの電報にどう反応したのか、記録はない。

リーダーの賀川豊彦は、

「この争議は日本の労働争議である」

と位置づけ、争議団を激励した。

しかし、争議の長期化は労働者の生活困窮化を招き、会社側は切り崩しにかかった。そして七月二十九日、街頭活動に乗り出した一万三千人の川崎争議団は、悲惨な場面に直面する。

デモ隊が新開地を通った際、隊列の中に釘の刺さった板が落ちてきた。行列は一気に混乱し、一部の労働者は造船所の方角に動いた。警官隊はそれを「川造本社への襲撃」と誤解し、抜剣して切りかかった。この大衝突で一人の若者が死亡し、数十人がけがをしたのである。

警察側は、この事件を機に賀川ら争議団幹部を含む四百数十人を検挙した。事態の急転回に驚いた友愛会（日本労働総同盟）は、急遽《きゅうきょ》本部を神戸に移し、会長の鈴木文治自らが乗り込んできた。しかし、一部から「テロ決行」の案が出るほど争議団は追い詰められ、八月九日にとうとう「就業宣言」を出すに至った。流血の惨事まで招いた四十五日間の大争議は、

「武運拙《つた》ナク遂ニ惨敗」（十二日の最終宣言）

したのである。

大工業都市神戸を揺るがした大争議は、さまざまな影響を及ぼした。あくまでも「非暴力主義」を貫こうとした賀川らの方針が否定され、労働運動はこの後、サンジカリスム（急進的労働組合主義）へと傾いていく。そして、中井一夫、高山義三ら、後に神戸、京都両市長を務める若手弁護士らの手で釈放された賀川自身も「抗争的」な労働運動と袂《たもと》を分かち、農民運動や生協運動にエネルギーをそそぎ始める人生の節目ともなったのである。

ヨーロッパの幸次郎にしても、胸をかきむしるような日々だっただろう。労働運動史の研究家は「この時松方が神戸にいたら、争議はここまで悪化しなかっただろう」とみるが、幸次郎とすれば、ヨーロッパを離れるに離れられない状態だった。とり急いで帰るにも船旅に四十日はかかる。しかも、社運を左右しかねないUボートの図面入手が、大きな足枷《あしかせ》になっていたのである。

密命遂行へ

神戸を揺るがせた大争議が終結したころだろう。幸次郎の姿がパリからもロンドンからも消え

た。ある人には、
「疲れたのでスイスで二週間ほど寝てくる」
と言い、別の人には、
「ドイツへ行ってくる」
と言い残した。

いずれも軽い物見遊山か造船所視察のような口振りだが、内実はそうではない。富豪コレクターとしての煙幕をたっぷりと張った幸次郎が、Uボートの図面入手という密命遂行に向けていよいよ動き出したのである。

しかし、このあとの幸次郎の足取りは、いまひとつはっきりしない。事の性格上、軽々と他人に語ることができないうえ、憶測も混じえてのさまざまな伝え話が存在し、真相をいよいよ薮《やぶ》の中に押し込んでしまった観がある。ここでは、もつれた糸をほどいて、三つのストーリーを紹介する。

その一つは、幸次郎のあとを継いで神戸新聞二代目社長を務めた進藤信義が、自著『鋏翁秘録』の中で書いている話だ。図面入手の工作の舞台は、アルプスを仰ぐスイスの湖畔となっている。

絵画コレクターとしてホテルに旅装を解いた幸次郎のもとに、英語の巧みなボヘミア人が訪れてきた。実は、彼は幸次郎とは旧知のドイツの造船技師で、幸次郎はニューヨークまで来たところで、彼に設計図入手について打診をしていたのだ。翌朝、観光客を装う二人は、湖の遊覧船に乗った。その船上で、これも観光客然とした中年のスイス人と会った。偶然に知り合ったかのようだが、彼もまた造船の技術者であり、事前に打ち合わせたうえでの密会だったのであろう。数日後、スイス人は急に旅に出た。目的地はドイツである。このスイス人が寝返って連合国の監視委員会に通報すれば、すべては水泡に帰す。ジリジリと待つ幸次郎だったが、やがて彼はUボートの設計図十数枚を手に帰ってきた。

幸次郎は狂喜した。Uボート全体からみれば、まだ十分の一ぐらいにしかすぎないが、とにかく道は開けた。川崎造船所がロンドンに用意していた金が運ばれ、スイス人に多額の謝礼が贈られた。川崎の駐在員には「絵の代金じゃ」と嘘をついた。幸次郎はさらに注文をつけた。

「この設計図を日本の船に積み込めたらもっと金を出す。いや、ドイツのUボートの技術者を日本に招いて指導してもらえるようにまで話をつけてくれたら、さらに金を出す」

おそらくスイス人は、危険な取引に首肯したのだろう。幸次郎は、不審がられないようイタリアやスペインにも足を延ばして富裕な観光客を装い続けながら、何度もスイスに入り、目的を遂げた——というのだ。

進藤は、編集主幹として幸次郎につかえた男であり、こうした内密の話を幸次郎から直接聞いた可能性は強く、信憑性は高い。またスイスには、潜水艦のディーゼル機関を製造したドイツ・マン社と密接な関係のあったラウツェンバッハ社があった。川崎造船所は少し後、このラウツェンバッハ社をいわばトンネル会社としてマン社の技術導入を図っており、スイスを拠点にして幸次郎が活動したのは、この意味からも不自然ではない。
しかし、同様にスイスを舞台にしたもう一つのスパイストーリーがある。

謎の男登場

もう一つの秘話には、謎《なぞ》めいた一人の男が登場する。宗像《むなかた》大造。東京府知事まで務めた宗像政の息子ともいわれるが定かではなく、日露戦争中にロシア国内でスパイ活動をした明石元二郎少将とも縁があると自称する不思議な男だったという。

この宗像の存在に光をあてたのは、昭和三十二年に「みやこ新聞」(京都)に連載された「コレクション王　松方幸次郎物語」(藤本光城著)と、昭和四十四年から川崎重工業の社内誌に連載された「松方コレクション由来記」(橋本朔郎著)である。

これらの連載によると、幸次郎は日本を発つ前に、「ドイツ海軍の高級技師を知っている」という宗像と接触。造船視察の名目でドイツに入った幸次郎は、第一次世界大戦中には従業員十七万人を数えた巨大軍需産業クルップ社の工場などを視察した。そしてベルリンのホテルに投宿したある日、日本での打ち合わせ通りこの宗像が訪ねて来た。いつの間にかUボートの青写真入手のわたりをつけていた宗像は、

「スイスのこのホテルに観光客として泊まって下さい」

とホテルのパンフレットを渡し、

「近々、ドイツの旧王族が書画の売り立てをするので、適当に買ってホテルに預けておいてほしい」

と言い残して去った。

その言葉通り、幸次郎がスイスの指定されたホテルへ移って数日後、宗像はドイツ海軍の青年技師を伴って姿を現した。潜水艦の組み立て図という三十枚ほどの青写真をこともなげに机に広げた宗像は、

「詳細な分解図は下のロビーに届いています」

と言った。

幸次郎がしこたま買ってベルリンのホテルに預けていた美術品の中に分解図をもぐり込ませ、巧妙にドイツ国外へ持ち出してきたというのだ。しかも、設計図で判読不明の部分は、この青年技師が生きた図面として訪日する手はずにまでなっていた。

「コレクション王　松方幸次郎」の方では、ドイツ国内からの運び出しには貨車が用いられ、一両分にぎっしりと詰まった美術品の中に無造作に新聞でくるんだ約七、八百枚の図面をもぐり込ませ、パリへ送ったとされる。

幸次郎は事実、ベルリン、ハンブルクなどで絵画を購入したようで、ドイツに足を踏み入れたことは間違いない。確認されている松方コレクションの中には、ドイツの画廊で買ったレンブラ

ントの作品がある。また、貨車一両を借り切って絵を運ぶという荒っぽさも幸次郎らしいし、舞台にスイスが登場するあたりは、前項で紹介した進藤の話とも重なってくる。

しかし、この謎めいた宗像大造については、存在を裏付ける傍証に乏しく、虚実の境が見分けにくい。

さて、最後に三つめの筋書きを紹介しよう。舞台は一転してオランダ、そしてスウェーデンである。

クルップの策動

川崎重工業の専務だった山中三郎は、社史への寄稿文の中で、幸次郎のUボート設計図の入手にまつわる裏話を書いている。

それによると、フランスで機会を待っていた幸次郎は、信頼のおける商社マンをオランダに派遣。「非常に危険だが見込みがある」との情報を基に「裏から手を回して図面の入手に成功した」という。

これが第三のシナリオだが、なぜ舞台がオランダなのか。文献を探っていくと、その背景には、死んだふりをする巨大な獅子《しし》の存在が浮かんできた。

「大砲の王者」といわれ、長距離砲で連合国を何度も苦境に陥れたドイツ・クルップ社。傘下におさめたキールのゲルマニア造船所で海の狼《おおかみ》・Uボートを大量生産したこの巨大な軍需企業は、第一次世界大戦後は平和産業への転身を強いられ、牙《きば》を抜かれたはずだった。しかし——。

クルップ社は、その頭脳を巧みに国外へ運び出していたのだ。スウェーデンの巨大兵器会社の株の大半を入手していたクルップ社は、この会社に自社の特許権を使わせて仕事をさせていた。また隣国オランダでは、ダミーの造船会社をつくり、潜水艦を建造していたのである。それは、培ってきた軍事のノウハウを温存し、いついかなる時でも再軍備に応じるための遠大な企業戦略だった。事実、十五年後にヒトラーが政権を握ると同時に、クルップ社もまた一気に再起を果たすのである。

パリで絵画収集に励みながら、幸次郎が関心を寄せていたのは、このクルップ社の動向だったと思われる。幸次郎は後に「この時のコレクションは要人とのコネをつくるためだった」と告白しているが、その要人の中には、パリにかなり住んでいたというドイツの名家出身者もいた。コレクターとして彼らと近しくなった幸次郎は、彼らの口からこうしたクルップ社の策動をキャッチし、図面入手への工作を開始したのではないか。幸次郎はスウェーデンにも足を延ばして絵を買っているが、それもまた、クルップ社の息のかかった会社に探りを入れるための旅だったのかもしれない。

さて、これまで三通りの話を紹介してきた。いずれも十分にありうるストーリーなのだが、決め手に欠けるもどかしさは否めない。もしかすると、幸次郎は図面入手に向けて何通りもの策を練り、それぞれが独立した話として伝わっているだけかもしれない。

残念ながら本人は、事が事だけに真相を語っていない。ただ晩年になって同郷の男に、

「もとはスパイごあんさあ。あんまい、ほめたもんじゃなかとお」

と言っているだけである。

しかし、幸次郎が見事に手に入れたのは、Uボートの設計図だけではない。そのあたりの顛末はしばらく後に記すとして、図面入手後の幸次郎は気が軽くなったのか、さらに奔放な日々を送ることになる。

購入費百八十八億円？

荒っぽいと言えば、まことに荒っぽい。

Uボートの図面入手に成功した直後と思われる一九二一年（大正十）の暮れ、幸次郎はパリの有名画廊デュラン・デュエルで、わずか一日に八十二万フラもの大金を使ったとされている。当時の為替レートや物価水準から換算すれば、ざっと二億五千万円になるだろうか。ホッとして一気につっかい棒が外れたような散財ぶりだ。

こんな派手な買いっぷりだけが目立って、松方コレクションといえば要した資金が三千万円というのが半ば常識になっている。絵を買った大正五～十一年の米価の平均値から単純計算すると、

今なら少なくとも約五百六十五億円もの巨費である。本当にこれだけの買い物をしたのだろうか。

　二度の渡欧で幸次郎が買った美術品や家具類の正確な総点数は、わからない。美術品を日本へ送る役割を果たした山中商会の岡田友次のメモでは、浮世絵約八千二百点を除き日本に到着した絵画、家具は千三百四十七点。ロンドンとパリに残ったのは計七百二十八点とある。しかし、岡田が関知しない作品もあったとみられ、実数は確認できない。

　同様に費用についても実に曖昧だ。三千万円説の根拠となっているのは、幸次郎が美術史家矢代幸雄に、

「自由に使える金が三千万円できた。私はそれだけ油画（絵）を買って帰り、日本のために立派なコレクションをつくってやりたい」

　と語ったというのが論拠の一つで、浮世絵研究家の矢田三千男も幸次郎から直接聞いた話として、三千万円説を強調している。

　しかし、購入費用の経理事務に携わった鈴木商店ロンドン支店長の高畑誠

上：旧松方コレクションの作品が並ぶパリ・オルセー美術館　下：「松方コレクション」を明記する作品プレート

一は、

「ロンドンで五十万《ポンド》、パリで二十万《ポンド》。これ以上は絶対に金はかけていない」

と断言する。

当時は一《ポンド》が約十円だから約七百万円ということになる。矢代の記憶は、あくまでも「使える金が三千万円」ということだから、実際につぎ込んだのは、高畑の説の方が妥当かもしれない。ただし、高畑も知らない軍資金があった。Uボートの設計図入手に絡む海軍の機密費である。

幸次郎は晩年になって、

「おれは加藤寛治軍令部長から機密費を預かってフランスに渡った」

と打ち明けている。

連合艦隊司令長官を務めた実在の大物の名前をズバリと言っており、真憑性は高い。この機密費の額は不明だが、カムフラージュ用の絵画収集などにあてたのは確かで、高畑説を踏まえて総費用は一千万円程度（約百八十八億円）とみるのが素直ではないだろうか。その証拠に後に絵画が銀行の担保となった際、イギリスのタイムズ紙は、

「百万《ポンド》コレクション差し押さえ」

と報じているのである。

さて、隆々たる名声に包まれた幸次郎は、ロンドン滞在中のある夜、社交界の目を引く華やかなレセプションを開いた。それは、人生での最後の華やかな舞台だった。

大使の予言

まばゆいシャンデリアの光が部屋を包んでいる。テーブルの上では、日英両国の国花である菊とバラが華を競っていた。

一九二一年（大正十）の十一月二日夜。幸次郎はロンドンを代表する高級ホテル・クラリッジに約百人のゲストを招き、盛大な晩餐会《ばんさんかい》を催した。

顔ぶれは、きらびやかだった。イギリス側からは、貴族夫妻、国会議員に交じって、オーガスタス・ジコン、J・J・シャノンらロイヤル・アカデミーの画家や画商らの姿があった。日本側からは、島津公や林権助大使以下日本大使館員と海軍武官らが顔をそろえた。

「著名な造船王で美術収集家」としての幸次郎の存在は、かなり注目を集めていたのだろう。タイムズやデイリー・ヘラルド、イブニング・スタンダードなど一流紙の記者も客間に顔をのぞかせた。

その中で幸次郎は、

「日本は近代化を推進するためにイギリスから多くの借りをつくった」

と西洋文明と日本経済の関係を振り返りながら、世界的な規模の不況に対する抜本的な対策の重要性を強調した。

「何よりも大切なのは、安定した外国為替の確立であります。そのための思い切った施策の導入をぜひともお願いしたいと思うのです」

幸次郎のスピーチは、日英同盟下にある日本の代表的な実業家の意見として、翌日の紙面で紹介された。しかし、この夜のハイライトは、幸次郎の経済論ではなかった。主賓の林権助が行なった型破りな挨拶が、居並ぶ人々の耳目を引いたのである。

林は、会津藩の大砲隊を率いていた父が鳥羽・伏見の戦いで重傷を負い、東上の船中で死んだあと孤児となった。縁あって薩摩軍の兵に引きとられた林は、鹿児島で青少年期を送ることになるのだが、その時の幼友達の一人が、幸次郎なのである。もともと思ったことをズバズバと言う気性に加え、肝胆相照らす仲の気安さもあったのだろう。挨拶に立った林は、

「松方、お前はいずれそのうち破産するだろう。金のあるうちにせめてフランス美術品を買っておいたらどうだ。それが、君が国家にご奉仕する唯一の道だ」

と言い放ったのだ。

もちろん、ユーモアまじりのニュアンスであり、幸次郎は笑い飛ばしたことだろう。しかし、ズバリと言ってのけた林の話は、人々の記憶に妙に残った。その一人が、当時外交官として会場にいた吉田茂である。この三十年後、首相として奇しくも松方コレクションの返還交渉にあたる吉田は、林の言葉を後年になっても覚えていた。あまりに中身が乱暴だったからではない。あまりに幸次郎の行く末を言い当てていたからである。

事実、幸次郎が参会者一人ひとりと笑顔を交わしたこの十日後、大西洋を挟んだワシントンから破局への前奏曲が伝わってくる。

軍縮のうねり

軍縮への開幕のベルを鳴らしたのは、アメリカの国務長官ヒューズだった。

一九二一年（大正十）十一月十二日。場所はワシントン。集まったアメリカ、イギリス、日本、フランス、イタリア五カ国は、共通の悩みを持っていた。第一次世界大戦後の不況がますます深刻さを増すなか、軍備拡大がそれぞれの財政を悪化させていたのだ。しかし、軍備縮小といっても、各国ともにお家の事情がある。ヒューズは、その思惑の渦の中に大きな石を投げ込んだ。

「アメリカは建造中の巨艦十五隻を率先して廃棄する」

と、自国の軍縮計画をぶち上げてから、戦艦などを対象にしたイギリス、アメリカ、日本の海軍力比率を一〇・一〇・六と定め、今後十年間は巨艦建造を取りやめる「海軍休日」に入ることを提案したのである。一般公開となった傍聴席からは、拍手と歓声が沸き、何度も演説が途切れた。ヒューズ提案のニュースはたちまち世界中を駆けめぐった。

日本全権の海軍大臣（のち首相）加藤友三郎は、ほぞをかんだ。加藤は「対英米七割」の海軍力保持を死守しようと会議に臨んでいたが、世論に訴えるアメリカの巧妙な演出によって、ヒューズ案はもはや動かぬものとなったのだ。

三日後には、イギリスがアメリカ案に賛同し、この時点で日本の「六割」は確定的となった。緒についたばかりの「八・八艦隊案」はこの時、あっけなく空中分解したのである。

皮肉なことに、「八・八艦隊」の主力艦として川崎造船所で建造中の戦艦「加賀」は、海軍軍縮が決定的となった直後の十七日に進水した。進水式に詰めかけた十五万人の市民らは、高々と水煙を上げて海上に滑り出す排水量三万九千九百トンの巨艦の雄姿に素朴な感動を覚え、伸び上がるようにして拍手したのだった。

しかし、「加賀」は悲運の巨艦となった。進水式の模様を大きく報じた翌朝の神戸新聞には「ワシントン会議で米案が成立すれば、三菱、川崎両造船所のごとき政府の委任を受けて戦艦建造をなすものは少なからざる影響あり」との予測記事も載った。この見通しは、三カ月もしないうちに現実となった。翌年二月五日、急ピッチで艤装工事が進む「加賀」に廃艦命令が下され、前年十一月に起工したばかりの巡洋戦艦「愛宕《あたご》」と潜水艦五隻も建造中止となったのである。川崎造船所は「八・八艦隊案」に備え、約一千万円もの巨費を投じて設備の拡充をしていた。後に海軍から「補償金」として二百万円余りを受けるが、建造中止は経営内容を一気に圧迫した。

しかも、すでに海軍から前渡し金として受け取っている建艦費千九百万円も返済しなければならず、川崎造船所は深刻な経営危機に直面した。交渉の末、返済金は新たに建造する艦艇の費用に充てることで折り合いがつき、最悪の事態は免れたが、造船所の運転資金は、これで底をついてしまった。一万六千人を超える職工の仕事も消えたのだ。造船所の行く手に危険信号が点滅し始めた。

大争議の余震

幸次郎がUボートの設計図入手に成功し、十カ月ぶりに神戸の土を踏んだのは、「加賀」「愛宕」の廃艦命令が下って間もない一九二二年（大正十二）二月十六日だった。

疲れを癒《い》やす時間はなかった。海軍の懇請できわどい綱渡りをした身を待っていたのは、海軍軍縮による経営悪化への対応だった。だが、その出端《でばな》をくじくように、大争議の余震が幸次郎の足元を激しく揺さぶった。

神戸に到着する前日、解雇された職工の争議団幹部柴田富太郎らは「川崎造船所は軍艦や汽車などの材質検査を故意に怠り、偽《にせ》の検印を押して不良品を使っている」と、偽造印を添えて姫路憲兵隊神戸分駐所に告発していた。

柴田らの狙いは、社長の留守中に造船所の経営を預かっていた会社幹部の粛清と、解雇された職工の復職を実現することにあった。争議団は新開地の勧業館で「検印事件」の模擬裁判を開くなど、疑惑の徹底糾明を求める機運を盛り上げたが、憲兵隊の捜査結果は、「そのような事実は見当たらず」だった。争議団の動きは結果的に、幸次郎の目には大量解雇への腹いせだと映ってしまった。

一方、柴田らとは別に解雇手当増額などを要求していた胸永多助らは、「社長との直談判しか打開策はない」と、帰国挨拶に回る幸次郎に路上で会談を申し入れた。非常手段ではあったが、幸次郎は、

「いいじゃろう。電話で期日と場所を決めようじゃないか」

と、あっさり応じた。

胸永らはその言葉に期待をかけた。

だが、四日後に川崎造船所内の図書室で行なわれた交渉で、幸次郎は胸永ら六人の職工代表を冷たくあしらった。

「解雇された職工は三千人と言っておるが、実際には五百三十人余りじゃないか」

職工側が解雇手当を増やすよう訴えると、

「出しておらんわけじゃないじゃろう。西洋にはね、退職手当そのものがないんじゃよ」

と、突っぱねた。

交渉は四時間に及んだが、職工側の要求は何一つ通らず、胸永らは、

「会社はデモクラシーというが、社長は専制だ」

と、悔し涙をのんだ。

こうして解雇者と会社側とが激しく対峙《たいじ》していた最中のことである。現在の神戸大学の近くに

あった別荘へ帰ろうとして、幸次郎が闇夜の山道をたどっていた時、木陰に潜んでいた男が「金を出せ」と行く手をさえぎった。幸次郎は、おもむろに懐から財布を取り出すと、「これを持っていったら」とポンと投げて、再び無言で山道に歩を進めた。男は、張りつめていたものが一気にしなびたのか意気を阻喪し、そのまま自首した。驚いた警官が別荘に駆けつけ、男が解雇された職工の一人だと告げたうえで、事実を確かめた。家族からも「そんなことがあったのですか?」と尋ねられた幸次郎は、

「今、あったよ」

とだけ答えた。

解雇という手段の非情さが、心の中に重いわだかまりとなって沈んだ。

不況の海へ

三菱の対応は、素早く、厳しいものだった。ワシントン軍縮条約が締結されて間もない一九二二年(大正十一)二月七日、長崎造船所が職工三千七百人余りを一斉解雇したのを皮切りに、神戸造船所も合わせると七千人近い人員整理を断行したのだ。

世間の目は、当然のことながら川崎造船所に注がれた。だれもが、三菱と同じように大量解雇の嵐が吹き荒れるに違いないと確信していた。しかし、幸次郎は、おおかたの予想を覆した。

「私が監督する会社において、一人でも失業者を出すことを不名誉とし、出さないことを神明に誓う」

社員や職工代表を前に、向こう五年間首切りをしないとまで確約したのである。失業の不安におののいていた職工たちを喜ばせたこの方針は、帰国と同時に大争議の後遺症を見せつけられ、温情主義的になったためとも考えられるが、それ以上に、生き残りのために減員するメリットより、長年かけて培った技術集団をごっそりと失うデメリットの方がはるかに大きいとの計算があった。かりに熟練工を解雇して急場をしのいだとしても、再び好況時を迎えた時に呼び戻せるのか。あるいは、若手職工を集められたとして短期間で養成できるのか。いろいろと考えた末、川崎造船所は、乗り合わせたこの船からだれ一人下船させることなく、荒れ狂う不況の海に乗り出すことになったのだ。

「私は、石にかじりついてもこの難関を切り抜ける。諸君も私とともに努力してほしい」

幸次郎が覚悟を決めて語る言葉は、社員や職工たちの胸を打った。しかし、幸次郎はただ精神論をぶったのではない。

三菱が本丸での籠城《ろうじょう》戦なら、川崎は戦線を強化して打って出る——とでも言おうか。第一次世界大戦の最中、空襲下のロンドンでその猛威を身を持って知り、四年前に新設した飛行機部門をとってみても、陸軍から偵察機の製作命令が下るなど、まいた種は芽吹き始めていた。民間初の陸軍制式機となれば、大量受注の道が開ける。飛行機部長の竹崎友吉らは、川崎の命運を担ってフランス・サルムソン型の複葉機二機を四年がかりで試作し、この年十二月三日、岐阜県各務《かが》ケ原《み》での試験飛行に見事成功した。

その一方で幸次郎は、造船用鉄鋼材の受注が激減して苦境に陥っていた製鉄部門に、薄鋼板の開発を命じた。利用範囲の広い薄板の需要は、年ごとに増すばかりだったが、複雑な製造技術を必要としたため、輸入品に頼らざるを得なかった。葺合工場の米桝健治郎らは、何度も失敗を繰り返しながらも幸次郎の期待に応え、薄板用の圧延設備を完成した。川崎の薄板生産は、大正末には全輸入量の半分に相当する年間十万トンにまで成長し、車両、飛行機とともに造船部門の落ち込みをカバーする役目を果たした。

しかし、川崎造船所の大黒柱は、軍縮条約や海運不況が足枷《あしかせ》になっているとはいえ、あくまで造船である。技師や職工の技量もこの分野でこそ最大限に発揮される。幸次郎は本丸から打って出るもう一つの作戦を虎視眈眈《こしたんたん》と狙っていた。

ドイツ人技師来神

早春の神戸港にそのグループが上陸したのは、幸次郎が帰国して一カ月ほど後のことだ。

そろって観光客のようないで立ちではあったが、出迎えの車が送り届けた先は、川崎造船所だった。

造船所南岸の潜水艦工場

正確な人数は今なお不明だが、名前がわかっているだけでハイゼ、フォーゲルら五人。全員、ドイツのクルップ・ゲルマニア造船所とウェザー造船所の部長級技師であり、第一次世界大戦中、連合国を震え上がらせたＵボートの製作担当者である。

ワシントン軍縮条約は、今後十年間、戦艦は建造しないと定めたが、巡洋艦以下は条約の対象となっていない。日本海軍はこの間隙《かんげき》を縫うように、戦艦に劣らぬ攻撃力を持ち得る潜水艦に着目した。幸次郎にＵボートの図面入手を依頼したのも、軍縮を見越しての布石だったとも思える。しかも、幸次郎が手に入れた図面は、燃料を補給せずに太平洋を一往復半できるＵ１４２型と海中で機雷を敷設できるＵ１２２型であり、建造に成功すれば、日本の海軍力は軍縮下でも飛躍的に向上する。だが、図面だけでは手も足も出ないことは、日露戦争時の潜水艇建造で思い知らされている。だからこそ幸次郎は、設計図入手と同時に、危険を覚悟のうえでＵボートのベテラン技師たちをそっくりスカウトしたのである。

ハイゼらは、ドイツから日本へ直行せず、途中ジャワ（インドネシア）に立ち寄っていた。ベルサイユ条約によって、敗戦国ドイツからの軍事技術持ち出しは固く禁じられている。幸次郎は、各国の監視の目を逃れるため、観光客グループを装ったハイゼらをジャワ経由で招くという二重のカムフラージュを施したのである。

川崎造船所は早速、南岸の一角に秘密工場を建て、潜水艦部を発足させた。部長の田中龍男らは、とりあえずU142型の図面翻訳に取りかかったが、その内容はあまりに複雑で、日本語の設計図をつくり上げるのに七カ月を費やした。

翌一九二三年(大正十二)三月、やっと起工にこぎつけたものの、難工事が予想され、完成を危ぶむ声も出ていた。ところがいざ建造が始まると、この複雑極まる図面が、実は細部まで詳しい説明が施された完璧な設計図であり、技師たちは手にとるように次の工程が把握できたのだ。

さらにハイゼらは、日本人技術者に「完全主義」の重要性を身をもって教えた。計器を鵜呑《うの》みにせず、どんな些細なことでも自分の目や手で確かめる。時には、潤滑油に海水が混じっていないかを舌でなめて判断させた。図面と技師をセットにした技術導入は見事に成功したのだ。

同じころ川崎造船所内では、Uボートに対抗するように海軍独自の設計による特中型潜水艦三隻が建造された。最後に進水した艦の名は「第70号」。海難史に残る悲劇の潜水艦である。

第70号沈没

一九二三年(大正十二)八月二十一日。川崎造船所で艤装工事を終えた特中型潜水艦「第70号」は、朝から淡路島仮屋沖で試運転を行なっていた。

三度目の潜航テストを終え、海面に浮上したのは午後一時半過ぎ。司令塔に上った技師の山川麒一郎らは、艦体をくまなく点検したが異常はどこにも見当たらなかった。

波を切っていた艦首が、小石にでもつまずいたかのように海中に没したのは、その直後だった。「第70号」は一気に逆立ち状態となり、艦尾が波間に姿を消すまで二分とはかからなかった。司令塔にいた山川ら十人は、海に投げ出され、伴走していた監視船に救助された。しかし、艦内にはまだ海軍少佐上林潔ら八十八人が乗っていた。監視船上の人々は、突然の事故にいすくんだ。何がどうなったのか、だれにもわからなかった。確かなのは、「第70号」が沈没したこと。そして、浸水していないとしても、艦内の酸素は二日分しかもたないことであった。

おりから、父正義の病気見舞いで東京にいた幸次郎は、「第70号沈む」の電報を手にすると、急《きゅう》遽《きょ》神戸行きの夜行列車に飛び乗った。翌朝、川崎造船所にたどり着いた幸次郎を前夜から安否を気遣って詰めかけていた乗組員の家族が取り囲み、

「何とか助け出してほしい」

と、涙ながらに訴えた。

乳飲み子を抱えた年若い妻の姿が幸次郎の胸を痛いほど締めつけた。

「会社としては、全力で救助の準備を進めているところであります」

とだけ言い残すと、幸次郎は国際汽船からチャーターした「大鵬丸」に乗り込み、仮屋沖へ向かった。

遭難現場では、「第70号」の沈没直後から、川崎造船所や応援を買って出た三菱神戸造船所などの潜水夫が、消えた艦影を求めて懸命の捜索作業を続けていた。夕暮れ直前になって海底に横たわる「第70号」をようやく見つけ出したが、沈没場所は水深五十メートル《メートル》を超し、並の潜水服では近づくこともできなかった。焦りの空気が濃くなるなかで時が非情に過ぎた。

幸次郎が現場に到着した二日目、駆逐艦二隻が呉から急派され、海軍、警察、両造船所合同の大がかりな救助作戦が展開された。検討の末、深海用の潜水服を着込んだ潜水夫が艦体にロープを巻き付け、クレーン船で引き揚げる方法が採用された。しかし、用意を整えて潜ってみると、「第70号」は潮に流され、前日よりさらに三十メートル《メートル》も深い海底に沈んでいた。

水深八十メートル《メートル》と聞くと、ベテランの潜水夫たちも二の足を踏んだ。すさまじい水圧に潜水服が耐えられるか。だれも保証できない命懸けの作業なのだ。

だが、「第70号」の乗組員が生存しているとすれば、酸素はあとわずかしか残っていないだろう。「大鵬丸」の船上で真夏の空をじっとにらんでいた幸次郎は突然、大声で怒鳴った。

「70号に最初にロープを巻き付けた者には二百円。二番目の者には、百円出す。だれか潜ってくれないか！」

息詰まる救出作戦

幸次郎の絶叫は、潜水夫たちの心を揺すった。その声に応じて水深八十メートルの海底に真っ先に挑んだのは、神戸水難救助会の竹下宇一だった。

「第70号」が沈没して三日目の朝が明けると、竹下は決死の覚悟で海へ飛び込んだ。救助隊全員が泡の立ち上る海面を祈るように見つめた。数分後、球形の深海用潜水帽が波間にポッカリ浮かび上がり、

「70号の甲板へたどり着きました」

と、竹下が息を切らせて潜水成功を伝えた。

その瞬間、海上にひしめく川崎、三菱両造船所や海軍のランチからは一斉に歓声が沸き上がり、救助作業はにわかに活気づいた。竹下は休む間もなく再び海中に身を躍らせ、甲板の手すりに引き揚げ用ロープをしっかりとくくりつけた。第二、第三のロープも次々と「第70号」の艦体に縛りつけられ、午後には引き揚げ準備が整った。

だが、救助隊の空気は朝とは一転して次第に暗く沈んでいった。竹下らは、こう言ったのだ。「第70号」にたどり着くと生存者の有無を確かめるため甲板を叩いては耳を澄ました。しかし艦内からはコトリとも音は聞こえてこなかった——。

川崎造船所と海軍はこの夜、

「乗組員が生存している可能性はほとんどなくなった」

と発表せざるを得なかった。

順調に進むとみられていた引き揚げ作業も、海水が入り込んだ「第70号」の重みと潮流によって鉄製のロープが糸のように切れたうえ、台風の襲来が重なって潜水もできなくなってしまった。幸次郎は遺族とともに何度も遭難現場を訪れ、遺体の収容に全力を挙げるようハッパをかけたが、潜水夫たちも牙《きば》をむく荒海を前になすすべもなかった。

作業がやっと軌道に乗り始めたのは、沈没後二カ月近くもたった一九二三年(大正十二)十月十五日だった。川崎造船所と海軍はロープだけの引き揚げを断念し、駆逐艦から「第70号」へパイプをつないで圧搾空気を送り込み、艦内にたまった水を排出する作業に切り替えた。この作戦は見事に成功し、海底から十㍍ほど浮き上がった「第70号」を浅瀬まで曳航《えいこう》した。

三日後、「第70号」は五十九日ぶりに海上に姿を現したが、司令塔のハッチは開いたままで、上林潔少佐ら大半の乗組員が沈没とともに溺死《できし》していたことがわかった。だが、艦首部の魚雷発射室だけは直前にハッチを閉じたため、職工の青野金之丞ら十九人は室内の酸素が切れるまで死と格闘していた。青野の遺体からは、

「息が苦しい。もし助かっても二度と潜水艦はいやだ。家族を頼む」

と鉛筆で走り書きした遺書が見つかり、川崎造船所は再び深い悲しみに包まれた。

その後、原因調査が行なわれたが、潜水艦のバランスを保つ艦尾タンクの故障が有力視されたものの、真相はついにわからなかった。

この息詰まる救出作戦の最中、幸次郎は身を裂かれるようなもうひとつの大惨事の報を耳にした。関東大震災である。

激震の下

たっぷりと墨を含んだ筆先が紙に触れた瞬間だった。上から下へ一直線に走らせたはずの筆が突然、横へ飛んだ。手が震えたからではない。机が、その下の畳が、激しく揺れているのだ。

「地震だ」

とわかった時、天井の太い梁《はり》が音を立てて崩れ落ちようとしていた。

一九二三年（大正十二）九月一日正午前。関東一円を強烈な地震が見舞った。死者、行方不明十四万人余りを出した関東大震災である。幸次郎の父正義は、鎌倉の別邸「鶴陽荘」の書斎で揮毫《きごう》に没頭していたところだった。

別荘に居合わせた十五男の三郎や六女の文子は庭へ飛び出して難を逃れたが、豪壮な屋敷は見る影もなく潰れ、正義がどこに埋まっているのか見当さえつかなかった。

神戸測候所（現神戸海洋気象台）でも、地震計の針が飛ぶほどの揺れを観測し、路上では悲鳴を

震災直後の松方正義

上げてしゃがみ込む女性もいた。おりから潜水艦「第70号」引き揚げのため川崎造船所に泊まり込んでいた幸次郎は、翌二日夜、神戸港を出発した日本郵船の救援船「山城丸」に飛び乗った。正義たちが負傷していることを考え、医師を伴ったうえ、薬や包帯、ビスケット、缶詰などを部下にどっさりと持たせていた。

「山城丸」は震災三日目に横浜港に着いたが、陸路はズタズタで身動きがとれなかった。幸次郎は海軍に掛け合い、横須賀へ向かう駆逐艦に乗せてもらった。その途中、「正義公圧死」の情報が伝わった。幸次郎は川崎造船所へ棺《ひつぎ》を四つ用意するよう電報を打った。一つは正義用であり、残りは親族や側近者用だった。

しかし、正義の訃報《ふほう》が全国に流れたころ、当の本人は瓦礫《がれき》の山の中で奇跡的に生き延びていたのだ。三郎らが血眼になって捜していると、

「ここにいる。大丈夫だ」

と、瓦礫の中から正義の声が聞こえた。

折り重なった梁や柱を切って助け出された正義は、左足を打っている以外はかすり傷程度で済んでいた。

幸次郎がようやく鎌倉に到着したのは、正義が倒壊を免れた三女広子の嫁ぎ先、川上直之助の家に移っていた時である。「圧死」したはずの父の健在に幸次郎は胸をな

でおろしたが、その数日後、神戸からとんでもない荷が届いた。川上家の玄関口に、こともあろうに白木の棺が四つ並んだのだ。家中が大騒ぎになっているところへ顔を出した幸次郎は、

「断るのを忘れておった。まあ、いい。これで記念品をつくろう」

と、白木を材料に煙草盆をつくらせ、親戚や知人に配って回った。

この稚気満々の棺騒動は後々、松方家の語り草となったが、日本を揺るがせた大震災は、幸次郎の立場をジワリジワリと追いつめていくのである。

夢くじく大震災

関東大震災は、幸次郎の夢の実現にとっても強烈な打撃となった。

第一、東京・仙台坂に建設を予定していた「共楽美術館」は、着手の見通しさえ立たない。震災の十二日後、帝都復興への詔勅が出て、復旧はレールに乗り始めたが、水道や道路などの整備が先決問題であり、幸次郎の夢は後の後の、その後のことである。

幸次郎から計画の一時中断を知らされた設計者ブラングィンは、地球の反対側で起きた悲劇に強い失望を感じた。

「私がもっと早く設計していたら、大地震のずっと前に美術館は完成していただろうに……」

と悔やみもした。しかし、もう時計の針は戻らない。

大震災はさらに、意外なところに波及した。復旧が本格化し始めると、復興用資材などの輸入が急増し、貿易収支の赤字幅が一気に拡大した。貿易赤字を改善する思い切った施策に迫られた政府が目をつけたのが、高級輸入品である。従価十割という「贅沢品関税法」で「消費節約の美風を涵養《かんよう》し、もってわが国民経済の基礎を強固ならしめる」（浜口蔵相）ことを狙ったのだ。十割関税の適用範囲は百二十四品目に上り、洋酒、菓子、貴金属、時計などに交じって書画も対象となった。

幸次郎は、贅沢類の中に書画が含まれたことに心底から憤りを感じた。

「おれは日本のことを思ってやっとるのに何事だ！」

この関税法が施行された一九二四年（大正十三）七月三十一日以降、ヨーロッパで買った絵が神戸港に到着しても、幸次郎は通関せずに送り返したという。十割関税は幸次郎の夢の前に大きく立ちはだかったのだった。

絵画が無事に陸揚げされても、開封した税関吏は作品には目もくれず、「立派ですなあ」と重厚な額縁に見とれたという時代だ。日本にはまだ、幸次郎の宿望を受け取める力がなかった、とも言える。

それでなくても、幸次郎自身の周辺では、コレクションを冷ややかに見る空気があった。大正十一年の株主総会では「浮世絵は会社として所蔵しているのか？」という質問が出、その後の株主総会でも「社用で出張しながら絵に興味を持つとは何事か」という意見まで出た。

幸次郎はひるむことなく、

「浮世絵師は世界的大偉人であり、ボロのわが家で作品を損なっては、私は天下の大罪人となる。そのため、会社の地下室をお借りしている」

「私は浮世絵の購入で日本に対する義務を果たしたと信じています」

「いわばこの仕事は国家的な事業である。みなさんはそれに反対されるおつもりか」

と反論した。

しかし、ことあるごとに「株主のことを思って仕事せよ」と言い続けた幸次郎にとって、足元からの異議申し立てはショックだった。

こうして思いを込めたコレクションが時代の波に揺れていた最中、東京から悲報が届いた。

父、そして畏友の死

関東大震災で奇跡的に助かった松方正義が、東京・三田の本邸で危篤に陥ったのは、一九二四年（大正十三）七月二日午後のことだった。

その五日前に腸内出血を起こした正義は、気管支炎と肺炎を併発して容体が一気に悪くなったのである。邸内は見舞いの人々で混雑し、門前では車がひしめきあった。

正義の病室は、広い庭に面した十二畳と七畳の二間だった。枕元には主治医と看護婦四人が詰め、隣室には幸次郎夫妻をはじめ長兄巌、次兄正作ら近親者が無言で見守っていた。そして午後十時四十分、正義は八十九年の生涯を静かに閉じた。幸次郎らは、天皇から贈られたブドウ酒で正義の口元をしめらせ、別れを告げた。

正義の国葬は十日後、本邸の裏庭を式場にして行なわれた。遺族席には幸次郎ら約二百人が座り、首相加藤高明以下政府要人、国会議員らが顔をそろえた。動員された儀仗《ぎじょう》兵は二千八百人余りに上り、広い邸内は人で埋まった。朝とはいえ、夏の日差しが張りめぐらしたテントに容赦なく照りつけ、黒の大礼服、燕尾服姿の列席者は、首筋のカラーを汗でびっしょりと濡らした。

正義の遺体は、蟬時雨《せみしぐれ》が降り注ぐ青山霊園南側の一角に納められた。巌らが土をかけた後、「故従一位大勲位公爵松方正義墓」と記された真新しい墓標が立った。

正義の死は、一つの時代が終わったことを物語っていた。

天皇の相談役として政界の頂点を占めた元老は、九人であった。このうち「維新の功臣」として元老になった伊藤博文、黒田清隆、山県有朋、松方正義、井上馨、西郷従道《つぐみち》、大山巌の薩長出身者七人は、二十四年前に黒田が死去した後相次いで世を去り、正義が最後の一人となっていた。明治維新から五十六年。日本はこの間、東洋の一小国からまたたく間に列強の一角を占めるまでになった。正義の死は、元老第一世代の終焉を告げるものであった。激動の維新は、遠く過ぎ去った歴史の一ページになり始めたのである。

正義の国葬が終わった一週間後、正義の墓がある青山霊園の斎場で、美術界の元老ともいえる巨匠の葬儀が営まれた。「共楽美術館」建設への有力ブレーンだった幸次郎の畏友《いゆう》・黒田清輝である。狭心症の持病を押して帝国美術院会議に出席したりしていた黒田は、喘息《ぜんそく》を併発して七月十五日に五十八歳で死去した。黒田が最後に奔走した仕事は、直前に開催されたフランス現代美術展覧会でロダン作「接吻」などが「風紀上問題あり」として当局から撤去を命ぜられたことへの反対運動だった。芸術への無理解という時代の壁の前で熱情を振り絞って倒れた黒田の死は、日本美術界にすべてを捧げての殉職とも思えるものだった。

二人の死は、幸次郎には身を切られるほどつらいことだった。実業界に身を投じたのも、

「日本は貧しい。産業を興し、輸入を減らして国を富まさねばならん」

と、正義が常々言い続けていたことが、頭の中にこびりついていたからである。

最下級の武士から頂点を極めた父、見舞いから帰宅しようとした幸次郎に、

「お送りせねばいかんが、今日は病気なので失礼する」

とわが子に病床から謝った父……。幸次郎はただ、目頭を熱くするだけだった。

黒田もまた、幸次郎の人生に欠かせない友だった。パリの黒田の下宿で好物の鳥鍋をつついた青春の日々、「共楽美術館」の設計図を前に西洋美術の素晴らしさを語り合った日々……。幸次郎は精神的な支柱を失った心もとなさを隠しきれなかった。

わが身を振り返っても、がむしゃらに突き進んできた積極経営にかげりが出、頑強だった体にも老いの影が忍び寄っていた。

革命の真情

孫文は、帽子を振って「万歳」の声にこたえた。通訳の戴天仇と壇上に進むと、両手を後ろで組み、静かな微笑を浮かべた。

会場はすし詰めだった。一つの椅子に二人ずつ座っても聴衆はあふれた。拍手がようやく収まると、孫文は、「諸君」と語りかけた。

「本日、かくのごとき熱誠なる歓迎を受け、実に感激に堪《た》えません」

孫文は一言一句に四十年に及ぶ中国革命への真情を込め、神戸市民に訴えかけた。その穏やかな顔が次第に紅を帯びた。

一九二四年（大正十三）十一月二十八日。神戸は日本、いや世界の注視の中にあったと言ってもいいだろう。

「北京に政府なし」と、広州を舞台に反軍閥、反帝国主義の運動を展開していた孫文はこの日、兵庫県立神戸高等女学校（県立神戸高校の前身）で歴史的な大講演「大亜細亜（アジア）問題」を行なったのである。

二十日に神戸に到着した孫文は、上海から北京へと向かう途中だった。人々は、孫文の北上が南北政府の統一を実現するものではないかと注目していた。神戸の宿となったオリエンタルホテルには、孫文の動向に関心を寄せる人々が相次いで訪れた。その一人が、幸次郎である。十一年前、亡命者として神戸に来た孫文を体を張って守ったのは、ほかでもない、幸次郎であった。一時間余り、二人は来し方行く末をじっくりと語り合い、旧交を温めた。

講演会は、そんな神戸実業界との歓談の中で話が持ち上がった。予定外のことだったが、孫文は快諾した。

「風雲児の獅子吼《ししく》を聞け」

と新聞は予告の記事を書いた。

北方支持の日本政府は孫文の来日を決して好ましく思っていないようだったが、神戸の市民は「中国革命の先覚者」に熱い視線を注いだ。会場には三千人が詰めかけ、主催者側は体育館を第二会場にして群衆を二つに分けた。一日に二度の講演会という異例の事態だったが、孫文は快く応じた。

約二時間にわたって、孫文はアジアの実情を説いた。文化には、仁義道徳を重んじる王道の文化と、功利強権を主張する覇道文化があり、東方は王道、西方は覇道だ。そして列強の圧迫下にあるアジア各国は、王道を基礎として民衆の平等と解放を求めなければならない。孫文はそう述べたあと、アジアで唯一の独立国家である日本の姿勢にこう言及した。

「西洋覇道の犬となるか、東洋王道の干城となるか。それは日本国民の慎重に考慮すべきことでありま す」

明治維新から半世紀余り。「脱亜入欧」で近代化を突っ走ってきた日本は、常に欧米に範を求め、富国強兵と殖産興業を推し進めてきた。孫文は、日本はアジアの一員だという自覚に欠け、思い上がっているとズバリ指摘したのである。講演会場に幸次郎がいたかどうか確認はできないが、孫文の主張は、西洋と日本という座標軸の中でがむしゃらに突き進んできた幸次郎にとっても強烈な刺激となったことだろう。

神戸市民に深い感銘を残した孫文はその翌々日、母国に帰った。しかし、肝臓をがんに侵されていた孫文は翌年三月十二日、「革命いまだ成功せず」と遺言を残して波乱の生涯を閉じた。死の数日前、病床を見舞った旧友萱野長知に、孫文はこう尋ねたという。

「神戸に遺《のこ》した演説は日本人に響いたか」

八時間労働制に熱弁

幸次郎は、松葉杖姿で神戸駅頭に現れた。口に愛用の葉巻をくわえた幸次郎は、

「わしが行くと紛糾もせず丸く収まるだろうなんて言うが、どうしてどうして」

と見送りの人々を見渡した。

「えらい人が集まってくるでなあ。まあご無理ごもっともでやってくるか。ハッハッハッ」

と笑い飛ばした。

幸次郎が向かう先は、スイス・ジュネーブである。この年、一九二六年（大正十五）開催の国際労働会議に、幸次郎は日本の資本家代表として参加することになった。しかし、出発を一カ月後に控えた三月十五日、川崎造船所構内で建造中の潜水艦を見て回った後、軌道につまずいて窪地に転倒、右足アキレス腱を断裂した。エネルギッシュだった幸次郎も六十歳。単なる転倒で済まなかったところに老いの影を感じさせた。

入院を続ける幸次郎に、世間では「会議出席は無理だろう」と噂が飛んだ。だが、四月二十日に退院した幸次郎は、「どうしても行く」と言い張り、二十二日夜、神戸駅に来たのである。

幸次郎には使命感があったのだろう。おそらく会議では日本の労働事情に批判が集まる。その時、胸を張って反論できるのは、日本で初めて八時間労働制を採用した自分だけではないか、と。

その予想通り、六月二日に開かれた労働会議では、日本は非難の矢面に立った。

「文明国で女性の夜業を行なっているのは日本だけだ」

「なぜ日本は八時間労働制条約を批准しないのか」

指摘は当然だった。長時間労働と低賃金で資本蓄積を図ってきた日本では、労働条件は劣悪なままだった。この年の調査では、製造業の平均労働時間は十時間半前後。二交代制の工場では女性も深夜勤務に就いていた。

幸次郎は弁明に努めた。

「私の会社を見る限り、八時間労働を軌道に乗せるのに八年間はかかるのです」

事実、この年になっても幸次郎はまだ、一万五千人の従業員に八時間労働制の意義を説き続けていた。

「ズルズルと八時間働けば、十時間分の賃金をもらえると思ってはいけない。従来なら二時間かかる仕事を一時間半でやるんだ。仕事を分析し、無駄を省く科学的な考えを持ってもらいたい」

しかし、全従業員に思いを伝えるのは困難だった。職工の中には、元気な時には賃金の良い川崎で働き、体調を崩すと福利厚生の良い三菱に移る者も多かった。旗を掲げて走り出しても、大衆はまだ、後を追って駆け出さない。未成熟な社会にあってリーダーは孤独だった。

幸次郎は、

「日本をして近代情勢に一刻も早く適合せしむるよう、最善の努力をいたす所存であります」

と発言を結んだ。

しかし、婦人の深夜業がこの三年後に廃止されたものの、八時間労働制が労働基準法の制定でやっと実現するのは、この二十一年後、昭和二十二年のことである。

つかの間の休息

国際労働会議が終わると、幸次郎は川崎造船所の社長としてヨーロッパ各国を飛び回った。

やらねばならないことが、あまりにも多かった。葺合工場で生産する薄鋼板の原料・シートバーの買い付け、アルゼンチンから打診のあった軍艦の見積り、貨客船用ディーゼルエンジンや飛行機用発動機などの技術についての外国企業との折衝……。川崎造船所船舶部、川崎汽船、国際汽船の船がどこかの港に着くと聞けば、車に土産を満載して駆けつけ、

「会社のため、ひいては日本のため、諸君らの一層の奮闘を願っておる」

と、乗組員を激励した。

その間に、戦後のヨーロッパ各国が、どう復活しているのかも見て回らねばならなかった。終戦のタイミングを計り損なった幸次郎としては、国際経済の実情は詳細にチェックしておく必要があったのだ。

こうしてヨーロッパを駆けめぐりながら、幸次郎は自分の判断が今度こそ外れていないと確信した。薄鋼板の需要は、さらに高まるだろうし、飛行機が次世代の産業の核になっていくだろう。大戦が終わった直後、あれほど泥沼化した社の財政事情も、将来を見れば明るい。幸次郎はそう思った。

あらかたの用務をこなすと、幸次郎はパリに立ち寄った。

五年前の渡仏時は、Uボートの設計図入手に策をめぐらす緊張の日々が続いた。しかし今回は、会社の財務事情が厳しくなっているとはいえ、異境でのつかの間の休息だった。

幸次郎は、エッフェル塔近くのアパートに住む福島繁太郎を訪ねた。福島の妻の父がアメリカ留学時代からの親友だったこともあり、幸次郎はこの夫婦に親しみを感じていた。福島は東京帝

大を卒業後、国際法の研究で留学したイギリスで西欧の油彩画に魅せられ、一転して美術研究の道を歩み始めたところだった。幸次郎と福島は、ピカソや藤田嗣治らの話題に時を忘れた。

福島はやがて、エコール・ド・パリの画家らの作品を中心に、松方コレクション、大原コレクションなどと並ぶ名コレクションを成すのだが、その基因の一つは、幸次郎との出会いだったのかもしれない。

幸次郎はこの後も、知人らを訪れたようだが、以前のような精力的な絵画収集をした形跡がない。

前回渡欧時と今回の間に、幸次郎は著名なハンセンコレクション（デンマーク）の中からコロー、ピサロ、ドガ、ルノワールなどの作品を少なくとも三十点購入している。

ハンセンは保険業で成功を収め、ヨーロッパでもっとも充実したフランス美術コレクションを成したが、一九二一年（大正十）に提携先の銀行が倒産したため、愛蔵の絵画を放出するはめとなった。投機としての美術収集をしなかったうえ、美術館を開設したことや銀行倒産で夢が挫折した点など、幸次郎と非常に似通った運命を歩んだ。

幸次郎とほぼ同時期のコレクションだが、二人が知り合いだったとは思えない。幸次郎は、知人のレオンス・ベネディット（ロダン美術館長）を介して散逸したコレクションを入手したようで、大半を日本へ、一部をロンドンへ送って保管していたとみられる。

しかし、こうした動きはすべて、幸次郎が日本に帰ったあとで行なわれたようで、少なくともこの渡仏時は、作品の制作年代からみてもスーチンの「鶏」「ドアボーイ」ぐらいしか買っていない。関東大震災で美術館計画が頓挫《とんざ》したうえ、家族からも絵画収集に釘をさされていたからだ。世間からは大金持ちだとみられた松方家だが、絵画の収集費をひねり出すために不動産は抵当に入っていた。しかも国内経済の悪化に伴ってその担保価値も下落し、実際のところはかなり苦しくなっていた。妻の好子は、夫の絵画熱にブレーキをかけるため、この渡欧には次男義彦をいわばお目付け役として随行させたほどである。

さて滞仏中の幸次郎は、一人の日本人に重大な任務を与えている。男の名は、日置釭三郎《こうざぶろう》。松方コレクションの秘話に欠かせない人物の一人である。

島根県松江市出身の日置は、海軍機関学校を経て海軍士官となり、海軍航空隊に所属していた。大正初期、その航空隊が神戸で妙技を披露した際、航空機産業への進出を図っていた幸次郎は指揮官の海軍少将に、

「今の飛行機に乗っていた若者をもらい受けたい」

と申し出た。それが、日置である。民間企業の育成を重視していた海軍は即座に了承した。川崎造船所の嘱託技師に転身した日置は一九一六年(大正五)四月、フランス・サルムソン社へ出向し、航空機製造技術の導入に力を尽くしていた。幸次郎が渡仏した際には秘書役も兼ねていた日置は、フランス女性と結婚し、すっかりパリに腰を落ち着けていたのだ。その日置に、幸次郎は航空機とは何の関係もない仕事を頼んだ。

名画の管理人

パリには、約四百点の絵画が残っていた。それらは、ロダン美術館に預けていたが、いつかは日本に持って帰らねばならない。その時まで、この名画をどうすればいいか。だれに管理をまかせたらいいのか？

幸次郎は、夢の結晶ともいえる絵画群を安心してゆだねられる人物は一人しかいないと思っていた。海軍時代に在仏日本大使館付武官を務めたこともあるこの日置釘三郎である。

謹厳な人柄、堪能なフランス語、軍人としてのキャリア、川崎造船所の嘱託技師という安心感。一見、小柄でしわがれ声のあまり風采の上がらないこの四十二歳の男は、どの点をとっても名画の管理者としてうってつけだと思われた。

幸次郎は、日置に管理を委託する際、二つの条件をつけたようだ。一つは、管理に要する費用は幸次郎が送金すること。もう一つは、送金が途絶えたりして金が不足することがあれば絵を売って管理費に充ててもよい――ということである。おそらく幸次郎は、二つめの条件が実行されるような事態はないと踏んでいたのだろうが、その時期は意外に早く訪れる。しかも、第二次世界大戦後にフランスに残った絵画の返還交渉の際も、幸次郎と日置の間に交わされたこれらの約束事は、日本の外務省を困惑させ、その事実確認だけに何度も外交文書が海の上を往復することにもなるのである。

ともかくも、幸次郎からの私的な依頼を日置は承諾した。フランス美術の至宝ともいえる作品群をまかされたことで、日置はこの後、多難な日々を送ることになるのだが、この時はほんの軽い気持ちだったのかもしれない。

パリの日本人画家としてはもっとも長く滞在している一人斎藤哲二(88)の記憶では、日置は幸次郎から依頼を受けた後、斎藤のアパートをひょっこりと訪れている。二人は知り合いではなかったが、日置はパリの日本人会あたりで斎藤のことを聞き出したのだろう。

「松方幸次郎の親類の者です」と名乗った日置は、

パリのロダン美術館

「美術の知識を得たいので雑誌でも何でもいいから読ませてくれませんか」
と頼んだ。
日置はその後数十回も斎藤を訪ね、むしゃぶるように本を読み続けた。コレクションのことはおくびにも出さず、ひたすら本に向かう日置を、斎藤は不思議そうに眺めるだけだったが、きまじめな日置としては、貴重な美術品を預かる限り最低限の知識を身につけたかったのだろう。異境のアパートで美術雑誌を読みふける日置の姿には、突然切り替わった人生のレールを走り続ける男の哀切を感じずにはおれない。

幸次郎は、元号が昭和に変わった一九二七年（昭和二）初め、アメリカ経由で帰国の途についた。日置に後事を託し、重い心も少しは楽になっていたことだろうが、この船旅は幸次郎をいばらの道へと導く悲運の航跡を描くことにもなる。

恐慌下の帰国

幸次郎の乗った「エンブレス・オブ・ロシヤ号」が横浜港に着いたのは、一九二七年（昭和二）四月二十日だった。その三日前、船中で国内の不安定な金融事情を耳にしていた幸次郎は、タラップを降りるなり、予想以上のすさまじい恐慌の渦中に身を投げ込むはめとなった。

話を整理するため、時計の針を少しだけ戻そう。この年三月十四日、衆議院予算委員会での蔵相片岡直温《なおはる》の答弁からすべては始まった。

予算委での質疑の焦点は、「震災手形」の処理問題だった。関東大震災で金融機関や企業が大きな痛手を被ったため、政府は「震災手形割引損失補償令」を出し、混乱を回避しようとした。震災地と関係する手形を日銀が再割引し、それに伴う日銀の損失は一億円を限度に政府が面倒をみよう、というわけだ。ところが、この措置をうまく利用して震災とは関係なく経営状態の悪い企業の手形までも「震災手形」の形で日銀に持ち込まれたため、決済の期間中に回収できないものが相次いだ。その総額は昭和二年になっても二億円を超す巨額に上り、政府は「震災手形」を処理する第二段階の施策に迫られていたのだ。

おりから国会は、泥まみれの政争の真っただ中にあり、「震災手形」の処理法案が上程されると、その中身について野党は激しい質問の砲火を浴びせた。とりわけ、回収のむずかしい「震災手形」の所持銀行が明るみに出始めると、預金者の不安が募り、一部に取り付けの動きが出ていた。

片岡の発言はその最中のことだった。

「きょう正午ごろにおいて、渡辺銀行がとうとう破綻いたしました」

と答弁したのだ。

この一言が、くすぶっていた金融不安に一気に火をつけた。

実のところは、渡辺銀行は確かに休業寸前に陥ったが、資金を何とか融通して営業を続けていた。片岡は、その第一報だけを耳にして国会答弁をしたのである。片岡の失言は、波紋を呼び、渡辺銀行は翌十五日、姉妹銀行のあかぢ貯蓄銀行ともども本当に休業に入り、一週間の間に計六銀行が次々と店を閉めた。

新聞は、

「われもわれもと押しかけて取り付けを起こすのは、負傷者の出血を促して死期を早めるだけだ」

と自重を求め、政府も、

「流言飛語に迷うな」

と声明を出したが、人々の不信感はぬぐえなかった。

それは、日本経済が不安定なアワの上で一時のわが世の春を味わった苦いツケでもあった。日本は第一次世界大戦を経て列強の仲間入りをしたが、それは戦争成り金的な経済の膨張であり、ヨーロッパが戦災から立ち直ってくると一気に輸出先を失ったのである。膨大な不良手形は、破綻の崖っ縁であえぐ企業の呻き声でもあったのだ。

その叫喚の中で一頭の巨象がもがいていた。幸次郎の盟友・金子直吉の率いる鈴木商店である。

盟友の苦況

年中借り切っている東京ステーションホテルの二十号室で、金子直吉や一年前にロンドンから帰国して取締役に就いていた高畑誠一らが、重苦しい空気に身を浸していた。

一九二七年（昭和二）三月二十七日。世界に君臨した大商社鈴木商店は、破綻へのカウントダウンに入っていた。あらゆる手段を講じても、巨象はもはや、立ち上がる体力を失っていたのだ。

鈴木商店を窮地に追い込んだ最初の一矢は、「八・八艦隊案」の挫折により関連の神戸製鋼所が痛手を被ったことである。さらに泥沼のような不況が財務体質を弱くし、超多角化戦略で次々とつくった工場への投資の金利が、じわりじわりと社の首元を締めつけていた。

とどめは、国会で大論議となった一連の震災手形問題のなかで、台湾銀行と鈴木商店の結びつきが明るみに出たことだった。台湾銀行は日本の植民地化政策で生まれた発券銀行であり、政府の保護監督下にあった。鈴木商店は、砂糖、樟脳《しょうのう》の取引を通じて以前から台湾銀行と密接な関係にあり、昭和元年時点での台湾銀行の貸出高五億四千万円のうちの三億五千七百万円が鈴木商店の関係だった。

こうした台湾銀行と鈴木商店の絡みや経営危機が国会の場で次々と表面化すると、台湾銀行の資金難はさらに悪化し、鈴木商店の台所は完全に干上がった。金子は資金繰りに駆けずり回ったが、三月二十六日午後、台湾銀行は「資金の援助停止」を通告。巨象に絶縁を言い渡したのである。

神戸の一角で小さな商店からスタートして三十三年。金子の積極果敢な拡大方針で三井、三菱に挑み続けた鈴木商店は四月四日、店を閉じた。そのニュースはまたたく間に世界に流れ、金融マンの耳目を集めた。

鈴木商店の破綻は、金融恐慌を深刻化させた。鈴木系の神戸の六十五銀行が八日、休業に追い込まれ、台湾銀行自体も十八日に休業に入った。さらに近江銀行、泉陽銀行……と休業が続き、一流銀行の窓口にまで預金引き出しの市民が列を作った。日銀の非常貸出は異常な額に上り、片面だけを印刷した急ごしらえの二百円札が大量に出回った。

幸次郎が帰国した四月二十日は、そんなパニックがピークに達した時だった。幸次郎は二十一日夜に東京を出発し、二十二日午前、約一年ぶりに神戸の土を踏んだが、この二日間に幸次郎を取り巻く情勢はさらに悪化していた。川崎造船所のメーンバンク・十五銀行が二十一日、白旗を掲げ、三週間の休業に入ったのである。

華族銀行として宮内省の台所を預かる名門銀行も、不良債権を抱えたうえ、取り付けに遭って営業資金に事欠く事態に追い詰められたのだった。

ついに政府が、モラトリアム（支払い猶予）の非常手段に打って出た二十二日、帰神した幸次郎は自宅へ向かわずに川崎造船所葺合分工場に入った。努めて動揺を抑えた幸次郎は、

「人には運不運がある。しかし、金子さんだけには何とかして復活の方策を講じたい」

と盟友の苦況に眉根を寄せた。

しかし、実のところ幸次郎には、そんなことを言う余裕などどこにもなかった。

救済の陳情

十五銀行が激しい取り付けによって休業に追い込まれて以来、川崎造船所の経営危機は覆い隠しようもないほど深刻化の一途をたどった。

一人たりとも職工を解雇せず、飛行機から薄鋼板へと多角化を進めて不況を乗り切ろうとした幸次郎は、十五銀行からの融資でこれら両部門に巨額の資金をつぎ込んでいた。川崎造船所が資

金繰りの苦しさから大量に発行してきた支払手形のほぼ六割までを引き受けたのも、十五銀行であり、川崎への貸出額は休業時、四千四百万円（現在で八百億円弱）にも及んでいた。その十五銀行の休業は、いわば水道の蛇口を閉めたも同然の結果を導いた。幸次郎が表向き、いかに強気の発言をしたところで、その内実は、社員、職工の給料さえ社有地の切り売りでしか捻出できないありさまだったのだ。

十五銀行の休業が長引くにつれ、川崎造船所の経営危機は、神戸市全体をパニック状態に追い込んでいった。工場閉鎖ともなれば、一万六千人の社員、職工がたちどころに職を失い、家族も含めると六万人以上が路頭に迷う。さらに下請け企業も将棋倒しのように連鎖倒産する事態になれば、六十六万人いる市民の三分の一が被害を受けるだろう。神戸市長黒瀬弘志は、一九二七年（昭和二）五月十九日、ついに、

「これは一私企業の問題ではない。神戸存亡の危機だ」

と、首相以下、大蔵、海軍両大臣に川崎造船所救済を求める電報を打ち、自ら陳情のために上京する決意を固めた。

翌二十日には、神戸商業会議所も、

「国家的事業に携わる川崎造船所を立て直すのは政府の責任」

と満場一致で決議し、会頭の鹿島房次郎らが各大臣を説得するため東京へ向かった。

川崎造船所の職工たちも会社存続のために立ち上がった。不況下にあえて人員整理を断行しな

かったことが、今日の破綻につながる一因であることをだれよりもわかっていた職工たちは、幸次郎の英断で導入された八時間の就業時間外に毎日一時間、無給で働くことを全員で決めた。

川崎造船所の危機という大波を最初にまともに受けたのは、周辺の小さな商店だった。職工たちを得意客とする食堂やカフェ、理髪店などは、造船所の経営危機が表面化して以来、パッタリと客足が途絶え、店を閉じるところも出始めていた。あれほどにぎわった新開地の映画館にも空席が目立ち、厳しい不景気風が神戸を吹き抜けていた。

官民挙げての陳情に、政府はようやく川崎造船所救済に本腰を入れ、一人の男に再建策の立案を依頼した。その名前を聞いた幸次郎は、暗闇の果てにかすかな光明を見いだしたような気持ちになった。

郷の登場

重苦しい沈黙のなかで、初老の男二人が厳しい表情で向かい合っていた。一人は、明治維新の大功労者岩倉具視の三男道倶。もう一人は、元東京株式取引所理事長で渋沢栄一と並び称される財界の大御所郷誠之助である。

先に口を開いたのは郷だった。

「銀行の整理などという面倒なことはできん。僕はあす、家人を連れて京都へ行くことになっている。君、罪なことを言わんでくれ」

郷は、懐から取り出した寝台券を示しながら、道倶の頼みを固辞した。

しかし、道倶は引き下がらなかった。用件は、十五銀行の立て直しである。このままでは、華族の財産を預かり、宮内省の「金庫」でもある銀行を破綻させることになる。そうなれば、皇室にまで累を及ぼしかねないのだ。この窮状を救えるのは、王子製紙や帝国商業銀行の立て直しに辣腕《らつわん》を振るい、会社再建の手腕では右に出る者がいないといわれる郷だけだろう。そう確信していた道倶は、郷の心に揺さぶりをかけた。

「前頭取の松方巌君は、責任を取って公爵位を返上される。その巌君の父君は、あなたが少年時代から恩顧を受けた亡き正義公ではないか」

この一言は効いた。

郷の父親は正義が大蔵大臣時代の次官であり、両家は親密な間柄だった。親も手を焼く腕白だった郷は、正義にこんこんと諭されたことが何度もあっただけに、長じても正義にだけは頭が上がらず、巌や幸次郎とも兄弟のような付き合いを続けていたのだ。郷はとうとう京都行きをあきらめ、道倶の申し出をのんだ。

一九二七年（昭和二）五月十日、大蔵大臣高橋是清は郷に対し、正式に十五銀行の整理案作成を委嘱した。さらに、最大の融資先である川崎造船所の再建も十五銀行整理に不可欠として、併せて郷の手に委《ゆだ》ねられたのである。

郷はまず、資本金の半減、積立金の取り崩し、大口の預金・債権の取り立て猶予などを骨子とした十五銀行整理案をまとめてから、川崎造船所の再建策立案に取りかかった。

同じく政府から委嘱を受けた関西財界の巨頭渡辺千代三郎とともに経営実態を詳細に点検したが、不振の造船部門以外は車両、製鉄部門とも順調だった。二人は、借金体質の改善、運転資金の確保などで、川崎は容易に息を吹き返すとの結論を下した。

この月二十七日、郷らが蔵相高橋に提出した川崎造船所整理案は、一億四千万円の負債を上海、神戸の社有地処分、資本金の六割減資などで清算したうえ、工場を担保に政府から三千万円の融資を受け、運転資金などに充てる――との内容だった。

翌六月十日には、郷らの整理案通り、政府融資が閣議決定され、川崎の再建はようやく軌道に乗り始めた。

だが、関係者たちがひと息ついたその矢先、意外なところから挫折の芽が吹いた。

造船部門の閉鎖

川崎造船所への政府融資が決定した直後、その足元をすくうかのように、鉄鋼原料の銑鉄《せんてつ》を川崎へ納めていた大倉商事、大倉鉱業が、

「川崎造船所の造船資材を即刻差し押さえてもらいたい」

と神戸地裁へ強制執行の申し立てを行なった。

両社とも、幕末・維新の動乱期、鉄砲を売りさばいて財を成した政商大倉喜八郎の傘下企業だった。

大倉側が川崎の再建を頓挫させるような挙に出た原因は、第一次世界大戦直後の一九一九年(大正八)にさかのぼる。戦時景気で奔騰していた銑鉄相場が、終戦とともに急落し、川崎側が大倉両社と高値で契約を交わしていた銑鉄の引き取りを拒んだことが発端だった。しかも、幸次郎が、「この問題が解決するまで、すでに受け取った銑鉄代も払わん」

と、強気に出たことが喜八郎を激怒させ、一歩も引き下がらない論争が続いていたのだ。

幸次郎の不運は、一、二審で大倉側に敗れた時点で川崎の経営危機が表面化したことであった。造船所の資産が政府融資の担保に入れば、法廷で勝ち取った債権確保は不可能になる。大倉側にしてみれば、非情のそしりを受けようと、差し押さえの申し立ては「企業防衛上、当然の措置」であった。

これを境に、順調だった政府の融資計画も、瓦解への道をたどる。救済案が閣議決定した直後から、会計検査院長の水町袈裟六《けさろく》は「国の金を一私企業に融通するなどとんでもない」と反対していたが、差し押さえとともに農相山本悌二郎らが水町の支持に回り、閣内の意見が割れ始めた。さらに経営難の国際汽船の債務を川崎造船所が保証していた事実まで発覚するに及んで、議会からは「融資は違憲」との声さえ出始めた。

首相田中義一は一九二七年（昭和二）七月四日、ついに、

「川崎への政府融資は断念せざるを得ない」

と、先の閣議決定を反古《ほご》にしたのである。

高橋是清から蔵相を引き継ぎ、融資実現に奔走した三土《みつち》忠造は、その二日後、官邸に幸次郎を招いた。

「時期が来れば、救済に乗り出す」

と、政府が完全に手を引いたわけではないことを釈明するためだった。だが、その日の運転資金にすらこと欠く状況下では、幸次郎には慰めの言葉としか聞こえなかった。

すでに郷誠之助が再建策立案を引き受けた時、幸次郎は社長辞任の腹をくくっていた。その再建案までが行き詰まったと知った幸次郎は、

「おいが死んで川崎が生き延びるなら、自決も辞さんよ」

と、腹心の会計課長武文彦に漏らした。武は、

「死は、男として卑怯《ひきょう》なやり方だ」

と、幸次郎をたしなめた。

七月十八日、幸次郎は重い足を引きずるように海軍省を訪れ、「二十一日をもって造船部門を閉鎖する」と海相岡田啓介に伝えた。このままでは、八月以降の給料支払いさえ目途が立たず、大量解雇しか残された道はなかった。幸次郎の姿は別人のようにやつれ切っていた。

幸次郎の報告に、今度は海軍省がうろたえた。

造船部門の閉鎖となれば、川崎造船所で建造が進む一等巡洋艦「衣笠」「足柄」と潜水艦五隻の工事も同時にストップする。軍備増強を急ぐ海軍にとって、大きな痛手だった。

海相岡田啓介は、報告を終えて帰ろうとする幸次郎を接客室に引き留めたまま、経理局長加藤亮一らと緊急に対応策を協議した。

「松方個人を救おうという考えは毛頭ない。だが、国防上、由々しき事態である」

と苦悩する岡田に対し、加藤は、大胆なプランを持ち出した。

「再建が軌道に乗るまで、造船部門を海軍がそっくり引き取ってはどうでしょう」

海軍史上、例のない非常措置である。岡田は、大いに乗り気になったが、問題は内閣の承認をいかに取り付けるかだった。加藤はすでに、海軍省と川崎造船所が交わした山のような契約書の中から、こんな条文を見つけ出していた。

「建造が不能になった際は海軍がこれを続行する」

接客室に戻ってきた岡田から海軍の案を聞いた幸次郎は、

「痛しかゆし……」

と思わずつぶやいた。

海軍側は「不服なのか」と色をなした。同席した川崎造船所会計課長の武文彦が、あわてて弁明した。

「社長は英語は得意だが、日本語は不得手なのです。痛しかゆしとはつまり、海軍が救済に動けば、陸軍や鉄道省、さらにはほかの民間企業までが同じ方策をとるかもしれない。そうなれば、川崎は本当に崩壊してしまう。ですから、事実が公表される前に海軍の真意を関係各方面にお話し願っておけばありがたい、と。社長、そういうことでございますね」

と、その場をとりつくろった。幸次郎は明らかに、冷静さを失っていた。

川崎側の了解を取り付けた岡田は、この一条文を盾にして川崎への海軍進駐を閣議で認めさせた。川崎造船所は、危うい綱渡りの末に最悪の事態は免れた。

川崎造船所に掲げられた海軍の看板

だが、造船所内に設置された海軍艦政本部臨時艦船建造部は、建艦続行のために必要とする人員を造船部門九千四百人余りのうち五千八百六十六人とはじいた。川崎からの業務引き継ぎは一九二七年（昭和二）七月二十三日に完了したが、同時にこの日、職工三千三十七人の解雇が申し渡された。

その前日、造船所内の地下室に集まった幹部九百人に、幸次郎は顛末を説明した。

「今、一部の解雇をためらい、会社再建に失敗すれば、全従業員が職を失うことになります。お気の毒ではありますが、多数の人を救うため、少数の人に社を去っていただかねばなりません。わが力の至らなさ、まさに断腸の思いであります」

と、声を途切らせながら、ひたすらわびた。

神戸市は、兵庫県立第一高女に臨時の職業紹介所を開設し、東京、大阪、名古屋、福岡などの職業安定所にも、求人紹介を依頼した。また兵庫県も市と協力して、農家に帰る職工のため支援態勢を組んだ。

八月五日には三百人の第二次整理が断行され、神戸駅は連日のように新しい勤め先へと向かう職工とその家族でごった返した。神戸を去るその人波の一方で、不安と焦燥を胸に帰神する人影があった。

悲しみの帰郷

幸次郎は、子供たちの進路にほとんど口をはさまなかった。ただ一度、「経済を学びたい」という息子に、

「経済はだめだ。世の中を歩くには法律が大事だ。法科へ行け、法科へ」と勧めた程度である。

しかし、幸次郎が強いたわりでもないのに、六人の子供のうち五人が、この時海外に出ていた。幸次郎は毎年、この五人に長文の手紙を送っていた。それは「アニュアル（年一回の）レター」と呼ばれ、次々と転送されて五人の手元に届く習わしだった。

しかし一九二七年（昭和二）は、手紙に代わって電報が届いた。川崎造船所の経営破綻と松方家の一大事を告げる電報を受けとった五人は、次々と帰国の途についた。

イギリスには、四人がいた。結核のため東京商科大学（現一橋大学）を中退し、療養後に留学のため渡英した長男正彦、京都大学を卒業後、「十年は帰らん」と言い残してスコットランドの造船所に飛び込んだ次男義彦、ケンブリッジのトリニティカレッジには三男幸輔がおり、ロンドン郊外では長女花子が英語とピアノのレッスンに励んでいた。そしてアメリカには、ビジネススクールで学ぶ四男の勝彦がいた。末っ子の為子はこの年、県立高等女学校（現神戸高校）を卒業したところで、兄姉と同様に海外留学を志したが許される事情ではなく、小林聖心語学校に進んでいた。

相次いで神戸に帰ってきた息子たちの最初の仕事は、引っ越しの荷造りだった。債務弁済のため、住み慣れた山本通（神戸市中央区）の邸宅を明け渡し、八年前に正彦の療養場所として購入していた須磨・中マセ垣（現須磨区須磨寺町一）の別荘へ転居することになったのだ。

同時に神戸の名物になっていた馬車も売りに出された。幸次郎の妻好子は、末娘の為子に、

「もう馬車には乗れないのよ」

と語りかけた。しかし為子は、華美に流れない家風のなかで育ったためか、恥ずかしいとも悲しいとも思わずに母の言葉を聞いた。

花子が帰神したのは、八月十五日。秋にロンドンで挙式の予定だった婚約者で、国際派ジャーナリストを目ざしていたいとこの松本重治らと一緒の船だった。

港に入ると、花子は川崎造船所のガントリークレーンをじっと見つめた。懐かしさよりも、父の心痛を思って悲しみが胸を突いた。港には、両親が出迎えていた。花子は二人の姿を見ると小走りに駆けた。好子は花子を抱きしめたまま涙を流し続けた。幸次郎は、ふっと視線を外すとその場を離れた。

馬車を手放した幸次郎は、職工たちに交じって電車通勤を始めた。幸次郎の顔を知る職工たちは、ステッキをつき、悪い右足をやや不自由にしながら歩く社長に気づくと、立ち止まって帽子を取った。幸次郎は、その一人ひとりに会釈を返した。しかし、手放さねばならない貴重なものが、もう一つあった。

名画の散逸

一九二七年（昭和二）。川崎造船所の重役会議の記録は、債務弁済一色に塗りつぶされている。

七月には、幸次郎が現金五十万円か、相応の財物提供を約し、川崎家も現金二十万円と不動産(三十万円相当)提供を申し入れた。五十万円は、現在なら九億円。「無理算段」を重ねて捻出したものだった。

さらに八月四日、常勤重役の二五%給料カット、非常勤役員の報酬返上……と続いた。しかし、総責任者の幸次郎は、これだけでは済まなかった。苦心をして日本に持ち帰った絵画や家具類のほとんどが、問答無用で、筆頭の大口債権者だった十五銀行に差し押さえられたのだ。担保に入ったのは、経営悪化直後のことで、作品の裏側には、桜の絵が入った十五銀行の小さな紙が張られ、通し番号が書き込まれた。

もはや、美術館など夢物語だった。幸次郎が「生涯の仕事」と志をたてた美の殿堂は、金融恐慌の荒波にあっけなくのみ込まれたのである。

川崎造船所の地下倉庫に眠ったまま幸次郎の手を離れた一千余点の名画。それがどんな運命をたどったのか、かいつまんで紹介しておこう。

絵画の中で、セザンヌ、モネなどの超一級品は、公開の売り立て展の前にひそかに売りさばかれた、と伝えられる。場所は十五銀行内、集まったのは財界人や富豪といわれるが、定かではない。

記録上で確認できる本格的な売り立て展は、共立女子大学の湊典子講師の調査によると計七回である。いずれも「松方氏蒐集《しゅうしゅう》欧州美術展覧会」などの名称だが、実質的には売り立て展だった。第一回は一九二八年（昭和三）三月、国民美術協会が主催して東京府美術館で開かれ、売却総額は九十万円余りに上った。関西では、昭和九年五月、大阪の阪急百貨店で第六回の売り立て展が開かれたが、展覧会はとうとう神戸には来なかった。

湊講師の詳細な追跡調査では、計七回の展覧会で並んだ絵画は延べ千百二十八点。売却合計額は、二百三十万円。以後も何度か売り立て展が企画され、幸次郎の夢は、粉々に砕けて国内に散逸していった。

金融恐慌前にも計七回の作品展が開かれ、幸次郎は購入した油絵、水彩画、浮世絵を公開している。しかし、それらはコレクションのほんの一部であり、皮肉にも、担保となって初めて、コレクションは人々の前に全容を見せたのである。

コレクションの売却は、意外なところにも影響を及ぼした。当時はまだ、骨董屋と間違われるなど市民権を得るに至っていなかった洋画商が、売り立てに関わることで巨利を得て一気に息を吹きかえしたのである。結果として、幸次郎の夢の残骸は、洋画商たちの眼力を養い、経営基盤を固めさせる有形無形の力となったのだった。

さて、話を神戸に戻そう。名画と別れを告げた幸次郎は、さらに寂寥《せきりょう》感を募らせていく。

長男の急逝

氷雨が、蕭々《しょうしょう》と降り続いていた。

神戸・会下山の市立斎場で、幸次郎は、畳一枚分はある長男正彦の遺影を無言で見つめていた。金子直吉が失脚した時、「人には運不運がある」と言ったものだが、この時の幸次郎も、あまりに不運が重なりすぎた。

前年、一九二七年（昭和二）の夏に帰国した正彦は、東京のイギリス人貿易商の下で働いていた。ところが、この年の暮れ、ホテルでの会食に出た牡蠣《かき》がもとでチフスにかかり、二月一日夜、二十九歳の若い命を閉じた。

二月六日の告別式には、国内外から二百通を超す弔電が届いた。正彦の墓は、会下山の一角に建った。後年、東京に遺骨を移すため墓の下を掘った肉親は、遺骨が頑丈なコンクリートで囲まれているのを初めて知った。そこに、愛息に寄せる幸次郎の愛情と悲しみの深さが読みとれる。

しかし、幸次郎には悲嘆にくれる余裕さえなかった。海軍の進駐で造船部門閉鎖を辛くも免れた川崎造船所は、昭和二年八月五日から五回にわたって大口債権者会議を開き、会社再建に向けての整理案をまとめていた。この年四月時点での負債総額は未償還の社債も含めて一億四千万円（現在の約二千五百二十億円）。その四割強を占める大口債権の整理で、第一の難関はくぐり抜けた。

次に迫った第二の難関は、当面の金策である。枯渇する運転資金など、必要な資金はざっと二千三百五十万円。一つの銀行で賄える額ではない。

幸次郎は再び、郷誠之助に助けを求めた。郷は、日銀総裁井上準之助と作戦を練り、日本興業銀行総裁小野英二郎、三井銀行常務池田成彬らを口説き落とし、九銀行による川崎融資のシンジケート結成に成功した。

だが、銀行団の条件は、極めて厳しかった。稼ぎ頭である車両の兵庫工場と薄鋼板の葺合工場を川崎造船所から分離独立させて担保としたうえ、重役の選任権、財産処分権まで銀行など債権者の許可が必要との内容だった。正彦の急逝は、経営の自主性を守ろうとする川崎が、銀行団と水面下の熾烈な交渉を重ねていた最中のことだったのだ。

正彦の死の二カ月後、融資交渉は、葺合工場を川崎側に残す以外、ほとんど銀行団の要求通りの条件でまとまった。

さらに、融資交渉と並行して進んでいたもう一つの課題にも決着がついた。幸次郎に代わる新社長の人選である。海軍は、呉海軍工廠《こうしよう》長を後任に据えようとした。しかし「川崎占領」などの言葉が海軍から漏れ伝わってくると、従業員は猛反発し、結局、元神戸市長の神戸商業会議所会頭鹿島房次郎が、郷の推挙で新社長に決まった。

再建へのレールを敷き終えると、幸次郎は延期していた株主総会開催の案内状を送った。最後の仕事は、己自身の整理である。

涙の辞任挨拶

「私の不明不徳は、その罪万死に当たり、今日かくおめおめと、みなさまにお目にかかる面目もなく……」

幸次郎の声が、不意に途切れ、かすかな嗚咽《おえつ》が漏れた。隣席の取締役山本盛正は、目頭を押さえてうなだれた。「和製ナポレオン」と渾名《あだな》され、猛進の勝ち戦《いくさ》を続けてきた幸次郎の面影はどこにもない。ひたすら頭を垂れる敗軍の将の姿は、会場からしのび泣きを誘った。

一九二八年（昭和三）。街角の電蓄から「波浮の港」や「モン・パリ」が流れ、不況ムードを柔らげていたこの年五月二十六日、川崎造船所の本社だけは、ひと際息苦しい空気に包まれていた。この日午後二時から始まった株主総会で、幸次郎は辞意を表明し、別れの挨拶を行なったのである。

「金子さん。おいはね、整理の見通しがついたら、きれいさっぱりと放り出すよ」

ほとんど同時期に敗将となった盟友金子直吉と会うと、幸次郎はあっけらかんと社長辞任の意中を打ち明けたものだ。しかし、その日が現実になってみると、心中は波立ち、胸は締めつけられた。

従業員三十二人、払込資本金百万円で船出してから三十一年七カ月。造船所は従業員一万六千

新造船が次々と誕生したころの神戸港

人弱、資本金九千万円の巨大企業に発展した。国際競争力を問われる分野だけに、幸次郎は投資に投資を重ね、多角化で経営基盤の安定を目ざした。高金利にあえぎながらも、車両、飛行機、鋼板事業は順調に伸び、芽吹いていた。もう少し、あともう少し金融恐慌が遅れていたら……。

「弁解がましゅうございますが」

と断りながら、幸次郎は不運を嘆いた。

「軍縮会議の開催、関東大震災、昨年春の恐慌など、あとからは何のかんのと申されても、事前にこれを予見することはだれにも不可能だと存じます。しかし、今日に至って、戦後の会社経営はもっと消極的な方がよかった、多角化を目ざしたのは見込み違いだったと言われるのであれば、私はただ、自らの不明を深くおわびするしかございません」

「もし、辞職ということでその責めを免れることができるのなら、即時に辞職しようと思いました。もし死ぬことですべての責任を解除してくれるなら、死また辞するところにあらずとまで考えました。しかし、何の後始末もせずに辞職したり自殺したりすることは、無責任で男として卑怯なことと信じ、自己の責務を果たそうと決意しました。昨年五月九日、辞表をしたためて懐中にし、心力の及ばん限り、体の続かん限り努力し、復活の見込みが確実になってから、みなさまに謝したいと思ってまいりました」

涙で何度も中断しながら、二十一年余りを振り返る最後の挨拶は、二時間に及んだ。壇上から降りる幸次郎に、株主から慰留の動議が出た。

「川崎の松方か、松方の川崎かとまで言われる今日、われわれはあなたを信頼して株主になったんだ」

幸次郎は、その言葉に謝しながら、

「今回の失敗は、私一人の責任であります。みなさんから踏まれるなり、蹴られるなりされても、甘んじてお受けせねばならないのです」

と、頭を下げた。

留任申し入れは、「株主総会の議事録には記載する」として処理された。

翌日、神戸市内の長者番付が、神戸税務署から発表された。一位は海運業者乾新兵衛(年間所得百二十五万円)、二位が神戸岡崎銀行(太陽神戸三井銀行の前身)頭取の岡崎忠雄(同五十万円)、三位には航空機工業への参入を図っていた日本毛織社長の川西清兵衛(同三十七万円)が入った。

しかしこの番付から、常連三人の名前が消えていた。鈴木商店の女王・鈴木よね、川崎一族の総帥・川崎武之助、そして幸次郎である。

他人から消極的と言われようが、「決して十二分を求めず」に徹した岡崎らが荒波を乗り越え、不況下に進軍ラッパを吹き鳴らし続けた幸次郎らが波間に消えた。あまりにも鮮やかな明暗だった。

新聞は「(幸次郎らの)収入は、普通の給料取りと同じぐらいまで下がるだろう」と報じた。確かに、収入は激減した。だが、幸次郎は、這いつくばりながら薄目を開けていた。

再起編

無念を隠し

神戸市内には、千五十八の市立公園がある。そのちょうど一千番目にあたるのが、須磨区の須磨寺町公園だ。表道につながる道路を含め、広さは千百六十五平方《メートル》。静かな住宅街の中にひっそりとたたずむ。

ここは、そっくりそのまま、松方幸次郎の別宅跡である。旧土地台帳によると、一九四二年（昭和十七）十二月に転売するまで、ここには「松方」の表札がかかっていた。建物は和風の二階建てで、南側には築山を設けていた。実業界を退いたとはいえ、お手伝い三人と炊事専門の女性一人が住み込んでいた。

幸次郎の朝は、早かった。子供たちが布団の中でむずかっているころに起きた。着物を無造作にはおって下駄を履くと、家を出る。それから路地伝いに東へ少し歩くと、銭湯の暖簾《のれん》をくぐる。これが、判で押したような朝の日課だった。

心の底の無念や寂しさは、おくびにも出さない。朝風呂会の常連を見かけると、

「おう、元気か」

と声をかけ、ニコッと笑って肩をポンと叩く。明治後期の首相桂太郎が、政党懐柔に用いた「ニコポン」の対人折衝術だが、幸次郎も桂に負けない「ニコポン」で通った。布袋《ほてい》腹を突き出し、下がり眉毛を一層緩めて「おう」。須磨の古老たちが一致して覚えているのは、この光景である。

気が向くと、須磨寺の商店街に足を向けた。その一角で「若木屋美術店」を構える美術商佐藤隆三と会うためだった。佐藤は神戸一中（現神戸高校）を卒業後、川崎造船所の潜水艦設計部に勤めたが、一転して画商となった。幸次郎は店先の椅子に座り込むと、佐藤と話し込んだ。下着をつけないため、着物の裾《すそ》がはだけると中がのぞいたが、サラサラ気にしなかった。

時々、迎えの車が来ると背広に着替えて外出した。おそらく、行き先は川崎造船所だったのだろう。造船所の経営はまだ、多難の道を歩んでいた。運転資金にこと欠く窮状を見かねて、神戸市会では「川崎救済」が焦眉《しょうび》のテーマになっていた。しかし、市会の空気は、

「一民間会社に市が融資するのは……」

というものだった。

これに対し、後に日本初の経営学博士となる神戸高商（現神戸大学）教授平井泰太郎は、

「川崎がこれまで、県や市の財政にどれほど貢献したか、ご存知か。今、川崎を救うのは、市の義務でもある」

と論陣を張った。

市会の意見は次第に「救済」へと傾き、昭和三年九月、社有地を担保に三百万円（現在で約五十四億円）の特別融資を決めた。幸次郎の外出は、こうした動きと無関係ではなかっただろう。

しかし、傍目にはあくまでも、隠遁の敗将だった。親類の子供が来ると、

「何が好きか？　パパイア食うか、パパイア」

と目尻を下げる好々爺に徹し、葉巻をくわえ、下駄を高らかに鳴らして散歩した。

だが、染みついた実業家魂は、死んではいなかった。新聞紙面から「松方」の文字が消え、人々の話題に上らなくなったころ、幸次郎は再び、鎌首をもたげる。

ソ連油の輸入

東京・築地。灯がさんざめき、三味の音を乗せた五月の夜風が渡る。

料亭「山口」に着いたのは、まず幸次郎。続いて三人の男たち。これで密談の主役がそろった。男たちがどう出るか。答え次第で、再起への道が定まるのだ。酒を勧めながら幸次郎は、ズバリと用件に入った。

「実はね、ソ連から石油を輸入したいんだ。原油でなく、精製したガソリンを」

思わず顔を見合わせた男たちへ、さらにくどきの言葉が続いた。

「ぜひ、ご意見をお聞きしたい。日本ではあなた方が最大の消費者だ。協力していただけないだ

ろうか」

昭和の初め、石油の最大の消費者といえばタクシー業界である。幸次郎の相手は、都内五千の円タク業者でつくる東京自動車業連合会の新倉文郎、柳田諒三、柏崎久吾の三幹部だった。

「松方さん、良質で安い石油なら、もちろん、われわれだって協力しますよ」

新倉の歯切れの良さに、幸次郎は大きくうなずいた。意想外の即答だが、新倉の胸中には、「松方は救世主になるかも……」という思いがかすめたのだろう。

というのも、国内の石油市場は、アメリカ・スタンダード、イギリス・ライジングサンの二大外国資本に加え、日石、小倉、三井、三菱の大手六社が協定を結んで牛耳り、石油価格を決めていた。値上げの場合も一方的な通告である。一九二九年(昭和四)以来、最大消費者の円タク業者は、一次、二次と強力なガソリン争議を展開した。その急先鋒に立って「値上げは死活問題」「絶対反対」を説き、不買運動の檄《げき》を飛ばしてきたのが、新倉だった。それだけに六社支配の体制を揺るがせかねない「安いソ連油」は大歓迎だったのである。

この時新倉は、三十九歳。鋭い弁舌で豪放磊落な彼は、教職を去り、野人的ともいえる人生譜を歩んでいた。六十六歳の幸次郎からみれば若造だが、互いに意気投合した。事実、後の舞台裏でも二人の呼吸は、ピタリと合っていく。

石油と幸次郎。一見、不思議な組み合わせだが、実は川崎造船所時代から関わりは深い。大正十一年、鈴木商店系の帝国石油と旭石油が合併して新旭石油になった際、幸次郎は社長に就任している。翌年には、アメリカ・テキサス州オレンジシティーにある油掘削会社「テキサス・オレンジ・ペトロリアム・カンパニー」を買収した。〝ジャパンマネー〟のはしりで、日本への石油輸入を図ろうとしたのだ。ある油井からは一日五千五百バレルの噴出をみたが、アメリカ産油の輸出禁止措置でもくろみは頓挫し、油量もその後は減少をたどったという。さらに二年後、北樺太石油会社の創立実行委員の一人にも選ばれている。経営だけでなく、失業時代にはひそかに、石油問題の研究に乗り出し、南樺太に技師を派遣、油田を探査させたりもしていた。

　そんな経験と研究の末、旭石油の元販売部長高橋見爾を通して出会ったのが、新倉だった。再起をかけた昭和七年のことである。

　料亭「山口」を出ると、幸次郎は夜の築地に立った。頭の中を、追放同然に造船所を辞し、東京で足踏みした歳月の重みが横切った。

財界のルンペン

「自ら事業をもって道楽となす」

を身上とした幸次郎には、無為の隠居生活は苦痛でしかなかったのだろう。

　神戸・須磨の別邸に引っ込んでいたのは、わずか二年だった。一九三〇年（昭和五）には、妻好子を残して単身で東京に移り住んだ。

幸次郎の離神と合わせたように、この年の暮れ、一人の男が世を去った。川崎造船所専務、永留小太郎、五十五歳。幸次郎の腹心中の腹心だった。

対馬に生まれた永留は、松方正義の書生となり、幸次郎から学費援助を受けて東京帝大を卒業した経歴を持つ。その恩義もあってのことだろう、居室には、幸次郎夫妻の写真と正義の書がかかっていた。

動脈硬化で病床に伏した永留に、見舞いの客が、

「(松方に)乗りつぶされたな」

と語りかけると、静かに、

「本望」

と切り返したという。

その幸次郎はと言えば、六十五歳の老いの身であっても、胸のうちには、ふつふつと事業への欲がたぎっていた。しかし、人と資金、情報をあてにしての上京とはいえ、時代の風はあまりにも厳しかった。

前年の昭和四年十月二十四日、ニューヨークのウォール街が、空前の株価大暴落に襲われた。「暗黒の木曜日」である。これを引き金に世界大恐慌の激流は、翌年から日本も巻き込み、経済に致命的な打撃を与えていた。

大学生の就職難や労働争議の多発に冷害、凶作が追い討ちをかけた。失業者が激増し、浮浪者

を意味するドイツ語の「ルンペン」が流行語にもなった。

時流にユーモアで答えたのか、幸次郎はこう自称した。

「財界のルンペン」

寄付金や結婚式の記帳を求められると、ためらわずにそう書いた。自嘲ではなく、もともと金や名誉に無欲恬淡《てんたん》。陽気な「ルンペン」だった。

兄弟や子供たちを頼り、東京で最初に住んだのが麻布桜田町（現港区西麻布三丁目）、続いて麻布霞町（同西麻布）へと移った。いずれも木造二階建ての借家で、霞町の部屋は体を伸ばすのも窮屈なほど狭くて質素だった。

その部屋でゴロリと横になりながら、幸次郎は、再起へのキーワードを決めていた。

「燃料報国」

この四文字である。

既述のように、三十年余り川崎造船所を率いてきた幸次郎の経営理念には、国益志向が貫かれていた。それは失業時代も変わらなかった。燃料事業でどう国を潤していくか。おりから、昭和のエネルギー源は、石炭から石油時代への転換を告げていた。

「報国」の照準を、ソ連からの石油輸入に定めた幸次郎は、上京して二年後の五月、意を決して築地の料亭に円タク業者を招き、秘策を打ちあけたのである。

業者の快諾を得ると、次の一手に移った。在日ソ連通商代表部との交渉が、ひそかに進んだ。

勇躍、モスクワへ

ソ連に異存はなかった。在日通商代表部との石油輸入折衝はトントン拍子に進み、東京で大筋合意に達した。本格交渉のため、幸次郎のモスクワ招請が決まったが、それも「国賓待遇で」という。大歓迎の証《あかし》である。

その日神戸の空は、雲一つなかった。少し高い真夏の朝日が、神戸駅のホームに差し込んでいた。新調のソフト帽を無造作にかぶり、口には例の太い葉巻。幸次郎は、全盛時に何度も旅立ったこの国際舞台への出発点に戻ってきた。東京での密談から三カ月後の一九三二年（昭和七）八月二十七日、幸次郎はよみがえった。

ホームでは、須磨の別邸から付き添ってきた妻の好子、三男幸輔、末娘の為子、それに政財界人の見送りを受けた。再登場した「実業家松方」を新聞記者が取り囲んだ。

「交渉の見通しは？」

「いやあ、だれとどんな話をするか、わからんさ。滞在期間？　それもわからん」

と、口を濁しつつ、自然と人なつこい笑いが浮かんだ。

午前七時、上り特急「富士」は静かに動き出した。車窓いっぱいに身を乗り出した幸次郎は「さよなら、さよなら」を連発して、最後にこう叫んだ。

「じきに帰りまっせ」

爆笑が、ホームにはじけた。

モスクワまでは往復二万キロを軽く超える。延べ四十二日間となるカムバックの旅が、こうして滑り出した。

だが、どれほど明るく振舞っても、敗軍の老将。旅費は借金だった。川西財閥の総帥、川西清兵衛が快く引き受け、現金二万円を貸し、ついでに胴巻きを贈った。大卒サラリーマンの平均給料が七十円の時代。気前のいい軍資金の援助だった。

しかし、社長時代の幸次郎は、旅費などを自ら携えたことがない。ましてや胴巻きの使い方もわからない。出発直前まで好子と思案し、二万円入り胴巻きを、素肌でなくチョッキの上から帯揚げのように締めた。

これでは、丸見えである。それを、京都駅から同乗した神戸新聞社長（三都合同新聞時代）の進藤信義が目にとめた。やんわり注意すると、

「遅まきながら、賢うなった。だが、へその上に縛っていちいち洋服を脱ぐのは手数じゃな。盗っ人に出会えば、胴巻きを渡せば簡単に話がつくさ」

と、幸次郎は珍妙な体裁をやめなかった。顔に目立ち始めた老人特有のシミに、失業時代の辛酸を思いやっていた進藤の憂鬱は、胴巻き問答で吹き飛んだ。

さて、幸次郎の乗った敦浦連絡船「天草丸」（二、三四五トン）が浦塩（ウラジオストク）へ向けて

桟橋を離れたのは、午後二時だった。

「那須野の兄（巌）に元気よく出発した、と電報を打っておけ」

甲板からの大声に、同行してきた幸輔が桟橋でうなずいた。

この間神戸では、業績の好転していた川崎造船所が、不況下で再び経営悪化を招き、三千人余りの解雇、和議申し立て……と危機的な状況が続いていた。社長の鹿島房次郎が心労で病に倒れて死去したのは、七月二十九日の夕方のこと。四日後の社葬には、松方家からは幸次郎の次弟正雄が参列した。

激しく揺れ動く日本、そして神戸。鹿島の死に心を痛めながらも、幸次郎の思いは、遠くモスクワへ飛ぶ。

協定に調印

交渉の前途を示すように、「天草丸」は夏の日本海に快調な航跡を引いた。敦賀《つるが》を離れ、四十六時間後の一九三二年（昭和七）八月二十九日正午、浦塩（ウラジオストク）に入港した。幸次郎は、秘書兼通訳の森孝三、堀清を伴い、ソ連政府関係者の熱い出迎えを受けた。

浦塩からはシベリア鉄道で約九千三百キロを走り続け、モスクワ駅に着いたのは九月九日だった。

その足で幸次郎は、招請先であり交渉の当事者・ソ連石油輸出連盟本部を訪問し、リャボヴォ

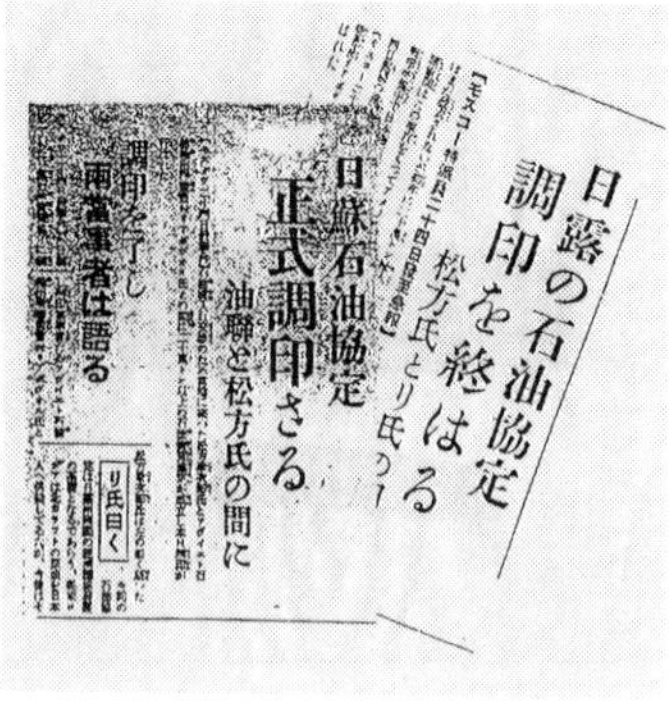

日露の石油協定
調印を終はる
松方氏とリ氏の

日蘇石油協定
正式調印さる
油聯と松方氏の間に

調印を了し
両當事者は語る

リ氏曰く

「石油協定調印」を伝える新聞記事

ル議長と握手を交わした。そのなごやかな席上で幸次郎はのっけから、

「一週間以内で交渉をまとめたい」

と、宣言した。欧米での豊富なビジネス経験を生かして機先を制したのだ。交渉は入り口の段階から、幸次郎のペースで始まった。

一方、「松方到着」と同時に慌ただしく動き出した男たちがいた。モスクワの各国大使館員である。「協定調印」なら国際政治や経済に影響が出る、と読んだ各国は、日本の駐ソ大使広田弘毅（後の首相）の元に探りや打診を入れた。

交渉内容が漏れれば輸入計画が水泡に帰す、とみた幸次郎は、各国の動向を耳にすると交渉内容を一切明かさずに貝になった。

世界の耳目を集めた交渉は、十一日から本格化し、毎日五時間以上にわたって意見交換をした。東京での合意をもとに、輸出量、価格、輸送・販売方法などの細部で応酬を繰り返した。幸次郎は不利な条件をすべて押し返し、とうとう十六日には、「日ソ石油協定」の成立に持ち込んだ。協定の英文化作業を経て正式調印されたのは、二十四日。宣言通りのスピード決着だった。

「協定調印」のニュースは世界を駆けめぐり、英米石油会社の独占下にあった日本はもちろん、世界の石油市場に衝撃と狼狽《ろうばい》が走った。その内容が公表されなかったことも手伝ったのだろう、ニュースをもっとも敏感に受け止めたのは、当時の世界一の産油国・アメリカだった。競合する二位のソ連と、上得意の日本の間に細いながらもパイプが通ったわけで、

「アメリカ油から脱し、日本は公然と戦争を準備中」

との観測記事までアメリカ国内の新聞は書きたてた。

反響をよそに再起への大仕事をやり遂げて満足感に浸る幸次郎。そのモスクワ滞在中、意外な再会のドラマが起きている。

「松方、久しぶりだなあ」

老いた相手に、見覚えがあった。

「片山……か?」

旧友、片山潜である。

ともにアメリカに留学し、全米学生大会では肩を組んで日本の歌を合唱した仲。資本家・幸次郎に対して、社会主義運動に生涯をかけた片山は、大正三年に日本を離れ、その七年後からモスクワに住んでコミンテルン委員として活躍していた。

片山七十二歳、幸次郎六十六歳。青春時代の追憶に話が弾み、笑みがこぼれた。片山が波乱の人生を閉じ、遺骨がクレムリンの赤い壁に葬られたのは、この翌年のことであった。

緊迫の石油事情

「日ソ石油協定」が調印された一九三二年（昭和七）九月二十四日。モスクワ駅から帰国する幸次郎は、ソ連側関係者から握手攻めにあった。

単に交渉がまとまった祝いだけでなく、スピード決着への交渉力と国際人・松方のスケールがソ連側に強い印象を残していた。日ソ関係は、前年の満州事変勃発で緊張下にあったが、交渉にはまったく影響せず、わざわざ外務大臣主催の祝宴が開かれたほどだ。

「協定内容は、まずまずの九十点だな」

と、胸の内で自己採点した幸次郎は、往路と同じ「天草丸」で日本海を渡り、十月七日午前七時、敦賀港に着いた。

「やりましたね、松方さん」

桟橋を踏みしめた幸次郎が、その声に顔を向けると、五カ月前、東京でソ連石油の購入を約束してくれた東京自動車業連合会組合長・新倉文郎が、帰国歓迎文を携えて笑顔で待ち受けていた。モスクワ訪問中に、ガソリン事情はさらに風雲急を告げていた。「輸入はいつ？」と新倉の顔は尋ねている。しかし、話す間もなく、取り囲んだ記者たちから質問が飛んだ。

「協定内容は？」

「大きな仕事に大きな責任を感じておる。だから、しばらく自重したいんじゃ。自動車争議もあることだし……」

幸次郎は、詳細を話さずに予防線を張り、帰神列車に乗り込んだ。同行する記者を避け、新倉は少し離れて座った。油はいつ到着するのか、国内での対応をどうするのか？　早く新倉と会談し、詰めねばならない。記者たちに囲まれながら新倉との連絡方法を考えあぐねるうち、列車は米原、次いで京都駅も過ぎた。

幸次郎は、不意にトイレに立った。それを見た新倉も一呼吸置いて席を離れた。洗面所で何気ない風に顔を合わせた幸次郎は、ハンカチと一緒に小さなメモを棚に置いた。

「明日一時、神戸十五銀行地下室」

チラリと読み取った新倉の顔から、焦りの色が消えた。

神戸駅から須磨の別邸に戻っても、延べ四十二日間の歴史的な旅を成功させた幸次郎は、訪問客との応対に忙殺された。だが、土産話で爆笑はしても、石油協定の話になると口を濁した。

十月八日午後一時、幸次郎は手はず通り、十五銀行内で新倉と会った。

「満腔の期待で、全国の組合員が石油を待っている。援軍来たれりです」

地下の貸会議室に、論客新倉の声が響いた。幸次郎は、その口からさらに緊迫化した国内ガソリン事情の顛末をじっくりと聞いた。

第三次ガソリン争議は、幸次郎の旅立ち直後から火を噴いていた。石油六社が一《ガロン》三十三銭の市価を四十三銭にする——との大幅値上げを一方的に発表したのだ。円タク業者側は、新倉を争議委員長に「絶対反対」を確認した。モスクワで協定が調印された三日後の九月二十七日、監督官庁の商工省を円タク千五百台が包囲する前代未聞のデモにまで発展していたのである。

座して死は待てぬ、という新倉を前に、幸次郎は口を開いた。

歓喜の胴上げ

「ソ連のコーカサス油田から揮発油（ガソリン）を輸入することになったよ。良質じゃ。初年度の販売量は三万五千トンを予定しておる」

幸次郎は、新倉文郎に「日ソ石油協定」の内容を明かし始めた。

「いつ、入りますか」

「そうだな、来年三月ごろかな」

「価格は？」

「うん、委託販売契約で市価より一ガロン五銭は安くしたい」

極秘会談は、幸次郎と円タク業界の石油取引方法にまで広がり、五時間に及んだ。

「明日の夜、一緒に上京しよう。会社設立など、やらねばならぬことがまだ多いよ」

そして十月十日午前九時、幸次郎は新倉と一緒に東京駅ホームに降り立った。降車口（現丸の内北口）から出たとたん、黒塗りの円タク群がその目に飛び込んできた。駅前はもちろん、和田倉門、大手町、日比谷方面の道という道が、フォードやシボレーなど一千台で埋め尽くされていた。

「何じゃ、あれは？　どうしたんじゃ」

「歓迎ですよ、松方さんの」

サラリと言ってのける新倉。実は、上京前夜に新倉は、丸の内三菱二十一号館にある組合本部に、

「松方上京、歓迎せよ」

と電話で指示していたのだ。

二人のやりとりをかき消すように、幸次郎の姿を認めた運転手たちから熱狂的な歓声が上がった。

「万歳、バンザーイ。救世主松方氏、バンザーイ」

「貝印不買」の小旗が、さざ波のように打ち振られた。同じデザインのステッカーが車体に張られ、運転手の胸のバッジにも見えた。それは、値上げの急先鋒イギリス・ライジングサン社を標的にした第三次ガソリン争議のシンボルマークだった。

運転手たちが駆け寄った。幸次郎は、握手を求められ、肩を叩かれた。そして大きな体が、一回、二回と東京駅前の宙に浮いた。幸次郎は、目頭をジンとさせた。

川崎造船所を辞して四年五カ月。失意の老将は一転、凱旋将軍に変わったのである。

翌日から、幸次郎は施設建設と会社づくりに奔走した。

石油タンク用地は、横浜に目をつけた。十一月四日、横浜市長大西一郎と直談判し、七日には鶴見地先の臨港埋め立て地内で二万坪（約六万六千平方メートル）を買収することで仮契約を結んだ。さらに名古屋、尼崎、小倉でも用地交渉を進めた。

事務所は、兄正作の妻繁子が、丸の内にビルを林立させた三菱の岩崎弥之助の娘であった縁から、一等地に構えた。

「松方日ソ石油販売事務所」

東京駅前、丸ビル八階の８３９区。この部屋で十一月十八日、事務所を旗揚げした。同時に新倉に明かした協定内容の概要とタンク施設計画をまとめ、事業要項として初めて発表した。

復活を果たした一九三二年（昭和七）が暮れようとしていた。

第一船の入港

横浜港の朝は、そぼ降る雨で煙るように明けた。

ソ連がチャーターしたノルウェー船籍のタンカー「ノーレ号」（七、六一九トン）は、コーカサス産ガソリン一万九百五十トンを積んで鉛色の沖合にゆっくりと姿を現した。午前六時、港外に到着した「ノーレ号」は、検疫のあと港内へ滑り込むように入ってきた。

マストに赤色のソ連旗をひるがえしたグレーの船体が近づいて来るのを、幸次郎は岸壁から見つめていた。傍らから、松方日ソ石油販売事務所の社員中平幸七が傘をさしかけようとしたが、

「いらんよ。あれは……うれしい、うれしいねえ」

と断った。

予定より五カ月遅れで到着した「石油輸入第一船」。幸次郎は、小糠雨《こぬか》に浮かぶ船体を間近にして、泣いていた。ソ連との輸入協定調印から一年近くもたち、待ちに待った一九三三年(昭和八)八月六日のことである。

昼過ぎ、鶴見埋め立て第一地区(現横浜市鶴見区大黒町)の岸壁に係船した「ノーレ号」は、黒海トゥプアセ港から三十八日間の航海で運び込んだガソリンの送り出しを開始した。幸次郎は、作業が始まると一転して険しい表情になった。無理もない。陸上タンクへの油の送出には、とんでもない窮余の策を用いていたのだ。

松方日ソの石油タンク四基(収容量・各三千ト《トン》)は、別の第三地区内に突貫工事で完成させていた。しかし、不運にも付近の海が浅瀬のうえ、係船設備も間に合わなかった。第一船が係船できるのは西寄りの第一地区だけだ。そこから第二地区を通り約一・五キ《キロ》も離れた第三地区のタンクまで油をどう送るか。

この大難題に困惑した末、幸次郎が下した決断は「水に油を注ぐ」奇手である。つまり、第一・二・三地区を結んでいた未使用の工業用水道管(直径二〇・三チセ《セン》)を、油送パイプ代わりに使おう

というのだ。渋る水道管理者の横浜市長大西一郎を前に、幸次郎は自説の国益論をブチ上げ、とうとう口説き落とした。

「もしソ連石油が輸入できなければ、ガソリン価格はますます上がる。消費者が困り、結果的には国家の大損失につながりますぞ」

そんな綱渡りの末の本番だったのだ。

「ノーレ号」からの注入作業が順調に進むのを見届けると、幸次郎は「販売宣言」を出した。

「世間から大変な疑惑を持たれたが、ガソリンは八月中に売り出すことができる」

わざわざ声を強めた「疑惑」とは、「無一文の松方に何ができるか」との声から始まり、輸入の永続性や品質への疑問、果ては「日本の石油工業の破壊を狙う赤色攻勢の手先に利用された」という中傷までさまざまである。一身に浴びてきた憶測やそしりを腹に収め、思いのたけを込めて公表したのが「販売宣言」であったのだ。

英米石油のカルテル下にあった内外大手六社は、第一船入港を、

「帝都への敵機来襲」

と受け止めた。

「安値の赤いガソリン」は、六社に挟撃されながら、かつてないダンピング競争に突入していく。

ダンピング合戦

「市価一ガロン五十銭の旧協定を改め、四銭値下げの四十六銭にする」

ソ連石油の輸入第一船が入港した一九三三年（昭和八）八月六日、即日の応戦に出た日石、小倉、三井、三菱、ソコニー・ヴァキューム、ライジングサンの内外大手六社は値下げを発表、松方日ソとのダンピング戦に突入した。

東京・上野にできた松方日ソの直営ガソリンスタンド（日本石油提供）

その一方で、協調の道を探る水面下の動きも始まった。十九日午前十一時、日石専務津下紋太郎は、丸ビル八階の松方日ソ事務所に幸次郎を訪ね、六社新協定への参加を求めた。だが、ソ連石油が市場混乱を招いている、と津下が発言するに及んで、

「市場を自ら崩す考えなど毛頭ないよ。最近の価格下落の責は、六社側にこそある」

と、幸次郎が逆襲し、会談は決裂した。

憮然として津下が帰ったあと、幸次郎は社長室から販売網の開拓、大口契約の獲得を次々と指示し、六社攻勢に受けて

立ったのである。

八月末になって、「販売Xデー」は、取次店売り渡しが二十九日午後、一般ガソリンスタンド売りが三十日から、と決まった。その「Xデー」前日の二十八日、仙台、名古屋、大阪……と各地方から特約店主が上京し、販売契約を交わした。しかし、彼らが肝心の「売り値」を聞いても、幸次郎は葉巻をくゆらせたまま笑いでごまかした。

唯一の直営スタンド、上野・池之端店にも数万枚の宣伝ビラが持ち込まれたが、ここでも価格の欄は抜け落ちていた。六社への対抗上、売り出し日ギリギリまで極秘作戦を展開し、価格を公表しなかった幸次郎は、直前になってようやくゴーサインを出し、徹夜で数字を刷り込ませた。

「直営スタンド四十銭、特約店を通したスタンド三十九銭、地方は六社より一銭下げ＝いずれも㌎当たり」

二十九日午後、松方日ソが発表した価格は、一部で四十銭台を割り込む思い切った内容だった。六対一。多勢に無勢の喧嘩だが、幸次郎の殴り込みは六社支配体制を揺さぶり、攻防戦は熾烈を極めていった。

日を追ってみてみると――、

二十九日　六社側が、混乱防止のため重要産業統制法の発動を商工省に陳情。

同日午後　「松方支持」を全国乗合自動車組合が表明。

九月一日　六社側、一㌎四十銭への再値下げ発表。

同二日　ソ連石油の輸入第一船が、ガソリン九千トンを積み横浜入港。
同二十七日　「松方絶対支持」を全国乗合自動車組合が決議。
同二十八日　商工省が在日ソ連通商代表部次席ゲルシュタインを招き、輸入見通し聴取。

この席上、ゲルシュタインが、
「今後も多量の油を永続的に輸出できる。現在の市場価格で十分採算がとれており、ダンピングではない」
と答えていたころ、幸次郎はさらに陣営を前進させていた。

松方日ソが、東京市電局の納入ガソリンを一ガロン三十三銭まで値引きして落札したのである。六社側も黙ってはいない。三菱は同じ日、横浜市営バス納入をもぎとったが、値段は三十一銭。もう三十銭台割れは時間の問題だった。漢字の「日」とソ連の象徴「ハンマー」を円形内の上下で組み合わせた赤色の商標を旗印に、松方日ソは燃えに燃えていた。

果敢な攻め

日・英・米連合軍ともいえる石油大手六社。その圧倒的なパワーに対して孤軍奮闘の松方日ソ石油販売事務所は、少数精鋭に徹した。

東京駅前の丸ビル八階839区に事務所を開設して以来、即戦力を求めた幸次郎は、イギリス・

ライジングサン社などから一騎当千の若手を引き抜いてきた。政・官・財界に伸びる松方人脈をたどり、電話一本でのイモヅル式採用である。

そのため、連合軍が強力な巻き返し策に出ても、手の内が読めた。たとえば「売り値」ひとつ見ても、松方日ソの価格は、常に連合軍価格より一ガロン一銭安に置いていた。「受けて立つ」のではなく、強者に「挑みかかる」という立場も好影響を及ぼした。攻防が激烈になるほど、社内は活気づき、熱気をはらんだ。

幸次郎好みのスタッフに加え、美人社員をそろえた事務所は、八階北西側廊下を挟み、左右二室ずつの計四室に分かれていた。丸ビルの中庭側には質素な社長室と庶務の受付、ロシア語通訳が陣取り、外の皇居側には会計と主力の販売部門が入った。

社員総数は、全盛時でも四、五十人と小所帯だった。つい五年前まで従業員一万六千人の頂点にいた幸次郎には、造作なく切り回しのできる規模だ。太っ腹な老将は、名うての男たちの心をすぐさまにつかんだ。社員たちは、８３９区の番号を「ハサンノクルシミ(破産の苦しみ)」と語呂合わせをして冗談口をたたき、幸次郎をかついで乱戦の石油市場に突っ込んでいったのである。

ただし、幸次郎にも泣きどころがあった。「松方」の名である。造船所を破綻に追い込んだ、として、その名に反感を持つ債権者がなお多かった。幸次郎は社員に、

「いいかね、松方日ソ石油と言うな。日ソ石油の名前で売り込むんだ」

と指示しながら、販売店網の開拓には、幸次郎自身があたった。資金不足で直営店の増設が思

うにまかせなかったため、仙台、福井、静岡、名古屋、三重、京都、大阪、神戸、岡山……を中心に特約店や代理店を展開した。幸次郎が懇意な地方財閥の旧家や名家に店を引き受けさせたのである。

社の台所も、現代からみると不思議な構造だった。ソ連とは委託販売契約を結んでいたため、価格が下落しようと販売実績に対して常に一定のマージンが入る取引だった。さらに円タク業界や特約店、代理店への販売方法は、注文量に応じて保証金を前納させ、幸次郎が発行する保証金預かり証と引き換えに油を手渡した。資金不足のなせる苦肉の策だった。

こうして集まった代理店保証金の手形を割り引き、これを元に銀行から運転資金の融資を受けた。横浜市からタンク建設用地を買収した際も、「年賦払いで」と押し込み、満タンのガソリンを担保にした融資金が、ソ連への初支払代金に消えたのである。

当然、「破天荒なアイデア商法」と、会計担当者は度肝を抜かれたが、満州事変勃発後のインフレ政策、軍需景気にも助けられた。

「超能力の舵取りだよ」

幸次郎は太平楽であった。

『石油国策』の論陣

営業マンたちが慌ただしく出入りする廊下の一角から、時々豪快ないびきが聞こえた。社長室のソファにもたれ、大口をあけて昼寝をむさぼる幸次郎のいびきだった。松方日ソ石油の社内にあって、幸次郎はいささかも構えず、素顔をさらして社員と接した。

社長室からフラリと出たかと思えば、足を向ける先は丸ビル前、東京駅の地下にある「荘司」の電気風呂だった。汗を流し、ヘタなワイ談を連発しては、一人ではしゃぎ回った。気力の充実と尽きぬ事業欲を反映していたのだろう。そのつやつやとした肌色は、七十歳前の老いた体には見えなかった。

一九三三年(昭和八)。幸次郎が再び上昇気流に乗ったのと軌を一にするかのように、身の回りでもまた、沈滞を打ち破る動きが相次いだ。川崎造船所は三月二十四日、甲南学園理事長で同社整理委員の平生釟三郎《ひらおはちさぶろう》を三代目社長に迎え、三月末までに念願の和議が成立していた。「無報酬」を条件に社長就任を受けた平生は、一万人の従業員を失職させず本格再建の道を得たのである。

私生活でも、四男勝彦の結婚で華やいだ。相手は父方が山口・岩国城主、母方が愛媛・大洲藩主の流れを引く吉川幸子だった。勝彦は松方本家を継ぐ兄巌の養子になっていたが、十月二十八日、帝国ホテルでの盛大な披露宴には、西郷従徳侯爵夫妻ら各界の大物が出席した。

翌日の新聞は、

「松方家に春戻る」

と報じた。

六年前の金融恐慌によるファミリーの傷跡は、ようやく癒《い》え始めたのである。

そんな内に外に吹き渡る追い風に、幸次郎は乗っていた。「健康の妙薬じゃよ」と昼寝にかまけながら、社長室に舞い込んだ注文原稿に応じ、石油事業で乾坤一擲《けんこんいってき》の論陣を張り続けた。

「ソ油輸入と私の立場」（『中央公論』一九三三年）

「燃料国策論」（『改造』一九三四年三月号）

と、発表し、『石油国策』（露西亜通信社、一〇五ジペー、同年三月二十一日発行）で持論を集大成した。

三論文ともに「国家繁栄の基礎は石油にあり」の論旨を軸に、

「石油供給の道を英米二カ国の独占下に置くのは、経済上も国防上からも得策でない。有事に備え、世界各国に門戸を開くべきだ。石油燃料なきところ戦勝なし」

と説いた。

せめぎ合う石油大手六社に対しては、とりわけ舌鋒鋭く、

「諸君の犠牲で金儲けしようというけちな根性はつめの垢《あか》ほどもない。私の抱負はもっと遠大で、輸入動機はより純粋で、国益一途だ」

と、切り込み、六社側は自らの非を悟らなければ赤字が増え続け倒産にも至る、と警告した。

そのうえで「燃料国策樹立」が焦眉《しょうび》の急と唱え、商工省内での燃料局設置、国内の油田地質調査、石油特別会計の制度化といった提言を盛り込んだのである。

気炎を上げた幸次郎が、論文の中で名指しでとくに取り上げた男がいた。その男との確執の果てが、再び幸次郎の道を変えていく。

橋本との勝負

「オイ松方、君なんかに石油界のことがわかるものか」

「何を言うか橋本、失敬なことを……。オレは帰る」

幸次郎は、憤然と席を立った。慌てて、日本石油社長橋本圭三郎の側近、堀江平重郎がとりなそうとしたが、

「うっちゃっておけ」

と、橋本は見送った。

一九三四年（昭和九）一月十二日夜、幸次郎と橋本は東京・築地の料亭でダンピング突入後初めて顔を合わせ、協調に動き出した。しかし何度か会いながらも、時にはこんな喧嘩別れが起きた。

「石油国策論」で幸次郎が名指した男、それがこの橋本である。

二人は、仇敵ながら「オイ、お前」の間柄だった。同じ一八六五年（慶応元）生まれで、時期を違えて大学予備門（旧制一高の前身）に学んだ旧友同士なのだ。貴族院議員樺山愛輔は共通の友人で、樺山家にはお互いの縁戚が続く。何より当の日石をみても、幸次郎の弟乙彦が専務になったほど関係が深い。互いに知り尽くしたうえで、二人は激突してきたのである。

橋本は、

「まだ計画の段階で、松方は、輸入ガソリンの一手引き受けを日石に頼んできた」

と暴露し、

「製油工業発展のため重油をこそ輸入すべきだ」

「（ソ連油は）国内石油業を破壊し、滅亡を招来するものだ」

と批判をエスカレートさせた。

ソ連産石油の登場前、一ガロン五十銭だったガソリン市価は、九カ月後の昭和九年四月には半値にまで落ち込んでいた。ダンピング戦の果てに利益、配当が激減した日石は、会社存亡の危機に見舞われたのである。

辞意を漏らすまで苦境に立った橋本は、政・官界との太いパイプで反転攻勢に出た。かつて大蔵次官、農商務次官と官僚の頂点を二度まで極め、日石社内では「商工大臣」の異名をとった橋本は、水面下でも多彩な動きを展開した。

対する幸次郎は、

「政府を動かし、私を六社協定に取り込むという愚策にだれが共鳴するものか」

と、橋本の動きを牽制した。

しかし、満州国建国から五・一五事件と続き、時代が「非常時」一色となるなか、統制経済の声が強まっていた。歩調を合わせるかのように、軍事費膨張に比例して増大する石油の供給安定を図るため、「石油業法案」が急浮上した。輸入業の許可制、輸入石油の貯蔵義務、さらに販売量の割当制までが盛り込まれた法案づくりには、橋本も参画していた。

いわば国による松方日ソ封じ込め策であり、幸次郎は強く見直しを訴えた。橋本とダンピング戦突入後、初めて会談したのもこの時期である。

しかし、昭和九年三月、第六十五帝国議会で「石油業法」は原案通り成立した。幸次郎はいや応なく、「愚策」に乗っていくしか仕方がなかった。

六月二十二日、松方日ソを加えた「新七社協定」が調印された。六社側価格は、十カ月前の赤いガソリン初見参当時の一ガロン四十銭にまで戻り、幸次郎はそれより一銭安という枠をはめられたのである。

勝ったのは、橋本だった。

「財界のルンペンの言じゃが、まあ、聞いてくれたまえ」

雑誌『エコノミスト』の記者を相手に、幸次郎は「私の川崎造船所時代」を語り出した。一九三四年（昭和九）夏の昼下がり、社長室でのインタビューである。

得意の「国益論」を話の縦糸に川崎での多角化経営を振り返り、実業家の創造性不足を嘆いた。さらに「憂財的財政々策」と筆で記者に書き示し、

「あまり物事を財中心、金中心に考え過ぎて国を忘れてやしないか」

と、下がらぬ金利と遅々として進まない景気拡大策に、いらだちをのぞかせた。

しかし、「破天荒」と会計担当者を驚かせた幸次郎の借金経営は、七社協定に加わってしばらくたったこのころから悪化していく。

その崩壊の芽は、秋の深まりと歩みを合わせて地表にのぞいた。十月十八日朝、幸次郎は意外なニュースにたたき起こされた。販売主任の小坂清が、西巣鴨の自宅から横浜検事局に拘引されたというのだ。二日後の二十日午後三時には、

「警察のものだ」

と、突然社内に踏み込んできた刑事たちが、会計主任の植田英一を連れ去った。

ライジングサン社から引き抜いた小坂には販売の最前線を任せ、神戸出身の植田は秘書兼務であっただけに、両腕をもぎとられた幸次郎は、呻いた。

「なぜだ！」

二人の容疑は、横浜市のバスとのガソリン納入独占契約に絡む電気局幹部への贈賄であった。事件はさらに広がり、多くの企業や市首脳部を巻き込む「横浜大疑獄」に発展し、百三十四人が贈収賄罪で起訴された。しかし結局は、取り調べ中の拷問が問題となり、四年後の判決では小坂、植田ら大量百十九人が無罪となっている。

だが、松方日ソは事件を経て一気に体力を消耗した。事件の衝撃が収まった社内には、高利貸しが頻繁に姿を現すようになった。自転車操業が行き詰まり、社員たちが「エンゼル」と呼んだ給料も遅配が目立ち始めた。

「うん、苦しい、苦しいな」

幸次郎は、柄にもなく社員に弱音を見せた。そしてついに、松方日ソ石油の権利と施設の一切を国内石油各社に売り渡す決心をした。

「松方」の名前を除いた「日ソ石油株式会社」が創立されたのは、一九三五年（昭和十）十月十五日だった。資本金百七十万円を出資したのは、大手の日石、小倉、そして早山、愛国の四石油会社と、取締役会長にまつり上げられた幸次郎である。だが、会長職は名目だけであり、実権は小倉出身の専務佐々木弥市が握り、相談役には幸次郎の旧友にして仇敵、日石社長橋本圭三郎が座った。

丸ビル内に販売事務所を押し立てて、わずか二年十一カ月。石油市場を縦横に突っ走った幸次郎は、七十歳を目前に再び一敗地にまみれた。そして「実業家松方」は、二度と財界に戻ることはなかった。

だが、幸次郎の周辺では、別の「松方待望論」が動き出していた。

一転、政界へ

「床次《とこなみ》逓信大臣逝く」

東京の街に、岡田内閣きっての実力者の病死を伝える号外が舞ったのは、一九三五年（昭和十）九月八日だった。

幸次郎は、松方日ソ石油の売却を約四十日後に控えた失意の中でそれを聞き、一層悄然とした思いにかられた。

床次竹二郎は、幸次郎の一つ年下で、同じ十二月一日生まれ。ともに鹿児島から上京し、共立《きょうりゅう》学校（現開成高校）と大学予備門に学んだ仲である。

「一度は、天下をとらせたい男じゃった……」

幸次郎は、心底からそう思った。郷里鹿児島政界で圧倒的な信奉者を抱えていた床次は、政友

現在の三州倶楽部（東京都品川区）

会の「床次王国」を築き、昭和の総理と目されてきた。政治家生活二十一年間に衆議院連続当選八回、入閣四回。地元では、その選挙用はがきが家宝になるほどの崇拝ぶりだった。

当然のことながら、東京から訃報が飛び込んだ鹿児島県政界は、呆然自失となった。おりから、県会議員選挙の真っただ中にいた床次派議員たちは瓦解の危機にさいなまれながら、ポスト床次の人物を探り始めた。

東京の鹿児島県人の間でも、後継が取りざたされた。政界の大物・床次に、ズケズケと物言える男は限られていた。その数少ない男の中で、鹿児島県人に強烈な印象を残していたのが、幸次郎である。

こんなことがあった。県人たちの集会の席で、床次はしばしば碁に熱中した。開会が次第に遅れても、県人たちは遠慮して何も言わない。そこへ現れたのが幸次郎だった。

「おい、またヘボ碁か。みな酒が飲めずに困っているじゃないか、早くやめやんせ」

と、大声で待ったをかけると、床次は思わず碁石から手を離した。元勲・松方正義の三男という毛並みに加え、このシーンに代表される押し出しの良さが、県人たちの心を射止めたのだった。

猶予はなかった。床次急逝のあと、政局はにわかに緊迫し始め、昭和十年十二月、政友会からの脱党組二十五人が、新党の「昭和会」を結成した。この年の国会を揺るがした美濃部達吉の「天皇機関説」問題を含め、「挙国一致」へ衆院の解散ムードが高まった。

幸次郎に「床次後継」への決起を促す声が相次いだ。七十歳の老体を考え、逡巡《しゅんじゅん》する幸次郎に断を下したのは、三州倶楽部の推薦である。

薩摩、大隅、日向と旧島津藩の領地名をいただいた三州倶楽部は大正七年二月、海軍大将樺山資紀を会長に東京で創立され、現在も続いている。倶楽部の中では、鹿児島出身の政・官・財界人や陸・海軍の長老、若手が「郷土の明日」をめぐって熱っぽい議論を繰り返していた。もちろん床次も幸次郎も会員であった。歴代鹿児島市長の人選を左右するほど絶大な力を振るったこの倶楽部が、幸次郎を推したのであった。

故郷を離れて、六十年。東京、神戸、再び東京へと居を移しながら、幸次郎のヘソの緒は、薩摩とつながっていた。薩摩弁は終生抜けず、同郷人との縁は深かった。日ソ石油時代、社長室に入るといの一番に病床の同郷人・山本権兵衛宅に見舞いの電話を入れ続けたものである。

その故郷から政界へ。不思議な輪廻《りんね》を思いながら、幸次郎の心を揺らすものがあった。出馬するとして、どの政党に身を託せばいいのか？

トップで返り咲き

議長浜田国松は、紫の袱紗《ふくさ》から詔書を取り出すと、起立する四百二十七人の全議員を前に読み上げた。

「朕帝国憲法第七条ニ依リ衆議院ノ解散ヲ命ズ」

すかさず「バンザーイ」の声が議場内に響き渡った。

一九三六年（昭和十一）一月二十一日午後三時十一分、第六十八帝国議会で岡田内閣は、解散を断行し、年明け早々の選挙戦に突入した。

しかしその日が来ても、幸次郎は霞町（現港区西麻布）の質素な借家で寝転がり、決めあぐねていた。

「松方さぁー、ぜひとも」

誘いの声が、各政党から相次いでかかる。政友会か、昭和会か、それとも……。板挟みなのである。

立候補の届け出受け付けが始まった二十三日になって、幸次郎はようやく動き出した。東京からの途中、神戸・須磨の別邸に四、五時間腰を落ち着けただけで、その夜には再び列車で鹿児島へ向かった。

「選挙区の情勢を、この目で確かめてから」

というわけだが、決断材料を求めて幸次郎が足を運んだ故郷は、盟主・床次竹二郎を失い、まさに「乱軍乱闘の修羅場」であった。

明治期に長谷場純孝、続く大正期に床次の政友会で築いた鹿児島の「一県一党」の支配体制は崩壊していた。床次の城代家老だった蔵園三四郎は昭和会に走り、ライバル民政党も挙県体制にくさびを打ち込もうと虎視眈眈《こしたんたん》の構えを見せ、中立系の新人も大挙、名乗りを上げていた。

解散から十日間がたち、中盤戦を迎えた三十日、幸次郎はようやく鹿児島一区に中立の元議員として立候補を届け出た。

政友会も昭和会も避けての決断である。鹿児島市を含む一区には、定数五人に十二人が立候補する激しいせめぎ合いになった。

「中立」を標榜したとはいえ、幸次郎は床次亡き後の鹿児島にとって大切な「おせんし（先輩衆）」であった。元老・松方正義の三男にして実業界の長老。川崎造船所時代の一九一二年（明治四十五）、衆院議員に当選した実績も光っていた。

どこでどう間違ったのか、皮肉にも「元財閥のおせんしは、有力な資金源」ともみられた。七十歳の老体は完全に御輿《みこし》上の人となり、旧床次派の参謀たちが金と票集めに奔走した。床次の揺るぎない地盤に乗った幸次郎は、悠然と構えた。二月二十日の投票日前日、各新聞は早くも幸次郎を「当選圏内」と報じた。

その予想通り、蓋を開けると、

「一七四七三票」

もの票が集まっていた。

二位の昭和会・蔵園に三千票の差をつけ、トップ当選での代議士返り咲きである。

「老骨ながら、鹿児島のため勇往邁進《まいしん》じゃよ」

だが、幸次郎が鹿児島で満面の笑みを浮かべているころ、東京では日本の歴史を揺るがす事件が蠢動《しゅんどう》していた。二十二日に最終的な決意を固めた若手将校たちが二十六日、大雪の中で「挙兵」に出たのだ。帝都を戒厳令下に陥れた「二・二六事件」である。

尾崎との朱色問答

着剣した憲兵が門衛に立つ戒厳令下、第六十九帝国議会は一九三六年（昭和十一）五月一日、特別召集された。反乱部隊の手で政府首脳や重臣が襲撃、殺害された「二・二六事件」から二カ月余りが過ぎていたが、なおその余韻は色濃く残っていた。

代議士幸次郎は、二十一年ぶりに赤絨毯《じゅうたん》を踏んだ。十三弁の菊花模様の議員バッジを胸につけ、議場に入った幸次郎は、雛壇に座る首相広田弘毅、文相平生釟三郎《ひらおはちさぶろう》と目が合った。

広田は、四年前にソ連と石油輸入協定に調印した際の駐ソ大使、平生は前年、川崎造船所の会長に就任したが、広田に請われて入閣し、会長職を辞した直後だった。いわば、幸次郎の明と暗を知る男たちとの不思議なめぐり合わせである。

開会後、その二人が「オヤッ？」と思うことが起きた。

書記官長田口弼一が、議長選挙結果を次々と読み上げ、二十一番目の得票者に、

「一点　松方幸次郎君」

と告げたのだ。

他薦か幸次郎がユーモアでやってのけた自薦かわからないが、今もこの記録は残っている。

二日目、幸次郎は無所属として院内会派「第二控室」に移った。民政党二百四十人、政友会百七十人に比べれば、わずか二十八人の小さな寄り合い所帯だが、憲政の神様尾崎行雄、熱血漢中野正剛ら大物もいた。

その潔癖孤高な尾崎は、共立《きょうりゅう》学校（現開成高校）の七年先輩で、幸次郎とはウマがあったのだろう。時には、こんなからかいの言葉を吐いた。

「あの泰西名画の収集は、やはり成り金趣味かね」

幸次郎は即答せず、逆に「朱色の種類」を尋ねた。物知りの尾崎が十三通りほど挙げると、幸次郎は、

「泰西名画には、七十余通りほどもありますぞ」

と、笑い顔で切り返した。それが尾崎への回答だった。

七日目、万雷の拍手が繰り返されるなかで幸次郎は、民政党斎藤隆夫（兵庫五区）の大論陣を聞いた。いわゆる「粛軍演説」である。一時間二十五分にわたり、体をやや斜めにし、張り詰めた声で「二・二六事件」の軍部責任を問うその斎藤の姿は、胸を打たずにはおかなかった。

すでに日本は、片道切符の危険な旅に出ようとしていた。ロンドン軍縮会議からの脱退を通告したのは、一月十五日のこと。無制限な建艦競争に道を開いたところでの事件の勃発は、軍事国家への傾斜を加速させていた。それはまた、政党政治崩壊の序曲でもあったのだ。

十七年の歳月をかけた新議事堂（現議事堂）での第七十帝国議会開会が六日後に迫った十二月十八日、幸次郎は、まだ三十二歳の四男勝彦の死で失意の底に突き落とされた。勤め先の書庫で梯子から落ち、脳内出血を起こしての不慮の死だった。

幸次郎の借家には、貴族院議長近衛文麿の妻千代子が弔問に訪れた。長男に次ぐ愛息の死に、幸次郎はうなだれるばかりだった。

危機憂えて渡米

幸次郎は、老骨に鞭打って、鹿児島一区の選挙区を再び駆けめぐっていた。四男勝彦の急死からようやく立ち直った一九三七年（昭和十二）春のことだった。

新議事堂を初めて使った第七十帝国議会は、議員の発言が軍部を侮辱したかどうかをめぐる「腹切り問答」などで紛糾し、広田内閣は総辞職した。続く元陸相林銑十郎内閣が三月末「政党つぶし」の思惑で抜き打ち解散に走ったのである。

しかし、選挙の結果、野党側の民政、政友両党だけで議席の八割を占め、林のもくろみは失敗した。その中で、前回同様に中立で出馬し、「九八一〇票」で三位当選した幸次郎は、鹿児島からの上京の途上、神戸・須磨の別邸で不愉快なニュースを耳にした。肝心の陸軍からも見放されながら、林内閣が居座りを表明したというのである。

「今こそ挙国一致の実を示すべきじゃよ。くだらない感情や行きがかりで、政府と政党が競り合っていては、お話になりゃせんよ」

錦紗《きんしゃ》の帯を無造作に巻き、胸からシャツをのぞかせたラフな着物姿の幸次郎は、訪れた記者を前に吐き捨てるように言った。珍しく語気が鋭かった。

幸次郎は、破滅の坂をころがり始めた日本の姿を憂えていた。同じ中立の池崎忠孝と図り、新党結成の動きまで見せていた。

しかし、その思いを踏みつぶしながら、歴史は動いていた。懸念した「運命の銃弾」が発射されたのは、七月七日のこと。中国・北京郊外の永定河にかかる蘆溝橋で、日本軍と中国軍が衝突したのである。

七月二十七日、本会議場では、「陸海軍将兵ニ対スル感謝決議」の採択が行なわれた。それを聞きながら、幸次郎は首をかしげていた。働き手の夫たちを戦地に送り出した家族は、生活に困らないのか。家族への援助を求めた幸次郎提出の「兵士家族ニ対スル給与ニ関スル建議案」が可決されたのは、それから間もなくのことである。

中国での戦火が拡大するなか、幸次郎は十月、実業界の親善使節団の一員として渡米した。代議士ではなく、「日ソ石油取締役会長」の肩書での参加だった。

随員の中に、弟乙彦がいた。アメリカ大統領ルーズベルトとハーバード大学の同窓であり、親交を結んでいた乙彦は、三年前の昭和九年一月にも訪米し、ルーズベルトと一時間近く話し合っていた。満州事変で険しくなった日米関係の改善に一役買おうとしたのだ。その乙彦から、

「コジ兄さん、アメリカの反日感情はさらに悪くなっているよ。少なくとも経済断交まではいくかも……」

と聞かされていた幸次郎は、どうしてもルーズベルトと会いたかった。

乙彦の紹介が奏功し、外交上の手続きをすっ飛ばした大統領は、幸次郎たちとの会見に応じた。しかし、その滞米中、中国・揚子江で日本軍機によるアメリカ砲艦誤爆事件も起き、アメリカ社会の対日感情は一層悪化していった。ルーズベルトとの会談の中身は不明だが、幸次郎にとっての最後の渡米は、逆巻く国際力学のなかで無力感を味わうものだったかもしれない。

帰国後に待ち受けていたのは、「国家総動員法」と「電力国家管理法」の成立だった。すべてが戦時体制に組み込まれていった。「露営の歌」「ああわが戦友」などの軍歌が次々とヒットするなかで、昭和十三年が暮れ、世界史を暗転させる十四年が明けていく。

光芒編

灰になった名画

ナチスドイツが、電撃作戦で隣国ポーランドに侵攻したのは、一九三九年（昭和十四）の九月一日であった。イギリス、フランスがドイツに宣戦布告し、戦火が一気に第二次世界大戦へと拡大したのは、三日。それから約一カ月がたった十月八日夕、灯火管制下のロンドンで一件の倉庫火災があった。大戦のニュースの中では、ほとんど関心を集めない火事だったろうが、松方幸次郎にとっては深い落胆をもたらす最悪の便りだった。

倉庫は、パンテクニカンといった。バッキンガム宮殿にほど近い住宅地にあり、道を挟んだ両側にネオ・クラシック・スタイルの凝ったデザインで建っていた。

午後五時半、火はその北側の棟から上がった。内部が鉄壁で細かく区切られていたため消火に手間取り、約三百人の消防士は五時間にわたってホースを握り続けた。火は、広大な建物の三分の二を焼き尽くしてようやく消えた。

不運にもこの三分の二の中に、幸次郎が買い集めた油絵、水彩画などが含まれていたのである。

点数は定かでない。絵画購入に力添えをした山中商会の岡田友次は、「三百点余」と書き残し、知友ブラングィンは「六百点」という。加えて、「私の代表作四十点が煙の中に消えた」ともいっている。確かなことは、パリから移してきた絵も含め、イギリスに残していたコレクションはすべて、「原因不明」のこの火事で灰となり、保険金八万二千ポンド（現在で約二十四億六千万円）が支払われたという事実だけである。

ただし、保険金は幸次郎の頭越しに債権者の十五銀行に渡った。岡田のメモには、

「銀行では、保険金が入ったので大喜び」

のくだりがある。担保整理下では、かけがえのない名画の消失より現金の方が重視されたのだろうし、そんな時代でもあったのだろう。

幸次郎が火災のことを知ったのは、かなり後だった。話はいつの間にか「戦災」となり、幸次郎は知人に「戦争でたくさんの絵が焼けた」と嘆いている。戦争下の火災であり、どこかで話が誤って伝わったのだろうが、長い間、名画の戦災焼失説は疑われることすらなかった。真相はおよそ十年前、滞英中だった湊典子共立女子大講師が、綿密な追跡調査をしてやっと判明したのである。

今も残るロンドン・パンテクニカン

またこの年は、コレクションにとって第二期の受難

の季節が始まった年でもあった。国内での売り立て展で残ったヴァン・ダイクの宗教画などが、「戦時経済下の貴重な外貨獲得」としてイギリスで売却される方針が打ち出されたのも、昭和十四年なのである。残っていたのは、高価な作品が多く、おそらく国内での売却見込みが立たなくなったのだろう。差し押さえた十五銀行は、担保整理の必要性と外貨獲得の一石二鳥を狙い、海外での換金を計画したのだ。皮肉な名画のUターンだった。十五銀行は、有力美術商との売買交渉にまで入ったが、それはちょうど、大戦が火蓋を切る直前であり、売却が実現したかどうかの記録はない。

そして、パリ――。日置釭三郎が預かった名画もまた、戦争の中でさまよっていた。

名画疎開

「いいか、これを全部アボンダンへ移す。一週間しかない。一週間だぞ」

パリ・ロダン美術館の一角。日置釭三郎は、パリの日本人額縁業者佐々木六郎を呼ぶと、せきこむように言った。

館の一階には、約四百点の美術品があった。ブリキで内張りをした特製の木箱をつくり、パリの西約八十キロの寒村まで移すという。佐々木はフーっと息をついた。

日置の焦りを誘ったのは、猛進撃を続けるドイツ軍の存在だった。一九四〇年（昭和十五）五月一日、ヒトラーから西部戦線攻撃の命令を受けたドイツ軍は、大攻勢に入り、五月十三日にフランス軍の要塞・マジノ線を突破した。幸次郎から絵の管理を託されていた日置は、日本大使館の忠告もあり、九年前に買っていたアボンダンの家へ作品を移送しようとしたのだ。パリへのドイツ軍の攻撃は今にも始まりそうだった。日置は、梱包、搬送費を捻出するため、マティス、ボナールらの作品十二点を売却した。

数日後、二人は、郊外へ逃げる人ごみを縫ってトラック三台で全作品を移した。アボンダンのほぼ中心部、交差点の角にある家は、二部屋と物置だけのつましい造りだった。物置の壁には湿気防止のコンクリートを塗り、木箱を積んだ。日独防共協定下のドイツ軍の目に触れても大丈夫なように、木箱の上には「日の丸」をくくりつけた。

日置が絵画を保管したフランス・アボンダンの家

六月十四日、「ドイツ軍パリ入城」の報が届くと、村役場は村民に避難命令を出した。日置は絵から離れることを渋ったが、抗し切れなかった。夜更け、家を釘で封鎖すると、村を出た。懐具合が寂しかった二人は、マネとモネの十号の絵を一点ずつ取り出し、自転車の両脇にくくりつけた。金がなくなれば、売り払おうとしたのだ。砲声の轟《とどろ》く中、二人は、月の光だけを頼りに南へ逃げた。二点の名画が、カタカタと鳴り続けた。

六日後、独仏休戦協定の成立を知ると、二人は村へ戻った。古城を中心に農家が点在し、周囲にジャガイモ畑が広がるアボンダン。その中にも、ハーケンクロイツの旗がひるがえっていた。しかし、こんな寂しい村の中に、フランス絵画の名品が隠されているとは、想像もしなかったのだろう。家は、逃げた時と寸分変わっていなかった。二人は、胸をなでおろした。

ドイツ軍進駐下でのつかの間の静けさが続くと、日置は村内をよく散歩した。家を購入する際、日置は「技師」と名乗り、村民から尋ねられると「大使館を退職してここに来た」と答えた。しかし、絵画のことは黙っていた。表からは絶対に見えない奥の部屋にマネ、スーチン、藤田嗣治らの小品を飾っていたが、そこに四百点もの美術品が眠っていることを知っていたのは、村長ら二人だけだったという。

人口千人余りの村の中での孤独の日々は、ドイツ軍の撤退まで続いたが、よほど寂しかったのだろう。日置はよく、高性能ラジオに耳を澄ましていた。村の古老は、

「東京の放送が聞こえた」

と子供のように喜ぶ日置の姿を鮮明に覚えている。

その東京では、幸次郎が七十五歳の老いの身を奮い起こしていた。

首席秘書役

いつの時代も、有権者は政治家に実利を求めたがる。幸次郎を担ぎ出した時、鹿児島の支持者は「松方」の名にほのかな夢を見、「実業家」としてのキャリアに豊かな資金をあてこんだことだろう。

しかし、「財界のルンペン」は、政界でも変わりがなかった。金と野心の政治風土とは、とんと縁がなかった。返り咲き選挙の後、選挙費用清算のため鹿児島から上京した参謀は、狭い借家にゴロ寝をしている幸次郎を見て金の話を切り出せずに退散した。

そんな話が伝わった郷里では、「松方は資金源にならない。裏切られた」という声も広がった。そもそも、「薩閥の支柱」だった床次竹二郎のような政治的野望もないとあって、鹿児島県政界は、次第にソッポを向き始めたのである。

さすがの幸次郎も困ったのか、同郷の一人の男に助けを求めた。

ある日、霞町時代よりは広くなった青山高樹町（現港区西麻布四）の自宅応接間に、その男を通すと、

「オイの秘書役になってたもんせ」

と、懇請した。

その瞬間、幸次郎は思わず下腹に力を込めておならを放った。すかさず相手も、大きな一発で返礼してきた。

「お互い、クセごあんどなあ」

二人は鼻をつまみ合った。

幸次郎は、この男がすっかり気に入った。戦後、鹿児島県商工会議所副会頭になる上原三郎との珍妙な出会いだった。この時三十七歳。七十三歳の幸次郎とは親子ほどの年の差だが、衆議院の給仕を振り出しに政友会の党員グループ院外団に属し、中央と鹿児島県政界を知り尽くす上原の力と豪胆さを買った。

幸次郎は、二つ返事で引き受けた上原を「さん」付けで呼び、用事があれば自分から出向いた。「給料なしの首席秘書役」だった。

それから一年近くたった一九四〇年(昭和十五)二月。第七十五帝国議会で幸次郎は、紀元二千六百年に当たるこの年を記念して、「岩戸時間制定ニ関スル建議案」を提出した。戦時体制下の「洋風追放」の風潮に配慮し、サマータイムを「岩戸時間」と言い換えていた。

三月二日、建議委員会第一分科会で趣旨説明に立った幸次郎は、

「……今日の燃料不足とか、工場で動力が十分回っていない時には、(早寝早起きが徹底されれば)経費は助かる」

と、大ざっぱな調子で発言した。同僚議員が「時計の一時間繰り上げ」を含め実施方法を補足

したが、案の定、政府側は難色を示した。再質問で幸次郎は、

「岩戸時間が広がれば、国民はより働くようになる。一体、国民に惰民であるなと言うが、働かせていく順序が示されていないではないか」

と、突いた。「戦時」を理由に「働け、働け」だけをスローガンにした実なき国策の現状にがまんならなかったのである。

建議案が本会議で委員長報告された七日、民政党斎藤隆夫が「粛軍演説」のため除名になった。以後、ドイツ軍のヨーロッパ席捲を耳にした軍部は、「バスに乗り遅れるな」と絶叫し続けた。各政党は相次いで解散、解党し、暗黒の時代へと突っ走っていく。

東条面罵

「米国、対日石油輸出を全面停止に」

と報じる新聞に目を通しながら、幸次郎は弟乙彦の言葉を思い浮かべた。四年前、ワシントンでアメリカ大統領ルーズベルトに会った際、乙彦が予言した通りの日米関係になったのである。

「無謀な戦いになるのを、やめさせにゃならん」

幸次郎は、会う人ごとにそう説いて回ったが、逆に冷ややかな視線を浴びた。秘書の上原三郎は、憲兵隊から、

「お前の親分は親米派だからな」

と、うさん臭げに見られた。肝心の帝国議会は、政党を解消し、一国一党の翼賛政治体制に取り込まれた。前年一九四〇年（昭和十五）末、幸次郎が就任した全院委員長も、要職とは名ばかりのお飾りだった。

「もう、遅いよ」

さすがの乙彦も、日米関係を一触即発とみた。兄弟それぞれの和平工作は空回りし、幸次郎があれほど輸入に奔走したガソリンの一滴は「血の一滴」に変わった。そして、首相東条英機が登場した。

十二月八日、真珠湾攻撃に帝都は沸騰した。皇居前には提灯行列が切れ目なく続き、絶叫と「万歳」が交錯、戦勝ムードに塗りつぶされた。

その夜、七十六歳になったばかりの幸次郎は、上原を前に静まらぬ胸の内を吐き出した。

「東条は、ばかな戦争をうっ始めた」

頬が紅潮した。

「これからの戦争は戦闘機の時代ごあんぞ。まだ日本は自転車を一生懸命つくっちょる。東条は常識外のことをしもんした」

船造りを通して欧米のズバ抜けた生産力、技術力を知り尽くす幸次郎の目には、日本の立ち遅れが歴然としていた。開戦は無謀の極みだ、と。

数日後、衆議院から貴族院へ渡る廊下を歩いていた幸次郎は、数人の護衛に囲まれて東条がやってくるのに気づいた。知らぬふりで赤絨毯を進み、近づいたところで目を合わせた。

「威張って歩いてくる人がいると思ったら、おまんさあでしたか」

「これは松方先生、健康に気をつけて長生きして下さい」

十九歳上の長老へ、東条はいんぎんに言葉を返した。

「あんたが首相をやっている以上、まだ死ねもはん。辞めたら、どうかね」

「いや、今は国家存亡の危機です」

そばでじヤヒヤする上原にかまわず、幸次郎はつっかかった。

「だから、あんたは辞めなさい、と言うのだよ」

面罵に逆らわず、立ち去っていく東条の背を見送る幸次郎は、ケロリとしていた。

「あんなのに頭を下げさせるぐらい、どうもなか」

代議士に返り咲いて六年目。腹に納め切れなくなったいらだちが、赤絨毯の上で噴いた。しかし、幸次郎の真骨頂が発揮されたのは、これが最後だった。

悪化する戦況

野心もなければ金もない。おまけに七十六歳の高齢。鹿児島県政界での幸次郎の人気は下降の一途をたどっていた。

公示日が一九四二年（昭和十七）四月四日となった第二十一回総選挙は、いわゆる「翼賛選挙」といわれた。推薦を受けたとはいえ、鹿児島市内高見馬場の一等地に構えた幸次郎の選挙事務所は、ひっそりとしていた。過去二回の選挙で手足のように動いた有志たちは姿を見せず、運動員は秘書役の上原三郎らわずかに三人。しかし、意外なところからブームが起きた。

個人演説会を開いた時のことだ。演説中に突然、幸次郎は尿意を催して黙り込んだ。

「皆さん、もう我慢はできもはん」

と、中座し、再び帰ってくるとケロリとして、

「どげな話、ごあんしたどかい」

と、どこまで話をしたかを聴衆に尋ねた。

かと思えば別の合同演説会場では、雄弁で鳴る若い対立候補を褒めちぎってみせた。

その稚気と鷹揚《おうよう》ぶりが、次第に人々の目を引き戻していた。

ころあいを見て、上原が極めつけのタンカを切った。

「鹿児島の連中から捨てられた松方さんの姿は、田原坂《たばるざか》から敗走して城山に帰ってきた、あの時の西郷どんの姿に似ちょる。松方さんを第二の西郷にしちゃいかん」

鹿児島での「西郷」は、神がかり的な威力を持つ。上原の演説の翌朝から、選挙事務所は手弁当組でごった返し、かつての有志たちも一人、二人と戻ってきた。

劣勢を跳ね返し、幸次郎は「一四七六四票」の二位で当選した。

翼賛選挙を受けての第八十帝国議会は五月二十五日に開会した。その最終日の二十九日、広島湾からひそかに帝国海軍の主力部隊が太平洋に向かった。八日後、ミッドウェーの海戦で惨敗した悲劇の艦隊である。撃沈された艦船のうち「加賀」は、幸次郎が川崎造船所から改造空母として送り出した巨艦だった。

戦況は日増しに悪化していた。ガダルカナル島撤退、連合艦隊司令長官山本五十六の戦死、アッツ島玉砕……と続き、ヨーロッパ戦線では電撃的な勝利を重ねていたドイツ軍が、次第に敗色を濃くしていた。

車両、航空機、製鋼へと業務を拡大してきた川崎造船所は昭和十四年、現在の川崎重工業と社名を変更していた。戦時体制のなか、川崎も含めて重工業各社は軍需品生産にフル回転していたが、戦線への根こそぎ動員が続き、熟練工不足にも陥っていた。食生活は窮乏し、ヤミ米が横行した。昭和十九年春からは、大都市からの学童疎開が始まった。学生たちも次々と兵列に送り込まれた。

幸次郎は、上原を帰郷させると、娘為子、お手伝いの西村ミツの三人で軽井沢に疎開した。議会が始まると、列車で上京した。すし詰めの車内に入り切れないと、ミツが窓から押し込んだ。太った体が車窓にひっかかったが、気丈夫なミツは構わずに尻を押した。

そんなある日のことだ。為子は、幸次郎が二つ折りの革製物入れの中に妻好子の写真を大事に納めているのに気づいた。和服姿の上半身が映っていた。写真の縁にはシワが寄っていた。長い間、幸次郎が肌身離さずに持ち歩いていた証拠のシワでもあった。為子は、その写真に野辺の花を添えた。

あれから、一年がたっていた。

妻、盟友の死

妻好子が神戸・須磨の別邸で倒れたのは、一九四二年（昭和十七）二月一日、奇しくも長男正彦の命日と重なった。

足にできた血栓が眼底にも現れ、四月からは重症に陥った。ちょうど「翼賛選挙」のため鹿児島で奮戦中だった幸次郎は、選挙運動の終わった投票日の四月三十日、すっ飛んで帰ってきた。

しかし、病状は回復しなかった。幸次郎は、四人の看護婦を昼夜交代でつけた。翌十八年五月、幸次郎はベッドを備えた特別仕立ての客車一両を借り切り、好子を東京に移したが、三カ月後の八月一日、七十四歳の命を閉じた。肝臓がんだった。

連れ添って、四十六年。幸次郎が奔放な実業家人生を送れたのも、好子の支えがあってのことだ。幸次郎が豪快ないびきをかいて眠っている間、好子は家計簿の帳尻が一銭でも合わないと夜更けまで調べた。病に倒れてからは、「英語でしゃべる方が楽だ」とつぶやいたほどの才女だったが、決して表舞台には出なかった。幸次郎は、その愛妻に甘い言葉の一つもささやくようなタイプではなかった。しかし、胸ポケットに納めていた遺影には、苦労をともにした好子への尽きぬ思いが凝縮されていた。

戦時下、葬儀もままならなかった。川崎造船所東京出張所の運転手川鍋秋蔵(後の日本交通社長)が、必死の思いで三、四台の車を集めてきた。その車に家族が乗り、火葬場に向かおうとしても、幸次郎は涙をのみ込んで家に残った。

好子の死と相前後して、幸次郎の周辺から櫛《くし》の歯が欠けるように一人、また一人と去っていった。

前年三月、幸次郎ともっとも気の合った弟正雄が他界していた。十九年一月には、幸次郎の辞職に殉じて川崎造船所職工課長を辞した元書生の堂本佐太郎が逝った。

そして二月二十七日、鈴木商店の大番頭で、幸次郎と命運をともにした盟友金子直吉の訃報が届いた。

金子の晩年は、幸次郎とそっくりだった。鈴木商店の破綻後、金子は東京で倒産の整理に当たった。幸次郎が「財界のルンペン」と自称すると、金子は、

「前科者の隠遁生活」

と自らを皮肉った。

しかし、決して角を収めたわけではない。金子は、東南アジアに事業の可能性を感じ、マレー

半島でボーキサイトの調査に当たるかと思えば、最後はボルネオでのアルミナ製造計画に尽きぬ夢を託していた。事業欲は衰えなかった。

大戦に際しても、幸次郎同様に愚挙だと見抜いていた。事業を通して国力の差を痛切に見知っていた金子は、開戦直後、知人にこう語った。

「石油と鉄を持つ国と持たぬ国が戦争をして、どちらが勝つか。子供でもわかる」

港都神戸を舞台に、二人は存分に暴れ、日本一に相次いでなった。その無欲括淡の畏友の死に、幸次郎はただ、悲しみを募らせるだけだった。

野望をかけた「日ソ石油」も、「共栄石油」と改称後、輸入途絶で十七年に解散していた。ありとあらゆるものが、身の回りから次々と消えていった。

そして、十九年の夏、同じ軽井沢に疎開していた長女花子の夫、同盟通信常務理事松本重治との散歩話に愕然とする。

「日本の軍艦は全部、沈んでしまいましたよ」

「……もう船はないのか」

幸次郎は、歩を止めて絶句した。

「あれだけ一生懸命造ったのに……全部沈んだのか」

そして二十年八月十五日。幸次郎は静かに玉音放送を聞いた。

戻った東京は、荒涼とした廃墟と化していた。身を寄せていた肉親の家も空襲で焼失していた。

この年の暮れ、幸次郎は八十歳になった。

老いの身

「なあに」

と、幸次郎は言った。

「日本は敗れたが、チャンスさえあれば、一、二年で復活できるよ」

敗戦直後、人に会うとそう口を開くのが常だった。

しかし、この言葉は単に日本のことを言ったのではなく、わが身の処し方をも含めての物言いだったろう。

最後の帝国議会は一九四五年（昭和二十）の十二月十八日、ポツダム宣言受諾を追認して解散となった。この本会議で幸次郎は、日本進歩党（自由民主党の母体の一つ）に所属していた。

戦後最初の総選挙が二十一年四月十日と決まると、幸次郎は進歩党からの立候補の意向を漏らし、周囲からの猛反対で断念したと言われるが、はっきりしない。

しかし、かりに肉親たちの説得が不首尾に終わっていたとしても、この八十歳の候補者が壇上に立つ可能性はなかった。二十一年一月、GHQ（連合軍総司令部）は、大政翼賛会メンバーらを公共性のある職業から追放したのである。いわゆる「公職追放」の対象範囲は次第に広がり、最終的に二十万人を超えた。財界はもとより政界もまた、幸次郎には無縁の世界になった。もはや、復活への「チャンス」など皆無だった。

敗戦直後、都内の姪一家のもとに身を寄せていた幸次郎は、やがて葉山に移り、弟の森村義行の別荘を借りた。そこが進駐軍に接収されると、同じ葉山の別の家に転居した。そこも血縁を頼っての仮の住まいだった。

あらゆる仕事と縁が切れると、しばらくの間は、夢中になって講談本を読んだ。戦国武将の物語から妖怪もの、豪傑ものまで幅広かった。

訪問客はほとんどなかった。戦前、川崎造船所（現川崎重工業）時代の腹心の部下武文彦が上京して会った際、

「武君よ、世間はそんなに甘くない。時々訪ねてくれる人は三、四人か多くて四、五人じゃ。それも君を加えてじゃがね」

と、寂しそうに語ったものだ。

戦後になると、一層客は減った。そして、避けようのない老いが身を包み始めた。婚約の挨拶に来た親類の若者に、

「良かったねえ」

と目を細めながら、しばらくたつと聞き返した。

「ところで、子供は何人かな？」

傍らでお手伝い西村ミツが、

「御前様、婚約の話でございますよ」

と口をはさむと、

「わかっちょる、わかっちょる」

と怒った。

仕事一途に生きてきた幸次郎は、無為でいることにいらだちを感じ始めてもいた。高齢であっても、不思議にエネルギーは充溢《じゅういつ》していた。体内でうごめく精気は、噴き出す機会のないままいらだちへと変わっていたのだ。

思いついたように、幸次郎はつぶやいた。

「フランスに行ってこなきゃいかん」

「フランス？」

「絵を整理して持って帰らなきゃいかん」

「何を言うんです。日本は戦争に負けたんですよ」

家族の言葉は、耳に届かない。幸次郎の脳裏には、パリの街並みが鮮やかに浮かぶ。

「あの街角からちょっと行った家にも絵を預けておる。おれが行けば、わかるんじゃ」

続く名画散逸

幸次郎が葉山に隠遁していたころだろうか、思い出したように、

「プリンス　マツカタ」

という宛名の手紙が、日本に届いた。住所は、

「日本　東京」

としか書かれていない。

郵便局は、困った。都内の松方姓を調べ尽くし、最後に幸次郎の弟で松方家の本家を継いだ三郎（元共同通信専務理事）のもとに配達した。手紙の中には「プリンス」の称号から皇居に誤って配達され、転送されてきたものまであった。

差出人は、アメリカ、フランスの画商のようだった。所有絵画を問い合わせる一方、売却の意向を打診する内容だった。

この手紙が幸次郎の手元に届いたかどうか、わからない。もし届いたとしても、幸次郎には返答しようのないことだった。

既述したように、日本に届いた絵画類は十五銀行の担保となり、散逸した。ただし、ルノワールの「少女」、ピサロの「収穫」など十六点は差し押さえを免れ、栃木県の那須野にある父正義の

別荘に保管されていた。この十六点は戦前、神戸・花隈にあった九鬼家の建物内に収蔵されていたものだ。九鬼家が妻好子の実家であり、一時的に預けていたのだろうが、なぜ差し押さえから外されたのかわからない。いったん差し押さえられたあと、「せめても」と十五銀行が返却したともいわれる。幸次郎は一九四四年（昭和十九）ごろ、神戸への空襲を心配して那須野へ絵を移していた。

幸次郎はその後、この十六点の名画のことを忘れていた節もある。幸次郎の没後、別荘を調べていた三郎が偶然見つけてやっと日の目を見ており、肉親ですらあまり知らなかったのである。

また、七千九百九十六点（実数八千二百四枚）もの浮世絵も担保には入ったものの競売は免れ、一時期十五銀行神戸支店内に眠っていた。「一括して購入したい」という人もいたが、銀行の内外から売却に反対する声は強かった。海外に流出した作品を幸次郎が買い戻したといういきさつに加え、写楽など日本美術界の至宝を金に換えることに心理的な抵抗があったのだろう。幸い、川崎重工業（旧川崎造船所）の業績が回復したことも手伝い、十五銀行は十八年暮れ、一括して宮内省（現宮内庁）に献納、十九年一月に帝室博物館（現東京国立博物館）に移管されていた。

さて、パリの名画群はどうなったか？　日置釭三郎が命懸けで守り抜いた作品は、ドイツ軍の敗退後、「敵性資産」としてあっけなく、フランス政府に没収されていた。岡田友次（山中商会）のメモには、この時の在仏点数として「全部　４２８」とある。しかし、このうちドニ、モネ、マルケなどの二十一点は二十二年十一月、コレクションの維持費を捻出するため、フランス政府の手で売却された。

しかし、敵国の資産ではあっても、それが個人の資産である限りは返すのが国際法の精神である。事実、戦後になってフランス政府は、コレクションを幸次郎に返す考えを持っていたようだ。二十四年、その動きをキャッチした幸次郎の娘婿松本重治が、返還に備え幸次郎にサインの練習をさせるために鎌倉を訪れた。しかし、松本は、それが無駄なことだとわかった。幸次郎は床に伏していた。

幸次郎の死

幸次郎が倒れたのは、葉山から鎌倉に引っ越した一九四九年（昭和二十四）の夏だった。鎌倉の寓居《ぐうきょ》は、大仏で有名な高徳院のすぐ近くにあった。ここも弟森村義行の別荘である。母屋は進駐軍が接収していたため、敷地の北端にある小さな離れを借りた。二間に台所、風呂のささやかな家だった。末娘の為子はここから勤め先の聖心女学校に通勤し、昼間はお手伝いの西村ミツと二人だけだった。

母屋に住む進駐軍将校は、幸次郎がエール大卒業だと知ると、敬意を表して葉巻を差し入れた。何よりの贈り物だったが、幸次郎はただ、口にくわえるだけだった。老いの身に火の気は危ないと、周囲は火をつけることをやめさせていたのだ。

ただ一つの楽しみは、近くに住む肉親を訪ね、世間話に時を忘れることだった。市内の小町には、娘夫婦の松本重治と花子一家がいたし、長谷観音のそばには弟五郎の家があった。五郎は若いころ川崎造船所に勤めたことがあり、その後東京瓦斯電気（現東京ガス）社長などを歴任し、第一線を退いた直後だった。幸次郎は、歩いて十分ほどの五郎の家をよく訪ねた。

その日も、ミツの付き添いで五郎の家へ向かった。庭先の桃の木に実がなったと聞き、賞味しようとしたのだ。しばらく歩いたところで、くわえていた葉巻がポトリと落ちた。それを拾おうとしゃがんだ瞬間、幸次郎はうずくまった。

幸次郎が息を引きとった鎌倉の寓居跡

ミツは、五郎宅に駆け込むと、戸板とリヤカーを借り、幸次郎を乗せた。意識はあった。往診の医者には、自分で尋ねた。

「これは脳溢血でしょうか。震えるほど頭が痛い」

その夜、敬虔なクリスチャンの為子は、万一のことを思って洗礼を授けようとしたが、幸次郎は「まだ早い」と断った。

それから約十カ月間、床に伏した。在仏コレクションの返還の動きを察した松本重治が、サインの練習をさせようとして訪れたのは、こんな最中のことだったのである。

病床の幸次郎は、次第に体力も衰え、肺炎を併発した。危篤に陥ったのは、二十五年六月二十四日。為子は、意を決して洗

礼を授けようとした。幸次郎は、

「早く」

と言った。

「……われ、なんじを洗う」と語り終えた為子が、耳元で「洗礼を授けましたよ」と大きな声で言うと、幸次郎は薄目を開いた。それが最後だった。杉、檜がうっそうと茂る鎌倉の一隅で、八十四年七カ月の生涯を閉じた。臨終を見守ったのは、為子と姉花子、西村ミツ、医者の四人だけだった。

葬儀は二十七日、鎌倉市内の大町天主公教会(現由比ケ浜カトリック教会)で営まれた。参列者は教会内からあふれた。戦中、戦後の混乱期に散り散りになった知人や縁者が、その死を聞き伝えて集まったのだ。久しぶりに顔を合わせた参列者は、「松方さんのお引き合わせだ」と再会を喜びあった。幸次郎のキャラクターが反映したのか、パーティーのような不思議と楽しい空気が漂っていたという。

松方幸次郎。ある時は、神戸を舞台に先駆的な国際派実業家として海を駆け、ある時は、名画コレクターとしてヨーロッパを席捲した。一方は経済、もう一方は文化。相反するように見えても、胸の中では、根は同じ志につながっていた。豊かな国とは？　リーダーとして何をすればいいのか？　時に、ワンマンとも傲慢《ごうまん》ともいわれたが、膨大な名画を集めながら一点もわが家に飾ろうとしなかったところに、辛次郎の志の高さが凝縮していた。

息を引きとる直前、弟の三郎（元共同通信専務理事）は、一度も全容を見せぬまま散逸したコレクションについて、こう書いた。

「世界の美術界の一つのお伽噺《とぎばなし》になってしまうのではないか」

この言葉は今、並外れたスケールのその人生全体をも含めての謂《いい》に思えてならない。

名画その後

十七点の留保

サンフランシスコ講和会議の舞台裏で、首相吉田茂がフランス首席全権シューマンに松方コレクションの返還を申し入れたことは、上巻の「序章」の冒頭で紹介した。コレクションの大半はその八年後の一九五九年（昭和三十四）に日本へ届くのだが、そこに至る水面下の交渉は、何度も暗礁に乗り上げかける多難の道程《みちのり》だった。

実は、吉田が返還を申し入れたタイミング自体、際どい時期だった。戦中、戦後、コレクションの維持費をひねり出すため二回に分けて計二十九点を競売にかけたフランス政府内には、戦争にまつわる賠償費に充てるため残りを売却する動きまであった。その一方で、一度は松方家への返還を考え、在京領事館を通して幸次郎の所在確認まで始めたが、フランス領インドシナでの旧日本軍の虐待行為が明るみに出て態度を硬化させたとも言われる。吉田が講和会議に出発する直前、在パリ日本政府在外事務所長萩原徹が、

「このままでは競売に付せられ、散逸する」

という旨の情報を首相あてに送ったほど事態は切迫していた。

吉田が申し入れた翌二十七年、在仏日本大使西村熊雄から重ねて返還の申し入れを受けたシューマンは、「日本に戻すのは間違いない」と答えたが、雲行きは少しずつ変わっていく。

日本側はあくまでも、在仏コレクションすべての返還を望んだ。しかし二十八年に入って、重要な作品十数点がフランス側に留保されるとの情報が伝わった。松方家の代表として交渉の一端を担った松本重治は、フランス大使ドジャンと直談判に臨んだ。

「ルノワールのアルジェリア風のパリの女たちと、ゴッホのアルルの寝室の二つは欲しい」

「そんなに欲しいのか」

「絶対に欲しい」

「そうか……考えてみよう」

結局、ルノワールの名作は留保リストから外されたが、ゴッホの代表作はフランス側が頑として拒否し、計十七点を除くコレクション譲与法案がフランス議会に上程される機運となった。日本側とすれば不満足な結末だったが、在仏大使西村は外務大臣あてにこんな極秘の電信を打った。

「自分のものを日本政府に譲与するというのがフランス政府の建前で、デリケートな面がある」

「これ以上の返還を要望すれば、結局オール・オア・ナッシングで返還のめどがつかなくなること必定……」

講和条約を結び、独立国として再スタートを切ったとはいえ、日本の立場は弱かった。西村の言葉には、そのジレンマと苦渋がにじんだ。

吉田内閣は二十八年十二月二十四日、コレクションを受け入れる美術館開設の準備を二十九年度中に始めることなどを閣議決定した。

ちょうどこのころ、外務省情報文化局長室を一人の男が訪れた。当時、神戸市助役になったばかりの宮崎辰雄(後の市長)である。美術館の建設地は東京が有力視されたが、京都も誘致に乗り出していた。神戸市の上層部は、「神戸こそがふさわしい」と考えた。しかし、用地はもちろん、予算のめどもついていなかった。ただ、松方幸次郎と神戸という因縁だけの勝負である。宮崎の陳情に対する返答は「フランス側は東京を希望しているが、まあ努力はしてみましょう」だった。宮崎は「無理だな」と直感した。

こうしてコレクション受け入れへの作業が始まりかけた最中、外務省は在日フランス大使館から意外な申し入れを受けた。

「重大にして急を要する」というその申し入れ内容に、外務省は困惑した。外務大臣岡崎勝男は、在仏大使西村にあて再び極秘文書を発した。

日置死す

フランス側を慌てさせたのは、幸次郎から絵画の管理を託されていたパリ在住の日置釭三郎が、

突然、

「絵の中には松方氏から贈与されたものがある。その補償と今後の生活費を支給してもらいたい」

と訴えてきたためだった。

フランス政府は、

「補償は日本政府か松方家がすべきこと」

と突っぱねたが、所有権の問題には手を焼いた。

「日置氏が所有権を主張し、係争事件となれば、容易に返還できなくなる」

との指摘に、今度は日本政府が慌てた。

在仏大使館に日置の身辺調査を指示する一方、松方家の代表松本重治からもいきさつを聴いた。

事が、コレクションの返還交渉に影を落としたことをもっとも深刻に受けとめたのは、当の日置かもしれない。在仏大使館員と会った日置は、

「絵を無事に松方氏に返すのが私の生涯の事業であり、返還を妨げる気持ちは毛頭ない」

と力説した。

しかし、身を挺《てい》して絵を守ってきた日置が、貧しい生活と緊張の日々を送ったのも事実である。

極秘の文書が何度も日仏間を行き交ううち、次第に、日置が所有権の要求を取り下げるのを交換条件に、日本政府が何らかの生活保障をするという案に傾いてきた。

日置もこの意見に同意し、日本大使館参事官との間に確認書を交わした。日置が一切の要求を

差し控えるのを条件に、フランス国会でコレクション返還が承認された時から五年間、毎月五万フラずつ支給する――という内容である。万一、日置が死亡した場合、フランス人の夫人と娘が権利を継承するとも付記された。

しかし、確認書を交わした三カ月後の一九五四年（昭和二十九）十二月二十八日、この付記事項が現実のものとなった。日置が急死したのである。

葬儀は大晦日の午後、パリ市内の教会で行なわれた。参列者は、未亡人、日置の相談相手だった画家藤田嗣治、日本大使館員ら四人だけだった。幸次郎が返還交渉の開始すら知らずに去ったのと同様、日置もまた、返還をその目で見ることなく、異境で七十一年間の人生を閉じた。遺族の窮状を見かねた外相重光葵は、三十万フラを前払いの形で払うよう命じた。

だが、日置へのこうした保障は、日本の国家財政が潤沢だったからではない。むしろ逆で、返還交渉の一方で財源捻出に大蔵、文部、外務各省が激しいやりとりを重ねた。国家予算が一兆円の時代に、用地買収と美術館建設費だけで計二億数千万円という巨費である。

二十九年五月には、藤山愛一郎（当時日本商工会議所会頭）を会長に館の建設連盟が正式発足し、民間の募金運動も始まった。その一環として画家からも絵の寄付を受けるため会合を持った際のことだ。「安易に絵を出せとは迷惑だ」との異論が出、話がまとまらなくなった時、一人の老画家が口を開いた。

「返ってくる絵で一番恩恵を受けるのは、だれですか。もちろん国民全部だが、直接的には、われわれ美術家じゃありませんか」

美術家連盟会長、安井曽太郎だった。この一言で、論議はようやく前へ進み始めた。

館の建設場所が上野・凌雲院跡地と決まり、地鎮祭が行なわれたのは三十年三月。その八カ月後、来日したフランス人設計家コルビジェが現地を見て回った。その来日の直前、文部省高官のもとに奇妙な決裁が回っている。コルビジェは、二週間ほど帝国ホテルに滞在したが、当初は一泊三食付きで五千二百八十円の予算を組んでいた。絞りに絞った宿泊費だったようで、決裁案は、

「同氏のごとき著名人を遇するのに充分な額ではなかったので、これを若干増額し……」

と、一泊三食付きで八千三百六十円に変更していたのだ。

今では考えられないようなことだろうが、当時とすればこうした諸費用ひとつにも、貧しい財政事情がのぞいていたのである。

だが、まだ乗り越えねばならない山があった。

四十年後の夢実現

「矢折れ、退かざるを得ない結果となり……」

外務省情報文化局第三課長が在仏日本大使館に無念の公信を打ったのは、一九五六年(昭和三十一)のことだった。

「矢折れ」とは、松方コレクションのうちもっとも充実しているロダンの彫刻に関してのことだ。幸次郎は、ロダン美術館長だったベネディットと親交を結んだ縁で、計五十二点の作品を購入していた。大作「地獄の門」は、世界に五点あるが、第一鋳造作品は幸次郎の注文だった。しかし、返還交渉でもう一つの大作が意外な障壁となった。「カレーの市民」だけが、石膏のままだったため、鋳造を要したのだ。

その費用を大蔵省が渋った。経費軽減の可能性について、打診の文書が何度も海を渡り、断念の空気すら漂った。「矢折れ……」は、その渦中での苦渋の公信だったのだ。

交渉はその後四カ月も続き、最後は大蔵省が譲歩する形でようやく決着した。一時はフランス側から「費用立て替え」の申し入れがあるほど、国庫の貧弱さを露呈した一件だった。

しかし、大きな山は最後の最後にあった。東京で新美術館の建設が始まるのと同時に、フランス国民議会（下院）で「コレクション寄贈法案」が通過した。ところがその直後、フランス国内の政変で議会の機能が完全に止まり、上院通過を目前にして法案は廃案となったのである。

日本政府は、激しく動揺した。無理を重ねての美術館建設は着々と進む。なのに、肝心の美術品が中ぶらりんになったのだ。再び極秘の電文が煩雑に行き交った。政府が息をのんで推移を見守るなか、事態は一人の男の決断で一挙に解決する。一九五八年十二月十七日、超法規的な措置となる寄贈命令に、その男がサインをした。四日後、第五共和制下の大統領となる予定のド・ゴールだった。

作品の引き渡し式は翌年一月、パリで行なわれた。イギリスの高級紙ガーディアンは、「世界に広まっている文化交流の最初の成果」と論評した。

絵画三百八点、彫刻六十三点、書籍五点の返還品をマルセイユで積んだ日本郵船「浅間丸」は、昭和三十四年四月十五日、晴れ渡った横浜港新港岸壁に接岸した。二日後、コレクションを積んだ十一台のトラックは、交通事故を避けるため車の少ない未明の京浜国道を上野へ走った。パトカー三台と白バイが前後を護衛した。

新装の上野・国立西洋美術館開館式は、六月十日に行なわれた。フランス側からは駐日大使に加え、文化使節団の映画監督ジュリアン・デュビビエら八人が出席した。日本側からは高松宮ご夫妻、首相岸信介、外相藤山愛一郎らが臨んだ。会場には「君が代」と「ラ・マルセエーズ」が流れた。

挨拶の最後に、幸次郎の長女で松本重治夫人の花子が立ち、フランス語のメッセージを読んだ。「父が生きていたらカタコトのフランス語でお礼を述べたことでしょう。私が代わって伝えます」

幸次郎が絵画収集を始め、美術館建設の夢を抱いて四十年。吉田茂がコレクション返還を申し入れて八年。あまりにも長い年月と多くの曲折を経ての夢の実現だった。

幸次郎がパリの画廊をめぐっていた時、日本ではまだラジオ放送すらなかった。西洋美術館のオープン時、兵庫県下ではすでに、六軒に一軒がテレビを持っていた。人々は、人気番組「バス通り裏」「事件記者」に夢中になった。時代は、高度経済成長の開幕を告げていた。

今なお全容は謎

それにしても、何と数奇な軌跡を描いているのだろう。

幸次郎の買い集めた優に一万点を超す美術コレクションの大まかな流れは、図の通りだが、散逸、焼失、没収……と不幸な運命につきまとわれている。しかも、今なお総点数はもとより、どう散逸していったのかも解明されず、謎をはらんだままである。

こと仕事に関する限り、幸次郎は数字にうるさかった。従業員への訓示内容をつぶさに読むと、細かなデータをふんだんに盛り込んでいるのに驚く。ところが、コレクションについてはあまりにも粗っぽく、本人は何の記録も残していない。おそらくその両面ともが幸次郎の素顔なのだろうが、収集時からすでに、松方コレクションの全容は謎に包まれていた。

作品の流れの中でもっとも不明なのは、十五銀行の担保になった千点前後の油絵、水彩などの顚末だ。一九八九年(平成元)、神戸で松方コレクション展が開催された際、市立博物館の越智裕二郎学芸員は、全コレクションの追跡調査に入ったが、それは謎の壁の厚さを改めて感じさせるものとなった。会場に姿を見せた作品百六十六点(浮世絵を除く)だけを見ても、記録に残る売り立て展を経ずに売却されていた作品が、六十四点に上る。それらは、差し押さえられた直後、企業や富裕な人々が十五銀行から直接買い求めた作品とみられ、さらに転売されたものもあった。

しかし、これは不解明な流れの一端にすぎない。海外にUターンした作品は、十数点もあるとみられ、この中には「カードを手にするメアリー・カサット」（ドガ作）のように、ヨーロッパ、日本、アメリカ、ヨーロッパそして再びアメリカへと流転を重ねたものもある。同様のケースはほかにもあるのだろうが、実態はだれにもわからない。

また戦災を免れて今なお日本国内に残る作品では、所持者は松方コレクションだと知っていても、一切表に出さないものがかなりあるようだ。その理由の中には、時に税金や遺産相続でのトラブルを避けたいという現代的な事情も絡んでおり、全容解明への一つの壁になっている。

ただし、こうした謎の多さが、コレクションそのものの今日的な意義を左右するわけではない。

松方コレクションの流れ

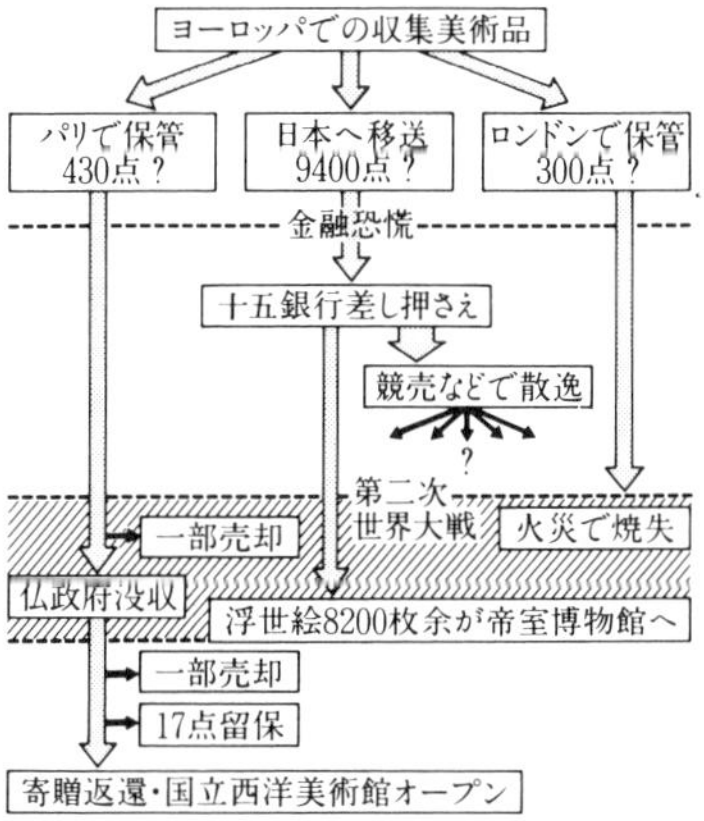

西洋の底力を文化の厚さに見た幸次郎は、家具や作家のアトリエも含めた西洋芸術の総体を輸入することで日本人の目を見開かせようとした。あるいは、西洋画を志しながら本物に触れる機会すらない貧しい画学生にでっかい贈り物をしようとした。そこには富豪としての矜持《きょうじ》こそあれ、金銭欲や名誉心はいささかも介在していない。

ひるがえって、現代。税関の通関実績では、平成元年に輸入された書画は二千八百十億円に上る。昭和六十年以降の五年間だけで七・六倍という著しい伸びだ。海外でのオークションで「過去最高の落札値」などの形容詞がつくと、必ずといってよいほど日本人バイヤーの姿がある。経済から文化へと、ジャパンマネーがほとばしっているような観だ。

もちろん、こうした美術品の輸入の中には、美術館などでの公開が前提のケースもあるが、画商の話では過半数、とりわけ法人の場合は投資、投機的なニュアンスが濃いという。

幸次郎が没してちょうど四十年。美術市場は今、土地、株に次ぐ財テク分野とも目され、「一兆円産業」のささやきまで漏れる。だが、それを文化の豊穣《ほうじょう》と結びつける声は、まず聞こえてきそうにない。

果たして、日本は豊かになったのだろうか？

資料編

主な参考文献・資料など

●自伝・人物伝・人物論など
藤本光城「コレクション王　松方幸次郎物語」　みやこ新聞連載　昭和32
藤本光城『松方・金子物語』　兵庫新聞社　昭和35
徳富猪一郎『公爵松方正義伝』　同伝編纂会　昭和10
進藤信義『銕翁秘録』　神戸新聞社　昭和28
東郷実晴『明治財政の指導者松方正義』　昭和56
ハル・松方・ライシャワー『絹と武士』　文藝春秋社　昭和62
白石友治編『金子直吉伝』　金子柳田両翁頌徳会　昭和25
入交好脩『武藤山治』　吉川弘文館　昭和39
『武藤山治全集　第二巻』　新樹社　昭和39
『土佐人物山脈』　高知新聞社　昭和38
山本実彦『川崎正蔵』　秀英社　大正7
岩崎虔『川崎芳太郎』　岡部五峰発行　大正10
三田市郷土先哲顕彰会『最後の三田藩主・九鬼隆義』　昭和62
中谷一正『男爵九鬼隆一伝』　昭和41
岸田達男「九鬼隆一小伝」『男爵九鬼隆一展図録』所収　昭和58
松本清張『岡倉天心とその内なる敵』　新潮社　昭和59
長沢政子「松方さんとオサイセン箱」『歴史と神戸』第4巻別冊1所収
岩田幸子『笛ふき天女』　講談社　昭和61
武文彦『桃源自叙画伝』　昭和38
東郷実晴『西郷隆盛―その生涯』　昭和59
東郷実晴『大久保利通―その生涯』　昭和59
安藤英男『幻の総理大臣―床次竹次郎の足跡』　學藝書林　昭和58
片山潜『自伝』　岩波書店　昭和29
片山潜『わが回想　上・下』　徳間書店　昭和42
永井環『新日本の先駆者日下部太郎』　福井評論社　昭和5
平泉浤祥「よみがえった日下部太郎」『福井大学園だより』第40号所収
松村正義『ハドソン川は静かに流れる』　新日本教育図書　昭和50
『山中定次郎伝』　編纂会　昭和14
勝田銀次郎編纂『服部一三翁景伝』　服部翁顕彰会　昭和18
上塚司『是清翁一代記　上・下』　朝日新聞社　昭和4・5
小林一三『逸翁自叙伝―青春そして阪急を語る』　阪急電鉄　昭和54
『男爵郷誠之助君伝』　郷男爵記念会　昭和18
『樺山愛輔翁』　国際文化会館　昭和30
真木洋三『五代友厚』　文藝春秋社　昭和61
五代友厚七十五周年追悼記念刊行会『五代友厚秘史』　昭和35
土屋喬雄編『類聚伝記大日本史　第12巻　実業家編』　雄山閣出版　昭和56
横山春一『賀川豊彦伝』　キリスト新聞社　昭和26
賀川豊彦写真集刊行会編『賀川豊彦写真集』　東京堂出版　昭和63
佃実夫『緋の十字架　上・下』　文和書房　昭和54

吉田千代『評伝　鈴木文治』日本経済評論社　昭和63
杉本苑子『冥府回廊　上』日本放送出版協会　昭和59
吉田茂『回想十年』東京白川書院　昭和57
岡本守『快男児！　上原三郎　どんとこい人生』南日本新聞開発センター　昭和57
林権助『わが七十年を語る』第一書房　昭和10
池田作之助『新倉文郎風雲録』池田書房出版部　昭和33
橋本圭三郎『わが回顧録』石油文化社　昭和33
『南郷三郎回想』南郷茂治発行　昭和61
南日本新聞社編『俣野健輔の回想』同回想刊行委員会　昭和47
『甲南の先人』鹿児島市立甲南中学校社会科部会　昭和38
江沼地方史研究会編『加賀江沼人物事典』平成1
山内直一編『兵庫県人物列伝　第1編』興信社出版部　明治43
田住豊四郎編『現代兵庫県人物史』県友社　明治44
山内青溪『兵庫県人物列伝』我観社　大正3
藤本亮助『兵庫県の偉人七十人の少青年時代』昭和35
森銑三編『明治人物逸話辞典』東京堂出版　昭和40
赤松啓介『神戸財界開拓者伝』太陽出版　昭和55
『私の履歴書―経済人』日本経済新聞社　昭和56
『黒田清輝日記　第一～四巻』中央公論美術出版　昭和41～43
『平生釟三郎日記』甲南大学所蔵
大久保達正監修『松方正義関係文書　第七・九巻』大東文化大学東洋研究所　昭和61・63

●社史・各種団体史など

『神戸市史　第二輯本編』昭和12
『神戸市会史』昭和43
『税関百年史』日本関税協会　昭和47
『神戸開港三十年史』明治31
西部友吉『神戸開港百年史　建設編』神戸市　昭和45
米花稔・佐々木誠治・井上忠勝・山本泰督『神戸開港百年史　港勢編』神戸市　昭和47
鳥居幸雄『神戸港一五〇〇年』海文堂出版　昭和57
『沖縄県の歴史』山川出版社　昭和47
『鹿児島県の歴史』山川出版社　昭和48
『三田市史』昭和39
『加賀市史　通史上巻』昭和53
『新修大津市史　5近代』昭和57
『横浜もののはじめ考』横浜開港資料普及会　昭和63
『川崎重工業株式会社社史　本史』『同　年表・諸表』昭和34
『九十年の歩み―川崎重工業小史』昭和61
『川崎汽船五十年史』昭和44
『川崎製鉄二十五年史』昭和51
『新三菱神戸造船所五十年史』昭和32
『三菱神戸造船所七十五年史』昭和56
『三菱重工業株式会社史』昭和31
『播磨造船所50年史』昭和35
『石川島重工業株式会社108年史』昭和36
『日本郵船五十年史』昭和10
日本郵船総務部弘報室編『七つの海で一世紀』昭和60

『琵琶湖汽船一〇〇年史』　昭和62
『神戸製鋼80年』　昭和61
『神戸瓦斯四十年史』　昭和15
『大阪瓦斯五十年史』　昭和30
『鐘紡百年史』　昭和63
『昭和石油三十年史』　昭和49
『日本石油百年史』　昭和63
『兼松回顧六十年』　昭和25
『日商四十年の歩み』　昭和43
『挑戦と創造　三井物産一〇〇年のあゆみ』　昭和51
『森村百年史』　昭和61
『灘商業銀行40年史』　昭和10
『三井銀行八十年史』　昭和32
『神戸銀行史』　昭和33
『日本火災海上保険70年史』　昭和39
『市営二十年史』　神戸市電気局　昭和12
『南海鉄道発達史』　昭和13
『京阪神急行電鉄五十年史』　昭和34
『日本交通社史』　昭和36
阪神電鉄編『輸送奉仕の五十年』　昭和30
『阪神電鉄八十年史』　昭和60
『山陽電気鉄道65年史』　昭和47
『明日に翔ける―西鉄創立80周年記念誌』　昭和63
岡村松郎『日本自動車交通事業史　上』　昭和28
『回顧五十年　神戸新聞ものがたり』　昭和23
『神戸新聞五十五年史』　昭和28
『神戸新聞社七十年史』　昭和43
『神戸新聞社史』　昭和53
西松五郎「神戸又新日報略史」『歴史と神戸』第18巻2号所収
物集伴次郎『神戸倶楽部沿革誌』　昭和13
『神戸ロータリークラブの歩み』　直木太一郎発行　昭和31
『神戸貿易協会史』　昭和43
濱田尚友編『三州倶楽部六十周年』　昭和53
『扇港財界の歩み』　神戸商工会議所　昭和28
『神戸商工会議所百年史』　昭和57
『日本洋画商史』　美術出版社　昭和60
『神戸商船大学開学記念誌』　昭和34
『神戸女学院百年史・総説』『同・各論』　昭和56
『開成学園九十年史』　昭和36
『開成小誌』　昭和63
『東京大学その百年』　東京大学出版会　昭和35
『東京大学百年史　通史・資料』　東京大学出版会　昭和59〜61

●歴史関係

奈良本辰也「封建体制の危機」『京大日本史　5』所収　創元社　昭和27
『NHK歴史への招待』　日本放送出版協会　昭和59
大沢米造編『幕末明治文化変遷史続編』　神戸新聞社　昭和6
『20世紀全記録』　講談社　昭和62
『二十世紀　1〜5』　中央公論社　昭和52〜54

日本近代史研究会編『近代日本史』 国文社 昭和41
『日本の歴史 19～26、別巻5』 中央公論社 昭和41～49
林健太郎監修『実録昭和史―激動の軌跡 1・2』 ぎょうせい 昭和62
落合重信『増訂神戸の歴史 通史編』 後藤書店 平成1
神戸市『写真集神戸100年』 平成1
毎日新聞社図書編集部編『写真 明治大正60年史』 昭和31
『日本百年の記録 第2巻 世界と日本』 講談社 昭和35
毎日新聞社図書編集部編『日本の百年・写真でみる風俗文化史』 昭和34
加藤秀俊・加太こうじ・岩崎爾郎・後藤総一郎『明治・大正・昭和世相史』 社会思想社 昭和42
岩崎爾郎『物価の世相100年』 読売新聞社 昭和57
芳賀徹『明治維新と日本人』 講談社 昭和55
柴田宵曲編『幕末の武家』 青蛙選書7 昭和50
邦光史郎『明治維新紀行 下』 平凡社 昭和48
原口虎雄『幕末の薩摩』 中公新書 昭和41
司馬遼太郎『坂の上の雲』 文藝春秋 昭和44～47
『グリフィス・コレクションの概要』 日下部グリフィス学術文化交流基金 昭和63
犬塚孝明『薩摩藩英国留学生』 中公新書 昭和49
渡辺實『近代日本海外留学生史 上』 講談社 昭和52
平泉浤祥講演要旨「福井における国際化への先駆者達」『福井海外教育』15号所収 福井県海外教育事情研究会 昭和63
戸川猪佐武『明治・大正の宰相 第3巻 松方正義と日清戦争の砲火』 講談社 昭和58
前田蓮山『歴代内閣物語 上・下』 時事通信社 昭和36
戸川猪佐武『日本の首相』 講談社 昭和39
神戸新聞社編『故郷燃える 全四巻』 のじぎく文庫 昭和45～46
神戸新聞社編『海鳴りやまず 第一～四部』 神戸新聞出版センター 昭和52～54
塩沢実信『運命の選択―そのとき吉田茂・マッカーサー・蔣介石は』 広池学園出版部 昭和58
田口弼一『帝国議会の話』 啓成社 昭和6
『衆議院建議委員第一分科会議録』 衆議院事務局 昭和15
衆議院・参議院編『議会制度七十年史 政党会派編』 昭和36
公明選挙連盟編『衆議院議員選挙の実績』 昭和42
大木操『激動の衆議院秘話』 第一法規出版 昭和55
外務省調査部『孫文全集 上』 原書房 昭和42
野沢豊『辛亥革命』 岩波新書 昭和47
陳徳仁・安井三吉『孫文と神戸』 神戸新聞出版センター 昭和60
陳徳仁『辛亥革命と神戸』 孫中山記念館 昭和61
孫文研究会『孫中山研究日中国際学術討論会報告集』 法律文化社 昭和61
外務省「海外各地在留邦人人口表」 昭和8
鹿島平和研究所『日本外交主要文書・年表(1)』 原書房 昭和58
歴史科学協議会など『史料日本近現代史III』 三省堂 昭和60
外務省『第九回外交文書』 昭和63

正村公宏『図説戦後史』　筑摩書房　昭和63
『近代日本総合年表』（第二版）　岩波書店　昭和59
中谷一正『九鬼史料　第一巻』　昭和56
高田義久『三田藩九鬼家家臣由緒』　昭和63
「松方家家系図」　海東会　昭和63
『海東会会員名簿』　海東会　昭和63

●産業関係

三島康雄「薩州財閥の成立と崩壊」『経営史学』第15巻1号所収
三島康雄「小曾根財閥は中央財閥か？」　神大経済経営学会『国民経済雑誌』156巻6号所収
柴孝夫「金融恐慌時における経営戦略の破綻とその整理―川崎造船所の場合」『経営史学』第15巻1号所収
柴孝夫「川崎造船所における明治三十年代の拡大運動」『甲南論集』第6号所収
柴孝夫「川崎造船所と松方幸次郎―破綻の経営構造的背景」『神戸の歴史』17巻所収
柴孝夫「大正期企業経営の多角的拡大志向とその挫折―川崎造船所の場合」『大阪大学経済学』第28巻2・3号所収
柴孝夫「不況期の二大造船企業」『経営史学』18巻3号所収
『日本産業百年史　上』　日経新書　昭和42
坂本藤良『幕末維新の経済人』　中公新書　昭和59
三島康雄『日本財閥経営史・阪神財閥―野村・山口・川崎』　日本経済新聞社　昭和59
大森映『日本の財界と閨閥』　學藝書林　昭和63
田村貞雄『殖産興業』　教育社歴史新書　昭和52
桂芳男『神戸の生んだ経済人　(I)鈴木商店と金子直吉の人間像』　神戸経済同友会　昭和62
桂芳男『幻の総合商社鈴木商店』　社会思想社（現代教養文庫）平成1
木村昌人『日米民間経済外交１９０５～１９１１』　慶應通信　平成1
『日米船鉄交換同盟史』　同交換同盟会　大正9
松田智雄編『巨富への道―西欧編』　中央公論社　昭和30
ダイヤモンド社編『産業フロンティア物語　造船、車両、航空機』　昭和42・43
福島武夫『夢を抱き歩んだ男たち―川崎重工業の変貌と挑戦』　中央公論事業出版　昭和62
林克也『日本軍事技術史』　青木書店　昭和32
藤原彰『日本現代史大系　軍事史』　東洋経済新報社　昭和36
福井静夫『日本の軍艦』　出版協同社　昭和31
『世界の艦船増刊号　日本戦艦史』　海人社　昭和63
堀元美『潜水艦―その回顧と展望』　出版協同社　昭和34
渡辺加藤一『海難史話』　海文堂出版　昭和54
『世界の船１９８２年版　特集・潜水艦』　朝日新聞社　昭和57
ＮＨＫ「ドキュメント昭和」取材班編『オレンジ作戦』　角川書店　昭和61
岡倉古志郎『死の商人』　岩波新書　昭和37
『造船協会報』第17号　造船協会　大正4
戸田貞次郎『米国海運史要』　大阪商船　昭和14

住田正一『海運盛衰記』創元社　昭和27
茂森唯士「ソヴェート石油の知識　上」『露西亜事情』第7巻所収　昭和8
奥田雲蔵「日露石油貿易論」同前
松方幸次郎『ソ油輸入と私の立場』同前
松方幸次郎『石油国策』露西亜通信社出版部　昭和9
柳原博光『石油随想―石油政策秘話』原書房　昭和27
尾上繁『アイデア物語』全国鋲螺新聞社　昭和49
松方幸次郎演説冊子「従業員諸子に告ぐ」「八時間制励行に就き従業員諸子に告ぐ」「外遊に臨み従業員諸子に告ぐ」「不況時代に処するお互の覚悟に就て希望を述ぶ」「仕事と人格」「不幸なる震災に際して従業員諸子に告ぐ」「欧米の産業界を視て不幸なる我経済界の現状に鑑み諸子の奮励自疆を望む」兵庫県労働経済研究所など所蔵　大正9～昭和2
『神戸に於ける三菱労働争議』三菱造船など　大正10
「川崎造船所社史資料　労働争議関係一・二」「同労働史」「同第一、二次整理」甲南大学所蔵
『兵庫県労働運動史』編さん委員会編　昭和36
藤本武『労働時間』岩波新書　昭和38
馬部貴司男編『一粒の麦をもとめて』時代の証言・刊行委員会　昭和61

●美術関係

湊典子「松方幸次郎とその美術館構想について」東京国立博物館美術誌『MUSEUM』395・396号所収
『松方コレクション』朝日新聞社　昭和30
『毎日グラフ臨時増刊号　松方コレクション』毎日新聞社　昭和34
『みづゑ7月号増刊　松方コレクションの絵画』美術出版社　昭和34
高階秀爾編『近代の美術第2号　松方コレクション』至文堂　昭和46
矢代幸雄『藝術のパトロン』新潮社　昭和33
矢代幸雄『日本美術の恩人たち』文藝春秋新社　昭和36
瀬木慎一『ビック・コレクター』新潮選書　昭和54
松方三郎「松方コレクション其の後」『芸術新潮』第4巻5号所収
松方三郎「松方幸次郎とコレクション」『文藝春秋』昭和30年1月号所収
松方三郎「松方幸次郎とそのコレクション」『美術手帖』昭和34年6月号増刊所収
松方三郎『遠き近き』龍星閣　昭和36
「帰ってきた松方コレクション」『エコノミスト』昭和62年所収
松方三郎『民芸・絵・読書』築地書館　昭和51
橋本朔郎「松方コレクション由来記」川崎重工業社内誌『かわさき』に連載　昭和44年5月～45年11月
福島繁太郎「松方コレクション」平凡社刊『心』昭和34年7月号所収
『中央美術』大正7年3月号
矢田三千男「松方コレクション三千万円の秘密」『芸術新潮』

昭和34年6月号所収
佐藤廉「美術夜話4　松方コレクション」『月刊神戸っ子』昭和63年10月号
大島清次『ジャポニスム』美術公論社　昭和55
『増刊中央公論　印象派・光と影の画家たち』中央公論社　昭和56
石井柏亭『日本絵画三代志』創元社　昭和17
佐藤靄子『日本名画家伝・物故篇』青蛙房　昭和42
『大戦ポスター集』朝日新聞社　大正10
『近代日本美術全集3　洋画篇・上』東都文化交易　昭和29
隈元謙次郎『日本近代絵画全集第2巻　黒田清輝』講談社　昭和37
河北倫明『日本近代絵画全集第3巻　藤島武二』講談社　昭和38
『世界名画の旅4』朝日新聞社　昭和62
棚橋源太郎『博物館・美術館史』長谷川書房　昭和32
『国立西洋美術館総目録　絵画編』同美術館　昭和54
垂木祐三編『国立西洋美術館設置の状況』同館協力会　昭和62
国立西洋美術館学芸課編『ジャポニスム展図録』同美術館　昭和63
黒江光彦・千足伸行監修『デンマーク国立オードロップゴー美術館19世紀フランス印象派展図録』日本経済新聞社　平成1
国立西洋美術館学芸課編『ロダン―地獄の門展図録』同美術館　平成1
神戸市立博物館編『松方コレクション展図録』同展実行委　平成1

●新聞・雑誌

「東京横浜毎日新聞」明治17年4月2日
「財閥から見た神戸」「大阪朝日新聞」連載　大正12年5～6月
松方幸次郎「何故お互いは馬鹿であるか」「大阪毎日新聞」「大阪朝日新聞」連載　大正13年3月
松方幸次郎「英国金輸出解禁を論じ我経済政策に及ぶ」「神戸新聞」連載　大正15年3～5月
「鹿児島朝日新聞」昭和12年5月2日
「松方幸次郎氏の思い出」「石油経済新聞」昭和24年1月25日
「松方幸次郎の死」「石油経済新聞」昭和25年6月30日
「座談会・松方コレクション生いたちの記」「神港新聞」昭和32年10月31日夕刊
「松方コレクション　その四十年の話題」「朝日新聞」昭和34年5月23日
平野零児「こんなもんや物語　みなと太平記」「神戸新聞」連載　昭和35年7～8月
「ガントリークレーンは見ていた　軍艦秘史」「兵庫新聞」連載　昭和37
「THE JAPAN WEEKLY MAIL」April, 19, 1884
「THE EVENING STANDARD」3rd, NOV, 1921
「DAILLY HERALD」3rd, NOV, 1921
「THE TIMES」3rd, NOV, 1921

「THE TIMES」OCT, 9, 1939
「時の人 松方一門御書子の面々」『エコノミスト』昭和2年7月1日所収
『石油時報』昭和7年10月号、11月号、12月号、8年8月号、9月号、10年11月号
「私の川崎造船時代」『エコノミスト』昭和9年9月1日所収
『学苑』昭和34年2月号 昭和女子大光葉会
『INTERNATIONAL STUDIO』SEPT, 1922.

●外国出版物

Marilyn Bandera『A Case Study in Educational Motivation Ryugakusei and Rutgers College 1866-1895』University of Hawaii
『Student yearbook』Rutgers College, 1884
『THE TARGUM Vol. 6 No. 1 - No. 4』Rutgers University, Alexander Library, 1885
『The Scarlet Letter by The Fraternities』Fredonian Steam Power Book and Job Print, 1886
『Catalogue of Rutgers College (1885 - 86)』Rutgers University, Alexander Library
『School Magazin of Rutgers College』Rutgers University, Alexander Library
『Alumni Biographical Data 1916』YALE UNIVERSITY・SECRETARY'S OFFICE
『ANNUAL ALUMNI LETTER of the Rutgers Chapten of Delta Upsilon』June, 1916
『HENRI VEVER COLLECTION』1973
Jack Hillier『Japanese Prints & Drawings from the Vever Collection』1976
Rodney Brangwyn『BRANGWYN』1978
『Mount Vernon College』'88-'89
Ardath W. Burks『MATSUKATA KOJIRO: THE MAN AND HIS ERA』Rutgers University, May, 1988
「松方幸次郎演説原稿 一九〇八年アメリカ太平洋沿岸商工会議所主催昼食会」ラトガーズ大学・アレクサンダー図書館所蔵
W・ベルドロウ『クルップ』柏葉書房 昭和18
ロベール・シューマン『ヨーロッパ復興』朝日新聞社 昭和39
ジョン・K・ガルブレイス『不確実性の時代』TBSブリタニカ 昭和53
R・H・ブラントン『お雇い外人の見た近代日本』講談社 昭和61

▽また、取材に際しては、次の方々をはじめたくさんの関係者から、貴重な証言、アドバイスをいただいた(敬称略、順不同、肩書きは紙面掲載時)。

松本重治(幸次郎の娘婿、前国際文化会館理事長) ハル・松

方・ライシャワー（幸次郎の姪、ライシャワー元駐日大使夫人） 松方為子（幸次郎の娘、聖ドミニコ学園理事長） 松方峰雄（現松方家当主、日本航空国内旅客事業総本部副本部長） 松本洋（幸次郎の孫、国際協力推進協会専務理事） 伊藤房子（幸次郎の孫） 深川広子（松方満佐子の弟の孫） 岩田幸子（獅子文六未亡人）ら松方一族のみなさんと、加固寛子（国際文化会館理事長特別補佐） 湊典子（共立女子大講師） 三島康雄（甲南大経営学部教授） 柴孝夫（京都産業大助教授） 高見堅志郎（武蔵野美大教授） 大久保達正（大東文化大経済学部教授） 平泉浤祥（前福井大附属図書館運用係長） 上田将雄（川崎重工業相談役） 岡本理（同社広報部副部長） 野田宗男（同社ロンドン事務所長） 堀文夫（同社総務部文書・株式課長） 小林徳三（同社神戸工場事務所総務課長） 水野正英（同社施設環境部施設課係長） 塩見健三（米国川崎重工業社長） 玉川博己（同社勤務） 佐藤國吉（佐藤國汽船社長） 福永郁雄（森村商事総務部副参事） 柳田義一（鈴木商店・柳田冨士松の長男） 新倉尚文（全国乗用自動車連合会長、大和自動車交通社長） 水谷有利（東京乗用旅客自動車協会広報部長） 川崎芳久（神戸桟橋監査役） 戸栗愛（日本石油広報渉外部広報課） 中平幸七（元松方日ソ石油社員） 尾上繁（同） 武徳子（元川崎重工業監査役武文彦の娘） 越智裕二郎、岡泰正（神戸市立博物館学芸員） 陳徳仁（神戸中華総商会名誉会長） 喜多崎親（国立西洋美術館学芸課研究員） 伊藤光一（憲政記念会館） 吉良芳恵（横浜開港資料館） 藤本光城（歴史作家） 佳知晃子（岡田友次の娘、元津田塾大教授） 佐藤廉（若木屋美術店元町画廊） 岡田弘（若木屋美術店元町画廊、日本洋画商協同組合理事） 東郷実晴（鹿児島史談会会長） 村野守次（西郷南洲顕彰会理事長） 中谷一正（元三田学園教諭） 岸田達男（三田市立図書館長） 渋野純一（兵庫県立労働経済研究所） 松井明（元吉田首相秘書官） フィリップ・デニス・ケイト（ラトガーズ大ジムマーリ美術館長） ルース・J・シモンズ（同大アレクサンダー図書館長） アルダス・W・バークス（前同大教授） ドンナ・キャロル（マウント・バーノン大副学長） ゲイル・A・フェリス（エール大同窓会事務局長） 北川信雄（同大音楽部博士課程） 土田衛（ラトガーズ大留学生） 前野寿郎（在フランス大使館職員） カロリーヌ・マチュー（パリ・オルセー美術館学芸員） 斉藤哲三（画家、在パリ）

このほか、南日本新聞社、石川県史編さん室、千代田区役所広報課、開成学園、滋賀県県民情報室、加賀市社会教育課、在フランス日本大使館、フランス・アボンダン町役場などの関係者にもご協力をいただいた。

松方幸次郎年譜

西暦	和暦	松方幸次郎関係	関係事項
一八六五	慶応元	松方正義の三男として鹿児島で誕生（12月1日）	第二回長州征伐
六八	明治元	正義、日田県（現大分県）の知事に就任	神戸で加賀藩士が造船工場を開設
六九	2		新政府が神戸に修理用船渠を建設
七一	4		岩倉具視ら欧米へ派遣
七五	8	政府高官となった父を追って上京	三菱商会、日本初の外国航路を開設
七七	10	西南戦争で生家全焼。母満佐子も上京	京都―神戸間に鉄道開通
七八	11		川崎正蔵、東京で造船所を開設
八一	14	共立学校（現開成高校）を卒業 大学予備門（旧制一高の前身）に入学	川崎正蔵、神戸で造船所を開設（資本金一〇万円）
八三	16	学校側の管理強化に反対する紛争を指導し、退学	神戸に株式取引所設立
八四	17	米国・ラトガーズ大に留学	鹿鳴館時代で欧風化目立つ
八五	18	正義、大蔵大臣となる	官営兵庫造船所に大船架完成
八六	19	エール大に編入学	官営造船所を合併し、川崎造船所と改称
九〇	23	エール大で民法の博士号を取得し卒業 ヨーロッパを巡遊して帰国	神戸沖で海軍の観艦式
九一	24	正義、第一次松方内閣を組閣。父の首相秘書官となる	大津事件発生
九四	27	日本火災保険（株）の副社長に就任	日清戦争勃発
九五	28	灘商業銀行（太陽神戸三井の前身の一つ）の監査役に就任	日清講和条約調印

九六	29	高野鉄道（南海電鉄の前身の一つ）の取締役に就任 株式会社となった川崎造船所の初代社長に就任。従業員一八〇〇人 空前の難工事となった乾ドック築造に着手	造船奨励法などの施行で大艦建造時代に入る 第二次松方内閣成立
九八	31	旧三田藩主九鬼隆義の二女好子と結婚	神戸新聞創刊
九九	32	神戸新聞社長に就任	仏海軍が近代潜水艦を建造
一九〇〇	33	正義、政界第一線から退き元老となる	服部一三、兵庫県知事に就任
〇一	34	摂津電鉄（阪神電鉄の前身）の監査役に就任	神戸―下関間の山陽線開通
〇二	35	資本金を増資し、新船台の建設着手 造船視察のため第一回渡欧（約半年間） 乾ドックがほぼ完成	日英同盟調印。シベリア鉄道完成
〇三	36	ロシアの陸相クロパトキンが造船所を訪問	国内造船業の資本額が工業部門で二位となる
〇四	37	日露戦争勃発に伴い、広島・宇品に修理用出張所を開設 造船視察で渡米（七〇日間）。潜水艦建造の技術を導入 海軍から国産潜水艦三隻の建造を受注	海軍が米国から潜水艦五隻を購入、組み立て
〇五	38	鉄道車両事業への進出を決意	日露講和条約調印
〇六	39	中国・上海に出張所を設け、砲艦を建造	鉄道国有化法公布。車両国産化へ 南満州鉄道設立
〇七	40	造船視察で第二回渡欧（約五カ月間） 従業員九二〇〇人になる	神戸港第一期修築工事起工 アメリカの金融恐慌の影響で、深刻な不況に入る
〇八	41	神戸商業会議所会頭に就任 九州電気軌道（西鉄の前身の一つ）の初代社長に就任	ドイツのツェッペリンが滞空一二時間の記録達成
〇九	42	不況下の人員整理で計五〇〇〇人が減る	伊藤博文、暗殺される 神戸の貧民街で賀川豊彦が伝道を開始

一九一〇	43	川崎造船所建造の六号潜水艇が広島で沈没 衆院選に立候補したが落選	大逆事件で幸徳秋水ら検挙 日韓併合
一一	44	技術提携や特許権取得のため第三回渡欧（約五カ月間） 世界的軍備拡張期に入り、巡洋戦艦「榛名」の建造を受注 神戸瓦斯（大阪ガスの前身の一つ）の社長に就任	中国で辛亥革命 神戸製鋼所設立
一二	大正元	衆院選に再出馬し、トップ当選 「榛名」建造のためのガントリークレーン完成	川崎正蔵死去。七六歳 労働者の親睦団体・友愛会が東京で発足
一三	2	孫文来神。半年後、中国での第二革命に失敗し、亡命者として来神した孫文を身を挺して救う 「榛名」が進水	第一次護憲運動が暴動化し、東京では軍隊が出動
一四	3	船不足に対応して船の既製品・ストックボート造りを決意 鉄の大量買いを指示	第一次世界大戦が勃発。兵站基地となった日本は空前の好況期に入る。神戸港の貿易額、国内一位になる
一五	4	「榛名」を海軍に引き渡し、続いて戦艦「伊勢」の建造スタート	軍需急増で鉄鋼・造船業が活況
一六	5	鋼材自給に備え、資本金を倍額増資（二〇〇〇万円） 鋼材輸入の促進とストックボート売り込みのため、第四回渡欧(約二年八カ月間)。滞英中は鈴木商店ロンドン支店を事務所代わりに使用 絵画の収集を始める 従業員一万五〇〇〇人を超す	神戸で海運ブーム 友愛会が川崎、三菱、神鋼に支部を結成 英国が鉄鋼材の輸出を禁止
一七	6	ストックボートの売買契約を締結 ブラングィンに共楽美術館の設計を依頼	ロシアで一〇月革命 米国が鉄鋼材の輸出を禁止 鈴木商店、貿易年商日本一になる
一八	7	日米船鉄交換交渉をロンドンから支援 アンリ・ベベールから八〇〇〇点余の浮世絵を購入	神戸で米騒動発生 川崎造船所副社長川崎芳太郎が私立川崎

一九	8	兵庫工場内に飛行機科、造機設計部に自動車掛を設け、多角化経営を目ざす。葺合工場（現川崎製鉄）も操業開始 帰国直前に第一次世界大戦の終結を知る 川崎汽船、国際汽船が設立される 賃上げ要求などで日本初のサボタージュが起き、八時間労働制実施に踏み切る ブラングィンから共楽美術館の設計図が届く 川崎造船所、経常利益で三菱を上回る。従業員二万二〇〇〇人を超す	商船学校（現神戸商船大）を開校 ワシントンで第一回国際労働会議開催
二〇	9	国際汽船社長に就任 海軍力増強の「八・八艦隊案」に備え、設備拡充を図る 母満佐子死去。七六歳 神戸新聞社長を退く コレクションが到着し始める	川崎芳太郎死去。五二歳 神戸港第二期修築工事起工 賀川豊彦の『死線を越えて』がベストセラーになる 神戸市の人口、国内三位の六〇万人に
二一	10	海軍省からUボートの図面入手の極秘依頼を受け、第五回渡欧（約一〇カ月間） カムフラージュの目的もあって、精力的に絵画を収集 川崎造船所、川崎汽船、国際汽船によるKラインが発足 川崎・三菱の大争議が起き、賀川豊彦ら検束 戦艦「加賀」が進水。観衆一〇万人を数える	友愛会が日本労働総同盟と改称 日英同盟廃棄
二二	11	ワシントン軍縮会議で海軍の増強案がつぶれ、「加賀」などの建造がストップ 飛行機の製作に着手	海軍工廠が大幅な人員整理
二三	12	潜水艦、薄鋼板の建造、製作に着手 第70潜水艦が淡路沖で試験中に沈没	関東大震災が起きる 海軍工廠が第二次人員整理
二四	13	絵画などに一〇〇%関税がかかり、コレクションの日本搬入	孫文が来神し、県立高女で講演

		を見送る 父正義死去。八九歳 神戸ロータリークラブの初代会長に就任	
二五	14	到着した浮世絵の一部を展示	孫文死去。五九歳 治安維持法公布
二六	昭和元	国際労働会議出席のため第六回渡欧（約一年間） ストックボートの建造中止。計九六隻	NHK設立
二七	2	震災手形の処理が引き金となり金融恐慌発生。川崎造船所、深刻な経営危機に陥る 軍部、日銀への援助要請に奔走 コレクションが担保として差し押さえられる	鈴木商店が破綻 南京事件発生
二八	3	長男正彦死去。二九歳 経営危機の責任をとって社長を辞任、須磨に隠遁。後継社長に元神戸市長の鹿島房次郎就任 コレクションの売り立て展が始まる	最初の普選を実施 特高警察設置
三二	7	モスクワを訪問し、石油輸入契約をまとめる 東京・丸ビル内に「日ソ石油」の事務所開設	上海事変勃発 満州国建国宣言 五・一五事件発生
三三	8	ソ連からの石油輸入第一船が横浜入港。既存企業とのダンピング競争に突入する	日本、国際連盟を脱退
三五	10	鹿児島選出の大物代議士床次竹二郎が死去し、その後継者と目される 「日ソ石油」が他社と合併、実質上経営から離れる	準戦時体制下で重要産業の統制が進む
三六	11	鹿児島から衆院議員に当選。以後連続三期当選	二・二六事件発生
三七	12	日米関係の緊張緩和を図るため渡米、ルーズベルトと会談	日中戦争始まる
三九	14	在英コレクションを保管していた倉庫が火災を起こし、美術	第二次世界大戦勃発

		品がすべて焼失	川崎造船所が川崎重工業と改称
四〇	15	在仏コレクションを管理していた日置釭三郎が、戦火を避けて美術品をパリ郊外へ疎開させる	日独伊三国同盟成立 大政翼賛会発足
四一	16	太平洋戦争に突入 首相東条英機に対し、「無謀な戦争」として面罵	独ソ開戦
四三	18	妻好子死去。七四歳	日本軍、ガダルカナル撤退
四四	19	浮世絵が帝室博物館(現東京国立博物館)に寄贈される 仏政府が在仏コレクションを敵国資産として差し押さえ	金子直吉死去。七七歳 米機が東京を初空襲
四五	20	疎開先の軽井沢で終戦を迎える	
四六	21	公職追放の対象となる	
四九	24	鎌倉に隠遁中、脳溢血で倒れ、寝たきりの生活となる	湯川博士がノーベル賞受賞
五〇	25	6月24日、死去。八四歳。肉親の洗礼を受け、葬儀は鎌倉市内の教会で行なわれる	川重から分かれ、川崎製鉄誕生 ガントリークレーンにネオンがともる
五一	26	サンフランシスコ講和会議の舞台裏で、首相吉田茂が仏の代表に在仏コレクションの返還を申し入れる	民間放送始まる 日米安保条約調印
五四	29	在仏コレクションを守り切った日置が死去	世界初の原潜ノーチラス号が進水
五九	34	コレクション三七一点が寄贈返還され、国立西洋美術館が開館	賀川豊彦が伝道中に倒れ、翌六〇年に死去。七二歳
八九	平成元	神戸市立博物館で松方コレクション展開催	

あとがき

明治、大正、昭和初期にかけて、神戸を拠点にした松方幸次郎の足跡を追う企画『火輪の海—松方幸次郎とその時代』は、神戸新聞連載分（昭和六十四年一月一日～平成元年八月二十六日まで上巻、同年九月五日～二年三月二日までを下巻）を収録して上下巻二冊とすることができた。

国際政治学者のモーゲンソーは、「ジャーナリズムとは瞬間の歴史家である」と述べている。確かにジャーナリストの使命は、国の内外を問わず毎日発生する事柄を取材し報道することである。その上で「点」が連続性において「線」となり、広がりを伴って「面」を形成し現代史を描くことになる。と同時に、歴史を掘り起こし、あるがままの事実を見、息吹に触れ、記録することによって現代を考察する糧とする。

これまで明確でなかった松方幸次郎の波瀾の人生を追って、取材班は国内はもとより、アメリカ、イギリス、フランスを訪ね、関係者から広範な聞き取りと埋れた資料の発掘に努めた。とかく明治の元勲、父正義の威光の陰に潜みがちな幸次郎の実像が、取材を通じて輪郭を整え、長期にわたる連載企画で紹介され、広く読者の共感を呼んだ。

市制施行百年（平成元年）の神戸市、創刊九十周年（昭和六十三年）の神戸新聞社が主催、共催して開かれた「松方コレクション展」（会期平成元年九月十四日〜十一月二十六日、神戸市立博物館）は実に十九万人近い入館者を集めた。同博物館開設以来の記録だった。

「幻のコレクション」といわれた一万点余の作品は、人類の悲劇ともいうべき第二次世界大戦を経てその多くが世界中に四散した。「謎のコレクション」といわれるゆえんである。たとえその一部といえども集大成の片鱗《へんりん》をうかがわせるコレクション展は、松方幸次郎が単なる一実業家にとどまらず、国際的視野を持ち、先見性、パイオニア精神に富む人物であったことを裏付けた、といえるだろう。経済人としても、企業が私的利潤のみを追求することを嫌い、国益至上主義をモットーとした生き方は初期資本主義経済にあって特筆すべき姿であった。それゆえにこそ、海外の美術を当時の日本人に紹介しようと莫大な私財をなげうって収集に努めたのだろう。

国内外に取材班を派遣し、幸次郎の足跡をたどる一方、謎のコレクションを追う作業はそう簡単ではなかったし、私たちの力の足りない部分が多々あったが、アメリカ、フランス、イギリス、東京、鹿児島、宮崎、福井、神奈川など各地で関係者の方々の絶大な協力、示唆、助言をいただいたお陰で、上下二巻の松方再評価を完成することができた。とくにハル・ライシャワー元駐日大使夫人、松本重治氏（企画題字執筆後に逝去）、松方為子氏、川崎重工業関係者のご協力に厚くお礼を申し上げたい。
なお、取材班は山根秀夫（デスク）、林芳樹、服部孝司、橋田光雄の諸君。

平成二年四月

神戸新聞社取締役編集局長　田崎義信

本稿は平成元年9月5日から平成2年3月2日まで神戸新聞朝刊に連載、単行本化にあたって補筆、改編したもので、登場人物の肩書、年齢などは新聞掲載時のままです。敬称はすべて省略しました。

復刻版のためのあとがき

神戸を主な舞台に、実業家松方幸次郎の人生を描いた「火輪の海」を、復刻版として出版することになった。

神戸新聞は二〇〇八年で創刊百十年を迎える。松方の収集した数々の名画がフランス政府から引き渡されて、〇九年で五十年になる。そうした節目での復刻・再刊である。

上下二巻だったのを一冊にまとめた。絶版になった後も「読みたい」という要望をよく耳にしたが、これで波乱に富んだ彼の軌跡を一気に読んでいただける。

世界を駆けた実業家のことをさらに多くの読者に知ってもらえるのはうれしいことだが、復刻には一抹の不安があった。すでに没後六十年近くになる。彼の考えや生き方が、昔話として受け止められないか心配したのだ。

あらためて読み返しながら、それは取り越し苦労とすぐ分かった。古びるどころか、今の時代だからこそ彼の人生がより刺激的に見える。そう確信させたのは、本の行間から立ち上ってくる「志」の高さである。

才気あふれる企業経営者はいつの時代もいる。マネーゲームにたけた人物もたくさんいる。現にここ数年、私たちはそんな姿をいっぱい見てきた。しかし、それで得た財を公の幸福のために注ぎ込む人物がどれほどいただろう。

松方は功成り名遂げた実業家だが、地位や富に固執しなかった。社会のためになにができるかを考え、突っ走った。

末娘の為子さん（故人）から聞いた私生活の様子が、それを裏づけた。収集に二百億円近くを投じたともいわれるのに、自宅にはまったく飾らなかった。私腹を肥やしたり誇らしげに見せたりした様子がまったくない。

買い集めた絵でいつか美術館をつくろう。彼はそう考えていた。名前は「共楽美術館」と決め、大まかな設計図もできていた。名を残したいなら「松方美術館」、あるいは企業名をアピールする案もあるだろうが、彼はそんな考えを「ケチくせえ」と笑い飛ばした。

個人の価値観や企業の論理を軽々と超えていく。このあたりの度量の大きさが、現代の経済界にあるだろうか。枠に収まりきらない発想や行動力は、どれほど時間がたっても決して輝きを失わない。そんな感慨をあらためてかみしめての復刻である。

コレクションについて分からない部分は少なからずある。時代の荒波に洗われ、激しくうねった松方幸次郎の人生もすべてを解き明かせたわけではない。

しかし、私たちが紹介した物語は今なお松方とそのコレクションにもっとも肉薄した作業と確信している。いつの時代にあっても、心をとらえて離さない物語、ということも。

神戸新聞社

二〇〇七年十一月

『火輪の海—松方幸次郎とその時代—』（上巻1989年、下巻1990年）を一冊にまとめ2007年に復刻、本書はその新装版です。

火《か》輪《りん》の海《うみ》—松方《まつかた》幸《こう》次郎《じろう》とその時代《じだい》—　復刻版《ふっこくばん》［新装］

2007年12月20日　復刻版発行
2012年 4 月11日　新装版第 1 刷発行
2015年 3 月23日　新装版第 2 刷発行

編　　者　神戸新聞社《こうべしんぶんしゃ》
発 行 者　山下　俊一
発 行 所　神戸新聞総合出版センター
〒650-0044 神戸市中央区東川崎町1-5-7
TEL078-362-7140　　FAX078-361-7552
http://www.kobe-np.co.jp/syuppan/
編集担当　西　香緒理
装　　丁　高橋　啓二（ツ・デイ）
印　　刷　株式会社神戸新聞総合印刷

ISBN978-4-343-00677-6　C0021